美國大眾傳播
（增修本）

鄭貞銘 編著

臺灣商務印書館

序一

　　本書以作者在淡江大學「美國研究學所」與文化大學「中美關係研究所」，所開設的「美國大眾傳播」一課為藍本，記述美國各主要媒體的歷史與其發展概況；兼及對新聞教育的發展歷程。

　　美國大眾傳播對美國民主政治的發展影響重大，被譽為是第四權，以監督權力的腐敗為己任，並自詡是「天生的反對黨」。

　　所以，論述美國的大眾傳播有幾個特點是不能忽略的：

・法律保護：

　　美國憲法第一修正案：「國會不得制訂關於下列事項的法律，確立國教或禁止信教自由；剝奪言論自由或出版自由；剝奪人民和平集會和向政府請願的權利。」

　　這條法律雖不足百字，但一百多年來一直被美國新聞廣泛而成為一張有效的保護傘。

　　在不危及政治制度的情況下，美國最高法院和州法院不斷對有關條件的審制完善對第一修正案的解釋。

・媒體監督政府：

　　媒體監督政府，在美國是天經地義的事，他們深信政治學的一句名言：「絕對的權利造成絕對的腐敗。」所以政府受選民之

所託，執行政務，必須有第四權監督行政、立法、司法三權。

基於這種信念，在過去三十年的美國歷史總統，除了雷根、克林頓與歐巴馬外，沒有其他總統可以獲得連任，媒體在總統與重要政治人物的浮沉之間，總是扮演催化劑作用。

尼克森水門案件，製造了兩位明星政治記者—伍沃德和伯恩斯坦成為許多青年的偶像，都想讀新聞系，成為「記者明星」，各大學新聞科系一度成為熱門。

不過，美國大眾傳播雖標榜為人民的「看門狗」，可是其最大目標仍然是利潤，因此，不論媒體所懸的目標是如何崇高，美國媒體卻越來越傾向以創造利潤為最大目標；醜聞、衝突、八卦、狗仔成為十分普遍的現象也就不足為奇。

但美國大眾傳播仍多可以作為借鏡、可以作為參考的地方。無論情勢如何複雜，美國新聞傳播界基本上仍然遵循著正確、公平、客觀的方向與原則，政府官員也仍需兢兢業業，確保不說謊原則，寧可說：「無可奉告」，而不能故意說謊，存心欺騙或誤導記者，否則引發的風波就不能等閒視之了。

美國大眾傳播的發展因新科技與互連網的影響，變遷十分重大，但其角色卻越來越成為民主政治中的關鍵因素，其對人民之影響更不待言，此時要思考的仍然是專業、品德與智慧考量。

著名的報人普立茲曾說：「新聞媒體需要訓練有素，知道甚麼是對的，並有勇氣這樣做」，真乃一句千古不易的真理。

2013 年 11 月 20 日

鄭貞銘 於台北正維軒

序二

　　從任何角度看，稱美國是一個傳播的超級強國，絕不為過。不論是在媒體工業的發展，新聞教育的發達或樹立新聞專業的影響力上，美國都有可歌可泣的傲人紀錄。研究大眾傳播，如果不從美國開始，那可能就會發生失之毫釐，差之千里的謬誤了。

　　依據1996年的不完全統計，美國全國有日報1,882家，發行總量逾6,000萬份，7,957家週報，發行總量4,000萬份，雜誌總量號稱突破10,000種，發行量難以估計，報業讀者總數達1.63億人。

　　全美報業從業員930,000人，高占美國勞工部所分列全國最大雇主名單之首；日報廣告年收入達156億美元，超過電視和電台的廣告收入總和；有影響力的大報，如華盛頓郵報、紐約時報、華爾街日報、今日美國報，與有影響力的雜誌，如時代週刊、新聞週刊、美國新聞與世界報導，不僅銷數傲人，而且在專業領域備受推崇，可以說是新聞事業的驕傲。

　　電視是美國最重要的媒體之一，全美共有1,500家電視台（其中四分之三是商業台），全國有電視機一億多台。四大電視廣播網——國家廣播公司（NBC）、哥倫比亞廣播公司（CBS）、美國廣播公司（ABC）、以及24小時播出的有線電視網（CNN），影響無遠弗屆，且深入每一家庭，成為新聞資訊的主要來源，近

年來迪士尼公司、西武電器及通用電氣公司投資收購三大電視網，使得媒體商業特性更形突出。

而美國的廣播電台約有 11,000 家，5.2 億台收音機，平均每人每週收聽廣播的時間約為 22 小時，其中以電台作為音樂之收聽最為普遍。

至於網路的普及率，在 1,000 人中約有 486 人上網（上網普及率最高的是冰島，每千人約有 493 人）。2003 年美國之科技產品出口創了新紀錄，達到 1,810 億美元，占美國出口總額 26%。網路對年輕一代影響尤為深遠，根據美國報紙協會的調查，約 25%的年輕人（25 至 34 歲）閱讀網路報紙，而僅有 19%的年輕人讀印刷報紙，而且這個數字將來可能還有增無減。

美國有兩大通訊社，「美聯社」與「合眾國際社」，後者較具濃厚的自由企業色彩，而前者幾乎成為美國國際形象的塑造者；因為資訊已經成為今天國際社會的戰略資源，誰掌握了資訊傳播資源和資訊傳播載體，誰就控制了世界，就這點而言，美聯社的訊息傳播全球，誰能逃脫它鋪天蓋地似的滲透？

研究美國大眾傳播，當然不僅要重視它的媒體發展。更重要的，是媒體人在從事專業的過程中所做的奮鬥，所表現的風骨，以及所樹立的專業尊嚴與觀念，都為全球傳播觀念與傳媒發展，樹立了正確的方向，成為媒體人努力的重要指標。

美國聯邦憲法第一修正案強調，美國不得制定任何對新聞自由有限制的條文，而傑弗遜總統對於新聞自由的維護更是不遺餘力，他本人雖然是聯邦黨人報刊的首要目標，遭受種種謠言誹謗、謾罵，但是他仍然以廣闊的胸襟保護「他們造謠和誹謗的權利」。他曾表示，甘願把自己當成一項偉大的實驗；他認為公

正、廉潔而得到了人民瞭解的政府，荒唐報紙的謊言並不能把它推翻。

三權分立與輿論制衡，幾乎是美國不可動搖的政治思想與制度，因此報刊仍能成為行政、立法、司法之外的第四種權力。但是，徒法不足以自行。美國新聞人在從事監督政府的過程中，卻也表現了不屈不撓，雖千萬人吾往矣的偉大風格。以當年華盛頓郵報發行人葛拉罕女士為例，她為了揭發尼克森總統的水門案件，派三位年輕記者深入挖掘幕後醜聞，備受各種壓力，但是她不為所動，最後使得尼克森總統不得不遵照最高法院的命令，交出關鍵性 1972 年 6 月 22 日和霍爾德曼的談話紀錄，並於 1974 年 8 月 8 日宣布辭去總統之職。

又如備受美國民眾推崇，被民調推為全美最受信任的人與最有影響力的人——電視主播華特‧克朗凱。一生以專業職志為念。民主黨與共和黨都曾動過他的腦筋，想找他選總統或副總統，但他始終不為所動。

「寧為主播，不為總統」的華特‧克朗凱曾說，一個全國知名的主播如果競選公職，一定會讓大眾懷疑他不是在報導新聞，而是利用他的名聲與媒體去遂行個人的政治野心；此例一開，所有記者與主播的專業將備受質疑，所受信任也將蕩然無存。

把新聞學推進大學講堂，創辦美國第一所新聞學校的密蘇里新聞學院威廉博士與報人普立茲則又是另一尊受人尊敬的雕像。

以經驗報人出身的普立茲於 1912 年創辦哥倫比亞大學新聞學院。他說當今培養律師、醫生、牧師、軍官、工程師、建築師與藝術家，已有各種專門學院。唯獨欠缺一所用來訓練記者的學院，這是不可思議的。雖然他並未受大學新聞教育，但他認為他

本身「不足為訓」。他無法想像，向負有這麼重大責任的行業，應該完全交付給自我教育的人嗎？或者應該交付給批評大眾，指導大眾，而他本身卻不需要被指導的人嗎？

美國的大眾傳播發展，當然也有令人質疑之處。其中如因過度商業化引發的弊端（包括壟斷形成的利潤取向）；其中尤以對文化的發展，青少年的影響以及可能形成的全球資訊的失衡，都是世界各國普遍關切的議題。這些都需要我們更進一步的研究。

但不論何時，當「以知識為基礎的經濟」概念，為世界各重要國家所普遍接受的此時，知識與資訊將主導未來的社會與經濟發展，而訊息產業本身也成為國民經濟的主要支柱。在知識經濟的條件下，權力基礎將不是金錢，也不是武力，而是知識與訊息。

十餘年前，淡江大學中美關係研究所所長陳明博士邀請本人在該所開「美國大眾傳播」一課；十餘年後，文大美國研究所陳毓鈞教授再請本人開此一課程。這二十年間的教學以及二十餘年不斷利用赴美研究、考察、出席學術機會、蒐集資料，草成本書。一方面向兩位陳所長誠摯的感謝，一方面也提供給初學者做學習參考。但願能得到各家指正，這是作者所熱忱期待的。

2006 年 2 月 20 日

鄭貞銘　於台北正維軒

目錄

上篇　美國大眾傳播的發展

第 1 章　美國通訊事業的發展

第一節　通訊社的興起

　　通訊社是以採集和發布新聞為主要職能，通過採訪各地的消息，並供應新聞稿給各媒體發表的機關，但本身並不直接為讀者或聽眾服務。通訊社是一直致力於快速、詳盡、公正的新聞採集，和傳播一切新聞的組織，以報刊、廣播電台、電視台為主要發稿對象的新聞機構。社會商品生產和交換的發展，加上政治、文化需要和技術條件，產生了近代新聞事業。首先出現報紙，然後又產生了通訊社。通訊社為報紙提供內容廣泛、時間性強、費用低廉的新聞。因此通訊社的出現，促進了報業的發展。

　　通訊社是新聞史上具有劃時代意義的里程碑。通訊社的出現極大增進了人民「知」的權利，因為它們可以利用新聞理念，和現代傳播技術來展現新聞，公正的報導新聞，並且可以將新聞迅速地傳播到全國，和世界各地的每一個角落。只有少數重要的媒體有能力嘗試，在世界或甚至是本國的主要新聞中心派駐記者。

　　通訊社又分國內通訊社和國際通訊社。國內通訊社在國內採集和發布新聞。國際通訊社在國際範圍內採集和發布新聞。規模大的國際通訊社為世界性通訊社，它在世界大部分地區派駐記者，及時蒐集和發布世界上發生的重要新聞。國際性通訊社有美

聯社、路透社、法新社、合眾國際社、塔斯社、中央社、新華社、共同社等。

通訊社有私營通訊社、國家通訊社、公私合營通訊社、社會集團通訊社。私營通訊社由私人資本控制、經營。國家通訊社由國家控制、經營，為國家的利益服務，它既是新聞發布機構，又是政府的一個部門（或是政府的一個事業單位）。公私合營通訊社由國家資本和私人資本共同控制、經營，是半官方的新聞機構。社會集團的通訊社由社會集團主辦，如教會辦的通訊社、政黨辦的通訊社，為某一教派或黨派服務。

通訊社的業務是及時採集新聞（包括文字、圖像、音響）、資料及有關訊息，向國內外用戶發稿。發稿分通稿、專稿兩大類。通稿發給廣大用戶、專稿發給部分用戶或個別用戶。通稿強調廣泛性，滿足廣大用戶的普遍需要；專稿要有針對性，滿足某個地區、某個行業、個別用戶的特殊需要。國際通訊社、世界性通訊社用國際通用的幾種文字發稿。有些通訊社還向廣播電台發錄音新聞，向電視台發錄影新聞。報刊、廣播電台、電視台直接同受眾見面，通訊社通過它們同受眾發生關係。在各種新聞機構中，通訊社的特點是發稿量大，報導內容廣泛，發稿迅速及時，發稿持續時間長。有些通訊社除發布新聞外，也出版報紙、刊物，直接同讀者見面。

法國人哈瓦斯（Charles Havas）於 1835 年在巴黎創辦的哈瓦斯通訊社，當時以信鴿傳遞新聞。電報的發明、使用，為通訊社的迅速發展提供了技術條件。1848 至 1851 年，美國、德國、英國相繼成立通訊社。中國第一家通訊社是 1904 年創辦於廣州的中興通訊社。中華人民共和國建立後，設有新華通訊社和中國新

聞社。台灣的中央通訊社則係來自於大陸，建立於 1924 年。

　　美國主要有三家通訊社在世界各地展開它們的業務，其中之一就是美聯社，它是 19 世紀在進行合作採訪的嘗試中而產生的成果，到了 20 世紀，美聯社出現了一些競爭的對手。1907 年艾德華‧懷利斯‧斯克里普創立了合眾社，1909 年威廉‧德道夫‧赫斯特創立了國際新聞社，這兩家通訊社於 1958 年合併成立合眾國際社。另外，在國際上主要的競爭對手是成立於 1851 年的英國路透社，和成立於第二次世界大戰以後的法新社。到 1920 年之後，上述三家美國通訊社已經擴展了它們的國內業務，並在國際新聞的報導和銷售方面，和歐洲、英國（路透社）、法國（法新社）等通訊社發生激烈的競爭。

　　當時哈瓦斯社的形式，與近代美國的資料供應社（syndicate）相似。該社剛成立時，利用信鴿傳達歐洲各大城市間的消息，將歐洲各大報章的新聞資料，供應給巴黎各報社。此為法新社的前身。

　　而現今世界上有五個最大的新聞通訊社。它們是路透社、美聯社、合眾國際社、法新社、塔斯社。但以國際影響而言，前四者最為重要。塔斯社只在東歐國家有較大市場。

一、路透社

　　路透社於 1851 年成立於英國，發展到今天，已有 137 個消息蒐集點，形成一個分布超過 75 個國家、擁有過千新聞人員的網路。它每天把消息供應超過 14 萬個接收點。服務範圍除了新聞、特寫、體育消息、新聞圖片外，還有經濟及金融消息。它不但提供英文服務，還有法文、德文、西班牙文、阿拉伯文、日本

文、丹麥文、挪威文、荷蘭文、葡萄牙文、瑞典文及義大利文的服務。它還擁有世上最大的電視新聞通訊社：維氏新聞社（VIS-NEWS）。路透社更於 1992 年 7 月全資購入維氏新聞社，於 1993 年 1 月正式易名為「路透社電視」。近年以發布有關財政、金融消息稱譽世界。

二、美聯社

美聯社是一個私人合作形式的非謀利機構。它是由美國報紙共同合作，互相提供消息，逐步地發展起來的通訊社。這些美國報紙既是美聯社的老闆，亦是用戶。目前美聯社的國內用戶占全國報紙總數 84% 有多，而其中日報的銷量占全國總數 96%。換句話說，差不多所有美國讀者每天都看到美聯社發布的新聞。除了發布新聞外，它還與美國的杜瓊斯公司合作提供財經資訊服務。1989 年聯合國教科文組織的報告指出，美聯社一共有大約 3,000 員工，其中半數是新聞人員，遍布全球。它的用戶在美國有 1,500 份報紙、6,000 個電台及電視台，在海外的傳媒用戶則達到 8,500 個之多。美聯社可提供的語文服務包括英文、德文、法文、西班牙文、荷蘭及瑞典文。

三、合眾社

合眾社是以美國為基地的國際通訊社，但它與美聯社不同之處是它是純商營謀利的機構。它有超過 2,000 個新聞人員遍布各地，每天向 100 多個國家的 7,000 多個用戶，以英文、西班牙文及葡萄牙文發布消息。但是 1958 年與國際社合併，稱合眾國際社，該社近年來經常被財政問題困擾。據報它在 1990 年每月平

均虧損 200 萬美元，在 1992 年每月仍虧損 15 萬美元，並被迫再
度尋求買主。

四、法新社

　　法新社是法國在 1957 年立例成立的公眾團體。由於它的財
政預算案須經國會認可，加上最高管理層有官方的代表，故此法
新社可說是半官方的機構，但法新社仍有相當大的自由度，並非
法國官方之傳聲筒。在國內法新社聘有 800 多個記者，在海外亦
有 800 多個記者分布全球。它每天以法文、英文、西班牙文、阿
拉伯文、葡文及德文六種語文發布新聞及財經資料。法新社在 144
個國家裡共有 10,000 個新聞媒介用戶及 2,000 個非媒介用戶，例
如政府機關、銀行、商務機構等。法新社的亞洲、非洲及阿拉伯
國家新聞較強，在歐洲報導上也不遜於路透社。

五、塔斯社

　　塔斯社是前蘇聯的國家通訊社。據 1989 年的報告，它有
1,500 名新聞人員分布國內外，在國外有 100 個辦事處，每日以
俄文、德文、英文、法文、西班牙文、阿拉伯文及葡文向 115 個
國家過千的用戶提供新聞及圖片。在蘇聯解體後，塔斯社仍然運
作，但有私有化的傾向。在 1992 年 6 月它還與美國的「公關新
聞社」（PR Newswire）簽訂獨家合約，替該公司的商業客戶向
獨立國協內過千的訊息點散發消息。此外，在 1989 年作為塔斯
社對手而成立的「互傳社」（Interfax）亦日趨活躍，它於 1992
年初與美國新聞社（U. S. Newswire Corp.）合作，將獨立國協的
政經新聞及新聞特寫，提供給美國新聞社的用戶。

第二節　美聯社的成立與發展

一、美聯社的興起

名作家馬克吐溫曾說：「世界上只有兩種光亮可以普照大地。一個是天上的太陽，一個是地上的美聯社。」足見美聯社的影響力。

所有的美國通訊社當中，美聯社的歷史最為悠久，也是最大的新聞通訊社，該社創立於 1848 年，總部設於紐約，由國內外的報社和廣播電台加入為會員而組成。在經歷了一場激烈爭奪美國報業聯合機構控制權之後，這一現代化合作新聞採集組織，終於在 1900 年以美聯社的名字固定下來，現為世界五大通訊社之一，英文縮寫為 AP（Associated Press）。

1848 年 5 月，6 家紐約的報社代表聚集在紐約太陽報開會，討論令人頭痛的高額電報費問題，新發明的電報雖然大大的提高了傳稿的速度，但是高額的電報成本卻讓個別的報社負擔不起。商務日報的代表提議，唯有紐約的多家報社合作才能負擔得起電報費，避免電報公司干涉到新聞採訪的工作，也才能夠讓讀者取得美國和世界的資訊，這 6 家互相競爭激烈的報社，在迫於現實的考量下，終於同意這個構想，美聯社於是誕生。成立不到一年，波士頓地區的報社就加入美聯社，接著美國其他地區諸多的報社亦紛紛跟進，總部設在紐約的美聯社，一方面提供各地區報業新聞，另一方面也因而取得各地區的報導。

起初，美聯社在華府也只有一個特派員高布萊特（Lawrence Cobright），他報導過美國的南北戰爭、林肯總統遇刺等等歷史

事件，現在美聯社華府分社成員超過了 150 人，而高布萊特的話
至今仍是美聯社經典的編輯方針，1862 年他在國會作證時說：
「我的事業是傳播事實，不容許我對事實加上自己的任何評論，
我的報導發送給各種政治立場的報紙，因此，我約束自己只寫我
認為有正當性的新聞，並儘量做到負責、公平的報導。」1849
年，美聯社在加拿大辛斯哥西亞的哈立法克斯，建立了美聯社的
第一個分社，當地是輪船從歐洲駛抵北美的第一個轉運站，每艘
船都帶來歐洲最新的消息，此一分社將這些消息以拍發電報的方
式傳回紐約，到了 1856 年，跨越大西洋的海纜鋪設完成，這個
消息的中繼站也就功成身退。20 世紀前葉，國際通訊市場為英國
路透社、法國哈瓦斯社、德國澳夫社三家寡占，1919 年，美聯社
打進拉丁美洲的市場，1933 年，擴及日本市場，逐漸打破歐洲通
訊社獨霸的局面，第二次世界大戰之後，美聯社的國際業務更是
快速擴展。

　　除了一般新聞，美聯社也提供專業新聞，在財經新聞方面，
它跟發行華爾街日報的道瓊公司合組美聯道瓊社。1946 年，美聯
社更設立了專業的體育新聞通訊社。美聯社屬非營利性會員制度
新聞合作社，所有權屬於 1,500 家美國的會員報社，在美國的服
務對象包括 5,000 家電台及電視台，1,700 家報社，此外，在海外
121 國還有 8,500 家媒體訂戶。美聯社所處理的新聞，有五種語
言版本，除了本國的英文之外，還有德文、荷蘭文、法文和西班
牙文。另外，國際訂戶將美聯社新聞，翻譯成其他多種外國語
言。美聯社在全球有 240 多個分社，員工 3,700 名，每天 24 小時
持續提供新聞，一天發稿量達 2,000 萬字，對象包括國內會員及
國內訂戶，還有國外會員和訂戶。

　　1900 年，美聯社採取了現代的法律架構，依紐約州會員制公司法改組為非營利性質的合作社。公司章程規定，由會員選舉董事會成員，至少設 18 名董事，但不超過 24 名，其中 3 人至少為人口 50,000 人以下城市的獨立報紙，章程也規定，授權董事會任命 4 名額外的董事，任期兩年，這些董事席位傳統上一般由廣播業者代表取得。董事會之下另有社長，負責美聯社的經營，目前的社長兼執行長克利是 2003 年 6 月走馬上任。

二、專業技術之沿革

　　1927 年，美聯社開始提供新聞照片的服務，當時照片主要是由火車運送，特別緊急的狀況會用 AT&T 的照片傳輸系統傳送，不過，一般計算起來運送照片的時間需要花上 85 個小時。例如：1934 年，一艘輪船在紐澤西外海發生火災，美聯社派出攝影記者搭飛機到輪船上空拍照，拍了很多的底片，先送到紐約去沖底片，再用飛機將底片送到位於芝加哥和洛杉磯的主要轉運中心，洗成相片後，再用火車或郵寄的方式傳送給客戶。雖然在 1930 年代已經將這種陸海空聯運的方式運用得十分有效率，但像現在一樣，在事件發生的當天，或第二天的報紙或各種傳媒就能看到照片，在當年根本就是無法想像的事。

　　1935 年，美聯社和電話公司共同開發新技術，建立了美聯社新聞照片傳輸網路，可以同時傳送照片到很多城市。1945 年，美國海軍陸戰隊登陸硫磺島，美聯社攝影記者拍下陸戰隊隊員插上美國國旗的歷史鏡頭，他的照片在登陸 7.5 小時之後，即傳回到舊金山，當時紐約時報指出，報紙在報導登陸硫磺島新聞的同時，能夠刊出登錄的照片，幾乎是令人無法置信的事。接著，美

聯社推出雷射印製照片的技術，使用衛星傳輸彩色照片，不過，透過電話線以類比系統傳輸照片的速度受到限制，無法因應快速傳輸照片的需求，用類比系統傳一張彩色照片需 40 分鐘。

解決這個問題的方法是數位相片傳輸技術，1989 年的美聯社宣布：開始為會員報社裝設數位照片接收系統，傳一張全彩相片只要 15 秒，比類比線路的傳輸速度快了 160 倍，數位傳輸的照片品質也超過類比傳輸，新的技術改變了報社處理照片的模式，此後，相片可以直接在電腦上編輯、調整，不再需要把照片印出來。相片在電腦上編輯後，可以直接傳送到印製場印報，由於這項新技術大大提高電傳彩色相片的品質，報紙廣泛改用彩色印報。1996 年，美聯社攝影記者開始用數位相機拍照，美聯社在紐約總部建立起數位相片資料庫，幾分鐘內即可下載取得自己想要的新聞照片。

由於傳播科技之不斷的發展，美聯社也必須因應時代和產業變遷發展新事業，以維持「全球性」的新聞採訪，美聯社的「資訊服務部」負責這方面的業務，為個別客戶製作合身的特定主題新聞，透過網際網路傳送給客戶。美聯社「廣告世界」部門負責銷售照片給非會員。「美聯社電訊公司」供會員和非會員數據和網路通訊技術。美聯社的「廣告傳輸」部門負責替廣告代理商傳送廣告稿給全美各地的報紙，可以在收稿後幾個小時之內，完成傳輸作業，若有急件，時間可縮短至幾分鐘內就傳出。隨著網際網路的興起和普及，在 1995 年成立「多媒體服務部門」，美聯社整理每一天重要的新聞照片和圖表、聲音和影像檔案，以供會員和訂戶採用，作為自己網站上的內容。

三、專業分工部門

㈠廣播新聞通訊服務部

1941 年，美聯社成立獨立的廣播新聞通訊服務部門，專為電台寫適合播用的新聞稿。1974 年，成立美聯社電台網，供應每小時用的一般新聞、體育新聞、財經新聞。同年，美聯社開始提供錄製好的廣播新聞給電台。1979 年，美聯社開始開辦電視廣播通訊社。1997 年，美聯社為英國廣播公司設計電子新聞製作系統（ENPS），美聯社也推出線上電視用圖表資料庫，現在有 300 家美國電視台訂戶。

㈡美聯社電視新聞網（APTN）

1994 年，美聯社在倫敦開辦國際影像新聞通訊社（APTN），1998 年向美國廣播公司改收購影像新聞通訊社（WTN）、英國的（ITN）和歐洲的第九頻道後，APTV 改制為美聯社電視新聞網（APTN），APTN 從全球 67 國的 83 個分社，用衛星向全球訂戶傳送電視新聞。APTN 強調在重要的時刻，會就全球各地的國際事件做完整深入的報導。

㈢全時段電台廣播 ANR（AP All News Radio）

1994 年，美聯社也開辦 24 小時的全天候套裝電台廣播服務ANR，讓不管是什麼市場規模的電台，都能夠經營全新聞頻道，而且有利可圖。目前超過 70 家廣播電台採用 ANR 的服務，他們可以很方便的置入地方新聞和廣告。

㈣電視體育新聞通訊社（SNTV）

1996 年，APTV 與 TWI（Trans World International）合資設立電視體育新聞通訊社，提供全球重要體育消息，對象為全球 100多家的訂戶。

四、專門與專業的報導取向

據中央社出版的《全球新聞神經大透視》一書說，美聯社除了報導政治、社會等一般新聞之外，也提供各類的專業新聞和特別報導。分列如下：

㈠財經新聞

在全美各地派有記者採訪經濟、股市、企業、金融、高科技和重要議題。重大財經新聞透過一般電稿管道發出；很多報紙另訂金融專電（FFF），取得全部財經新聞稿。有的報紙也加訂 F-Plus，內容包括道瓊社和華爾街日報的專題報導和圖表。

美聯社自 1920 年代初即開始提供股市行情表和其他金融數據資料。最早是手抄後用電報發出，現在已經採用網際網路發稿，客戶並可製作自己專用的內容。1990 年代長期多頭行情加上能夠提供訂戶專用行情表，使美聯社股市行情表業務大幅擴張。目前採用美聯社股市行情表的報紙超過 900 家。

㈡專題報導

美聯社指派 20 餘名記者在世界各地尋找大的新聞題材。這樣的報導是深入的調查採訪，可能是單獨一個記者，也可能是整組記者用幾個星期、甚至幾個月的時間進行採訪和資料蒐集，然後寫出相當長的報導。這類報導特別注重敘述性寫作技巧，搭配圖表和照片。美國常有地方報紙將這種深度調查採訪用在周日版的頭條。

㈢主題專題

此一服務涵蓋多種主題，包括食品、食譜、書評、時裝設計、嗜好（集郵、攝影、園藝、電腦等）。多加一點訂費就可以另取得配合的圖表或照片，專題每週一發出。

㈣特別報導

　　美聯社每年製作 16 套特別報導，每套文稿長 7,500 字至 1 萬字，加上 10 張以內的配合照片。這部分屬美聯社基本內容，不另收費。以 2003 年為例，美聯社特別報導題材包括稅務、春夏時裝、你的家、園藝、春季汽車、夏季旅遊、戶外活動、健康與身材、返校日、秋冬時裝、秋天汽車、工作、冬季旅遊、假期、新娘新郎等。每週一次的專題則包括室內設計專題，讀者可訂購設計藍圖；蓋洛普青少年調查，依據美國民意調查研究所對青少年的調查，每週製作專題報導，內容為青少年最有興趣的話題；年過 50 每週專欄，討論快速成長的 50 歲以上人口的重要議題，另外每週刊出一份配合新聞熱點的地圖，附上專題報導文字發送給訂戶。

五、遠景與展望

　　儘管美聯社成就輝煌，挑戰也日益嚴重。這種競爭與挑戰不僅在於其他的媒體如廣播，電視與網路，也在於它的同業如路透社、法新社和美聯社正面競爭文字和影像服務，新聞集團旗下的 Stats 和 Pinnacor 公司則在爭奪報紙網站的體育新聞和股市資訊市場。即使是非常依賴美聯社提供全天突發新聞的網站，或者是依賴美聯社提供本地以外新聞的地方報紙，採用其他通訊社新聞的情況也是越來越多。

　　雖然這些競爭者尚不足對美聯社獨大的地位構成威脅，但多少侵蝕掉一些市場。美聯社採取的因應對策包括乾脆購併一些小的對手，擴張自己的實力。新的新聞傳送平台也改變了新聞的消費方式。有線電視、手機、個人數位助理（PDA）等無所不在的

新聞傳播工具，壓縮了美聯社提供給報紙的新聞和突發新聞的價值。

這些年來，除了政治、社會等一般新聞外，美聯社對於各項專業新聞與特別報導也日益重視。例如經濟、股市、企業、金融、高科技和重要議題。

這種走向多少也參借了英國的路透社。現在世界上民營的通訊社大多賠錢，唯獨路透社以財政金融股票新聞突出迅速而獲利。

在專題報導方面，美聯社指派二十餘名記者在世界各地尋找大的新聞題材。這樣的報導是深入的調查性採訪，這類報導特別注重敘述性寫作技巧，不僅受讀者歡迎也成為新聞寫作的範本。

在主題專題方面所涵蓋的範圍頗多，包括食品、食譜、書評、時裝設計、嗜好（集郵、攝影、園藝、電腦等）。此外，美聯社每年的製作 16 套特別報導。以上皆是突破性的做法，在挑戰中成異軍突起之成就。

美聯社是由各成員單位聯合組成的合作型企業，社務由社員大會產生的董事會主持，董事會任命社長兼總經理領導日常工作，經費由社員以股款形式分攤。美國國內 90%以上的報紙是美聯社的訂戶，其成員有 1,556 家報紙、6,000 家電台，1 家電視台。海外訂戶 8,500 家，包括近 2,000 家報紙。

由上可見，美聯社的回應是讓自己無所不在，擴大媒體形式到廣播和電視新聞，並且將照片影像服務數位化。1997 年美聯社成立線上突發新聞服務，接著又成立依客戶個別需求製作的新聞服務。

讀者對新聞呈現形式和內容的需求時時在變，美聯社也隨著

閱讀習慣不同而調整。美聯社高級主管表示，在傳統通訊社稿件中有吸引力的新聞，對用 PDA 閱讀新聞的讀者可能很乏味，為加強新聞內容，美聯社近年增加採訪州議會新聞的人手，各州新聞特別注重較大範圍議題的報導，而不只是小範圍的地方議題。美聯社也增設分社，指派更多記者採訪年輕人、科技、家庭、商業、藝術和娛樂新聞，通常是將跑一般新聞的記者調去跑特定議題的新聞。拉丁裔人口已經超過黑人，成為美國第一大少數族群，美聯社近年設立了西班牙語新聞網站。

當年波卡迪擔任總裁時的任務是加強新聞採訪和提升科技水準，又不會提高會員的實質負擔，換句話說就是要找到新的財源。最具成長潛力的方式包括電子化的廣告傳送和處理部門——美聯社數位部門。在波卡迪領導期間，美聯社的年營收由 1985 年的 2 億美元提高至 2002 年的 5 億美元，其中有 23%（也就是會員費以外的收入），比 1985 年的比率提高 1 倍以上。

波卡迪退休後，接替他的是創辦美國今日報並在短短幾年期間內領導這家新報紙成為美國主要大報的克利。

克利的主要任務還包括進行組織改造，使新聞稿件能夠更快速地傳播給文字、廣播、電視及新形式的媒體。2004 年美聯社將紐約總部從洛克斐勒廣場移到新大樓，新址不只將有更先進的科技設備，並且將把分散在紐約幾個地點的不同辦公室集中在一起。美聯社在其他城市的辦公室也將進行類似的整合。克利認為，唯有如此才能將美聯社從電視、廣播、文字、網際網路等平台導向的通訊社，轉化為內容導向的通訊社，也就是同時將不同媒體形式的新聞發送出去，希望以此提高生產力。

克利也將美聯社所有的編務整合在一起，文字、廣播、電視

和網路編輯部門統合在同一總編輯凱蘿（Kathleen Carroll）之下。社務部分，負責不同媒體部門的業務主管則維持直接向克利負責。

美聯社董事會成立內容檢討委員會，檢討美聯社文字、影音、數位等所有產品，該委員會由美聯社董事、美國廣播公司《ABC》新聞部門總裁威斯汀（David Westin）擔任主席，負責對新聞內容提出改進方向。威斯汀認為，任何新事業如果能夠協助客戶取得及傳播新聞，美聯社就應該要加以考慮，美聯社還有很多值得探索運用的機會，成立電視新聞合作社就是一例。美聯社也應考慮為電視台客戶提供更多包裝好的成套新聞而不只是提供一條一條的影音新聞。ABC 本身的新聞通訊服務 News One 剛開始時也是只供應一條一條的新聞，到現在有相當大一部分是經過製作的成套新聞。

克利和威斯汀都表示，新媒體可能是最能帶動美聯社成長的機會。新業務是美聯社帶動新財源的方式，現在有很多營收來源，1985 年時還不存在。美聯社是到 1990 年代初期成立美聯社電視新聞網（APTN），才真正大力投入電視業務。美聯社目前逾 5 億美元的年收入當中，大部分是來自文字和廣播電視業務，其中文字業務的收入仍稍微超出廣播電視業務。但克利認為，未來會有高度成長的不是這兩項業務，而在於網際網路和無線業務。

除了要提供別的地方得不到的新聞資訊，美聯社未來的變革還包括新聞傳送的方式。克利表示，美聯社在新聞界科技創新一直居於領導地位，這個時代再一次出現了機會。美聯社將協助報紙和電視台會員設置搜索引擎和資料庫，也可能會協助報紙透過

網站提供影音新聞，成為某種形式的電視廣播提供者也說，這是市場的現實，很多規模在幾萬份的報紙向他說，他們的網站上必須有視訊內容，這意味著重大的變化。

克利說，美聯社現在每天發送出兩千萬字的稿件和 1,000 張影像，但美聯社不能像消防水管一樣只管將新聞撒出去，而應該是讓客戶在很短時間內就可以找到自己想要的東西，而且能夠大概瞭解其他的內容。會員不再是美聯社唯一的客戶，美聯社必須想辦法確保新訂戶的利益不會和會員的利益發生衝突。除了提供新聞給會員之外，美聯社也直接行銷給政府機構、企業等非會員訂戶。有些會員擔心美聯社這樣做會損害他們的利益。克利表示，這個問題的確是很複雜，但不得不從經濟效益化來看問題，現在美聯社的營收來源出自會員報紙的已經不到 40%，美聯社的生存不能只靠報紙，他說，這是必須面對的現實。

純粹屬資訊消費者的政府、企業等非回原訂戶沒有成為會員的理由，但美聯社卻有擴大會員基礎的空間。網際網路出現以來，美國已經發展出很多只存在網路上的新聞媒體，也就是獨立而不附屬其他形式媒體的新聞網站。這些網路上的媒體，既分走美聯社既有會員的讀者，也搶走一部分優秀的新聞人才。

美聯社大概早晚需要吸納這些網路媒體成為會員，讓網路媒體記者採訪撰寫的稿件也能為美聯社所用。擴大這家新聞合作社的領域和實力，為這家老牌的通訊社注入新的活力。

一個半世紀以來，美聯社從最初互相競爭的報紙求生存的權宜之計，發展成實力強大的新聞供應機構，靠的是求新、求變因應挑戰，但不變的是公正、客觀，如實報導的新聞核心價值，美聯社自詡透過其報導，為美國的民主作出了重大貢獻，應非虛

言，也是值得所有媒體效法的地方。

美聯社總部設在紐約，國內有 6 個總分社、143 個分社和記者站，國外有 3 個總分社（倫敦、東京、布宜諾斯艾利斯），90 多個分社。國內採用其新聞的為（包括社員和訂戶）近萬家，國外訂戶有 8,500 多家，分布於 100 多個國家和地區。有正式記者、編輯約 2,000 名（常駐國外記者 500 人左右），另在全世界有 3,000 多名外籍雇員。

美聯社現用英、法、西班牙、瑞典等 6 種文字發稿，英文、西班牙文由紐約播發，法文、德文、瑞典文、荷蘭文在歐洲翻譯播發。每天 24 小時發稿。除總社發稿外，還在歐洲、中東、亞洲、拉丁美洲設有四個地區發稿中心。日發新聞稿 300 至 350 條，週末和節假日為 200 至 260 條。日發新聞圖片逾百張。主要業務是提供新圖片、圖表、特稿、金融股票行情、經濟訊息服務；另有音像服務，為電視台提供口語播新聞和電視節目。

1994 年美聯社又增設兩個新節目：美聯電視（APTN）和廣告傳輸網（Ads）。前者總部設在紐約，主要採集國際新聞，直接向世界各地的電視台提供新聞。

在對外服務方面，美聯社的財經新聞很有特色。它與杜瓊斯合作，建立了一個專門向國外提供金融訊息的經濟報導的組織——AP-DI——即時的經濟新聞報導。目前，它擁有來自全球 43 個國家的訂戶。

第三節　合眾國際社

美聯社之外，美國另一家重要的通訊社是合眾通訊社。它的前身是斯克利浦斯—霍華德報系的合眾社（創建於 1907 年）和赫斯特報系的國際新聞社（創建於 1909 年）。為了與美聯社競爭，上述兩家通訊社於 1958 年 5 月 16 日合併，定名為合眾國際社。

20 世紀 60 年代至 70 年代，合眾社名聲顯赫，機構龐大，曾多次獲取美國新聞的最高獎——普立茲獎，與美聯社、法新社、路透社並駕齊驅，被譽為世界四大通訊社之一。從 20 世紀 70 年代末期開始，合眾國際社出現巨額虧損，加之國際新聞界的競爭日趨激烈，新技術和新設備更需要大量投資。因此，導致該社困難重重，幾易其主。1982 年，合眾國際社創始人霍華德忍痛將該社賣給了新聞傳播公司，名稱不變。但收購人並未能阻止其衰敗之勢。1985 年 11 月，合眾國際社資方、債權人和工會三方同意以 4,000 多萬美元的價格把該社轉賣給墨西哥報業鉅子馬里奧‧巴斯克斯。

1988 年 2 月，巴斯克斯又將合眾社轉讓給了美國世界新聞電信集團的尼爾‧布賴恩，開始進行了一系列的改革。

但改革未能扭轉虧損局面。1991 年，合眾國際社再次陷入財政困難，為了維持通訊社的運轉，社方大幅削減了編輯和記者的薪金，設在國內外的分社大多關閉。工作人員僅留下 500 名左右。1991 年 8 月，合眾國際社向聯邦破產法院申請破產保護並於 1992 年 4 月宣布破產，等待拍賣。

　　1992 年 6 月 23 日，法院最後宣布總部設在倫敦的中東廣播中心公司（其後台老闆是沙特國王法赫德的姻兄、才大氣粗的瓦利德・易卜拉欣姆）以 395 萬美元的價格買下合眾國際社。

　　2000 年，韓國統一教文鮮明所擁有的新聞世界通訊集團又收購該社，但該社仍未脫離困境，如與美聯社相較，自然遜色甚多。合眾國際社有固定員工約 500 人，國內分社 53 個，國外分社 48 個，在近百個國家派有駐外記者。國內外新聞媒介訂戶 2500 多家，還有一些非媒介訂戶。該社編輯部門的設置以及各部職能和美聯社基本相同，向美國和國外 1,000 多家電台、電視台提供實況和口語報導。

　　該社每天用英、西班牙、葡萄牙、阿拉伯文等四種文字發稿，發稿線路有國內線和北美、歐洲、拉美、亞洲四條國際線。

　　合眾國際社還經營多種業務。它通過美國遙控計算公司興辦數據庫，向機關、企業、學校、圖書館和私人專用的計算機終端提供各類新聞性數據；同商品新聞社聯合組成合眾—商品新聞社，向世界各地商業界提供經濟新聞；在倫敦建立專門報導重大國際比賽的國際體育新聞社；在加拿大建立分支機構加拿大合眾社，發稿範圍擴大到全加三分之一的日報和若干英法語廣播、電視網。

　　一般世界性通訊社，雖號稱世界性，但也都具有濃厚的「國家性」；在全球四大通訊社中，除路透社對國內市場的依賴比例比較少外，其餘的與自己國家市場有密切的結合。

通訊社大多與報紙有關

　　1.兼具老闆與客戶雙重身分的報社，在通訊社的管理系統的

高階層中，都扮演重要的角色，通訊社對其所屬的人漸漸產生「組織性管理」的趨勢。

2. 通常在通訊社中，沒有「利潤分配」的問題發生。

美聯社：具體表現上述三大特色，是根據「紐約州會員公司法」所成立之非營利公司之組織，由正式會員、準會員的各報社組織而成。

合眾社：與美聯社大不同，既非合作性質，也非公益性組織，也不發表年度報告，過去合眾國際社主要控制「斯克利浦斯─霍華德報團」（Scripps-Howard Newspapers）手中，5%的權利控制在於 Hearst Newspaper Group 手中。Hearst 所有的國際社於 1958 年合併於合眾社而成為「合眾國係社」。

與美聯社相比，合眾國際社的經營顯得比較不正常，帶有較濃厚的自由企業色彩。根據 Scripps 公司在 1967 年告訴美國參議院司法委員會說：Scripps 報團，無法將合眾國際社的利潤，直接轉換給自己的報紙，但卻可以將之轉換投資於其他的附屬設施。可見其在組織上的缺點。

第四節　其他通訊社和特稿社

除由報紙和報系經營的通訊社和特稿社以外，美國還有許多專業性通訊社，由民間團體、工商企業等經營，專門發布一些特殊領域的新聞訊息。例如由工會組織勞聯─產聯主辦的聯合新聞社，向美國 200 多家全國性工人報刊和數千家地方性工人報刊供

稿。還有專門供工商企業的公共人員使用的公共關係通訊社，總部設在紐約，向報界發布有關聯企業的新聞和宣傳材料。

在美國，報紙依賴通訊社和特稿社是一種普遍現象，地方報紙自不必說，就是像《紐約時報》這樣的大報也不可能在國內每個州都派駐記者，海外記者的數目更不能與大通訊社同日而語。當前美國的新聞通訊社和特稿供應社少說也有 300 多家。

著名的特稿社有金氏特稿社、聯合特稿社等。特稿包括評論、專欄文章、漫畫和笑話等。激烈的競爭迫使這些通訊社、特稿社提高水準，辦出自身特色，不斷拓展稿件範圍，這就給客戶提供了很大的選擇餘地。

第 2 章　美國的報業發展

　　美國是世界上報業最發達的國家，擁有數量最龐大的報紙種類，最高的發行量，以及最先進的技術；更重要的是美國樹立的報人精神，常為世人所稱頌。細數這段報業發展歷程，有助於對美國報業的瞭解，甚至是對未來世界報業發展趨勢，有一個明確的方向感。

第一節　美國報業的草創時期

　　在新大陸的殖民時期，最主要的報紙是 1665 年在倫敦的第一份出版物——倫敦公報（London Gazette）。該報是殖民者的精神食糧，但是由英國運往美國的船期常延誤，再加上報導內容有時與殖民地事務無關，以致流傳不廣。1698 年麻塞諸塞州政府批准《新英格蘭事務之現狀》（*The Present State of the new English Affairs*）出版，可稱為殖民地總督的對外宣傳刊物。

　　1960 年，波士頓的哈里斯（Benjamin Harris）出版《國內與國外時事報》（*Public Occurrences Both Foreign and Dome stick*），每月出版一次，但僅出版一期便遭殖民地政府以「言論激烈」為

由查禁。1704 年，甘柏爾（John Cambell）創《波士頓新聞信》（*The Boston News-Letter*），隔週出刊，於革命時期因為為保皇黨宣傳而被毀，距（London Gazette）初創辦已歷 72 年。

普魯克（William Booker）於 1719 年創辦週報《波士頓公報》與《新聞信》打對台互相競爭。《公報》後來成為最負盛名的愛國報紙，為美洲殖民的報紙鋪路。1721 年，富蘭克林（James Franklin）創辦《新英格蘭前趨報》，歷經五年半停刊，同時期的《新聞信》、《公報》都在報頭下印「當局核准出版」、但《前趨報》不予理會，其言論頗激進，曾指責總督未消滅海盜。

Samuel Kennland 於 1727 年創辦《新英格蘭週報》（New English Weekly Journal）為一種偏重幽默的報紙，由於走大眾路線，銷行十分成功。

1719 年，Andrew Baddford 於費城創《美國信使週報》（*American Weekly Mercury*）為波士頓以外的第一份報紙。1728 年 Samuel Kemer 創《一切藝術與科學的總傳習與賓西法尼亞公報》（*The Universal Instructor in All Arts and Sciences and Pennsylvania Gazette*）此一報名甚長的報紙，連續刊登百科全書於第一版上，而 1729 年為富蘭克林・班傑明趁機買下，並改名為《賓西法尼亞公報》，改革內容，成為一份有名的報紙。

1732 年《費城時報》為殖民地的第一份外文報紙，出刊數期後停刊。勃來德福的《美洲雜誌》（American Magazine）與富蘭克林的《一般雜誌》（General Magazine）是最老的兩份雜誌：但因殖民地人民尚未有讀雜誌的習慣而失敗。老威廉勃來德福在 1725 年創辦紐約第一份雜誌報紙《公報》（New York Gazette），由於內容陳舊枯燥，《郵置週報》（Gazette, or the Weekly Post-

Boy）及《晚郵報》繼之而起。再來，則是 William Park 於馬里蘭州創辦的《馬里蘭公報》（Maryland Gazette）。《南卡羅來納公報》（South Carolina Gazette）由 Lewis Timothy 於 1731 年創立。James Davis 於 1715 年辦《北卡羅來納公報》，雖早於紐約的報紙，但不久即停刊，故不能與紐約相比。

　　由於交通不便，此時期的報紙常把「歷史」當作新聞。且內容上仍以倫敦的報紙為藍本，同時也徵求私人信件中有關歐洲各地的消息，新聞以戰爭與政治為主，英王昭令與國會奏章，多在頭版刊載。社論則多為在新聞報導後的「補白」，以政治評論居多。銷售量上，1765 年各報多行銷數百至 1,000 多份，雖不多但傳閱者眾。

　　社論在殖民地人民與美國總督政官的政爭中，立場尚稱持平，及至美國施行印花稅法案迫使報紙繳稅後，報紙社論開始批評皇家總督，對美國未來報業影響甚鉅。

第二節　獨立戰爭時期的報紙

　　英國在 7 年戰爭後，為彌補耗損的戰力，便實施一連串的稅率。1764 年的糖稅、1765 年的印花稅、1767 年唐森法對美洲徵收玻璃稅及茶稅，激起殖民地人民不滿。1765 年印花稅通過之後，《波士頓公報》、《賓法西尼亞晚郵報》與費城的《賓西法尼亞週報》刊登絞死收稅官員的照片，並逼他們離職。紐約報紙如《信使報》，在報頭刊登可以弄到漏稅的紙張（No Stamp paper to be had），以此反抗印花稅。

《波士頓公報》成為抗英的溫床。Somuedl Adams、James Adam、Joseph Warren、Josiah Quincy 等政論家論述，認為英國國會對美洲殖民者沒有政治權力，並以洛克的政治契約說為根據，因此美洲的經濟問題一變而成為政治問題。

1770 年，由托馬斯所創的《麻塞諸塞偵查者報》（Massachusetts Spy），匿名的投稿文章已直言獨立的主張。這兩份報紙即遭英軍通牒，不得不暫離波士頓以避風頭。而《波士頓郵置報》與《新聞信》，則被歸為英王黨的忠君派報紙，但不敵愛國派（獨立派）報紙。紐約的親英王派報紙《皇家公報》（Royal Gazette）與《利溫登紐約記者報》也在當時社會輿論壓力下停刊。

佩因（Paine）在 1776 年出版《常識》（Common Sense），銷量約 12 萬份。宣導美洲應脫離英國而獨立。1776 年佩因入伍，革命軍於 Fort Lee 戰事失利，佩因寫〈危機論〉一篇發表於《賓西法尼亞週報》，華盛頓將其向士氣消沉的士兵們宣讀，士兵們兩天即獲捷。佩因並以樵者之言（the Forester）為筆名，與英王派 William Smith 在《賓西法尼亞郵船報》筆戰，影響深遠。

在獨立戰爭期間，美洲報紙轉載英國報紙的情況已不復見，不論愛國派或忠君派報紙，都以戰爭、政治為體裁、而華盛頓更力助《新澤西公報》的創設，以使革命軍有獨立思想的報紙可讀。這一段時期，雙方都力爭報紙，並企圖利用報紙的力量，因為他們已體認到報紙已成為人們熱切需求及絕對相信的東西了。

第三節　黨報時期

在黨報時期，美國政黨報紙，可依時間分：

初期：1783 至 1801 年。

中期：1801 至 1833 年。

末期：1833 至 1860 年。

黨報主要有兩派：

首先是聯邦派（Federalist）：代表人物漢彌爾敦（Alexander Hamilton）。

1.主張採用聯邦憲法。

2.各州於革命時期所餘債務由聯邦政府負擔。

3.對法國大革命採取中立態度。

4.對英締約。

其次為共和派（Republicans）：代表人物傑弗遜（Thomas Jefferson）

1.反對採用聯邦憲法。

2.各州債務自行負擔。

3.支持法國大革命。

4.反對英國。

總計美國自 1783 年獨立戰爭結束，至 1883 年急約《太陽報》（The Sun）創刊，在半世紀中，美國大多數報紙不屬於聯邦派，就是屬於共和派。他們係由政黨所發行，公開為自己政黨利益而辯護，最後甚至謾罵攻訐，捏造誹謗，以致形成政黨報紙最黑暗的時期。

其中民主共和派有報紙 158 種，聯邦派有 157 種。前者主要報紙是 1800 年傑弗遜約請史密斯創辦於首都華盛頓的《國民消息報》，該報先是每逢週三出刊，1833 年改為日報，長期充當民主共和派的喉舌，直至傑弗遜下台為止。後者的主要報紙是 1801 年漢彌爾敦約請科爾曼創辦的《紐約晚郵報》，該報在聯邦派瓦解後改而支持傑弗遜。

美國的政治力量 20 世紀出現新的分化和改組，保守的聯邦派日趨沒落以致瓦解。而執政的民主共和派又分化出一個代表工業資產階級的派別，稱輝格黨或自由黨（現共和黨前身）。民主共和派留下的部分在 1828 年組成民主黨，領袖為傑弗遜，曾連任兩次總統。1828 年至 1836 年，兩個新的政黨在政壇開始新的角逐，它們各自辦報，原有的報刊在新的角逐中又重新歸隊，重新形成對峙局面。

19 世紀 30 年代起民主黨主要的報紙為：傑弗遜的親信布萊爾等 1830 年創辦的《華盛頓環球報》，由聯邦派轉變過來的《紐約晚郵報》。輝格黨的主要報紙是華盛頓的《大眾消息報》和紐約的《信使與詢問報》，後者 1829 年創辦時支持傑弗遜，之後改而支持輝格黨。

此一時期美國報業在規模上已有大發展，1783 年各種報刊 50 多家（明顯少於英國或法國），1800 年上升為 52 家（其中日報 24 家），1833 年達到 200 家（其中日報 65 家）已遠遠超過英法。美國參議院在 1789 年建立後便准許記者採訪，參議院在 1795 年設立記者席。至 1802 年時記者已獲准直接進入議員席，這一點美國也已走在英國前頭。

美國的黨報時期，聯邦派的 Fenno 創《美國公報》（Gazette

of the united states），即時報導 1789 年 4 月 30 日華盛頓於紐約就任第一任總統。共和派的 Philip Freneau 辦《國民公報》（National Gazette），其中一半的時間攻擊漢彌爾敦的財政政策，甚至波及亞當（Adams）總統。1793 年傑弗遜辭去內閣職位，《國民公報》失去奧援：此時，Benjamin Franklin Bache 創《廣知總報》（General Advertiser）力助《國民公報》對抗《美國公報》。這一段時期常發生敵對黨派報紙主編互毆的情事。

美國國都自紐約遷費城，再遷華盛頓，時序進入中期報業競爭階段。總統大選共和派擊敗聯邦派，傑弗遜於 1801 年就任總統。報紙則由 200 多家增至 1,200 家，報紙發行人必須選擇自己的政治立場，此一時期堪稱新聞事業的黑暗時代（Dark Ages of Partisan Journalism）。而傑弗遜總統雖遭報紙人身攻擊，仍表現出良好的民主道德風範，為後世所稱頌。

1812 年，《亞歷山大里亞先趨者報》的 Nathaniel Rounsavell 拒絕宣布眾議院秘密議事消息來源而被拘留，Rounsavell 不為所動，保護新聞來源秘密的義務，由他得以保持。

在 1833 至 1860 年間，產業革命，機器發達，紙張便宜，使報紙也面對前所未有的變革。1860 年報紙突然增至 3,000 家，遂使商業競爭白熱化，加上西部開拓，為報業帶來拓展的新契機，黨派色彩為之消退。但觀念仍存在，在 1850 年的統計中，僅 5% 的報紙是中立的。

第四節　內戰時期的報業

　　南北戰爭時，電訊時常受阻，於是揣測的新聞非常多。記者採訪軍中新聞，但兩者關係並不和諧。軍人常埋怨記者洩漏軍機。但後世認為內戰期間記者扮演「清道夫」（New-Scavenger）的角色，被軍方排斥，只能拾掇零碎的消息。

　　戰爭時期，北方也有反林肯的報紙，被稱為「銅斑蛇」（Copperheads），處處扯北方後腿，最後亦不免遭停刊的命運。無獨有偶的，南方也有支持林肯的報紙，Parson Bsownlow 的 *Konxvillewhig*，因親林肯而遭南方查禁，勝利後復刊為 *Konxville Whig and Rebel Ventilator*。

　　而南方報紙於內戰中，由於紙廠的工業與資源遠不及北方，以及熟練的印刷工、編輯被徵調充軍，所以遭受很大打擊。戰後，則重新再出發，其中《前鋒報》在 1816 年增至 107,000 多份。南北內戰，報紙脫離政黨羈絆而獨立，以特寫材料代替冗長政治論文，加上中西部新聞事業擴展，以及新機器如鋁版造術、捲筒紙兩面印刷機、木漿紙的發明使用，大大促進新聞事業的發展。

　　內戰摧毀了既定的習慣，反倒為新聞事業的蓬勃發展掃除了障礙。而南北雙方對此戰爭的稱呼也不一樣。聯邦政府稱之為「叛亂戰爭」（War of Rebellion），南方政府則稱為「州際戰爭」（War Between the State）。

第五節　一次世界大戰時的美國報業

1914 年，一次大戰爆發後，英國與德國都想爭取美國的同情，但英國切斷了德美海底電線，歐洲的消息要發至美國必須經過英國檢查，美國的態度逐漸傾向英國。但美國仍有反英的報紙，如赫斯特（William Randolph Hearst）即明顯的反英，抨擊英方的新聞檢查制度，並刊載他的柏林特約記者 William Bayard Hall 發出的極端親德的無線電訊。他並未反對美國參觀，但對於亞洲的日本則指為好戰者。

紐約時報刊印官方文獻，如 1914 年刊英、德二國的白皮書，後又刊登法、奧、俄、比的同樣文獻，1918 年該報是刊印凡爾賽合約草案全文的舉世唯一報紙。1917 年 6 月 15 日間諜法案，10 月 6 日的通敵法案均在加強新聞檢查。1918 年 5 月 16 日公布「危害安全取締法」，實施後 75 家報紙遭扣，內有 50 家是社會主義的報紙。而戰時新聞檢查，由 George Creel 任主席的政府組織「公共新聞委員會」（Committee on Public Information）負責。

戰時的軍報如《星條期報》（the Stars and stripes）內有新聞、社論、特寫、漫畫、廣告，由倫敦每日新聞的巴黎印刷廠刊印，極受士兵歡迎。其他尚有野戰衛生隊的《輻射報》（Radiator），空軍的《飛機新聞》（Plain News），27 師的《毒氣攻擊》（Gas Attack）。

1918 年 11 月 7 日，合眾社駐巴黎分社主任 William Philips Simms 打電報給紐約辦事處，說協約國 4 日上午簽定停戰協定。幾分鐘後美國舉國歡騰，但國防部隨即打電話來否認。此一消息

變成假停戰。調查結果，可能是德國潛伏巴黎的間諜在混淆視聽，但 11 月 11 日，德國還是簽訂投降書了。

　　戰爭爆發當天，晚報銷量激增。也由於時差關係，歐洲重要消息，正是美國晚報截稿時間，故晚報因此獲得便宜。美國亦派出大量戰地記者，主要者如 Karl H. Von Wiegand 在柏林，麥寇納在俄國，威廉在巴黎。雖然有新聞檢查，但美國仍是世界上訊息最多的國家。

第六節　大眾化報紙的興起

　　從報業發展史看，報業自擺脫政黨及政府的控制後，乃為「獨立報業時期」。美國自《太陽報》（N. Y. Sun）創刊後，即有獨立報業的特質，直到現在仍是獨立報業。1872 年是重要的年代。《前鋒報》創辦人班奈特於夏季逝世，葛里萊於 5 月作古。葛里萊（Horace Greeley）曾於《論壇報》（N. Y. Tribune）發表推崇獨立宣言：「自今以後，我將努力使本報成為一份完全獨立的報紙。」這是一項重要的聲明。

　　進入 19 世紀以後，隨著工業革命的興起，美國經濟發展迅速。二、三〇年代又出現了民主改革風潮。議會廢除了禁止工人集會結社的法律，各州相繼取消了選民的財產資格限制，並紛紛實行義務教育。社會中下層的文化程度逐步提高，參政議事不斷提高。美國報業於是逐步向社會中下層擴展。

　　三、四〇年代，在東北部工商業發達的大都市，率先出現了

一批面向平民大眾的廉價報紙，以後這類的報紙蔓延到全國各地。其實，美國廉價報紙的創辦是受到了英國早先報紙無印花稅的啟發和影響。而美國在這方面的成功又極大地影響了英國以及歐洲報業的演變。廉價報紙大多是民營性質的商業報紙。但廉價報紙出現之初，美國報壇居主導地位的仍是政黨報刊，而且有些廉價報紙本身就和政黨有著密切關係。大致在南北戰爭（1861 至 1865 年）後，獨立民營報紙才全面取代政黨報紙、確立了報壇的地位。1880 年全國報紙 7,000 多家，大多屬民營商業報。

自 1870 至 1890 年代，美國大眾化報紙興起，造成黃色新聞氾濫，其主要特色有：

1. 報紙紛紛脫離政黨獨立。

2. 報紙不斷揭起各種社會改革運動。

美國大眾化報紙，自 1833 年紐約《太陽報》的創刊，至 1872 年紐約《論壇報》主編葛里萊發表「報業獨立宣言」（Independent Journal）為止，為美國新報業的發展時期。在此時期，美國報業有幾項顯著的特點：

1. 一分錢大眾化報紙的誕生。

2. 新聞寫作趣味化。

3. 政黨報紙的沒落。

4. 新式印刷、造紙及其他科學技術的發明。

《太陽報》（*The Sun*）

1823 年 9 月 3 日，班傑明・戴（Benjamin H. Day）創辦《太陽報》，這是一份成功的「一分錢報」。

《太陽報》的主要特色有：

1. 該報為四頁的小型報，每頁三欄。印刷精緻，寫作簡明，新聞偏重本地新聞及人情味的故事。因內容新穎，訂價低廉，所以發行兩個月，銷售 2,000 份；四個月後，竟增達 5,000 份。就發行而論，已是美國當時最大的報紙。

2. 《太陽報》載有許多簡短、活潑而有趣的故事。有戲院廣告，有奇人異事，而且偏重犯罪新聞，完全不顧美國傳統的新聞觀念，而刊登任何有趣與值得一讀的東西。《太陽報》的輝煌成就，尤其是新聞與寫作技巧最為成功。1870年，丹納（Dana）主張刊登最新、最有趣、最生動的故事，而且為大眾的需要絕不吝惜費用的支出。該報採用一種特寫，稱為「人情味的故事」（Human Interesting Story）。這是一種短文，其趣味不在故事本身有何重大意義，而在引起一般人的興趣、新奇、哀憐與同感。該報編輯巴蓋特（John B.）稱「狗咬人不是新聞，人咬狗才是新聞」。布里斯班（Arthur Brisbane）稱他為美國最佳導師。此外，《太陽報》社論風格犀利雋永，注重風尚、社會問題或有趣的短論。班傑明・戴因使《太陽報》富有趣味，寫作優美，因此有「報人之報」的稱譽。

《前鋒報》（*The Herald*）

《太陽報》之外，詹姆士・班奈特（James Gordon Bennet）於 1835 年 5 月 6 日創辦《前鋒報》（*The Herald*）更形成《太陽報》的主要敵手。其主要特色有：

1. 本地新聞較多，國外新聞較好，更以經濟金融及社會新聞著稱。

2. 班奈特為了戰勝《太陽報》，特別提出「人道主義」、「改革社會」與「自由民主主義」的口號。他對一切政客、辯士及議員展開攻擊，聲稱他們是詐欺者。而他宣稱這是報紙的時代，報紙超出一切，其能送出更多的靈魂進天堂，能救更多的靈魂出地獄。

3. 但《前鋒報》對於謀殺案及各種犯罪新聞的大膽報導，使人們對於該報的純真目的發生懷疑。有人說，犯罪新聞的報導，是否能夠拯救靈魂尚難推知，但他卻因此發財才是真的。

　　班奈特常將自己與拿破崙、摩西相比。他這種自命不凡以及在報紙上喜歡自我表現的作風，也已使人生厭。復加《前鋒報》大量報導犯罪新聞、描述通姦的詳細情節、侮慢教會、攻擊宗教領袖、胡亂罵人、誹謗其他報紙主編等狂妄行為，引起各界對《前鋒報》的道德戰爭。參加人士包括政治家、報紙主編、股票經濟人、牧師與社會知名人士。各地報紙一致猛烈批評班奈特，指其為報業的敗類、不道德的投機者。「道德戰爭」起於 1840 年，持續約數月之久。班奈特雖然仍以詼諧的文字予以還擊，但終於眾怒難犯，報紙的銷售減少三分之一。

　　《太陽報》與《前鋒報》」外，巴爾的摩《太陽報》也曾風靡一時，該報在 1837 年 5 月 17 日，由羅德島阿柏爾（Arunah S. Abell）、蘇茵（William M. Suain）及西摩斯（A. H. Simmons）三人創刊，主要負責人為阿柏爾。當時巴爾的摩已有 6 家報紙，但該報走大眾化低階層讀者政策，出版四頁，很快就超越他報，一年內達 10,000 份。

　　此段時間的報紙稱為一分錢報，其主要貢獻，是大大擴展報

紙的讀者，幾乎每個人都有經濟能力看報。至於內容方面則常為人詬病，如粗俗下流，過於注重犯罪和黃色新聞。「民主評論」（Democratic Review）雜誌的一位作者曾說：「一分錢報是胃口不好或消化不好人們的胡椒，對身體健康的人們益處很少。」但一分錢報在改進新聞迅速報導，供給本地更多與有趣的新聞，揭發黑暗面，促進社會改革方面不無貢獻。

第七節　二次世界大戰期間的美國報業

二次世界大戰爆發，軸心國逮捕美國記者，半年後才釋放返國。這其中，《芝加哥論壇報》通信員 John B. Powell 在日本監獄中喪失雙足的一部分，病歿於 1947 年。1943 年前線共有 430 名記者，陸軍在戰時共派出 1,186 個通訊及新聞官、海軍 460 人，總數 1,646 名新聞人員，數字空前。記者、攝影師死亡者 39 人，受傷者 112 人，傷亡率之高為作戰部隊之四倍，39 名喪生者中，19 名是被指派往太平洋地區。

1943 年春，65 名攝影記者至前線，最成功的是諾曼第灘頭上的阿克密「攝影新聞」的 Bert Brandt。1945 年 12 月美軍攻上琉磺島的 Mr. Suribachi，升起美國國旗，美聯社的 Joseph Rosenthal 捕捉此一鏡頭，後獲普立茲獎，並成為經典。

戰爭開始，《星條旗報》於 1942 年復刊。陸戰隊於一次世界大戰時即發行的《皮脖子報》（Lea-therneck）活躍於各戰區的美軍閱讀，中緬印戰訊則提供中緬印戰區的美軍閱讀，它們對鼓

舞士氣發揮很大的效力。

　　戰時美聯社的聖約翰，《紐約前鋒論壇報》的希爾，《海外新聞社》的懷特柏格爾逃亡的故事與歷險經歷，使人感動。美聯社記者白格蘭，飛機失事於叢林，47 天後獲救，幾乎餓死。合眾社的戈勒爾，冒著德軍炮火救活一位戰士。

　　華盛頓新聞記者恩尼‧派爾（Ermest Tayor Pyle），站在第一線採訪，與士兵同甘共苦，不幸於 1945 年 4 月 18 日在琉磺島被日本機槍所害，美國總統杜魯門參加他的葬禮。恩尼‧派爾的通訊稿有 310 種報紙同時刊載，美日行銷 1,250 餘萬份，是二次大戰中最受注目的戰地記者。

　　1945 年 5 月 6 日，德國投降簽字，同盟國基於安全理由要求記者二日後宣布，但美聯社派駐西戰場主任 Edward Kennedy 不顧約束搶先發布，使軍方與記者同業對於 Kennedy 十分不諒解。1945 年 8 月 14 日日本投降，二天前合眾社即發布投降的假快電，據說也是根據來自華盛頓的電文。此事使全美各地提早慶祝戰爭的結束。

　　1941 年 12 月 19 日，美國成立新聞檢查局，派曾任美聯社主編的 Pyron Price 作局長。活動最高峰時，職員多達 14,000 人。1942 年 6 月 13 日成立戰事新聞處（Office of War Information），命令曾在 CBS 作過時事分析家的 Elmer Davis 作處長，作為政府的宣傳機構。戰後由國務院新聞處接管 USIS。

　　戰中新聞報導的成就，有報紙、無線電、雜誌、電影等，但使美國人瞭解最多的仍是報紙。

杜魯門拿著刊載杜威得勝的報紙得意的大笑。（當年競選，杜威失敗）

第八節　普立茲一代風格

　　根據美國密蘇里大學教授莫特之著作，「黃色新聞」（Yellow Press）一詞始自紐約「新聞報」之華德曼，後被丹納（Dana）在《太陽報》引用，「黃色新聞」以普立茲與赫斯特為代表。

約瑟夫・普立茲（Joseph Pulitzer）在美國報業史上是位富有傳奇性的代表人物。他不僅打破當時紐約報界的現狀，成為獨立報業的盟主，而且為現代報業建立了許多典範。1847 年他生於匈牙利布達佩斯，父親為猶太及匈牙利混血，母親為德奧混血。幼年曾受良好教育，但因早年喪父，致家裡陷入困境。南北戰爭末年來到美國，一文不名。1868 年擔任《西方郵報》記者，並當選州議員，利用報紙買賣轉手賺了筆錢，入民主黨，曾任《太陽報》華盛頓特派員。

普立茲創辦新聞學院與普立茲獎名垂千古。

　　1878 年普立茲買下聖路易快訊報，又合併《聯合報》，1883 年買下《紐約世界報》，並在 1887 年發行晚刊，發行數和廣告的豐富利潤，成為空前未有。普立茲曾說：「這是一份價格便宜、內容豐富、篇幅廣大而且是真正民主的一種報紙，將以最大的熱忱為人民的利益奮鬥。打擊公眾的罪惡與浪費，暴露一切奸詐與虛偽。」1884 年他當選國會議員，1911 年逝世。

　　莫特教授曾對普立茲的辦報特點歸結為六項：

　　1.以國內外重大新聞為骨幹，以輕鬆或刺激性的方式表達。

　　2.發起社會運動（如為建造自由女神像台座募捐），推動改革，擴大影響。

　　3.高質量的社論，以支持新聞性的報導。

　　4.篇幅多，報價低。

　　5.廣泛運用圖片。

　　6.重視報紙發行，用各種獎勵辦法擴大銷路。這種辦報方式
　　　代表美國報業的新潮流，因而被稱為「新新聞事業」。

　　由於普立茲適應了當時社會發展的需要和廣大讀者的心理，
因而獲得了很大的成功。

　　1883 年普立茲買下《紐約世界報》（The World），該報在
人事、方法、策略和目的、原則各方面，均和從前不同。四個月
內，銷售數升高為兩倍。此後世界報銷數仍持續上升，1887 年發
行晚刊，1892 年早晚兩刊共計 347,000 份，超出紐約任何兩報紙
銷售量的總和。在 1980 年代中葉，該報廣告已超出《前鋒報》，
在星期日的報紙頁數中廣告幾乎占一半。因此世界報的豐厚利潤
成為空前未有，成了資本主義大企業。

　　自美西戰爭後，普立茲對於黃色新聞感到厭倦，退出與赫斯
特的競爭。1903 年，他捐助哥倫比亞大學 250 萬美元，建議成立
一所新聞學院，培養報業人才，藉以提高報業水準。

　　1904 年，普立茲在《北美評論》（North American Review）
發表的〈新聞學院〉一文中說：「商業主義在報業經營中具有合
法地位，但他僅限於經理部。如果商業利益主義侵犯了編輯權，
它便成為必然的墮落與危險，一旦發行人僅注意商業利益，那將
是報紙道德力量的結束。」他又說：「只有最高的理想，最嚴謹
追求真理的熱望，最正確的豐富知識，以及最忠誠的道德責任
感，才能將新聞事業從商業利益的臣屬，自私自利的追求，以及
社會利益的敵對中拯救出來。」

以後，在他捐助的哥倫比亞大學新聞學院前面普立茲銅像的台座上，也刻著他的一項格言，正可以說明美國在黃色新聞氾濫的時代中，有見識的報人，已經體會到新聞自由的真諦。他說：「我們國家與報業的體系相關，生存與共，必須報業有能力，大公無私，訓練有素，深知道公理並有維護公理的勇氣，才能保障社會的道德。否則，民選政府徒具虛文，而且是一種贗品。報業的謾罵、煽動、虛偽、專橫，將使民主與報業一同墮落。塑造國家前途之權，操在未來新聞記者的手中。」

普立茲是世界最偉大的報人之一，在近 100 年前，他即要求報紙發行人在追求商業利益時，不可侵犯編輯政策的獨立。同時認為，報業在民主社會中，具有龐大影響力，報業必須大公無私、維護公理，保障社會道德，然後才能造福人民，促進國家的發展。否則如濫用權力，必為社會所唾棄。這種「自我約束」的精神，實為報業自律最早的理論基礎。

美國哥倫比亞大學設有普立茲獎，由該校新聞學院負責處理行政事務。董事會為最高權力機構，設置獎類 14 項（開始時，僅有傑出「公共服務獎」）。每年頒獎一次。經人推薦的申請單位或作品，由顧問部進行審核，呈由董事會議通過，定期頒發獎狀或獎金，成為美國新聞界的最高榮譽象徵。

第九節　赫斯特與「黃色新聞」

美國另有一位著名的報人赫斯特，有人稱他為「黃色新聞」

赫斯特被稱為「黃色新聞大王」

的始作俑者。1863 年 4 月 29 日，他出生於美國加州的舊金山。其父喬治因經營金銀礦致富，他自幼即於極優渥的環境下成長。19 歲入哈佛大學讀書，完全富家子弟作風。二年級時，因親自指揮慶祝克里夫蘭總統當選，並狂飲啤酒，鼓樂喧天，燃放煙火，因此被勒令退學。復學後，又因在學生刊物中對教授們近乎猥褻批評行為，引起公憤，學校因此將其開除學籍。

　　1887 年 3 月 4 日，赫斯特因他父親前往華盛頓就任聯邦政府參議員，乃正式接管《舊金山檢查報》。他應用普立茲辦理《世界報》的手法，不久即使該報成為舊金山最受矚目的報紙。

　　赫斯特到紐約後，即買下《晨間新聞報》（*Morning Journal*）。該報為普立茲的弟弟艾柏特於 1882 年創辦，售價一分錢。後因常刊登誹謗性的新聞與低級趣味的廣告，致聲譽大損。

　　1885 年，赫斯特正式接管此報，並易名為《紐約新聞報》（N. Y. Journal）。赫斯特的辦報方針就是不計任何代價，要聘請到所能找到的最好人才。他將檢查報及紐約報界許多優秀記者請至新聞報服務。

　　《新聞報》重視犯罪新聞，醜行和災禍報導與各種特寫，並

大量應用圖片。總之，赫斯特要求將《新聞報》的版面與其刺激性，要和普立茲的《世界報》完全一樣。這種大量投資與仿效普立茲的政策，果然成功，銷售量不久即恢復了《新聞報》過去的水準。

此時，普立茲已感到威脅，將《世界報》早刊減成一分錢。為彌補這項損失，於是把廣告費提高。而赫斯特亦以百萬資本投入《新聞報》，使得銷售量繼續上升。

在赫斯特接管《新聞報》的第二年，他對該報的改革有幾次出色的表現。而且由於幾次社會改革運動，也很受市民的稱頌，於是《新聞報》的銷售量，到 1897 年就超出了《世界報》。

在與普立茲的競爭當中，大量運用暴露性新聞與犯罪新聞，可以說是赫斯特的看家本領。但這種大膽作風，很快引起教會與高尚人士不滿，所以不久也像 1840 年對付班奈特一般，激起一個類似「道德戰爭」。但由於赫斯特機警，很快發起幾項社會運動，如反對煤氣特權、電車、電燈特權等運動，乃使社會的攻擊趨於緩和。

1897 年，赫斯特購買《廣知晨報》（*Morning Advertiser*），因此取得美聯社會員權，使《新聞報》的國內外新聞更為充實。

赫斯特在他政治賭博中，最失敗的是利用他所經營的報紙，向麥金萊總統不斷發出攻擊。麥金萊被刺，捉到兇手後，認為是受到赫斯特報紙社論的刺激。人們腦海中烙上一個深刻的印象，總認為兩者有相關性。赫斯特為轉移視線，即把《新聞早報》改稱《美國人報》（晚報仍沿用舊名），但功效似乎不大。

1895 年，紐約《世界報》的星期版是美國最大、最好，銷量最多的星期報。赫斯特為了打倒普立茲，先對星期版展開攻擊。

赫斯特與《世界報》的工作人員秘密協商，在一日內以高價將其全數挖角入《新聞報》。在這批人員中，最重要的是葛德（Morrill Godorad）。他擅長用聳人聽聞的犯罪新聞，用以誇張而富刺激性的手法加以描述。

《世界報》星期版上，還有一個引人注目的一欄漫畫，就是奧特考特（Richard Outacult）的黃童子（Yellow Kid）。最初刊於《世界報》的星期版，名為 *Hogans Alley*，內容為公寓中一群小孩的滑稽故事。由於這些漫畫連載，趣味盎然，故這位「黃童子」的大名，可說是家喻戶曉。

而作者奧特考特也被《新聞報》挖角，黃童子亦變成《新聞報》的連載漫畫。於是普立茲又請拉克斯至《世界報》繼續主持黃童子。因此，發生了黃童子的「雙包案」。此時兩報均刊登許多「黃童子」的大幅廣告，使黃童子成為風行一時的讀物。

第十節　黃色新聞的氾濫與沒落

在1892至1914的這二十多年中，美國報業有三個主要特徵：

1. 黃色新聞的氾濫；
2. 莊重報紙的興起；
3. 大規模報業的形成。

赫斯特為黃色新聞的大師，是黃色新聞的代表。至1900年，黃色新聞的浪潮幾乎襲遍整個美國。當時，另有一股浪潮，幾乎與黃色新聞同時發生的，就是莊重新聞的興起。《紐約時報》是

這股浪潮的代表。由於這些莊重報紙的成功，才使黃色新聞逐漸衰微。此時，大規模報業可以以紐約《世界報》做代表。在 1990 年代，該報每年開支大約 200 萬美元，雇用專任工作人員計有 1,300 人。1897 年 3 月，早晚刊之合計銷售量已達 100 萬份，在紀念普立茲經營《世界報》10 週年時，曾發行 100 頁紀念刊。

這種情形，在其他大報也是一樣，如紐約《前鋒報》於 1990 年代初期，每年營利亦達 100 萬美元；1892 年，全國日報銷售超出 10 萬份，只有 10 家；至 1914 年增至 30 家。

《紐約新聞報》與《世界報》均為主戰的報紙。兩報因發行所展開的競爭，導致美國與西班牙互動干戈。

美西戰爭的元兇，須從美國人的領土擴張說起。先是自 19 世紀前期，發生向西移民的狂熱，接著就發生美墨戰爭，自美國西部取得原屬墨西哥的數州，其後加以開發，美國財富大增，國勢益強。於是美國人產生一種心理，把向西擴張視為「明顯的天命」。由於這種心理的激勵，乃更進一步，越過西海岸，向太平洋區域去尋覓新領土，史家稱之為美國領土再擴張。

再擴張的第一步，是向俄國購買了阿拉斯加（Alaska）。就在買得阿拉斯加的同一年，美國又以美國船員首先發現太平洋的中途島（Mdway Is.），即將該島收入美國版圖，這是美國領土再擴張的第二次。

位於太平洋中間的夏威夷群島（Hawaiian Is.）住有波西尼亞人（Polynesians），自建一個王國，美國人既以向西擴張為天賦使命，就開始打夏威夷的主意。先是 19 世紀初期，美國人以傳教為名，繼以經商入居，並投資種植甘蔗，設廠製糖，遂逐漸取得夏威夷的經濟權，1875 年，美國與土王簽訂互惠條約，規定夏

威夷的對外貿易由美國控制，夏威夷的獨立地位則由美國保護。自此以後，美國即成為夏威夷的保護國；1893 年，駐在珍珠港的美國艦隊推翻夏威夷王室，扶植傀儡組織新政府，改為夏威夷共和國。至 1898 年，美國以夏威夷自願合併為理由，將夏威夷收為美國屬地，這是美國領土擴張的第三次。

就在兼併夏威夷的同一年，美國與西班牙發生戰爭，實際就是美國領土再擴張的第四次。自然，美國領土再擴張的慾望，只是美西戰爭的基本原因，美西戰爭的關鍵為古巴問題。

1868 年，古巴發生叛亂，反抗西班牙統治，發生十年戰爭，古巴十年戰爭平息後，西班牙對古巴的統治毫無覺悟，故態復萌，重稅、壓榨甚至比以前更重。1895 年，古巴人民再度叛變，反抗西班牙殖民政府，西班牙駐古巴的將軍魏勒（Valeriano Weyler）立即宣布一切以軍法從事，沒收並毀滅叛徒的財產，並濫捕人民拘禁於集中營，死於其中者以萬計。紐約各報派出記者前往採訪，不少人遭到逮捕，且其中一人被殺害，這一來引起了美國報界的公憤。

在當時大多數美國報紙都做了古巴獨立的宣導，特別是赫斯特的《紐約日報》及普立茲的《世界報》兩家大報極力渲染新聞報導，以贊助古巴叛軍，常以動人的頭條新聞刊載極瑣碎的微不足道的反西班牙事件；有時也杜撰一些無稽的故事，以激發美國人民對於古巴叛軍的同情。雖然美國人民對於古巴革命的同情日益增高，然當時的克里夫蘭總統的政府卻決定不加干涉，保持中立。但表示如果殺戮不止，美國將再觀望靜候。1897 年，麥金萊繼任總統，除嚴格遵守中立法，並利用總統權限阻止國會承認古巴叛軍有權發動戰爭。1898 年 2 月 15 日發生不幸事件，美國停

泊在古巴瓦納的戰艦「緬因號」（Maine）260 名美國海軍水手遇害，原因不詳，但《紐約新聞報》卻以頭條新聞刊出「緬因號戰艦遭人秘密裝置炸彈炸毀」，並以假的圖表說明事件經過，高喊「勿忘緬因號」口號。當時有一位記者腓特列・雷明頓（Frederic Remington）被赫斯特派向哈瓦那，他發現當地平靜無爭，打電報回說：「戰爭將不會發生，我希望即刻回報社。」赫斯特立刻作出答覆：「務請留下，你供應照片，我來製造戰爭。」

在「緬因號」沉沒之前另曾出現一齣鬧劇。1897 年下半，古巴一女郎—科西渥・希絲尼洛（Evangelince Cosio Y Cisneros）因參加反抗活動，被西班牙軍方逮捕，行將受審，美國各報稱她「希絲尼洛小姐」，賜以封號：「古巴的聖女貞德」、「古巴之花」等等，對她的報導唯恐不詳。神通廣大的赫斯特居然把她救出了古巴，據說赫斯特曾花下大把金錢，賄買囚禁希絲尼洛的士兵，完成拯救工作，他不但將「聖女」捧出了名，而且製造出極轟動的新聞，更進一步，強使麥金萊總統下定決心，向西班牙訴諸一戰。

這些報紙渲染西班牙軍隊的暴行，及古巴戰事的殘酷，其真正的動機還是圖利。報社深知摩沙案的動人報導足以推廣報紙的銷路；而古巴戰事，則無異集團的謀殺。這一招果然有效，以赫斯特的《紐約新聞報》為例，其銷售數由 416,885 份，增至 102 萬 5,624 份。但黃色新聞渲染的最後不幸結果是：1901 年 9 月 14 日，麥金萊總統被刺殞命。

在緬因號沉沒後，美國已陷入戰爭狂熱的高潮。《新聞報》與《世界報》的銷售都超出 100 萬份。不過，這並不代表報紙的利潤增加；相反地，大多數報紙由於廣告量銳減，競出號外及採

訪費用龐大，致使利潤反而減少，甚至沒有利益。

　　黃色新聞開始於 1896 至 1898 紐約《新聞報》與《世界報》的競爭。1898 年這種「黃色」報紙，遍及整個美國。至 1900 年達到最高峰，當時在 21 個報紙集中的都市中，約有三分之一的報紙是不折不扣的黃色新聞。辛辛那提、聖路易與舊金山是黃色新聞的中心。丹佛郵報（Denver Post）是最「黃」的報紙，波士頓郵報（Boston Post）是該市黃色報紙的典型；費城詢問報（Philadelphia Enquirer）以大標題聞名。另有大多數報紙，雖沒有完全變成黃色新聞，但有「黃色」的思想和特寫。也有些報紙沒有受黃色新聞的影響，如堪薩斯城明星報（Kansas City Star）。在「黃色新聞」的發源地紐約也有幾家大報沒有染上「黃色」，如《晚郵報》、《紐約時報》、《論壇報》、《太陽報》等。在華盛頓、巴爾的摩及南方城市，黃色新聞的報紙則占少數。

　　從 1896 年 7 月以來，麥金萊一直是赫斯特攻擊的對象。當時赫斯特支持白里安競選，結果失敗。1900 年，白里安二次競選，又被麥金萊擊敗。在此時期，赫斯特對於麥金萊總統的攻擊，從未終止。1901 年 2 月，肯塔基州州長戈拜爾（Goebel）被刺殞命，紐約《新聞報》在 2 月 4 日竟刊出四行讚美詩，最後更主張在紐約「迅速採取行動，將麥金萊迅速裝入棺材」。

　　在 1901 年 4 月 10 日在「新聞報」中居然出現這樣的辭句：「假使惡政府和惡人只能藉謀殺來清除，那麼，謀殺勢在必行。」就在這一年 9 月 5 日。麥金萊到布法羅市，將在當地舉行的泛亞博覽會開幕典禮中發表演講，竟遭不幸，身上中了兩槍，被護送回華府，延至 14 日，與世長辭。兇手是無政府主義者傑

高茲（Czolgosz），當他行刺時，口袋中還有一份攻擊麥金萊總統的《新聞報》。讀者對於赫斯特及其他報紙十分憤慨。愛國者與商業機構首先拒絕訂閱，圖書館與俱樂部採同樣措施。赫斯特的人像被民眾吊起洩憤，其報紙銷量隨之慘跌。

黃色新聞（Yellow Journalism）與激情主義（Sensationalism）並不相同。後者的廣義解釋，就是「激發讀者的感情」。可說美國報紙都是「激發讀者的感情」。不過通常激情主義，是以誇大的犯罪新聞，性新聞與災禍報導，在情感上引起一般讀者不健全的反應。如紐約的《世界報》、《太陽報》、《前鋒報》、《每日新聞報》與《芝加哥時報》等，可說都是激情主義的報紙。

「黃色主義」與「激情主義」雖不相同，但有相似之處。譬如黃色新聞也離不開犯罪新聞、性新聞、災禍新聞與體育新聞的報導。但其除了這些要素之外，還有下列特點：

1. 煽動性的大標題：紅色或黑色的特大字號，充滿刺激，但實際是一種欺騙行為。標題最大者是紐約《新聞報》晚刊。有時用人工刻字，高達數英寸。
2. 濫用圖片：有時圖片出於偽造。
3. 運用各種欺騙手段：如捏造新聞、虛偽訪問、冒充科學、奢談學術等，迷惑讀者。
4. 星期副刊：彩色滑稽圖案和一些膚淺而有刺激性的文章。
5. 對於壓迫的弱者與失敗者，表示虛偽的同情：倡導一些社會運動，表示與多數人民利益站在一起。

1901 年始，美國黃色新聞逐漸趨於衰落。主要原因有三：

1. 紐約《新聞報》與《世界報》的競爭日漸緩和，由於普立

　　茲對於這種競爭感到厭倦，而將《世界報》最受人攻擊的
　　「黃色」部分取消。
　2.莊重報紙：如《紐約時報》的興起。
　3.麥金萊總統被刺。這可能為最重要、最直接的原因。

　　麥金萊總統逝世後，老羅斯福總統繼任。在他首次國會咨文
中，指斥暗殺麥金萊總統刺客，是被那些黃色新聞的報紙煽動起
來的。並於 1906 年說明他所指的煽動者就是赫斯特。而赫斯特
則辯護是「為人民奮鬥」。

　　自麥金萊事件發生後，《新聞報》已成為被美國社會所唾棄
的報紙。赫斯特乃將其易名為《美國人新聞報》（American Jour-
nal）；並不久定名《美國人報》（American）為早刊，《新聞
報》（Jounal）為晚刊。自此以後，黃色新聞即趨衰落。但 1924
至 1928 年，在紐約小型報紙的競爭中，又曾短時間的出現。

第十一節　《紐約時報》初啼新聲

　　美國報業中，沒有一家報紙比《紐約時報》（*The New York
Times*）的聲望更高。這種偉大的成就，是很多人努力、勤勞與堅
持的結晶，但奧克斯（Adolph S. Ochs）無疑是其中最大的功臣。

　　當紐約黃色新聞氾濫的時候，《太陽報》、《消息報》
（*Press*）、《晚郵報》與《論壇報》均曾對黃色新聞加以攻擊，
但都無多大效果。至《紐約時報》以嶄新的姿態與一分錢的價格
出現時，證明一種高尚報紙，以豐富與優良的內容，即足以擴大

它的銷數。因此，使人相信黃色新
聞，並非增廣銷數的唯一法寶，也
由於《紐約時報》的啟示，普立茲
便從黃色新聞的競爭中退出。

奧克斯（Adolph S. Ochs）以
正派作風辦《紐約時報》

　　《紐約時報》功臣——奧克
斯，於 1858 年出生於辛辛那提，以
後移居田納西州，父母是十分貧苦
的猶太人。1896 年，當他接管《紐
約時報》時，銷數只有 9,000 份，每
日損失 1,000 元。奧克斯時年 38
歲，是位精力充沛而思考清晰的報
人。他 11 歲即作報童，14 歲於《諾
克斯威爾記事報》（Knoxville Chronicle）當學徒。以後數度擔任
記者。20 歲時，他借到 250 元買了《卡太奴格時報》（Chattano-
oga Times）的一半股份。該報是小型報，負債 1,500 元。奧克斯
使該報成為當地有力的民主黨報紙，然後交給其弟喬治‧奧克斯
經營，而自己到紐約買下《紐約時報》。

　　1896 年，《紐約時報》的資本已增到 100 萬美元。但他的股
東們都認為《紐約時報》已經沒有希望。為了鼓勵奧克斯努力經
營，約定在三年內，《紐約時報》能夠繼續賺錢，股東願意拿
51% 的股份贈送奧克斯作為酬勞。這就是他能以 75,000 元買下
100 萬元財產的主要原因。事實證明，奧克斯果然不負股東們的
期望，兩年後他輕易取得《紐約時報》的控制權。1900 年，他就
獲得由自己加以運用的利潤。《紐約時報》在奧克斯最初 25 年
的管理下，大約賺了一億元。其中只有 4% 作為紅利，其餘均用

來擴充設備，佈置通訊網與改善員工的待遇。

　　在黃色新聞的氾濫中，《紐約時報》竟能完全以正派作風，成為美國利潤最大與聲望最高的報紙。當然，奧克斯的經理天才，為該報成功的最大原因，而下列各點也是《紐約時報》成功的因素：

　　一、高尚的新聞政策：自 1896 年 10 月 5 日起，《紐約時報》每天在報頭上刊出一句話：「所有的新聞都是值得刊登的」（All the news that's fit to print）。這有兩層意義：

　　1. 《紐約時報》的消息，沒有誨淫誨盜的黃色新聞。

　　2. 《紐約時報》的消息，都是確實可靠而有益於讀者的。

　　二、詳盡的新聞資料：《紐約時報》以政治家及社會領袖的耳目而負盛名。自 19 世紀末，美國逐漸成為國際政治的重要角色，於是奧克斯與倫敦《泰晤士報》交換特殊新聞，此使《紐約時報》國外新聞的水準大為提高。其他如充實而可靠的政治、經濟新聞、重要演說、各種文書的刊登原文等。

　　三、獨立公正的社論：《紐約時報》的評論，在瓊斯與推德集團的鬥爭中，企業已建立了不為脅迫、不為利誘的典範。在《紐約時報》大廈的走廊上，刻著一句標語：「公正的報導新聞，不畏懼，不徇私，不為任何政治派系或利害關係所影響。」這種所說的「報導新聞」，當然包括評論。在此時期的五次總統選舉中，《紐約時報》兩次支持共和黨（1990 年麥金萊，1908 年支持塔虎托，而一般人仍認為該報傾向民主黨，但實際它脫離政黨而獨立）。

　　《紐約時報》為了保障新聞與評論的獨立公正，不為利誘，早有其傳統精神。瓊斯曾拒絕 500 萬元的賄賂。奧克斯 1896 年

接管《紐約時報》時，財政情況十分困難。當時政客擬以 20 萬元刊登紐約全體選民名單，藉行賄賂；但奧克斯拒絕刊登這項廣告。1990 年，《紐約時報》發表社論，支持共和黨競選，並說明過去 18 年一直支持民主黨。共和黨為向《紐約時報》表示好感，願向該報購買 100 萬份，但奧克斯亦將這筆生意拒絕。

四、乾淨美觀的印刷：《紐約時報》另外有個宣傳廣告，就是「不玷汙早餐桌的桌巾」。表示印刷精美。但有一說，是強調該報的內容絕不使你用餐時反胃。

五、報紙售價大眾化：1898 年秋季，奧克斯將報紙售價自三分錢減為一分錢。《紐約時報》以內容及價格向黃色新聞挑戰，要在一年間銷數達 75,000 份，1910 年達 15 萬份，1920 年達 30 萬份。

六、高級幹部的專業精神：任何事業的成功，都需要事業精神，而就一份成功的報紙而言，專業精神更是不可缺少。奧克斯自 11 歲擔任報童，至 78 歲逝世為止，他終身從事新聞事業。而且自 38 歲接管《紐約時報》後，從未見異思遷。其次在奧克斯主管該報時代，總主筆米勒（Charles R. Miller）與總編輯范安達（Van Anda），均具有高度的專業精神。米勒自 1883 年任《紐約時報》總主筆，直至 1921 年，計有 38 年之久。范安達自 1904 年任總編輯，直至 1925 年因勤勞過度退休為止。奧克斯對他們完全信任，對他們的計畫都全力支持。而他倆之間的密切合作，更為新聞界樹立了最好的模範。所以該報領導人員的專業及其合作精神，早已奠定《紐約時報》成功的基礎。

第十二節　美國現代報業發展時期

美國現代報業發展時期，時間可從 20 世紀二○年代至今。現代新聞傳播時期分為三大趨勢：1.傳播科技的普遍運用。2.傳播管理的激增。3.讀者大眾趨於不同層面的公眾。

美國幾乎所有的報刊，都是在本地出版發行，當代的美國報刊具有濃厚的地方色彩，內容主要是刊登地方新聞，約占總篇幅的四分之三。另外，值得注意的是，在美國，廣告對報紙有極大的影響，有些報紙超過75%都是廣告。在美國，由政府或是黨派發行的報紙並不多，影響力也不大。美國也因為幅員太過遼闊，所以沒有一家足以控制全國的全國性綜合報紙。比較具有全國影響力的報紙有：1.《紐約時報》（*New York Times*）、2.《華盛頓郵報》（*Washington Post*）、3.《洛杉磯時報》（*Los Angeles Times*），但是其發行範圍，僅限於所在都市和鄰近地區，以及國內外的上層人士。

從表面上看，美國媒體的種類、數量似乎多得不勝枚舉。而實際上，他們背後只有少數幾個大的跨國公司在控制著美國人讀什麼、聽什麼、看什麼，而且這些公司的數目越來越少。

據統計，現在美國的 1,600 多份日報只有由十來個公司控制著，雜誌收入最多的只有三家主要公司，電台、電視台更是只有三大無線電視、廣播網和三大有線電視網（單指新聞方面）。即使與其他西方國家相比，美國媒體數量也屬少數。紐約現只有四份新聞日報，華盛頓只有《郵報》和《時報》兩家。相比之下，羅馬有 18 份日報，東京有 17 份，倫敦和巴黎各 14 份。

　　據調查，1982 年控制美國半數以上媒體的有 50 家公司。到了 1987 年，這一數字已降到 26 家。到 1993 年時，這一數字更降到了 20 家以下。從九〇年代初至今的十年內，美國的媒體公司數量越來越少，規模越來越大。這主要是由媒體與媒體公司之間，以及媒體與其他產業之間相互兼併、收購完成的。最著名的事例有：時代併購華納、併購CNN、時代華納與美國線上（AOL）合併、有線電視公司 Viacom 與電影公司派拉蒙（Paramount）與錄影帶出租連鎖公司（Blockbuster）合營、西屋電器公司（Westinghouse）購買哥倫比亞廣播公司（CBS）、通用電器公司（GE）收購 NBC（國家廣播公司）、迪士尼收買 ABC（美國廣播公司）、現屬默多克的新聞集團（News Corp.）和 20 世紀福斯（20th Century FOX）與多媒體電視公司合併、Gannett 報業集團與多媒體公司合併。

　　目前發行範圍遍及全國的有：1.《華爾街日報》（*The Wall Street Journal*）該報以經濟新聞為主。2.《今日美國》（*USA Today*），該報已達到完全電子化、內容主要是以短訊息為主，比較缺乏深度。

　　而現今美國主要報紙和集團有：1.《紐約時報》和紐約時報公司，2.《華盛頓郵報》和華盛頓郵報公司，3.《洛杉磯時報》和時報—鏡報公司，4.《華爾街日報》和道瓊公司。

　　動亂不安的時代，由於獨立報業的興起，以及各種派別報紙紛紛創刊，導致報紙的數目，遠超出社會的需要，合併或淘汰為大勢所趨；且現代報紙均以廣告收入為主要財源，廣告客戶往往也將廣告刊登於影響力或銷售量最大的報紙，也使得經濟狀況較差的小報往往無法支撐，也同時促成了報業間兼併集中的持續。

茲就兩次大戰間美國報業的合併現象列成下表：

年份	報團數	控制日報數	占日報總數	占日報銷售量
1910	13	62	2.8%	
1920	55	311	16%	43.4%
1935	63	328	17%	41%
1945	76	368		

美國是當今報業最發達的國家，其所出版的報紙數量均列世界前茅，版面篇幅多，廣告比重大，且內容朝向廣度和深度兩極發展，版面編排也更趨形象化，這已成為美國報業在編採業務上比一些先進國家更為明顯的特點，也足以成為領導世界報業的趨勢。但自第一次世界大戰後的壟斷情況卻變本加厲。1990 年代，擁有日報發行量 100 萬份以上的報團就已達 12 個，依次為：1.甘奈特報團，2.奈特─里得報團，3.紐豪特報團，4.時報─鏡報報團，5.論壇報公司，6.道瓊報團，7.湯姆森報業公司，8.紐約時報公司，9.斯克里浦斯─霍華德報團，10.考克斯企業公司，11.赫斯特報團，12.美國新聞公司。

下列表列顯示美國報業壟斷的情形

年份	報團數	控制日報數	占日報總數	占日報銷售量
1910	109	552	31.3%	46.1%
1930	157	879	50.3%	63%
1935	167	1095	62.5%	72.2%
1945	149	11733	69%	78.5%

報紙分為兩種，一種是以內容見長，富有濃厚人文氣息，關懷社會，且充滿人生哲理為主，這種我們稱為質報。而另一種以發

行量大、廣告業績高，且極具市場占有率，這種我們稱為量報。

　　而在今日美國重要的幾份報紙中，今日美國（USA Today）因本身的發行量與廣告量大而且市場占有率也高，堪稱商業化報紙的代表，可將其歸類為量報；而「基督教科學箴言報」因其報刊內容富有人文思想且具有反省社會之意，因此將它歸類為質報。

　　根據《美國編輯與發行人》年刊的記載，今日美國擁有 1,760 家報紙，570 家星期日報，9,000 家週報。這些報紙有些以質著稱，有些則以發行量聞名。例如紐約時報與紐約每日新聞報（New York Daily News），兩者的性質卻不同，紐約時報銷數才 110 萬份，每日新聞報則有 217 萬份，前者的對象是教育程度高，關心時事的人，後者則是專為忙碌的人所閱讀的小型報紙。美國報業是分散而不集中的，因為每一家發行的數目都不高，能超過 100 萬份的只有一家，即是紐約每日新聞，其餘在 1,700 多家報紙中，銷數超過 50 萬份的只有 34 家，總計有 2,000 多萬份，而美國報紙的總銷售量則有 5,000 多萬份。美國雖有銷售範圍很廣的報紙，但卻少有全國性的報紙，他們只是擁有全國很多地方的讀者而已。所以有新聞學家稱之為「一城一報」。

　　美國近代報業發展有幾項重要的特性：

　　一、在政治上、經濟上都是獨立自主的，不依附任何政黨、政府，儘管和政黨、政府有千絲萬縷的聯繫。

　　二、都以中上階級為主要讀者對象，新聞以硬性新聞為主，嚴肅、嚴謹，很少有煽情新聞，同時高度重視評論。

　　三、都以現代化企業管理方法來經營報紙，注意物色傑出人才，內部管理嚴謹，力爭利潤最大化。

　　時代週刊曾做過調查，選出美國十大著名日報：《巴爾的摩

太陽報》、《克里夫蘭新聞報》、《洛杉磯時報》、《路易士威爾快報》、《密爾瓦克日報》、《明尼亞波力論壇報》、《紐約每日新聞》、《聖路易郵訊報》、《華盛頓郵報》。這些報紙中銷數最低的是《巴爾的摩太陽報》，19萬份；最高則是《紐約每日新聞》。時代週刊選擇的標準除了其經營成功與否之外，乃是該報能夠擔負起監督領導的責任，以及是否隨時隨地都能付出它服務的熱忱為標準。

今日美國的報業已經從過去惡性競爭中經過長時期的兼併與淘汰而漸趨穩定。如今企業化大規模的經營已成了美國近代報業的一項特色，也可說是近代世界報業的一個趨向。由於獨立報業的興起，以及各種報紙紛紛創刊，使報紙數目遠超過社會需要，合併與淘汰成了必然的情形。廣告客戶被一些大報所占，早報、晚報由同一家經營的成本較低，故形成早晚報的合併。報紙經營的現代化，固定資本與流動資本大為提高，因此資本較小的報難與大報競爭。在此情況下，為了生存，只有連營或合併，因此美國的報業非但未因人口的增加而增其家數，反而更趨減少，但其銷數則是人口比例相對的增加。

目前美國僅有十幾個城市實際上有報業競爭，其他地方則大都是一城一報。今天不管是哪個報業，經營的基本原則必須是大量的投資及更新設備，這是他們從長期經驗和教訓中得到的啟示。

美國報紙都屬私營企業，報紙主編與出版商是雇員與雇主的關係。為了增加利潤、報紙具有頁數多、廣告多和內容廣的特點。除廣告和國內外新聞外，通常還設有社評、經濟、金融、體育、婦女、環境、教育、科技、文藝、旅遊及娛樂（包括連環漫

畫、字謎和其他遊戲）等文章和專欄。新聞在報紙篇幅中所占比
例很小，其中大部分為當地新聞，其次是國內新聞，再次是國際
新聞。

　　現今美國大多數日報為少數報業集團所控制。許多報業集團
同時擁有雜誌、廣播電台和電視台，甚至其他行業，成為規模巨
大的壟斷組織。由於兼併過程加速，市場常常被少數報紙獨占。

　　2002 年 2 月，美國哥倫比亞地區上訴法庭判決，限制一家媒
體公司不得在相同城市同時擁有電視台與纜線系統的規定無效，
並要求美國聯邦傳播委員會（FCC）重新檢討禁止媒體公司在中
小型市場擁有兩家電視台的規定。同年 4 月 7 日，FCC 媒體局長
費瑞（Kenneth Ferree）表示，未來將放寬媒體公司法規限制，大
型媒體公司可望進行合併。以下是美國發行量前十名的報紙（截
至 2002 年 6 月的 6 個月平均發行量，ABC 公布）。

報紙	2002 年份數	2012 年份數
今日美國	12,194,993	1,817,446
華爾街日報	1,780,605	2,118,315
紐約時報	1,109,371	1,586,757
洛杉磯時報	944,303	616,575
華盛頓郵報	759,864	507,615
紐約每日新聞	734,473	579,636
芝加哥論壇報	675,847	414,590
新聞日報	577,354	397,973
休士頓記事報	551,854	384,007
紐約郵報	533,860	555,327

第十三節　近代美國之重要報業

在世界最有影響力的十家報紙，美國的報紙占了前四名，分別是：1.紐約時報 2.華盛頓郵報 3.華爾街日報 4.今日美國，人們對報紙的評價並不取於發行量。

美國新聞研究機構所做的民意調查顯示，以下幾家是公認美國最重要的報紙：

一、《紐約時報》（*The New York Times*）

創辦於 1851 年，歷經三個不同階段的創辦人亨利・雷蒙（Henry Raymond）、喬治・瓊斯（George Jones）以及奧克斯（Adloph S. Ochs）。其中又以奧克斯在 1896 年接辦後，使《紐約時報》在進入 20 世紀後逐步取得美國報界權威的地位。

《紐約時報》歷任的發行人都能傳承與堅守新聞獨立，以及高水準、高品質的原則。他們都堅信，所有在新聞上的投資最後必定能夠回收，因此不須犧牲新聞的專業性與至高性。

《紐約時報》剛創立的時候內容並不多，編輯手法也很粗糙，甚至有一陣子還走煽情主義的新路線，評價並不高，直到1918 年該報贏得第一座普立茲新聞獎，才漸漸奠定其「質報」的不墜地位。

奧克斯接辦以後決意要把該報辦成新聞全面、內容詳盡、言論穩健的報紙，排除黃色新聞的作法，堅持嚴肅的辦報方針，強調刊載一切適於刊登的新聞。他力求翔實，於經濟上及時提供市場金融資訊、商界動態與航運訊息，於政治上詳載政府重要文件

與外交協定，同時還開闢專欄與書評專業以及評述事實為主的星期增刊。

　　《紐約時報》對於廣告的接受有高度的嚴格標準，為使廣告符合刊登標準，每年要犧牲千萬元廣告費。可是《紐約時報》寧願損失收入，也不容不實或有失善良風俗的廣告出現在版面上。

　　2000 年的《紐約時報》，向各種媒體進軍、以增加品牌知名度，並向廣告客戶推銷橫跨報紙、電視與網路的整合方案。其與 Discovery Communications 合作，推出有線電視節目，未來將進一步擴充節目內容，而《紐約時報》記者將與 Discovery 影音資料庫形成互補，共同製作電視節目。

　　這家充滿光榮歷史的百年老店，在該報編輯部的長廊上，懸掛數十年歷屆總編輯以及得過普立茲獎的資深記者照片。當然，紐約時報也發生過蒙羞事件。尤其是在一位 27 歲的記者布萊爾從 2003 年 10 月底奉派採訪全國新聞到 2004 年 5 月 1 日辭職為止，所撰寫的 73 篇報導中，至少有 36 篇涉及詐騙。《紐約時報》說，布萊爾的劣行使紐約時報蒙羞。

　　《紐約時報》發現，布萊爾「屢次犯下新聞採訪的劣跡」，包括剽竊他報內容，捏造別人的談話、對自己的去處交代不清楚等等。該報在網站上張貼布萊爾劣跡，次日再刊登在報上。《紐約時報》說，布萊爾利用剽竊、造謠手法，杜撰一些不實報導，包括華盛頓地區狙擊手連續攻擊事件，美國女大兵潔西卡‧林區家人的新聞等等。

　　《紐約時報》的此項坦承報導長達 7,500 字，主編還特地向讀者致歉，鉅細靡遺地交代一些出自布萊爾筆下，經《紐約時報》人員調查發現係杜撰或剽竊的報導。《紐約時報》公司董事

長和發言人舒茲伯格在文章中表示：「報紙與讀者間的信賴為之蕩然無存。」

《紐約時報》遲遲沒發現布萊爾的報導有問題，《紐約時報》舉出多項理由，包括：資深主編欠缺聯繫、布萊爾報導中的人物很少提出抗議、布萊爾常掩飾自己的行徑等等。調查發現，布萊爾從全美各地發稿，事實上，他大部分時間是窩在紐約布魯克林區。他還在布魯克林區蒐集一些昂貴的發票。

《紐約時報》數百名記者、編輯和攝影人員曾經開了兩個多小時的會。幾位高級主管以「督導不周」等錯誤向全體員工道歉。憤怒的記者紛紛提出問題，總編輯雷恩斯也一一回答。記者大罵，早就有人警告，布萊爾的行為不夠專業，但報社上層一直未加理會。記者甚至指責道，階級管理式的報社文化害得記者都不敢批評報社的政策。

《紐約時報》發行人舒茲伯格和執行主編波伊德也召開會議。他倆在會議一開始就表示：「主管為他們所犯的錯誤以及他們督導不周所造成的痛苦道歉。」為此，雷恩斯終於下台，由前主編凱勒取代。

《紐約時報》有 3,750 名記者，加上龐大的編輯系統，共有 1,100 多名新聞工作者。檢討布萊爾之錯誤，有人歸咎幾個因素：

1. 對少數族裔之特加提拔，布萊爾是個黑人，在「大錯不斷，小錯連連」之情況下，仍願意給予改過自新的機會。
2. 布萊爾一直有高人保護，他會做人，對主管恭敬，大家都喜歡他、容忍他。
3. 《紐約時報》編輯部核實制度完全崩潰。科技進步使布萊爾變成隱形人和剽竊高手。

　　具有 152 年歷史的《紐約時報》，在此石破天驚的錯誤中，也作了深切反省，以繼續贏取公眾的信任。

二、《華盛頓郵報》（Washington Post）

　　創辦於 1877 年，1933 年因為破產，在一拍賣會上被尤金‧麥耶買到，在他手中漸有起色，1948 年由其女婿菲力浦和女兒凱薩琳繼承該報，自菲力浦 1963 年自殺去世後，凱薩琳自任董事長總經理與發行人，取得實權，將這份報紙辦得有聲有色，她陸續兼併了《時代先驅報》和《新聞週刊》，買下幾家電視台，形成一家新興的傳播集團，成為美國著名的女報人，凱薩琳逝世後由次子唐納德繼承報紙發行人。

　　《華盛頓郵報》經歷許多事件挑戰，使之聲譽大起，例如：1971 年五角大廈的秘密外洩。雖是《紐約時報》一馬當先，但《華盛頓郵報》馬上繼起，密切配合，尼克森總統試圖加以禁刊，未能奏效。1972 年首先揭露水門事件，《華盛頓郵報》的兩名記者包柏‧伍華德，和卡爾‧柏恩斯刊發了一系列的報導，導致尼克森總統的下台，影響巨大，

兩位年輕的《華盛頓郵報》記者揭發水門案件，擊敗了尼克森總統。

因而躍居三大報行列。《華盛頓郵報》注重報導國內消息和政府活動，國際新聞也很多。

三、《華爾街日報》（*The Wall Street Journal*）

該報創刊於 1889 年，由道瓊公司於紐約出版，創辦人共有三位，分別是 Charles H. Dow，Edward T. Jones 與後來加入的 Charles Bergstresser。這三位志同道合的英格蘭朋友於 1882 年秋天在紐約成立了道瓊公司，兩年後發明了一套計算指標的方式，成為今日道瓊指數的濫觴。

《華爾街日報》本是金融專業報紙，1930 年代末逐漸發展成綜合性報紙，在側重財經內容之外，還注意報導國際國內的重大新聞，刊登政治、社會、文化、教科方面的專稿。政治立場以大資產階級及金融資本家的利益為代表。

社會版：常常就國內外問題發表有影響的言論。

經濟版：以分析道·瓊彙編的股票指數為主，歷來為國內外經濟界所關注。

《華爾街日報》的成功，主要表現特殊的編輯風格，這些風格中有的甚至與傳統的理念背道而馳（如不重照片）。它的版面特色有幾點：

1. 幾乎沒有照片；
2. 報頁右角沒有傳統的多欄標題：主版頁的所有報導皆以欄為主，如有不足才會繼續刊登於內頁中。

該報設有「更正與補增」專欄：凡有錯誤必勇於更正並補增新材料，滿足讀者需求，《華爾街日報》在美國國內可分東部、中西部、西南部與西部共四個版，編輯內容基本相同，只是地區

新聞和廣告有所不同。基本版面由總部衛星傳送到各地十多個印刷廠同時印刷版面。1976 年起於香港出版亞洲版，1988 年起於布魯塞爾出版歐洲版，其影響力可謂遍及全世界，該報閱讀對象除了金融企業外，還擴展到政界與中上層知識份子。

四、《今日美國》（*USA Today*）

該報是全國性的綜合日報，為甘奈特報團於 1982 年 9 月 15 日於華盛頓所創辦，創辦人是努哈斯（All Neuharth）。該報內容簡明、編排新穎，不注重深度報導、專欄評論，也不刊登連環漫畫、字謎或是分類廣告，但每天都有各州的氣象預報。《今日美國》創造了美國新聞史上的奇蹟。創刊以來發行量年躍至全美第三，五年內攀升至全美第一。現在，其平均發行量為 208 萬份左右。

《今日美國》強調短消息。「可以讓業務繁忙的讀者儘量在短時間內瞭解量多的訊息。」有評論家把它比作快餐，戲稱為「麥當勞式的報紙」。對於讀者來說，還不算太壞，但不及《華爾街日報》等有營養。

該報每週出 5 天、每天 40 版，分為新聞、體育、娛樂三部分。新聞和體育的部分圖文並茂，彩色印刷。新聞報導十分簡短，通常每條只有幾小段甚至幾句話，報紙每天刊登來自每州的兩三條新聞消息。全國出版許多的分版，並在加拿大等國發行，發行量開始為 20 萬份，一年後就超過 100 萬份。

該報固定的訂戶相對較少，主要靠零售，目標讀者是在旅途的商界人士。大量的《今日美國》是在機場的報架上出售的。受豐厚回扣的驅使，不少高級旅館大量購買這份報紙，免費送到顧

客房間。

五、《洛杉磯時報》（*Los Angeles Times*）

　　美國東西岸各有一份「時報」，東岸為《紐約時報》，西岸為《洛杉磯時報》。後者創辦於 1881 年，晚前者足足三十幾年。創辦者湯麥斯・加丁（Thomas Gdrdiner）和納山・柯爾（Nathan Cole）這兩人由於財力不足，第二年為哈李斯・森格雷所購買，實力逐步強大。1917 年產業傳予女婿阿里・錢德勒，隨著西部地區經濟發展，該報業持續興旺，但影響力始終侷限於西部一帶。六〇年代，它所主持的「時代─鏡報」公司向東岸擴展勢力，購下《長島新聞日報》（後來改稱為《紐約新聞日報》），使得《洛杉磯時報》進入一個全盛時期。錢德勒病逝後他的第三代奧蒂斯（Otis）經營不善，霸權旁落，所幸新任公司董事長大衛・賴文陶（David Laventhol）進行了一系列的改革，加強了國際新聞和全國性要聞報導，逐漸改變其保守主義的形象，影響力迅速上升，至七〇年代終於躋身三大報行列。該報發行量逾 100 萬份。

　　《洛杉磯時報》多方深入地分析文章，注意反映各派的政治觀念，主要讀者群是西部菁英與民眾。

　　據統計，進出錢德勒手中的土地高達 150 萬英畝。除了土地交易外，錢德勒還投資過好萊塢片場、飛機製造業、航空行業、貨運流通、廣播事業等等。

　　錢德勒經營報社的第一原則，在利用報紙來增進自身利益上，決不遲疑決不手軟。不過錢德勒給了大家「不必做爛報，也能賺錢」的啟示。

六、《基督教科學箴言報》（*The Christian Science Monitor*）

這是基督教科學會在波士頓出版，發行全國的報紙。創辦於 1980 年，發刊時就抵制黃色新聞，一貫保持嚴肅正統派的傳統。

該報注重國內外重大新聞，擅長於解釋性報導，重視刊登文藝、教、科方面的特稿，一般不刊登或少刊登災禍新聞，即使刊登也是注重分析事件的前因後果，不做細節上的渲染。它的國際報導尤負盛名，相關國際新聞的編輯和記者不少是這方面的學者專家。

該報講求文筆優美、廣告較少，僅占全部篇幅的四分之一，且對內容有所限制，如：菸草、酒類、色情影片等廣告都拒絕刊登，所以發行量並不大，僅 200,000 份。由於這份報紙於政界、知識界、文化界有很深的影響，讀者大多具有較高的文化和社會地位。

第十四節　美國新聞事業的精神資產

美國受傳播科技影響，近年傳播媒介日增，但從事傳播工作的人員，其精神大多受報人影響。許多傳播事業所堅持的原則與信念，也多由報人所樹立。這些專業倫理與道德，是新聞事業的寶貴精神資產，也是西方國家第四權理論的基本支柱，茲分別說明如下：

一、美國的新聞自由

美國憲法將言論自由與新聞自由奉為神聖，它們也是美國生活方式的特徵。新聞出版自由是民主社會不可或缺的，在公開的、公眾參與的辯論中，美國人毫不遲疑地強調言論自由。

美國媒體最重要的共同特點是：

1. **新聞業是獨立於政府之外的一個企業。**
2. **這一行業自視為公眾信賴的代表。**
3. **美國新聞業基本上不受拘束。**
4. **主流媒體一般置身於意識型態之外。**

在美國，政治始終置身於新聞業之外。由政府擁有或控制的媒體只是那些在海外廣播的媒體，如「美國之音」。根據法律，這種節目不得在美國境內廣播。因此，大多數美國人與它只有間接接觸。

在美國，新聞作業於一個獨立於政府之外的企業，它的準則不在於與政府保持一致，而是要顯得獨樹一幟，只要不違反法律，只要能賺錢，就是全部的專業原則。因此，在西方是沒有可能控制新聞的。

假設美國政府要通過法令，令美國的媒體與政府的聲音保持一致，那麼對於一些持反調的新聞媒體，則這家報紙就會顯得更引人注目，從而獲取更多的讀者或更多的廣告，成為更具影響力的媒體，令美國政府的努力毀於一旦。但美國的憲法第一修正案，明確指出「國會不得制定法律，剝奪言論自由或出版自由，或剝奪人民和平集會及向政府要求伸冤的權利」。

實際上，該修正案兩個多世紀以來，雖然簡短的條文未被勒石銘文，但它卻是美國新聞專業的燈塔和盾牌。但日復一日地在

法庭、街頭和政府機構中經受考驗。迄今為止，第一修正案提供的保護已經禁得起考驗。

由於享有這種保護，美國新聞媒體在某種程度上可以免遭官方的報復。例如，一名官員很難在針對媒體的誹謗案中獲勝，因為美國法院裁決，在民主制度下，政府公務員與公眾不同，必要時必須接受審查，而且有義務闡述如何履行責任。另外，美國記者發布於不利政府的資訊時，從不向政府透露任何來源，也不必擔心來自於政府的打擊報復。

所以在西方，只可能對事實進行隱瞞，而不能在公開的情況下進行歪曲。迎合觀眾讀者心理是所有媒體的唯一經營準則。如美軍在伊拉克虐待戰俘事件，不是別人而正是美國媒體連篇累牘，不遺餘力，盡情渲染整個事件，造成了很大轟動。因為媒體緊緊抓住了美國人固有的人權、平等觀念，媒體知道美國人民絕對接受不了這樣的現實。

美國主流媒體基本上不被意識型態所左右。發行量較大的報紙、雜誌和廣播電台與政治組織、政黨或政治運動幾乎無任何聯繫。這一特徵既是新聞專業人員感到自豪的原因，也是經濟上自給自足的結果。

儘管許多報紙和一些電台、電視台在其社論中會顯示出某種政治傾向，但新聞報導通常是不帶黨派色彩的。主筆的評論經常是就事論事，而且一般情況下遠離某一特定意識型態框架。

二、財團控制新聞的隱憂

美國的新聞媒體都掌握在私人手中，這是事實，但並不是掌握在一個人手中。從《紐約時報》、《華盛頓郵報》、《基督教

科學箴言報》等等，美聯社、哥倫比亞廣播等等都是獨立的股份公司，其中絕大部分是上市公司——公眾公司，對於任何一個想向它投資的投資者，投資者可以控制任何一家新聞媒體，但只是對財產的控制，卻不能控制新聞。

億萬富翁佩羅曾經花大錢想透過投資控制報紙和電視競選總統，但美國人把他的特刊當垃圾，把他的電視競選廣告當噪音，最後的總統是柯林頓，而不是億萬富翁佩羅先生。

收益才是財團關心的唯一對象。擁有某種媒體不是為了讓這家報紙公司為自己說話，而是為了這家公司能夠有盈利。歷史上企圖控制報紙傳媒為自己撈好處的並不是沒有，最典型的是曾經擁有美國財富五分之一的洛克斐勒財團，擁有從《紐約時報》，《費城日報》到《洛杉磯時報》的幾乎美國主要的大報，歌功頌德的文章每天見於頭版頭條，結果是兩個：一是其《基督教科學箴言報》、《華盛頓郵報》這樣後起之秀崛起，二是洛克斐勒財團以反托拉斯法支解。洛豪對傳媒的控制激起的不是公眾的擁護而是反感，可以說是做法自斃。《紐約時報》也只在脫離了洛克斐勒財團後才又重新成為美國第一大報。

三、水門事件的意義

從歷史是一面鏡子的角度看，人們對於新聞自由在民主政治中的「第四權」作用，有著不容懷疑的堅定信心，只要新聞自由還在，任何損害憲法，違背人權的政治人物和黑幕，在理論上就無法永遠藏身及逍遙法外，真相終會大白，罪惡永遠記錄於歷史。

事實上，當年的《華盛頓郵報》，就是因為水門事件的報

導，確立了在美國崇高大報的地位；擁有帝王般權力的美國總統，也因為水門事件，而面臨國會與媒體更嚴格的制約與監督。

換句話說，要保障民主制度，就必須對權力包括總統權力進行有效監督，因為絕對的權力造成絕對的腐敗。而新聞自由是揭露權力腐敗，堵住制度漏洞，發揮民意監督的不二法門。

當年，《華盛頓郵報》的報導觸發華盛頓政治大地震，不但沒有讓美國的國家安全蒙受危機，相反是美國的新聞自由和民主形象更加深入人心，美國民主制度也因為毒刺被拔而更加健康；同時，水門事件的揭露，也讓社會對媒體和知識份子的道德良知感到欽佩，大大有助於民主意識的高漲和對政治參與的熱情。領袖人物在口頭上如果依然信誓旦旦要無條件維護新聞自由，但在實際的政治操作中，卻仍然出現以「國家安全」為藉口，以意識型態或狹義的愛國主義、民族主義為工具，甚至動用公權力，來阻礙新聞自由對權力的監督，來扼殺與自己立場不同的報紙電視，這是對民主政治的腐蝕。

但也有認為，新聞自由乃是一種新的神話。因為在新聞自由的問題上，有以下幾個重要的因素影響其運作：

1. 現代新聞機構大多屬於大公司，大公司的利益會影響發表什麼新聞。
2. 新聞機構受經濟利益的驅使，總是力圖抓住最大量的受眾，而小心翼翼地不要發表過於歧異的觀點以免失去這些受眾。
3. 媒體是非常容易受到政府官員所控制的。
4. 媒體本身的特點影響報導。如電視，它喜歡充滿活動的富有戲劇性與色彩的內容，這樣，電視在處理事件時就有可

能忽略深入的分析，就有可能歪曲事實本身的含意。

美國憲法第一條修正案，是有關新聞自由的大部分法律和法院判決的基礎。它規定，國會不得剝奪言論自由和出版自由。這使新聞媒體成為一個非常特殊的、受保護的產業。自 1791 年第一條修正案批准以來，新聞媒體的這種特權時有起落，各州制訂的法律每每在詮釋言論自由和出版自由方面與聯邦的詮釋不同。

根據亞歷山大·米克爾約翰的分析，言論自由主要有兩個功用：

1. **訊息的功用。**言論自由可以使公民在作決定時獲得必要的訊息，可以使領導人瞭解選民的利益之所在。

2. **批判的功用。**報刊是人民的看家狗，使公民有可能獨立地批評與評介政府的行為。受歐洲反國家主義思潮影響很深的美國國會元勳們之所以給予言論以特殊的地位，是因為他們認為市民社會的公領域空間越寬越好。

美國第三任總統傑弗遜曾經說過：「如果要我在沒有報紙的政府和沒有政府的報紙之間進行選擇，我會毫不遲疑地選擇後者。」傑弗遜民治政府的共和思想實際上就意味著人民有權擁有講話的地方，使政府能聽到反面的意見和矛盾。他們必須有媒體的接近使用權。

四、報人的精神

(一)普立茲——勇於報導

普立茲（Joseph Pulitzer）在報史的地位崇高。但並不是說他所經營的《世界報》有多大的影響，而是普立茲辦報的理念和重視新聞教育的觀念，使得這位新聞先驅者的精神風範，至今仍受

人景仰。

　　普立茲在他的一生中，不斷地為他熱愛的新聞工作做努力，而且透過《世界報》的力量，推動種種政治改革，這值得作為現代新聞工作者的表率，這也是媒體監督政府、為政府建言的先聲。普立茲不僅熱愛這一份新聞工作，而且他更是一個著名的教育家，1912 年他捐給哥倫比亞大學 200 萬元，籌設著名的新聞學院，在普立茲之前少有人把新聞當作學術研究，也少有人力倡新聞專業教育的重要。雖然他自己辦報的成功並不是因為接受嚴格的新聞教育而來，但他強調自己的經歷「不足為訓」，並強調「相信未來的新聞記者，都應該接受嚴格而專業的訓練」，普立茲為新聞界培育新人才的風範氣度，正是他所以永垂歷史的原因。

　　普立茲之所以有別於一般的媒介經營者，是他勇於真實的報導呈現，他不虛假，他曾說過：「正確之於一個報紙，就像貞潔之於婦女。」這也是身為一代報人的典範，他不以虛假誇張來贏得群眾，而是全力提升報紙的品質，以品質作為最佳保證。雖然普立茲曾經因為赫斯特的崛起，而刊載黃色新聞，以迎合大眾的需求，來刺激《世界報》的銷售量，但這一舉動也讓《世界報》的水準滑落，普立茲也立即瞭解報紙的品質水準遠勝於銷售量，《世界報》也恢復到原有的水準。

　　普立茲這種種事蹟，並非一般新聞從業人員或者是報業經營者所能做到的，拿破崙有披荊斬棘的精神。新聞界的拿破崙，這一個稱號普立茲當之無愧。

㈡雷蒙與奧克斯──客觀編輯

　　細數《紐約時報》的光輝歷史，三位創辦人對它的期許是主

要原因。而其中最重要的是亨利‧雷蒙與繼任的奧克斯。

亨利‧雷蒙是一位博學而正直的報人，他本身除了新聞的經營工作外，對政治事務更是熱中參與。所以他好事爭辯與謾罵，並注重個人立論。雷蒙先後在當時紐約幾家大報中任職，奠定了他新聞專業與報紙經營的基礎，同時也訓練了他對新聞公正處理的判斷力。尤其是在葛里萊《論壇報》中注重新聞採訪、重視文學、崇尚道德的經營風格與編輯方針下，使得雷蒙深受薰陶，成為一位備受國際尊崇的質報創辦人。

雷蒙以道德精神和保守主義為前提，要求新聞一定要公正客觀，並且具備豐富的相關背景資料，讓讀者可以明確的知道新聞事件的緣由，以及未來可能發展的狀況。雷蒙尤其注意國外新聞，務必要使《紐約時報》的報導不偏向美國自身的觀點，也因此奠定了《紐約時報》日後成為一份在國際上備受尊崇的高格調報紙的基礎。

《紐約時報》初創時，雷蒙就享有「客觀編輯」的聲譽。當時美國報刊史上受大眾歡迎的便士報正在迅速發展，一些報紙用駭人聽聞的煽情新聞來吸引讀者，而《紐約時報》卻與眾不同，他在創刊號中就明確宣稱：「我們絕對不打算感情衝動的來寫文章──除非某些事實確實使我們衝動起來，我們將儘量不衝動。」其實，這正是主流報紙的基本風格：理性觀察、建設性的出發點。它意味著不衝動、不破壞、不媚俗、不虛偽、不偏激、不炒作、不盲從、不驕傲；以務實、開放、求證的心態冷靜觀察社會走勢，以建設性的視角來報導一切值得報導的新聞。一個主流傳媒負有正確傳播社會價值觀的責任。因此，它必須選擇立場，不能因為有可能得罪誰而試圖去左右逢源。一個傳媒對於新

聞原則的執著態度就是它的公信力，也將是他在傳播市場上最大的「賣點」。

　　有客觀編輯的美譽，雷蒙致力於新聞的公正，並且具備相關豐富的背景資料，報導也不偏向美國自身的觀點，讓《紐約時報》在現今成為一份高格調的國際性報紙，雷蒙在《紐約時報》的風格養成上，扮演著重要的角色。

　　1896 年，當《紐約時報》因創辦人先後逝去而陷於危機時，奧克斯接管了下來。他決議要把該報辦成新聞全面、內容詳盡、言論穩健的報紙。他說：《紐約時報》的新聞報導應無畏無懼，不偏不倚，並無分黨派、地域或任何特殊的利益。

　　19 世紀末，美國報業已成為龐大的商業。這些商業報紙為了出奇制勝，增加發行、不惜誇大渲染、虛偽詐欺，危害公益，破壞道德，因此形成「黃色新聞」的氾濫。在西方傳統新聞自由的前提下，政府、社會對於黃色新聞，除消極抵抗外，似乎都無能為力。

　　但此時《紐約時報》發行人奧克斯充分表現了典型報人的良知。高尚的新聞政策，獨立公正的評論與正確詳盡的新聞資料，成功塑造了《紐約時報》的正派作風。

㈢凱薩琳‧葛蘭姆——對抗壓力

　　六〇年代時，凱薩琳‧葛蘭姆的先生——在政界人脈甚廣的菲爾陷入精神崩潰，先是外遇，後是證實罹患了躁鬱症，舉槍自盡。凱薩琳‧葛蘭姆收拾起悲傷就接掌了《華盛頓郵報》，大舉人事更動，努力經營。特別是七〇年代的水門案（Watergate）讓素來以國家安全為理由的政府當局頗為灰頭土臉，而不畏艱辛的《華盛頓郵報》則因新聞自由奠定其專業地位。日後郵報有女記

者因製造新聞而獲得普立茲獎，報社查證後立即退還獎項，也顯示其專業素養。

幾十年來，她協助《華盛頓郵報》，茁壯成為榮登財富 500 大企業的媒體王國。《華盛頓郵報》在動盪的七○年代崛起，寫下全美新聞史上最可觀的一頁，公布越戰秘密研究報告，即「國防部檔案」，以及鍥而不舍的挖掘水門案，終致使尼克森總統引咎辭職下台，奠定《華盛頓郵報》成為美國最具權威報紙的地位。

在高度競爭的美國新聞界，媒體從來不可能因為單一的榮譽而穩住寶座，《華盛頓郵報》亦然。無論是同業之間或內部控管，凱薩琳‧葛蘭姆都不斷在學，保持該報的水準和重要性。她不熱中社交應對，但她的住所仍是名人的藝文沙龍與政治人物的會議場所，也交織了許多美國的政經風雲。不過，政治時事會一波波過去，被留下而越加鮮明的，則是凱薩琳‧葛蘭姆人格特質和力量。

1999 年凱薩琳‧葛蘭姆出版她的回憶錄「個人歷史」（Personal History）不但成為暢銷書，更一舉贏得普立茲傳記類獎；時年 80 的凱薩琳‧葛蘭姆在編輯部的慶祝會中謙遜如常。在回憶錄中，葛蘭姆娓娓訴說自己如何從羞澀的家庭主婦蛻變成在一向由男性把持的新聞界開疆闢土的女領導人，看得無數讀者大起共鳴。許多男性都表示，這本回憶錄讓他們更加瞭解女性擺脫傳統角色，爬升到權力巔峰的意義。凱薩琳‧葛蘭姆縱橫國際政壇、商界和社交圈，談笑有鴻儒，往來無白丁。她和無數世界重量級人物都有私誼，其中包括美國總統詹森和雷根，法國總統季司卡，菲律賓總統艾奎諾夫人，捷克總統哈維，尚比亞總統卡恩

達，西德總理布朗的和英國首相希斯。

根據凱薩琳‧葛蘭姆自己的說法，他經營企業最艱困的時期該屬 1975 年和 76 年印報工人長達 139 天的大罷工，當時罷工工人甚至火燒印刷廠。罷工事件後來以撤換工人了事。

凱薩琳‧葛蘭姆於 1963 年接掌《華盛頓郵報》時，既欠缺新聞專業的經驗，也沒有企業管理的訓練。她後來表示，個性羞澀的她一腳踏入一向以男性為主宰的出版業，就怕問錯問題，做錯決定。可是十年不到，凱薩琳‧葛蘭姆即在「五角大廈文件」和「水門案」中作出重大決策。在這兩大事件中，白宮和政府其他部門的壓力排山倒海而至，要求《華盛頓郵報》絕對不能報導，當局甚至祭出可能觸犯間諜法，以及可能危及該公司佛羅里達州電視台執照相威脅，凱薩琳‧葛蘭姆硬是屹立不搖。這兩項重大事件讓凱薩琳‧葛蘭姆的勇氣蜚聲國際。

「五角大廈文件」讓保障出版的憲法第一條修正案槓上政府保守秘密的權力。當初《紐約時報》取得「五角大廈文件」，並開始報導時，尼克森政府也取得法庭的一紙命令，禁止《紐約時報》在上訴法院作出裁決之前繼續報導。當天《華盛頓郵報》也取得「五角大廈文件」，但要不要刊登，爭議不休，最後的決定即落在凱薩琳‧葛蘭姆頭上。她後來作出刊登的「痛苦」決定，並在最後告到最高法院的官司中勝訴，這是凱薩琳‧葛蘭姆和《華盛頓郵報》最大的轉捩點。

一年後「水門案」爆發，相形之下，「五角大廈文件」如同小巫見大巫。《華盛頓郵報》因為大肆報導醜聞，成為尼克森政府的眼中釘。尼克森最後不得不辭職了事，凱薩琳‧葛蘭姆和《華盛頓郵報》贏得全世界異口同聲的讚譽。《華盛頓郵報》後

來還得到普立茲公共服務獎。

　　身為經理人，凱薩琳・葛蘭姆的優點是智慧高超，態度堅毅，既聽進屬下的話，又能明辨是非，給予部屬足夠的自主權，卻擺明最後當家作主的是她。在《華盛頓郵報》員工的記憶中，他們的女老闆從來不因為她跟總統或其他權貴政要的關係，而影響到任何一條新聞。知名的專欄作家包可華就曾經形容，當凱薩琳・葛蘭姆正在她那張圓桌宴客時，她在《華盛頓郵報》的部屬卻同時正在修理他們老闆宴請的那批客人。

　　華府的第一勢力只不過是「戰時的權力中心」，第二勢力的

華盛頓郵報前董事長葛蘭姆（左）晤尼克森總統

《華盛頓郵報》才是「永恆的權力中心」。兩黨歷任總統與政要就是因為瞭解這個道理，所以他們雖然都視華盛頓郵報為眼中釘，但卻又常是《華盛頓郵報》老闆的圓桌貴客。凱薩琳・葛蘭姆也因為瞭解這個道理，才讓她自己成為最有權力的報人之一，也讓她的報紙成為最有影響力的媒體之一。

第十五節　美國報業的未來

　　網際網路給傳統媒體帶來的最大的挑戰在於使它們意識到它們必須改變。受眾需要不加過濾的新聞，也需要視角廣、挖掘深的評述，但這些評述必須是真正高質量的深入報導或評論分析。受眾們有了選擇，這意味著拒絕改變的傳統媒體逐漸沒落。

　　在各種技術的發展日新月異的訊息時代，新聞的消費者們也變得越來越聰明，越來越挑剔。在新時代賦予他們的萬千選擇面前，他們當然會擇優而選。

　　美國的報業，自然有其大格局，但在傳播科技發展，傳媒型態變化後，也開始面臨越來越多的問題，尤其以競爭日益激烈，公信力日趨下降，銷量持續減少，最為嚴重。

一、競爭日趨激烈

　　20 世紀早期，廣播電台的出現，大大方便了美國獲取訊息的需求。報業從廣播誕生的那一刻起，就意識到這種新媒體的威力，並採取強硬措施限制廣播新聞業的發展。1924 年大選期間，

美聯社對電台進行新聞封鎖；1933 年又作出廣播新聞長度的限制。與此同時，合眾社和國際新聞社也作出類似的限制。然而，這些措施都未能阻礙廣播新聞事業的發展。二次大戰以後，電視媒體出現，不僅發展迅速，而且對重大新聞事件可作全景式的現場跟蹤報導，其無與倫比的現場感充分展現了電視新聞的優勢。

20 世紀 90 年代，網際網路率先在美國出現，一時間，美國又掀起了網絡化浪潮；如今，網絡已成為新聞傳播的重要工具。這個被稱為「第四媒體」的網絡具有適時性、自主性、交互性等許多長處，頗受大眾歡迎。據統計，美國人減少了讀報時間，這對美國報業的生存與發展構成巨大威脅。

二、公信力日益下降

美國報業在民眾心目中形象時好時壞，原因很複雜。美國密西根大學曾分別於 1973 年，1993 年對美國各種公共機構信任度作了調查，調查結果見表 1-2、表 1-3。

美國人十分關注報紙公信力下降的問題。「美國報紙編輯協會」（America Society Of Newspaper Editors）曾對該問題作過為期三年的調查研究，並在 1994 年 4 月公布了研究結果。該協會認為，有下列 6 個因素導致信譽下降：⑴事實、用詞和語法方面的錯誤；⑵不能一貫尊重讀者的意願；⑶記者和編輯的偏見；⑷一味追求轟動效應；⑸價值標準和實際行為不一致；⑹與報界接觸的人激烈的批評。

根據美蓋洛普機構進行 2005 年度民意調查指出，美國民眾對報紙和電視新聞的媒體信任度持續下降，已創下歷年來新低。根據這項調查顯示，有 28%的受訪民眾對報紙報導「很有信心」

表 1-2　1973 年社會機構信任度民意情況表

序列	社會機構	認為非常信任者%	認為只有一些信任者%	認為幾乎沒有信任者%
1	醫學	54	39	6
2	科學	37	47	6
3	教育	37	53	8
4	宗教	35	46	16
5	軍界	32	49	16
6	最高法院	31	50	15
7	金融集團	32	54	11
8	大公司	29	53	11
9	政府	29	50	18
10	國會	24	59	15
11	報業	23	61	15
12	電視	19	58	22
13	工會	16	53	26

資料來源：The Free Press, News and Culture of Lying，引自端木義萬主編：《美國傳媒文化》第 53 頁。北京大學出版社 2001 年 12 月版。

或是「相當有信心」。這比一年前的 30%略降，卻遠低於 2000年的 37%。至於電視報導的比率，也由 2000 年的 36%，降至28%。

此外，有 24%的受訪民眾表示，對報紙「沒有什麼信心」；有 1%的受訪民眾認為「毫無信心」；46%的受訪民眾表示，對報紙很有信心。

美國人把馬鈴薯片、炸薯條、巧克力糖這些熱量高、沒營養，但卻能在短時間內吸引人的食品稱為「垃圾食品」。而美國

表 1-3　1993 年社會機構信任度民意情況表

序列	社會機構	認為非常信任者%	認為只有一些信任者%	認為幾乎沒有信任者%
1	軍界	42	45	11
2	科學	38	47	6
3	醫學	39	51	9
4	最高法院	37	52	13
5	大公司	21	63	12
6	宗教	23	50	125
7	教育	22	58	180
8	金融集團	15	57	26
9	政府	12	53	32
10	電視	12	51	37
11	報業	11	49	39
12	工會	8	53	32
13	國會	7	50	41

　　的新聞評論界則將色情、暴力和危機當成胡椒麵和味精濫用的新聞稱為「垃圾食品新聞」。正如「垃圾食品」的最大消費群是低收入、低教育程度的社會中下層人士一樣，「垃圾食品新聞」最集中播出點是免費的地方無線電視台。

　　地方電視台的地方新聞可以說是「營養價值」最低的一種新聞。唯一還算有價值的內容——天氣總是被放在最後，以盡可能延長觀眾的收看時間。而所謂的新聞則由大量的當地兇殺案、交通事故、火災、颱風等天災人禍構成。這些電視台之所以選擇這些題材，是因為他們認為這樣的新聞可以滿足人的幾種基本情

緒——好奇、貪婪、性、犯罪、懲罰等等。這些題材充斥電視螢幕和報紙版面的現象被稱為新聞的煽情化。

　　不過，民眾廣泛的不信任或不以為然的態度並不僅是針對媒體。事實上，對總統有信心的比率從 52%下降為 44%；對國會和刑事系統的信心也降低 8%；對聯邦最高法院的信任則從 46%降為 41%。只有 22%的受訪民眾對國會有信心；有 74%的受訪民眾對軍隊有信心。警察則獲得 63%的民眾信任；宗教組織為 53%；大企業、國會和健保組織則墊底。

　　基於上述，美國報業今後的發展有值得討論的一些問題，那就是：

一、美國報業進入電子閱讀時代，是否意味著傳統報紙窮途末路？

　　「華盛頓觀察週刊」曾發表文章指出，美國報業正進入電子閱讀時代。作為獨立諮詢顧問，切克·海斯每天的功課之一就是關心時事新聞。然而他訂的五種必讀日報沒有一份是傳統紙質版，而是眼下最時興的出版樣式——電子版。每天他只需將電子版報紙下載到電腦硬碟上就可以了，電子版與紙質版內容完全相同。

　　如今美國許多媒體在保持原有紙質版印刷版的同時，紛紛推出了自己的電子版，使得閱讀這件事變得越發輕鬆而愜意。對於美國報人來講，IT技術革命意味著報紙無紙的革命。雖然就整體而言，大多數的美國讀者還是習慣於透過訂報或在報攤買報紙來閱讀，但越來越多的讀者開始接受電子報刊。

　　眾所皆知，電子版的好處在於瞬間可以將報紙的所有內容下

載至硬碟，每月費用絕對低於訂報價格，如電子版華盛頓郵報每月售價 9.95 美元，全年定價 120 美元，而紙質版全年訂價要 180 美元。現代讀者希望隨時隨地及時獲得最新資訊，對此電子版報紙便很合適。

電子版不僅在版式編排上和傳統報紙完全一致，還增添了改變字型大小保存以往報刊和字句搜索的功能。但也有不少讀者反映，電子版報紙在設計上存在層次感不強和檢索困難的問題。現在讀者每天會遭遇大量資訊，他們的閱讀具有高度選擇性。他們需要在最短的時間內找到自己最感興趣的話題，但電子版報紙卻容易讓人產生這樣的感嘆——找新聞比看新聞花的時間更多。

然而一項新事物的誕生總是有著它的道理，電子報雖然尚處襁褓期，但尤其受到包括流動性大、經常出差的雇員人員、體育運動愛好者及看不到家鄉報的遊子學生的歡迎。目前美國本土 160 多種主要報紙都已提供電子版。

電子版報刊的獲取方式也呈現多元化的趨勢，如今在很多報攤和一種類似於自動提款機的設備都可以提供即時下載列印，如只需插入你的信用卡支付 4.75 美元就可以在美國華盛頓讀到最新的「印度時報」，更不用說美國本土的各大報紙了。

雖然目前電子報刊還不能做到有盈利，但良好的發展有助於拓展報紙的品牌影響力，再說發行總量的上升反過來也能推動廣告的增長。新技術進一步帶動了新聞事業軟、硬體一起發展，除了攜帶掌上型電腦以外，還出現了像電子紙這樣的新概念。將來透過無線傳輸，利用一張電子紙就可以每天覆蓋攝取最新的美國報紙。無線傳輸可以降低發行和印刷成本，具有廣闊的發展前景。

　　電子閱讀時代是否已經來臨？傳統報紙的未來命運如何？對此，《今日美國》副總裁傑夫‧偉柏表示，他並不認為傳統報紙已經窮途末路，他們將繼續生存下去，革新有助於推動報紙與時俱進、煥發新生機而非相反。

二、網路時代中的傳統美國報業，遲到的新聞價更高？

　　要說網路時代的傳統報紙，2000 年美國總統大選的媒體報導是一個絕妙的例子。11 月 7 日美國投票當天，媒體網站大展身手，全天報導每一步發展，而到午夜，報紙才開始印刷發行。當時媒體說高爾贏了這次大選的關鍵佛羅里達州，報紙頭版通欄新聞是「高爾贏了」。不一會兒，佛州消息說計票不完整，是小布希贏了佛羅里達州；於是，報紙通欄新聞變成了「小布希贏了」或「不知輸贏」的三個版本全擺出來，讓讀者自己挑選。大概是由於這次選舉的局勢百年難得一見，或者因為總有一個版本是錯了，所以，儘管每份報紙貴到一美元半，購買的人還是非常多。根據當日上午電視新聞的報導，紐約大多數人支持高爾；起初他們在情緒上認為小布希會輸掉，便爭購「小布希贏了」版本做錯版留念，一時間，有的報攤價格每份上升到 30 美元左右；後來，知道「不知輸贏」會拖很長時間，大家冷靜下來，「小布希贏了」版本價格馬上跌到 25 美分一份，縮水幅度贏過那斯達克指數的網路股。

　　新聞的一個基本價值在於時效，可是市場卻常常提供顛倒的圖景；遲到的新聞價更高。從網站和電子媒體報導中，人們已經知道了大選「不知輸贏」的消息，為什麼還要購買遲到的報紙、甚至爭購錯版報呢？不管媒體網站如何發達，作為最老的傳統媒

體，報紙還是有它不可替代的價值，2000 年美國大選所出現的遲到的新聞價更高現象，並不是偶然的。

網路媒體出現，不少人說傳統媒體報紙要完了，其實未必，在網路媒體發源地的美國，傳統報刊媒體取得了驚人的發展。拿《華爾街日報》這個非常老的報紙來說，該報是 1889 年創刊的，到現在已經有 110 多年的歷史。從 1996 年開設《華爾街日報》網站以後，報紙本身一直保持相當多的固定訂戶，1999 年在美國本地有 184 萬訂戶，是美國訂戶最多的報紙。1999 年該報財政年度收入為 20 億美元、純利潤為 2.72 億美元，比前一年增加 25% 以上；在此同時，該報固定網站用戶為 37.5 萬，年收入為 3,090 萬美元，平均每個用戶為網站帶來 82 美元的收入。

最新的調查和民意測驗表明，美國公眾中有許多人認為媒體太過於關心小事，而對真正有意義的事漠不關心。他們還認為，媒體不是在報導這個國家的問題，而是成了問題的一部分。

這些不滿情緒直接反映在對美國各大媒體受眾人數的近期調查結果上。數據顯示，近些年來，報紙、雜誌、電視的受眾人數都在持續下降。與之同時下降的，是大眾對新聞媒體的信任程度與興趣。有學者稱，網際網路的出現是導致報紙銷量下降、電視收視率下降的原因。但應該指出的是，受眾人數滑坡的現在早在網際網路被廣泛使用之前就已經開始了，而在網際網路被廣泛使用之後，有些以報導深入著稱的報紙，如《紐約時報》，銷量反有所上升。這更證明了對低質量報導的不滿是受眾人數下降的主要原因。

美國大眾對新聞本身失去了興趣嗎？顯然不是。統計數據顯示，在有重大新聞事件發生時，無論是報紙雜誌的銷量、電視台

的收視率、還是網際網路的上網人數都急劇上升。

　　所以我們不必那麼悲觀，重點是媒體工作者是以什麼樣的認
知與態度來從事媒體工作。

第 3 章　美國廣播事業的發展

　　19 世紀可說是報業的時代，但其後 1920 開始的廣播很快的奪走了報紙不少風采，其主要的原因為廣播快速的傳播速度，非報紙的傳送速度所能及。到二次世界大戰時廣播更是風光。廣播是第一個走入家庭的電子媒介，它徹底改變了人們的生活方式。廣播事業在美國得到充分的發展。早在 80 年代末期，美國的收音機擁有率就已超過人手一台。廣播在美國的大眾文化中佔有重要的地位，其發明歷程是許多發明家及科學家努力的成果。

一、無線電時期

　　美國對無線電廣播的研究，因第佛勒斯特（Lee De Forest）於 1906 年完成三級真空管，使透過無線電廣播傳遞人類聲音的夢想得以實現。范森敦在同一年也發明了廣播外差式電路與高頻率交流發電機，使無線電廣播的器材趨於成熟，帶動了相關廠商的工程師與學校的學者，紛紛投入這個新領域的實驗工作，氣勢蓬勃。第一位將人類的聲音透過無線電廣播出去的人是范森敦。范森敦於 1906 年 12 月 24 日聖誕夜在麻州黑雁岩地方播送聖誕歌曲及聖經詩句，使在海上作業的人第一次聽到人類的聲音而驚訝不已。

　　第二位廣播事業的先驅則是第佛勒斯特，它致力於無線電廣

播的播音及推廣工作。他在 1903 年去了范森敦的實驗室，在接收了范森敦的「spade detector」設計之後，1906 年，他製造出三極真空管，並在之後極力推動廣播多點播音。

第三位先驅是薩諾夫（David Sarnoff），他是最早看出廣播及電視前景與功能的人。在廣播事業正式出現之前五年，身為美國馬可尼公司（American Marconi Company）的小工程師時，就曾寫了一份備忘錄給其主管，指出廣播將是播送鋼琴、唱片的重要用品，可透過無線電廣播播送音樂，可惜其建議未被採納。

第四位是康德（Frank Conrad）與大衛斯（H. P. Davis）。康德是美國西屋電器公司（Westinghouse Company）的工程師。第一次世界大戰時，他在匹茲堡地區從事業餘無線電播試測驗，並於 1919 年首次在其 8XK 實驗電台中播放音樂。第一次世界大戰結束後，美國政府解除對無線電的管制。西屋公司的副總裁大衛斯看到廣告，認為無線電廣播可促銷該公司收音機等產品，乃與康德合作，全天播放節目，並向商業部正式申請執照，使西屋公司在匹茲堡的 KDKA 電台於 1920 年 11 月 2 日獲得美國第一張廣播執照。

二、商業電台的出現

第一次世界大戰爆發後，美國於 1917 年至 1918 年參戰，戰爭時無線電的發展變的重要。當時美國馬可尼公司卻為外國人擁有的，這促進了美國無線電公司的成立。美國無線電公司在紐約用 WDY 播音，美國電信公司（AT&T）在紐約用 WEAF 播音，通用電汽公司則是在紐約的斯克內克塔迪用 WGY 播音。這些公司開辦廣播電台，最終的目的是為了牟利，它們原本生產用於船

岸互相溝通用的無線電發射器與接收器。數量畢竟有限，若把廣播推向群眾，市場將會巨大數百倍，這一光輝的前景吸引著每一家公司。

在 1920 年間，美國還只有卅餘座電台，由於美國電信公司鑑於經營廣播廣告有利可圖，乃進而向廣告主出售廣告時間營利，使廣播的商業廣告大行其道，民間業者紛紛放棄非營利性質，轉向以營利為主的商業電台模式經營，而使商業廣播電台增達五百座以上。1923 年，美國電信公司開始用自己的電話線把這些電台連在一起，這種「連鎖廣播」使得不同地方的電台能夠共用節目，共用節目並成為廣播網的先驅。

1926 年，美國電信公司決定從廣播事業退出，他把自己的 WEAF 賣給了美國無線電公司（RCA），美國無線電公司、通用汽車公司與西屋公司立刻合資組成了國家廣播公司（NBC），作為美國無線電公司的子公司。NBC 建立後主持了兩個新的聯播網，即以 WEAF 為首的紅 NBC 和以 WJI 為首的藍 NBC，廣播網從東岸擴展到西海岸，開闢了一個新的時代。以後國家廣播公司一直控制著這兩個聯播網，直到 1943 年由於聯邦傳播委員會的干涉，才不得不出售藍 NBC，該廣播網於是變為美國廣播公司（ABC）。

1927 年，美國一些沒有加入 NBC 的獨立廣播商在哥倫比亞留聲機唱片公司的幫忙下，建立了另一個廣播網，最初取名叫 UIB ／哥倫比亞，後來又被改名為哥倫比亞廣播公司（CBS）。

到了 20 年代下半期，為了分配廣播的頻率，使得電台的訊號過於互相擁擠與干擾，在聯邦政府的支持下，1972 年 2 月國會通過了廣播法草案（The Radio Act of 1972）。該法案建立了一個

聯邦廣播委員會（FRC），被授權管理一切無線電通訊。不久，該委員會採取措施減少了全國廣播電台的數量，以避免接收的干擾。聯邦廣播委員會之後進一步擴大，並根據 1934 年的通訊法，重新命名為聯邦傳播委員會（FCC），不但管理無線電廣播，還管理一切電訊連絡。

第一節　廣播與報紙、電視的競爭

廣播一開始就與報紙結下不解之緣，KDKA 於 1920 年的美國總統大選時就曾報導，其後有電台仿效。美聯社（AP）因擔心廣播新聞對報業造成競爭與不良影響，乃於 1922 年間禁止提供廣播電台新聞稿，為兼營廣播電台的報業發行人則持反對態度，擔心抵制結果反會是對手使用合眾社或國際社的新聞稿。到 1942 年總統大選，美聯社還是拒絕提供廣播電台新聞稿，但卻有 300 萬個美國家庭，從廣播中聽到了柯立芝當選總統的新聞，顯然廣播在新聞的優勢不是用對抗可以解決的了。

報業對廣播所施加的壓力其實使廣播進步走向獨立與成熟，並且使廣播對報業形成的威脅更大，壓制廣播的政策幾乎注定要失敗的。1935 年，合眾社與國際新聞社又重新開始向電台出售新聞，合眾社甚至還建立了一項專門用於廣播的服務，後來美聯社也跟進，廣播與報紙的戰爭才告一段落。

1938 至 1945 年間，可以說是廣播的黃金時代。美國人在這兩年代經歷經濟蕭條及二次大戰；在這期間，廣播發揮了鼓勵人

心及娛樂的功能，並具有下列四種特色：

一、收音機普遍

根據資料顯示，美國民眾每年投資於購買收音機的金額龐大。收音機的數量也因此迅速增加，使每一家幾乎至少都有一台以上的收音機，充分顯示它的普及度，又成為最深入美國家庭、最為普遍、最受歡迎的大眾傳播媒體。

二、廣告營收持續成長

三大廣播網（NBC、ABC、CBS）在這段期間的廣播廣告收入有增無減，使廣播成為當時美國最賺錢的行業。特別是第二次世界大戰期間，美國政府為減少資料，凍結新廣播電台的申請，使當時的 900 多家電台在廣告上大賺鈔票，達到其事業頂端。

三、充分發揮新聞與服務功能

廣播與新聞戰爭的結果，顯示廣播新聞的威力是無法阻擋的，大眾需要有更多特色的新聞媒體，報紙只好在新聞報導上與廣播分工合作，以達到相輔相成的效果。在這一段時期中，廣播卻也加強了新聞與公共服務節目的數量，充分發揮其新聞傳播與公共服務的功能及貢獻。

四、有效的管理及廣播科技的研發

聯邦傳播委員繼續對廣播與電視的管理，採取相當多的措施，其中包括對廣播科技的研發、電視的延緩登場，以及管理施行傳播法的修改、凍結新廣播及電視電台的申請及促進無線電廣

播電視科技之研發工作與統一標準的建立。

　　廣播事業的快速發展並沒有持續很久，面臨電視及電影的視覺吸引力，廣播由盛轉衰。美國電視的發展雖比廣播費時，但其成長率卻迅速至由 1949 年初的廣播聽眾與電視聽眾比率 81：29，到年底的 59：41。

　　1952 年，電台解凍令解除，電視有了統一的標準規範，加上美國在第二次世界大戰後的富裕繁榮，使民眾對電視的期待甚殷，電視事業一開放就迅速普及，取代收音機在美國家庭起居間的地位。在這同時，以往精采叫座的廣播節目紛紛轉向電視，使廣播節目一夕之間，似乎是一無是處。

　　廣播事業的慘淡情況，可由當時電台收益盈虧中充分顯示。1956 至 1961 年間，各電台的經營與節目方式，在痛定思痛之餘，也都進行了革命性的改變。廣播到 1960 年間就轉變成為一個全新的媒體，並以新的節目、型態、服務努力爭取聽眾。在電視逐漸成為大眾趨勢走向的情況下，廣播只好放棄大眾，轉變為地方電台，並以服務地方的分眾為主體，強調音樂與人物相關的事物，而深受地方聽眾的歡迎。廣播也由原本的戲劇及綜藝節目改為自己最擅長的音樂歌唱節目，並建立一種新的類型節目型態，滿足了各個族群間的不同需求。

　　威廉・山彌爾・巴利，這位帶領哥倫比亞廣播公司在美國廣播史上名留青史的偉大人物，於 1990 年 10 月 26 日在曼哈頓的家中去世，享年 89 歲，威廉・山彌爾・巴利的死引起整個娛樂界和新聞界的哀悼。「哥倫比亞新聞」為此播放了一小時的特別節目〈生命和遺產〉，並稱巴利為「廣播史的先驅」。

　　巴利於 1900 年 9 月 28 日出生在芝加哥一個猶太民族家庭。

1920 年，大學畢業後進入父親的菸草公司，從基層幹起。由於他在工作中勤奮、認真，且表現顯著，1927 年，他就成為年薪兩萬美元的公司經理。但時隔不久，巴利就被一個剛剛興起的行業所深深吸引住了，這就是美國的廣播業。當時的美國廣播業只有國家廣播公司（NBC）是佼佼者，其他一些很小的廣播公司則在NBC 的壓制勉強維持。年輕的巴利看到了廣告宣傳的巨大經濟效益，因此他決心收買某個小的廣播公司，與 NBC 抗衡。

1982 年 9 月，巴利以 50.3 萬美元買下了聯合獨立廣播公司（United Independent Broadcaster）50.3% 的股份，並就任 UIB 的總裁，從此搖身一變成為廣播界的領導人物。但沒有人會想到年輕又沒有經驗的巴利竟然能使 UIB 發展成廣播界的主力，且向NBC 的霸權挑戰。

當時的美國廣播業只有國家廣播公司（NBC），因此小公司要獲得收益，必須和 NBC 相抗衡。此時的 UIB 經營不善，財務狀況不佳，只擁有 16 家廣播電台。巴利一上任，便開始徹底的改革。他首先聘用了公共關係專家：愛德華・伯奈德為參謀，以幫助他樹立UIB 的良好大眾形象。其次巴利修改和擴大了UIB 原有的加盟合約，並極力爭取全國各地的電台加盟，為此巴利將UIB 改名為哥倫比亞廣播公司（CBS），並親自出馬，說服各家電台代表在合約上簽字。到了 1934 年哥倫比亞廣播公司廣播網的電台已達到 100 座之多，一躍成為全美各廣播網之首。此外巴利也提升、擴大廣播網節目的品質和範圍，1934 年時 CBS 每天可提供 16 小時的廣播節目。其中，大約有三分之一的節目是由廣告廠商所贊助，而其他常態節目則由 CBS 免費提供給關係電台。

　　在這些年的實踐經營後，巴利逐漸形成了自己的廣播業經營原則，並在往後的 50 年貫徹此一原則。他認為廣播事業在「良好的企業經營」下才會日益蓬勃發展，而又要依據「健全的企業理念」才能持續成長。廣播節目需要經費，既然政府不願出資，就得另闢財源，而廣告廠商正是最好的財源。當然巴利也瞭解依賴廣告商的財務支援會限制電台對選擇節目的審慎性。但他認為這將帶來正面的影響，因為這也將迫使廣播電台開發更大的聽眾群。巴利不認為節目內容應由電台單方面來決定，而漠視聽眾的利益，他認為「負責的廣播業者必須讓所有的節目『即使是教育和文化節目』都能滿足聽眾的情緒和利益，而不只是滿足他們的智性需求」。

　　巴利的理念在 CBS 獲得相當大的成功，雖然當時 CBS 只有30% 的節目有廠商支持，但 CBS 努力製作能吸引廣大聽眾、並能獲得廠商廣告的常態性節目。以「哥倫比亞空中學院」為例，這樣一系列的教育性節目，內容包括生動活潑的歷史、地理和科學課程，以「寓教於樂」的方式取悅觀眾又吸引到商業贊助。廣告廠商們從這兒發現了廣播宣傳的潛能，而紛紛與CBS簽約。這使得這位廣播的初生之犢將 CBS 迅速發展為能與 NBC 匹敵的強大對手。1928 年時仍呈現的 170,090 美元赤字，到了 1931 年純利潤便達 235 萬美元，在美國經濟大蕭條時期的 1934 年，盈利也達 128 萬美元。

　　「廣播是一種事業，而廣播公司正如服務員一樣必須向公眾提供優質的服務，使得需要服務的人願意為之付費。」巴利的此項觀點受到了廣播圈內和圈外人士的支持，不過由於巴利體認到廣播業者有責任為公眾利益、便利和需要服務，所以CBS同時也

播放一些有其相當知識價值、卻沒有商業價值的節目。

公司成立初期，娛樂人才遠遠少於NBC，於是巴利決定專攻新聞。他先從美聯社獲取新聞，幾乎把它們都用在廣播中，但不久美聯社（其主要的顧客是報紙）開始對廣播網感到擔心，尤其是CBS，因為在報紙印發之前它們的新聞就被播出。結果，CBS被告知在某一限定時間之前不准使用它們的新聞。對此巴利認為，那些限制是不可能和無法接受的。不久他便創立了世界新聞部，發展自己的記者組織，並在短時間內獲得了成功。

戰後，1945 年 8 月 24 日，巴利返回美國，重新投入到廣播業中。為提高 CBS 的知名度，他開始攻擊老牌的 NBC。不過他改變了自己事必躬親的做法，他改組了CBS的領導機構，任命弗蘭克斯負責公司的事務，而自己則退居幕後，只負責公司的大政方針。

當時在娛樂節目的製作水準和廣播網的雄厚實力上，NBC占有明顯優勢，因此，CBS 要想全面趕超 NBC，就必須拿出全部本領。巴利通過調查研究，決定對CBS各方面進行全面的改革，並採取了一系列意義深遠的經營措施。

最重要的，是與廣告客戶爭奪節目的控制權。當時廣告客戶對廣播網的工作有很大的決定權，他們往往選定贊助節目並監督節目的製作，而廣播網實際上僅提供播放設備。

CBS 要想與 NBC 抗衡，就必須製作並擁有節目，否則，若由廣告客戶控制節目，他們可隨時將廣播節目轉入其他公司。這種富有開拓性的想法風險極大，任何廣告客戶都不會輕易放棄他所擁有的節目控制權。何況，這樣做很可能使CBS在缺乏贊助商資金保障的情況下，耗費鉅資製作節目。但是巴利敢想敢做，為

大力提高節目的品質，吸引廣告客戶，他採取了一系列的有效手段：

1. 大力鼓勵節目製作人員的幹勁和創造力，提供他們最好環境以激發靈感。最典型的例子：是他對來自加州的農村孩子厄尼・馬丁的重視。這個青年人果然不負眾望，很快製作出偵探連續劇《懸而未決》等優秀劇目，名聲大噪，博得大多數商人的好評。

2. 廣泛蒐羅人才。試圖造就大批優秀的演員。為此，他耗費鉅資，大挖NBC的牆角，收買了眾多名聲顯赫的大明星。巴利充分發揮其個人魅力，與演員們交心，為他們分憂，很快就被演員們引為知己。這大大激發了各地名演員到CBS工作的願望。而NBC名演員的加入使CBS節目在聽眾中的知名度迅速上升。1949年，在15部最佳廣播節目中，CBS便擁有12部，可謂成績卓著。

在哥倫比亞廣播公司62年的歷程中，巴利一直都是無可爭議的領導者、20世紀傳奇式的總經理。一開始，他幾乎親自做一切事情，包括簽名雇用明星、制定節目方針等。從1928年到他第一次辭退董事長職位，巴利從未在控制廣播公司的節目上讓過步。而在此期間，巴利最驚人的功績是在1948年，那年他終於使NBC的聽眾數量落到了CBS的後面。

在廣播剛興起的時代，巴利以他過人的遠見及貢獻在美國廣播史上寫下了燦爛輝煌的一頁，威廉・山彌爾・巴利的故事不僅是他個人的生活史，更是代表著美國廣播的發展過程及廣播的黃金時期。

第二節　廣播事業：蕭條年代中的繁榮

　　廣播事業在三〇年代經歷了它的黃金時代。自從 1920 年出現第一次商業性的廣播以後，聽廣播已經成為美國人日常生活的一個重要組成部分。原先曾經先後依附報界、廣告界的廣播業，這時已逐漸成唯一分支獨立的力量。哥倫比亞廣播公司等全國性廣播網的建立，更加強了廣播業在美國社會中的重要地位。廣播業的繁榮局面一直延續到四〇年代。就是在最艱苦的大蕭條年代，許多家庭也沒有放棄收音機這種顯然屬於「奢侈品」一類的東西。在收聽廣播的時候，飽嘗艱辛的人們可以從生活的重壓中得到一些解脫，人們也天天期望著能從廣播中聽到一點好消息。

　　1930 年時，全國擁有收音機 1,250 萬台，到 1940 年已上升到 4,400 萬台，大約 90% 的家庭擁有一台或一台以上的收音機。每天人們在收音機旁消磨的時間達 4 小時左右，這種狀況在整個三〇年代一直保持。因為電台的節目充斥著許多具有逃避主義色彩的東西，在人為製造出來的虛幻的輕鬆氣氛中，為大蕭條壓得喘不過氣來的人們可以得到片刻的歡樂或安寧。

　　就在發揮娛樂功能的同時，三〇年代美國廣播業已經開始意識到它能夠在新聞傳播媒介領域起到主要作用的可能。一些新聞節目如「時間的前進」被編為一週新聞劇播送，受到聽眾普遍歡迎，數以百萬計的人民，從廣播裡興致勃勃地聽取了英國國王愛德華八世「寧要美人不要江山」而宣布退位的講話。1938 年，英國首相內維爾‧張伯倫赴德國與希特勒就捷克斯洛伐克的命運進行談判，宣布他求得了「我們時代的和平」。美國廣播記者 H.V.

卡頓伯恩在這三週中，日夜守在哥倫比亞廣播公司的播音室中，將希特勒講話的譯稿、駐歐記者的報導，以及他自己對事件的分析，通過電波迅速播送給他的聽眾。這時，與其說是卡頓伯恩，倒不如說是無線電廣播，成為美國人民認識這一重大歷史事件的嚮導。在大蕭條的日子裡，羅斯福總統深知宣傳媒介的作用，他利用無線電廣播發表了所謂的「爐邊談話」。他用這種使人感到很親切的方式向民眾傳達了自己的思想，幫助全國人民恢復對未來的信心，反擊來自保守派的誹謗與攻擊。

就在廣播業不斷發展的同時，由於 1933 年埃德溫・霍華德的新發明，使傳送聲波的效率提高了。他發明了用調頻波傳送信號的辦法，可以減少干擾，使音色清晰優美。這為調頻廣播節目的播出創造了條件。調頻廣播為對音響效果要求很高的古典音樂迷們，提供了無比的美妙享受，也為廣播的發展開闢了新天地，使無線電廣播又上了一個新台階。

在美國人的記憶中，1907 年、1913 年和 1921 年都曾經經過短暫的衰退，但是這些衰退都沒有嚴重或久到足以影響他們對於美國國家前途的信心，也沒有引起全國上下的不滿與恐慌。

始於 1929 年的大蕭條則在美國全國引起了巨大的恐慌，幾乎對各個階層的人民都帶來了痛苦，引起普遍的不滿。自從美國立國以來，美國人還從未經歷過如此巨大的磨難。然而這並沒有從根本上摧毀美國人民對未來的信心。大蕭條造成了 10 年的大混亂，但是其真正的結果是帶有兩面性的，既是一種沉重災難，卻又是一種強勁的動力，促使美國人意識到他們的社會絕對不是完美的。相反，他們的社會存在著許多嚴重的缺陷，從而激發他們發自內心地希望改革他們的社會，以求擺脫困境，謀求健康的

發展前景。著名的「新政」（New Deal）誕生的背景，就是這次
大蕭條以及由此引起的大混亂。

　　「新政」帶來的所有一切，無論是人們支持「新政」的政治
行動還是反對的政治行動；無論是促使經濟增長，還是引起經濟
停滯；無論是引起社會什麼樣變動的一切事與物，都構成了三○
年代美國社會的重要內涵。可以這麼說，迄今為止，「新政」時
期的美國政府，實施了美國歷史上影響最為深遠的一系列社會經
濟立法措施。這些立法措施一直影響到今日美國，甚至可以說還
影響到今日的整個世界。

　　有人說「新政」挽救了美國，但是，如果將此歸結為羅斯福
總統個人的豐功偉績，未必真切。因為美國廣大人民既是「新政」
的接受者，更是「新政」的真正的執行者、貫徹者。當然美國人
民接受「新政」是出於他們實際需要而所作的實用主義的反應。

第三節　廣播的空前運用──爐邊談話

　　爐邊談話最先是由富蘭克林・羅斯福發起的活動，在 1932
年，羅斯福在就職一星期後發表了爐邊講話，他一開始是這樣說
的：「我想就信貸問題與美國人民聊幾分鐘。」聽到這幾句話，
今天的聽眾或許會瘋狂地撥打熱線電話。當時美國正處於經濟大
蕭條時期，羅斯福要向大家解釋為什麼銀行會關門，它們什麼時
候會重新開放，公民為什麼沒有必要擔心他們的錢會消失。學者
說：儘管羅斯福是「哈德遜河谷的貴族」，但他的語言和說話的

風格會讓你產生一種他是「坐在爐邊和你聊天」的感受。不論是
談論經濟問題、珍珠港襲擊還是二戰進程，羅斯福總統的爐邊講
話都像給人們注射了一支鎮靜劑，幫助當時的人們度過了戰爭難
關。而他的爐邊談話不只是具有這項意義。第二次世界大戰時，
羅斯福為了推行新政，將一批具有自由主義色彩的律師、專家與
學家組成智囊團，徵詢方針政策問題；透過爐邊談話方式，密切
與人民群眾的聯繫，與反對新政的最高法院進行堅決的鬥爭並成
功地改組最高法院。

　　當戰爭的烏雲密布時，傳媒對自己一方面能鼓舞士氣、激勵
鬥志的作用，能夠把民眾的情緒引向戰場。1939 年 9 月 3 日，英

第佛勒斯特（Lee De Forest）　　　羅斯福總統充分利用廣播力量。
被譽為「廣播之父」

法兩國因為波蘭遭到侵略對德宣戰。羅斯福在爐邊談話中，雖然稱保持中立，但又暗示美國可能採取同情反法西斯國家的態度，為日後提供援助埋下伏筆。1943 年 3 月 15 日，廣播播出羅斯福的演說，重申美國充當「民主國家兵工廠」的決心，並表示作為維持「跨過大洋的十分重要的橋樑」，美國將不惜作出犧牲。9 月 4 日美國軍艦遭到德國潛艇攻擊，羅斯福下令還擊，他借機向國會提出修改中立法。12 月 7 日下午二時，美國廣播公司中斷一場職業橄欖球比賽的實況轉播，插播一條美聯社快訊：日本偷襲珍珠港。羅斯福立即通過廣播發表演說，宣布對日宣戰。因此學者們認為羅斯福的爐邊談話是將美國民眾引導到贊同對日宣戰的重要因素。

在美國，大眾傳媒素有監督、制衡總統的傳統，罕有總統能與大眾傳媒相安無事。美國第 32 任總統富蘭克林‧羅斯福在任 12 年，雖然有時也對報紙的批評惱火，但他是與新聞界關係最良好的總統，成功地驅使各家傳媒很賣力地推廣「新政」改革。

1929 年的秋風掃殘葉聲中，美國在經過世紀初的繁榮高潮後，由此而開始的大蕭條持續三年之久，三年中有 5,000 家銀行倒閉，國民收入「縮水」了一半，四分之一的勞動力處於失業狀態，全國處處是排隊領救濟金的人。這場經濟危機席捲了胡佛政府，1932 年的美國總統把患過小兒麻痺的富蘭克林‧羅斯福送進白宮。

羅斯福沒有把傳媒看作是給他的制約，而是把傳媒作為潛在的盟友。他上任的第四天，就舉行記者招待會，坐在桌子前與記者像朋友一樣聊天談話。在任 12 年間，羅斯福舉行了 998 次記者招待會，約平均每星期兩次，每次 40 到 60 分鐘。此外，他還

時常在辦公室不拘形式的接受駐白宮記者的採訪。羅斯福如此頻繁地與傳媒人士打交道，他的瘸腿殘障形象卻極少出現在報刊、電視上。羅斯福運用傳媒的熟練程度，新聞界對他的敬重，連好萊塢影視演員出身的雷根總統也無法與之媲美。

　　羅斯福上任總統之後，面對的不只是千瘡百孔的經濟，還有沮喪絕望的國民心態。他深知恢復經濟的前提是把民眾從絕望的網中拯救出來，只有民眾以樂觀的態度和堅定的信念來迎戰，才能獲得勝利。面對經濟危機，他覺得除了接受記者的採訪以外，還必須與全國民眾進行直接的情感交流和意見溝通。這位眼光不凡的總統看中了當時正在興起的傳播媒介廣播。

　　羅斯福是 1933 年 3 月 3 日宣誓就任總統，當時美國因經濟大蕭條的影響，銀行情況嚴重，3 月 5 日，羅斯福宣布 3 月 6 日至 3 月 9 日全國銀行放假，3 月 3 日又促成了國會召開特別會議，通過了《緊急銀行救濟法》。1993 年 3 月 12 日星期日晚上，羅斯福在爐邊談話直接向全國民眾訴說銀行放假的目的，以及政府為處理財政危機正在採取的措施，美國國民第一次聽到他們總統的聲音，他以溫和安詳的聲音一一告知經濟大蕭條的挽救措施，讓經濟事件平息下來。

　　羅斯福發現，廣播這種便捷的媒體，的確是與民眾溝通的好工具。於是，他經常利用廣播發表談話，以話家常的方式，和民眾談論國家所面臨的問題，呼籲民眾支持他的「新政」政策。

　　1944 年的某一天，羅斯福總統要在全國廣播公司電台發表 15 分鐘談話，他熟悉他在談話之後，這家電台緊接著安排他的政敵，共和黨的杜威發表 15 分鐘的談話，於是羅斯福只講了 14 分鐘，留下一分鐘在那裡，聽眾發現收音機裡鴉雀無聲，許多聽眾

以為電台發生技術故障，紛紛調到別的電台。等到杜威發表談話時，已沒有多少聽眾了。

羅斯福利用廣播達到了自己的政治目的，廣播也借助羅斯福的「爐邊談話」充分的展示了自身功能與魅力。大蕭條期間，大多數媒體遭受了嚴重的打擊，唯有廣播一枝獨秀，這種由總統在廣播中與民眾直接溝通的方式，至今仍在運用，八〇年代雷根總統每週六進行廣播談話，發布其主要政策，1998 年，柯林頓總統訪問中國時，也走進上海廣播電台，與上海民眾直接交流。

第四節　美國之音無遠弗屆

美國之音（The Voice of America，簡稱 VOA）設在美國首都華盛頓，是美國政府資助對全世界廣播的廣播網。它的宗旨是促進各國對美國，美國人民，文化和政策的瞭解。美國之音從 1942 年 2 月成立以來，一直履行：新聞報導力求準確、客觀、全面，以及介紹美國社會力求均衡，公正的政策。

20 世紀三〇年代，因第二次世界大戰的關係，國際廣播電台在歐洲和亞洲發展起來。1930 年德國入侵波蘭的時候，除了美國之外，各主要國家都有自己的國際電台機構。

美國之音開始在 1940 年戰爭在歐洲進行著，而羅斯福總統考慮到鼓舞士氣的宣傳問題。國務院於是向總統建議，如果想讓歐洲人聽到美國的聲音，只有使用私營公司才有的短波電台，特別應當對日漸向德國靠攏的法國廣播。

　　二○年代中期美國的CBS，在西屋和奇季公司都研究了短波技術，三○年代初期各自向海外廣播。1940 年底時，國務院的此項設計又更進一步，用英國的BBC的長波轉播美國的短波新聞。英國方面對此項計畫表示很有興趣。因為這樣一來，就提供了一個讓英國對法國宣傳的機會。但是嘗試過的結果卻不如預期，除了有反對德日義軸心國的基本熱情外，對英國自己的戰爭效果沒有什麼用。但是英國卻也沒拒絕美方，因為這些美國電台短波訊號很微弱，難以被接收，根本就稱不上有效傳播。英國人從利益上作考量，何必為這樣無損己利的事傷了彼此和氣。

　　當時美國各大廣播電台都屬私人性質，直到二次大戰展開時，才開始意識到政治宣傳的重要，於是強力建議羅斯福總統成立隸屬政府的公營電台。日本偷襲珍珠港事件使一切加快。美國宣戰，羅斯福總統終於同意成立政府電台「美國之音」，時間是1941 年 12 月 26 日。

　　第一任台長豪斯曼，是電影和戲劇的製作人。對他來說，新聞是一種原材料，他要把它作成可觀賞的節目。他精通法語、德語和西班牙語，是個能力極強的人。他走馬上任沒幾天，1942 年1 月就完成了德語、法語、義大利語 3 個 15 分鐘的節目，由空軍飛機運到英國，請 BBC 轉播。

　　當時，「美國之音」採取直接用短波並且完全依賴英國BBC轉播。但BBC卻藉此聽美國節目是否符合自己的戰爭宣傳目的，由他們的編輯選擇送入空中的美國材料，不喜歡的就不送。當然，BBC 還把最好的廣播時間留給自己。加上「美國之音」的短波效果不佳，歐洲人很難收到，躲避著德國的干擾，一調台就碰上BBC。聽眾也搞不清楚「美國之音」究竟是誰在為美國政府說

話，還是英國人。

1942 年 7 月時，美國奇異公司和西屋公司同意出租廣播器材給「美國之音」。九月，占領北非的軍事行動迫近，在北非行動到來之前，聯邦政府下令，最後一個私營電台「世界廣播協會」也投降了。換句話說，1942 年底美國政府獲得了美國當時全部 14 個發射塔的控制權。1942 年底，「美國之音」成為短波電台。

「美國之音」在前台合作的延伸速度同樣非常的快。1942 年 3 月，豪斯曼建立各地區組，作出新聞與特稿的合作。新聞處提供每日新聞和蒐集外國材料，特別事件處提供節目，並且編輯不屬於戰爭情報局的美國人和外國人寫的稿件。在同一個月底的時候，行動效率高的豪斯曼，形成了第一份每日節目形式，用德、法、義、英四種語言分時段廣播。到了 4 月的時候，「美國之音」就成了 24 小時全天候播音。

隨著戰爭結束，原本管轄「美國之音」的戰爭情報局廢除了，「美國之音」轉由國務院管轄，「美國之音」由於是新聞總署領導，它的發言代表全美國，一方面象徵了它對全世界的影響力，一方面卻也限制了它的發展，少有創新。它的資金由國會捐款，一切運作也得聽命於國會。「美國之音」的內部組織管理森嚴，有一個權威組織「外事辦」，任何對工作人員的採訪，拍攝工作場景都必須得到許可。

新聞是「美國之音」的首要因素，當然也比其他媒體來得謹慎。他們記者編輯工作準則主要有三要素：

一、「美國之音」始終作為權威性的，聽眾信任的信息來源。「美國之音」的新聞，必須準確、客觀，並且力求全面性。

二、「美國之音」代表美國，而不代表美國社會中某一個階

層。因此,「美國之音」在介紹美國的制度和思想時,應當做到
內容廣泛,報導全面。

三、對美國的各項政策,「美國之音」應該做確切明瞭,還
要介紹人們對這些政策所發表的認真負責的意見和評論。

由以上看來,不難發現「美國之音」與美國外交政策上的關
係。這是它的任務,也是它的歷史,更是它的矛盾。

國際廣播最初的發展主要是以國家的政治、外交、僑民服務
或為達到與敵對國政治抗衡的目的而設。雖然大環境的改變促使
國際廣播節目在節目策略上不得不因應時代需求而有新改變,但
最終目的仍舊是希冀達到國家形象與資訊國際宣傳的目的。

總部設於美國華盛頓的「美國之音」是美國政府對外宣傳之
新聞單位,也是由美國政府所建立的國際性多媒體廣播服務系統。

現在的「美國之音」是以 63 種語言,每週向世界各地廣播
1,300 多個小時的新聞與節目。「美國之音」設有英語新聞及節
目部、外國語言播音部、工程部、行政部、總務部和電腦中心。
其中外語部門最大,共有 52 個語言組織,中文部又是其中最大
的一個。不論任何語種,其播音內容皆涵蓋新聞、資訊、教育與
文化,全球聽友共超過 9,400 多萬人。但是根據 1948 年的 Smith-
Mundt Act,其中有條文規定不可與民爭利,因而禁止 VOA 向美
國本土播音。

VOA 的預算必須經過美國國會審核。海內外工作人員共雇用
超過 1,200 人,甚至在全美與其他國家還有 16 個新聞駐點與超過
25 名的特派員及數百名的自由工作者。大部分的廣播與電視節目
都是在此地製作,同時全球亦有許多的加盟電台。

在「美國之音」成立之前,美國國際廣播的中文節目就已經

開始了。1939 年 2 月 18 日，美國開始粵語廣播。1941 年 12 月 28 日，普通話（國語）節目開始播音。當時，美國剛剛參加第二次世界大戰不久，「美國之音」中文部只有兩名工作人員。在開始階段，中文部每天播音一小時，普通話和粵語節目各占一半。日本入侵中國，國民政府遷入內地之後，為了向中國人民及時報導中國國內、太平洋地區以及世界其他地方的戰事發展，中文部員工人數劇增，新聞和專題節目也更加豐富，並增加了閩南話和潮州話的播音。隨著第二次世界大戰和國際緊張局勢的結束，中文部員工從 50 多人減少為不到 30 人。

「美國之音」中文部從舊金山市遷往紐約市。在紐約期間，中文部每天廣播 8 小時，以 5 種中國方言播音，一度還包括蒙古語。

中文部現有工作人員約 100 多人，其中臨時人員 30 多人。中文部內分三組，即普通話組、粵語組和節目推廣組。「美國之音」中文部在香港有記者站，在世界和美國大城市有特約記者。

目前「美國之音」中文部每天以普通話播音 12 小時，即北京時間上午 4 小時，下午到夜裡 8 小時。中文部每天晚上播出 1 小時的廣播與電視同步節目，其中除了星期五播出的「焦點對話」和「美國萬花筒」之外，其餘 6 天都是有聽眾和觀眾參與的「叩應 Call-in」節目（「美國對話」）。粵語節目每天播音 2 小時，是北京時間晚上 9 點到 11 點。

由於電子科技的發達，現在中國大陸民眾接觸外來媒體與資訊的機會亦比過去多很多，所以在「美國之音」華語節目之外，大陸聽眾也有了更多的選擇。因此「美國之音」也在節目上面臨更多的競爭壓力。

而為擴大「美國之音」的收聽範圍與影響力，「美國之音」

除精實節目策略外，亦不斷增加海外聯盟合作電台，目前全球已有超過 1,000 多家的合作電台。

雖然「美國之音」的預算來自政府，但只要電台不脫離營運宗旨和大方向，政府是不會過度干預。大環境的改變促使國際廣播節目在策略上不得不因應時代需求而求新改變，但最終的目的仍舊希望達到國家形象與資訊國際宣傳的目的。

21 世紀是網路媒體的時代，廣播電台如果不跟隨趨勢，勢必被淘汰。一般的地方性電台或許仍能維持基本收聽群，但相較於「美國之音」那樣的國際電台，在收聽群眾不確定的情況下，就很有可能因此沒落。事實上，「美國之音」的聽眾數已有下滑的趨勢，從 1993 年公布的 1 億 2 千萬聽眾人口，到 1997 年公布的 8,300 萬，五年內就足足下降了五分之一。

所以，1994 年時「美國之音」開始透過網路播出該台節目。一天 24 小時不分時段，只要上線便可以收聽到「美國之音」的節目。「美國之音」更開發了除英文外，包括中文、俄文、西班牙文等外文節目。這個革新目前也頗具成效，就中文部而言，目前上網訂購「美國之音」中文新聞的聽眾已有 20 多萬戶。

「美國之音」為了使廣播和影像結合，1990 年代中期，就設計將廣播與電視同時播放。「美國之音」的電視節目始於 1994 年，由於嘗試播出的節目相當成功，「美國之音」開始在總部建立新的電視攝影棚。現在的節目是全天候 24 小時播映，一週播出七天，有英語及 13 種外語服務。

此外「美國之音」更擴大了國際合作，以中文節目而言，就有 87 家國外廣播電台或電視台聯盟，其中電視台也包括了台灣的東森和民視。「美國之音」透過網路與電子郵件提供新聞稿

件、音樂、節目、英語教學等內容給其他國內外媒體使用，這些電台或電視台影音資源完全免費，這也是它擴大影響效果方式之一。

　　一般而言，「美國之音」之所以能獲得重大成功，主要有以下幾個原因：

第一，高度重視新聞時事節目。

　　「美國之音」主要播送的內容是新聞，並且 24 小時不間斷地頻頻播出，人們只要打開收音機，就可以聽到反映世界動態的最新消息，該台在播送新聞時，經常配合播送相關背景材料，為聽眾提供全方位的視角，使他們對新聞的意義有更深入的瞭解。

第二，標榜「客觀」、「公正」，強調「事實性」新聞。

　　該台把新聞和評論嚴格分開，新聞只講事實，評論才陳述觀點。這樣做的目的在於增加可信性。

第三，立足於爭取聽眾的長遠戰略，注意平衡性原則，既報喜又報憂。

　　如對社會主義國家，既誣蔑他們「專制」、「獨裁」、「侵犯人權」，又報導他們在經濟建設方面取得的成就。

第四，注重發揮廣播的特點。

　　在新聞報導中，「美國之音」注重發揮廣播特點，以短、快、新、活見長，每條新聞一般不超過 1 分鐘，以短句、短段落，方便收聽，滿足受眾「先聽為快」的心理，並注重現場報導，增強節目的感染力。文字運用通俗易懂，生動活潑。[1]

1.端木義萬主編：《美國傳媒文化》第 102 頁，北京大學出版社 2001 年 12 月版。

該台一直受美國總統和國務院控制。1976 年 7 月 12 日，美國國會通過了《美國之音章程》。

第五節　廣播是心理炸彈

無線電廣播，是人類在 20 世紀發明的奇蹟之一。從 1920 年以後，廣播發展迅速，1930 年代達到高峰，1940 年代雖然受到電視興起而影響，失去獨霸傳播界的地位，但是由於其功能和特性，具有別的媒體不可取代的地位。所以，至今仍是六大大眾媒體，包括報紙、雜誌、電影、電視、網路在內的一員。

在廣播最輝煌的時期，成千上萬民眾趕回家聽羅斯福今晚要跟大家聊什麼時，廣播在人民心中的地位是非常崇高也具有影響力的，例如：1938 年，費城的 CBS 在播放火星人入侵記的廣播劇時，曾經告訴聽眾劇情純屬虛構的，但終究造成費城人民的大恐慌，影響人民生活，廣播的影響力在此可見一斑。

五〇年代美蘇核武軍事的出現及人造衛星的發射使廣播戰線獲得獨立性，西方衝突的意識型態又突顯了這種獨立性，使廣播一躍而上升到戰略的位置。各國看到了廣播的戰略性之後，紛紛投入巨資壯大廣播的力量。冷戰期間西方在武器領域進行了軍備競賽，廣播領域同樣也有（軍備）競賽。廣播戰打得愈大其戰略性愈明顯。八〇年代美國政府投資 13 億美元從事廣播星球大戰，這個計畫是「美國之音」根據當時雷根總統加強美國國際廣播的主張和美國國家安全委員會賦予「美國之音」增強世界各地的發

射功率的建設，計畫內容為：增設大批 500 千瓦的發射機，採用
現代化新型天線，在衡量靠近廣播對象的國家和地區建立轉播
台，保證對象地區能接受到強而有力的頻率，新建轉播台分布在
世界各大洲，主要有：摩洛哥、泰國、德國、以色列、斯里蘭卡
等國家。

　　在太平洋戰爭中，日本電台有個女播音員「東京玫瑰」，她
以柔美的嗓音妖言惑眾，使許多美軍士兵甚至愛上她，對美軍造
成一度的消極。而美軍如法炮製請一名瑪琳的女明星透過廣播用
德語為德國士兵演唱，該明星的歌聲使她的聽眾從快樂幸福帶入
憂鬱絕望，因此她成為美軍 1944 年末對付德軍的秘密武器。廣
播可以真實可信的報導來說明敵國的行為與大戰情況，也可以親
切感人的言詞來煽動敵軍思念家鄉的厭戰情緒，更可以瞞天過海
的虛假消息去迷惑敵軍高層的軍事判斷。它的攻擊性是一種心理
層次的攻擊，且足以瓦解敵人的志氣。總之，廣播向敵人投擲心
理炸彈，其攻擊力往往比實質上的武器更具殺傷力。

　　1953 年美國國務卿艾奇遜曾經說過：我們的廣播絕不退出中
國。中共統治中國大陸後，「美國之音」在大陸周圍逐步設置了
一系列的轉播台和發射機。菲律賓、日本、泰國分別設立了大功
率的中波轉播台，美國對外負責人聲稱，這三座轉播台能使整個
中國大陸聽到「美國之音」，「美國之音」是美國政府對中國人
民展開「心理戰」的重要工具；並始終以美國的政策為指導思
想，廣播內容、宣傳手法和策略隨著美國政府政策改變而有所變
化。

　　隨著電腦軟硬體技術和 Internet 的迅速發展，網路廣播技術
自 20 世紀 90 年代中期發展出來，網路廣播的出現，源於互聯網

的出現、發展和 Streaming media 技術的進步。

在廣電媒體介入互聯網的發展過程中，由於廣播只對音頻技術有要求，加上美國 Real Network 公司出品的 Realplayer 軟體率先對音頻網路模式有較好的支持，因此廣播較早參與互聯網的發展，專門的網路廣播電台也因應而生。

動態影像的處理比單純的聲音處理還要複雜，因此如同 20 世紀初先有廣播，後有電視一樣，在網路上廣播電視多媒體技術的應用也是先從聲音開始的。聽眾可直接上網收聽廣播，不僅可以收聽到聲音，甚至還有文字、視訊的輔助。

1990 年代初，約有 10 種針對數位廣播而開發出來的技術，包 括：IBOC（in band, on-channel）、Satellite Radio、Internet-Only Stations……等，大致上可歸納為兩大類。有一類需要更多的頻譜空間，才能達到真正的數位音質，另一類可利用現有的 AM 和 FM 波段，但各個頻道或許需要更大的頻寬。而 IBOC 即是可利用現有的 AM 和 FM 波段──「原波段原頻道」。

衛星數位廣播（Satellite Radio）是由「衛星 CD 廣播公司」首創的，利用裝在車頂內的兩吋大接收天線，在汽車中也可收聽衛星數位廣播的設備。聯邦通訊委員會稱這種直接對家庭或汽車播送的衛星廣播為「數位音訊服務」（digital audio radio service，簡稱 DARS），傳統廣播業者對此大表反對，他們擔心衛星多頻道服務的競爭，會使地面傳送、具地域性的現有廣播電台部分或完全被淘汰。

網路廣播（Internet-Only Stations）可以讓網友一邊上網作業、找資料，一邊收聽線上廣播；有兩家提供音樂廣播較有名的網路服務，一個是 Spinner.com（最近被 AOL Time Warner 購

買），另外一個是Broadcast.com（最近被Yahoo!購買），除了有較廣泛多種類的音樂外、Internet-Only Stations也提供聊天室、電子商務和原始內容。最近有很多聽眾民調顯示，每個月大約有10%的受訪者會上網聽廣播，而這數據在未來將有可能往上攀升。

廣播發展至今已有 88 年（1920～2008），由於具有其他媒體，如報紙、電視所不能取代的特性，可一邊做事一邊收聽，具有想像空間與Call in的功能，故仍是一般人生活上，包括休閒與獲取資訊的重要工具。

廣播隨科技而進步，就功能而言，它不僅是「聽」的媒體而且也可以「看」。一方面藉著電話線與光纖等有線系統，可以在電腦上「廣播」，接受觀眾 In-put 並作出反應。另一方面，更可藉其副載波與衛星定位技術，傳送聲音與資訊到消費者身上的手錶或隨身聽之類的接受器，這些均打破傳統調幅與調頻廣播一定範圍的限制。

傳統廣播電台的節目，則更朝分眾、小眾、專業與社區、互動等方向前進。運用廣播快速傳遞的特性，多元化的音樂與資訊，將如潮水般迎面而來，廣播在未來應會做好這些服務。科技是死的，資訊內容則是活的。換句話說，廣播節目內容將根據聽眾收聽習慣與興趣，根據其生活型態與人口統計特質提供最適當的服務。

廣播在美國近代媒體發展中占有重要的地位，它曾經改變美國人接受新聞的方式，使人們有即時新聞的概念。儘管各種電子媒體（電視、電影、網路）的快速發展窄化了它的發展空間，但其廉價的收聽成本和無遠弗屆的廣播方式，讓廣播在競爭環境中

樹立了一席之地，在戰爭或不可抗拒的天災環境中，廣播常是重要的新聞來源。因此，廣播電台未來的發展應仍具相當潛力。

第六節　美國廣播的現狀與特色

美國現有廣播電台 8,807 家，對外廣播電台 19 家。最大的兩家對外廣播機構為美國之音和美軍廣播電視網，均屬官方電台。美國最大的全國性廣播網是國家廣播公司（NBC）、哥倫比亞廣播公司（CBS）、美國廣播公司（ABC），美國廣播節目主要由以下類型組成：

㈠全新聞節目（All-News）

這節目只播發新聞，輪轉播音是這種電台的主要特徵。每隔15 至 30 分鐘輪轉一次，播放最新的新聞摘要，一般長達 5 分鐘。在新聞廣播的空隙，還播送天氣預報、新聞特寫、體育報導以及其他一些公共事務。

㈡談話節目／脫口秀（Talk Shows）

有一類電台把大部分的節目時間都用來播放各種類型的談話節目，包括通過電話參與節目，它的目標聽眾是 35 歲或更大歲數的人。談話的內容很廣泛，從個人隱私到政治、體育等無所不談。

㈢成人當代節目（Adult Contemporary）

這是九〇年代在美國最受歡迎的廣播節目。這種節目形式包括由藝術家演奏的成人搖滾和輕搖滾音樂。另外還有一些溫情的

懷舊歌曲,特別側重那些為人們所熟悉的旋律和歌曲。這種節目編排意在吸引成年聽眾,尤其是 25 至 49 歲左右的婦女。

㈣宗教節目(Religious Programmers)

這種電台提供啟發靈感的音樂、新聞、天氣預報、體育和戲劇。

㈤情境喜劇(Situation Comedy/Sitcom)

這是廣播最早開發的一種娛樂形式。自從 1927 年廣播網建立之後,廣播就成了美國民眾最主要的娛樂形式。雜耍演出、戲劇、喜劇成為廣播的主要內容。大部分喜劇包含了一系列的笑話、滑稽短劇。幾年後,這種戲劇形式逐漸演變成了一種新的廣播喜劇——情境喜劇。早期的情境喜劇每集只有 15 分鐘,一星期播放 5 天,後來增加到每集 30 分鐘。

㈥肥皂劇(Soap Opera)

這是廣播開發的另一種娛樂形式,現在依然存在。它之所以被稱為肥皂劇,是因為早期的廣播贊助商大多是肥皂公司。這種節目大都描述了人世間的興衰成敗,甜酸苦辣,劇情發展較慢,頗受家庭主婦青睞。

㈦鄉村音樂(Country Music)

格蘭德・奧利・奧佩(Grand Ole Opy)1925 年在納什維爾的 WSM 電台首次播放鄉村音樂。主要聽眾為城市和郊區 25 至 45 歲的人。由於這種節目深受歡迎,很快普及,全美約有 2,800 座電台使用這種形式。

㈧以唱片為來源的搖滾節目(Album-Oriented Rock,簡稱 AOR)

這種節目出現在 20 世紀六○年代晚期,其創始人是唐納修(Donahue)。主要針對 18 至 24 歲的年輕人,播放現代流行歌

曲。

(九)當代金曲／前 40 首上榜歌曲（Contemporary Hit/Top 40）

該節目播放「公告牌」流行歌曲榜上的音樂。它緊緊追隨聽眾中的流行趨勢，特別是十幾歲的年輕人。

衛星電台

衛星電台簡單來說就是用衛星作為傳輸點的電台。它是把訊息透過發射器傳到衛星後，再用衛星回傳到接受器。這些訊號直接從人造衛星定向發送。因此，不論你在城市裡的哪一個角落，都能夠進入這項系統。

AM/FM 電台則是把訊息發射出去後，透過大氣的電離層的反射回傳到地面的接收器，有時候會因為電波或雲層干擾而收訊不良。衛星電台就沒有這種問題啦。

美國的天狼星衛星電台及 XM 電台，現已開始啟用數位式衛星電台廣播，可提供用戶超過 100 個收聽電台。只要付美金 10 塊的費用，即可擁有 50 個音樂頻道，以及 50 個新聞、體育及脫口秀頻道。當然，不少人即使擁有了 100 種電纜電視的頻道，仍舊會咒罵沒有可收看的節目。因此，為了說服潛在的聽眾成為固定用戶，天狼星已經簽下了當今知名的歌手，如 Grandmaster、Flash 以及 Sting 來參與電台的演出。

另一方面，如果車子可以接收數位式訊號，那音樂就可以不停止了。Motorola 的 iRadior 已經結合數位式收音機、行動電話及全球位置測定系統（GPS）科技。除了可以播放音樂之外，它還可以透過無線網路，尋找出正確的地圖，以提供即時的駕駛指導；在商店附近時，可以讓廣告商寄它們的廣告。

廣播電台頻率

◎1912 年廣播法（Radio Act of 1912）

20 世紀初期，由於船隻與海岸通訊以及船隻與船隻通訊間產生越來越壅塞的情況，美國政府開始對於無線電的播送加以管制。國會瞭解到頻譜的稀少性可能會造成嚴重的問題，因此制訂了 1912 年廣播法，明訂任何人欲營運無線電台（radio station）必須向商業部（Commerce Department）申請執照[2]，執照的內容包括了電台的所有權與位置、授權使用的波長、電台的營運時間等。[3] 這個時期無線電執照的指配是依據「使用者權利」（right of user）或稱為「優先使用順序」（priority-in-use）的方式。[4] 1920 年代初期開始，隨著廣播產業（broadcasting industry）快速的發展，當時的商業部長 Hoover 面對廣播電台訊號相互干擾日益嚴重的問題，主張應該增加商業部的管制權力；然而，聯邦法院在 1923 年與 1926 年的兩個判決，卻認為商業部不能拒絕執照申請或是指定執照所使用波長；商業部因此被迫發放執照給任何的申請者，執照擁有者則可以自由的決定其電台的功率、營運播放的時間及使用的波長等，而產生了「廣播的失序混亂狀態」（chaos in broadcasting）[5]，也導致 1920 年代中期頻率免費給予所有人（free-for-all）使用的結果。[6]

---

2 Coase, 1959: 2; Fowler and Brenner, 1982: 213
3. Coase, 1959: 2
4. Hazlett, 1998: 532
5. Coase, 1959: 4-5
6. Fowler & Brenner, 1982: 213-214

◎1927 年廣播法（Radio Act of 1927）

由於 1912 年廣播法並沒有解決廣播電台數目持續成長，造成頻譜不敷使用的問題，因此，美國政府進一步制訂了 1927 年廣播法，並成立聯邦廣播委員會（Federal Radio Commission, FRC），負責電波頻率的指配與管理。[7]聯邦廣播委員會的職責包括區分廣播電台的種類、指定服務的內容、分配波長、指定發射台的功率與位置、管制相關設備的使用以及預防干擾的管制。[8] 1926 年，在 United States v. Zenith Radio Corporation 的案例中，法院認為商業部沒有指定電台波長與時間的權力。[9]註十一：當時，聯邦廣播委員會（FRC）只負責非聯邦（non-federal）電台執照的管理。聯邦電台執照的發放權力直接隸屬于總統。[10]此外，1927 年廣播法宣稱電波不具私人擁有權，電波是屬於公共的（public），只有在政府允許之下才能使用。廣播執照使用不需要付費，但有使用期限。[11]執照一旦許可之後，未經委員會同意一律不得轉讓。[12]

另外，1927 年廣播法提出，在「公共利益、便利與必須」（public interest, convenience and necessity）的原則下，許可與更新廣播電台的執照，而電台需要提供「公平、有效率以及公正的

7. Coase, 1959: 4-6; Fowler & Brenner, 1982: 214
8. 當時 Hoover 拒絕 Intercity Radio Company 執照的更新，之後該公司申請訴訟，聯邦法院在 1923 年決議，認為商業部沒有拒絕執照申請的權力（轉引自 Coase, 1959: 4-5）。
9. 轉引自 Coase, 1959: 5
10. Coase, 1959
11. Krattenmaker, 1998: 10
12. Coase, 1959: 6

廣播服務播送」給所有的社群。[13] 1927 年廣播法最重要的兩個主張便是清楚的宣稱政府對於所有頻譜的擁有權，以及頻譜的使用必須在公共利益的原則之下發放執照。[14] 1934 年傳播法（Communications Act of 1934）7 年之後，國會通過 1934 年傳播法，將廣電的管制權力轉換至新的聯邦單位——聯邦傳播委員會（Federal Communications Commission, FCC），並將電話、電報與廣播服務等，統一交由此一獨立的聯邦單位管理。[15] 1927 年廣播法的內容幾乎是原封不動的保留在 1934 年傳播法的第三章（Title Ⅲ of the 1934 Act）中（FCC, 2002: 7）。1946 年，聯邦傳播委員會出版名為「廣電業者的公共服務責任」（Public Service Responsibility of Broadcast Licensees）「藍皮書」（Blue Book），建議廣電業者的電視節目內容應該要考慮到：1.地區性與聯播網節目提供社教性（非商業）節目；2.地區性的直播節目；3.公共議題討論的節目；4.電視台限制每小時的廣告時間。

數位廣播（DAB）

　　數位音訊廣播（簡稱DAB）是一項新的廣播傳輸技術，同時也是一項有別於傳統所熟知的 AM、FM 的廣播技術，它可以透過衛星或地面發射站，以發射數位訊號來達到廣播之目的，以其具有 CD 音質之傳輸技術，建構了第三代廣播新紀元，同時又能以數據訊號傳輸各項資訊，無疑是未來廣播之新利器。

---

13. Fowler and Brenner, 1982: 214
14. Krattenmaker, 1998: 10
15. Coase, 1959: 7; FCC, 2002: 7

◎**數位廣播的特色：**

數位廣播取代目前的調幅（AM）及調頻（FM）廣播，掀起第三代的廣播革命。

一、數位廣播可以提供多媒體服務，傳輸數據、資訊、圖像（例如證券金融行情、路況、天氣圖、電子報），更可與電腦及通訊設備（電話及行動電話）連結，形成 3C 的架構。

二、數位廣播可以做到「單頻成網」，也就是全國性電台可以使用單頻網路，不必更換頻率，就能收聽單一頻道節目。

三、數位廣播能夠提供媲美 CD 音質的節目，提高收聽品質。

四、數位廣播透過數位壓縮技術，一個頻道可以壓縮出至少五套的節目，滿足各種不同品味聽眾的需求。

◎**數位音訊廣播的發展源起：**

數位音訊廣播起源於德國，1980 年德國開始發展研究數位音訊廣播，並在 1985 年於慕尼黑近郊進行數位音訊廣播之研究與實驗，到了 1987 年以德國、英國、法國、荷蘭、丹麥……等國所組成的 EUREKA 聯盟，共同制定了 DAB 的規格，稱為 Eureka-147。因此，歐洲各國在DAB的發展上可說居於承先啟後的地位，例如在 1992 年試播的瑞典、1994 年試播的法國、挪威、芬蘭等，但真正將 DAB 帶入數據廣播紀元（Age of Digital Radio），則屬於 1995 年 9 月 27 日同時提供正式 DAB 服務的英國BBC 電台與瑞典 SR 電台。同時根據 EuroDab Forum 稍早的估計，到 1997 年歐洲將有超過 1 億人口收聽DAB。而 1990 年 4 月在美國亞特蘭大舉行的 NAB（National Association of Broadcasters）年會中，EBU（European Broadcasting Union）正式發表Eu-

reka-147 的數位音訊廣播系統，也引爆了廣播傳輸技術的大戰，
令美國廣播業界產生相當大的震撼，隨即在同年 8 月規劃出新的
DAB 規格——InBand。時至今日，DAB 在美國也逐漸成為廣播
新主流，同時也將在 2000 年後影響人類的生活。

Podcast

　　Pew Internet and American Life Project 在 2005 年 4 月的一項
調查報告顯示，擁有 MP3 播放機的 2,200 萬位美國成人中，有
29%曾經使用過 Podcast，也就是有超過 600 萬美國成人正在使用
一種全新型態的媒體傳播方式，這種傳播方式迥異於廣播、線上
音樂與網路下載。Podcast 是一種藉由使用者訂閱頻道，並主動將
新內容 Push 到用戶端的全新傳播模式。Podcast 從 2004 年推出以
來受到包括消費者、其他媒體業者、獨立工作室、MP3 播放機製
造商的青睞，短短一年內吸引了數百萬的用戶。消費技術調查公
司 The Diffusion Group 更表示，未來 5 年內美國 Podcast 用戶數
量將成長 14 倍，在 2010 年時達到 6,000 萬個用戶。

　　Podcast 這個單字顧名思義是由 iPod 與 Broadcast 結合而成，
意思是以 iPod 為媒體播放機，接收類似廣播模式所發送的多媒體
內容。但 Podcast 的使用並不侷限在 Apple iPod 上，只要是多媒
體播放機都可以使用，原因可能在於創造 Podcast 的美國 MP3 播
放機市場中，iPod 的占有率太高，因此直接以 iPod 的名稱取代
MP3 播放機。Podcast 是在 2004 年 8 月，由曾擔任 MTV 電視台
VJ 的 Adam Curry 發表世界上第一套接收 Podcast 的軟體 iPodder
而誕生。Podcast 的接收方式類似目前 Blog 與事件式網站都有提
供的 RSS（Really Simple Syndication）Feed，一般的 RSS Feed 是

文字內容，而 Podcast 則可夾帶多媒體內容，包括音訊或影片。Podcast 類似數位錄影機（DVR）的概念（如 TiVo），將預先錄製下來的廣播節目傳送到 MP3 播放機上，然後外出時收聽。

　　由於 Podcast 使用者多使用 Apple iPod 播放，因此 Apple 在 2005 年 7 月推出的 iTunes 4.9 就直接內建 Podcast 功能，可以方便地接收 3,500 多個Podcast頻道，而且每一集都能透過網際網路自動 Push 到使用者的 PC 與 iPod 上。根據統計，iTunes 4.9 推出第二天，訂閱 Podcast 的使用者就超過 100 萬人，顯示 iPod 的確是 Podcast 的主要播放機。

　　由於製作 Podcast 的方式非常簡單，只要自己錄製一段話、音樂或一段影片，都可以成為Podcast的內容並公布在網站的RSS頻道上供訂閱者下載。這種模式如同網誌（Blog，或稱部落格），Podcast提供讓每個人都可以發表作品的平台，而作品可以是文字、音訊、或影片。Blog在全世界受到歡迎，許多無名創作者透過Blog成為世界知名人物。因此預期Podcast也能像Blog一樣，創造出豐富的多媒體內容。

　　PMP在全球的銷售量普遍遠低於市場預估，業界一般認為缺乏影片內容、轉檔繁雜、價格昂貴是主要原因。其實 2005 年內建 20GB 硬碟的入門型PMP平均價格已經降至 300 至 400 美元，逐漸逼近 300 美元的市場接受點，因此價格因素將逐漸降低，內容缺乏才是 PMP 目前要面對的問題。

　　Podcast 並不是全然沒有缺點，因為音樂著作權的問題讓 Podcast 中不得穿插有版權的音樂。Podcast 製作的簡易性也產生許多垃圾內容。Podcast 目前以美國為主要發展地，非英語系的 Podcast頻道相當缺乏，其他區域市場的消費者可能無法享受到豐富

的內容。但以 Blog 成功的案例來看，Podcast 未來的發展仍然有極大的機會成為除了廣播、平面、電視、網路瀏覽外的全新傳播模式，並為 PMP 市場提供足夠的成長誘因。

　　未來一個頻道可以同時播放 6 個節目，但是目前還沒有一個廣播業者可以同時經營 6 個頻道，因此當數位廣播正式開播之後，不同的廣播業者將會共用一個廣播發射站。因此也將會出現如現今有線電視系統經營業者的代理模式，可預見的這將勢必形成另一波的數位科技爭霸戰。除此之外，廣播業者也將會出現類似的經營業者以管理不同的廣播頻道及數據服務頻道，這和現今廣播業者自行管理的模式有極大的不同，預料在未來將會對廣播業產生極大的生態改變。

第4章 美國電視事業的發展

第一節 美國電視的發展

電視的出現，可稱是人類文化娛樂、傳播媒介、訊息通訊的一次重大革命。電視對人類生活影響之深刻。遠非以前的電影與廣播等所能及的。

19 世紀初時，當傳遞訊號的無線電報剛剛誕生時，就有許多的科學家著手設想著該如何用類似的方式來傳送聲音及圖像。1865 年，英國工程師約瑟夫發明了矽元素的光電放應；1885 年的德國發明家尼普科發明尼普科掃描圓盤；1897 年的工程師布勞恩又發明一種帶螢光幕的陰極發射管，受到電子束的撞擊時，螢光幕會發生光亮。

1927 年 4 月 7 日，美國電話電報公司開啟了美國第一個長距離電視廣播。1928 年，通用電器公司在紐約州的斯克內克塔迪開辦實驗性電視廣播台。1930 年，美國無線電公司下屬的國家廣播公司在紐約市建立起一個實驗性電視台。次年哥倫比亞廣播公司也開始了它的實驗性電視廣播。

一直到 1929 年，美國猶他州出生的農場子弟成功的傳送一幅黑色三角形圖案，有效的整合前人的經驗而創造了電視，這個人就是今天被認為是電視之父的法恩斯沃斯（Philo Famswonh），

美國專利局在貝爾及愛迪生肖像旁邊陳列了他的肖像，表示出對他的評價。據說早在 1922 年時，法恩斯沃斯便提出了一系列的線條來掃描影像的觀念，而這個靈感是他看到家鄉愛達荷州農夫景象後產生的。

1923 年美國無線電公司的左瑞金（Vladimir Zworykin）發明了映像管。法恩斯沃斯及左瑞金，又共同發展了電視攝影機的基本技術電子掃描系統；在另一方面，都蒙特（Allen Dumont）則發展出接收器之影像管的基本技術。再經過一段歷時頗久的有關專利權的訴訟後，法恩斯沃斯獲得了美國無線電公司賠償給他的 100 萬美金；而在同時，都蒙特仍繼續埋頭於製造電視的接收器。在當時，電視正朝著全世界發展，1935 年英國推出了第一個電視廣播；而美國的第一個電視廣播，則是 1937 年轉播哈佛對耶魯的棒球比賽。1939 年，美國國家廣播公司開始正式播出電視節目。羅斯福總統是第一位參與電視實況轉播的總統，電視於 1939 年轉播他為紐約世界博覽會致開幕詞的實況。

第二次世界大戰期間，為了全力投入軍事生產，電視機生展一度停頓。在戰爭烽火熄滅以後，電視機便進入了普及階段。

第二次世界大戰後，電視的普及相當迅猛。擁有電視機的家庭，1964 年是 15,000 戶，1950 年達到約 400 萬戶，1953 年猛增到 3,000 萬戶，1960 年到達 46,000 萬戶，擁有電視的家庭數目已超過了擁有自來水和室內盥洗設備的家庭。

真正吸引觀眾的並不是電視機本身，而是電視機的螢光幕中多種多樣的節目。在電視中大出風頭的第一位真人，是一位魯莽而風趣的滑稽劇丑角米爾頓‧伯利。

1939 年，國家廣播公司開設美國第一個定時電視廣播。但當

時公眾並沒有熱烈的反映，開播五個月，美國無線電公司只售出400 台電視機。與此同時，美國商業電台卻在設法控制電視發展的走向。他們按照電台發展的模式，對電視節目進行資助和設計。1941 年 7 月 1 日，國家廣播公司的紐約台和哥倫比亞廣播公司的電台分別獲得營業執照，成為美國首批商業電視台。

電視最終的標準規格乃是由一個代表與 15 家製造廠商，並由政府委任的協調委員會制定出來的。該委員會於 1941 年所制定的美國黑白電視之標準規格——每個畫面有 525 條掃描線，每秒鐘有 20 個畫面仍一直沿用至今。1941 年聯邦傳播委員（FCC）批准美國商業電台播送節目，但是那一年的 12 月，美國捲入了太平洋戰爭，電視發展停頓了下來，因為當時電子學方面的研究已經轉向戰爭。

第二次世界大戰期間，美國電視的普及和發展受到相當嚴重的阻礙。獲得營業執照的 6 家電視台雖然繼續轉播，但是節目數量很少，戰爭結束時，美國總共才有 7,000 台電視機，電視台僅設在紐約、費城、芝加哥、洛杉磯和斯克內克塔迪五個城市。

縱使在 1945 年戰爭結束後，該產業在彩色電視的規格上仍然尚未獲得定論，而且在投資者及廣告商方面也都還處於不確定的狀況。突破性的發展是在 1948 年，兩家實力雄厚的廣播公司（哥倫比亞廣播公司和國家廣播公司）開始把他們的注意力轉向電視，因為 1947 年秋天的全美職業棒球冠軍賽，估計約有 350 萬人從電視收看，有許多人是在街區的小酒館觀看，這也刺激了人們想要擁有電視機的慾望。

1948 年秋，聯邦傳播委員會不再批准新的電視台成立，把電視台的數目限制在 124 家，為的是規範與日俱增電視台的數目與

品質，雖然實施此種措施，但擁有電視的人數仍有增無減。1954年美國正式播出彩色電視節目，成為世界上第一個開辦彩色電視的國家。

1948年凍結成立新電視台的命令，直到1952年聯邦傳播委員會制定了完整的計畫分配電視頻率後隨之取代。凍結取消後，電視擴展更為迅速，哥倫比亞廣播公司和國家廣播公司均大力發展自己的電視事業，第三家電視網杜蒙電視網 Dumont 也加入競爭，同時美國廣播公司與派拉蒙電影院合併，也走上發展電視之路。競爭的結果是 Dumont 於 1955 年破產，美國廣播公司（ABC）、哥倫比亞廣播公司（CBS）和國家廣播公司（NBC）三家成為美國電視界的霸主，是美國電視的神經中樞，各地方商業電視台的主要節目來源。到了 1960 年，90% 的家庭都有一台電視，每人每天在家裡看電視的時間大約 4 個小時。

當電視用於娛樂方面取得極大成功同時，電視界的一些領導人，已經開始注意到如何利用電視發展新聞事業。他們認識到新聞事業應該運用電視系統作為傳播媒介，於是電視開始用於新聞報導，同時也介紹一些重要的社會公共事務。以後隨著電視技術的日益改進，這種效果也越來越好，電視很快超越了廣播，成為第一重要的新聞媒體。1949 年的總統就職典禮，1952 年兩黨全國年會，1955 年的總統記者招待會，1960 年的競選辯論，1963年連續三天專題報導甘迺迪總統遇刺及葬禮，都造成了巨大的社會影響。這時的電視已經不再是簡單地傳播某種訊息了，電視編輯可以通過對畫面的剪輯、取捨，對解說詞的文字組織，甚至運用不同的表達語氣來表達某一種看法，某一種觀念，以影響觀眾。由於電視機的普及，以及螢光幕上的畫面給人一種真實感和

客觀感。電視在社會生活中的導向作用是顯而易見的。

　　觀眾評價很高的有關公共事務的節目是《面對全國》和《會見報界》。這兩個節目的通常做法是，由一群記者採訪國際或國內的社會活動家或政治家，請他們講評一些重大的社會或政治問題或事件。這些節目一直延續至今，深受人們歡迎。最受推崇的電視評論員和節目主持人有沃爾特‧克朗凱特、切斯特‧R‧亨特萊、愛德華‧默羅以及戴維‧勃林克萊等。

　　早在第二次世界大戰時期，當電台記者默羅曾以身臨其境現場採訪員身分，向美國公眾報導戰場一些感人肺腑的實情，在美國公眾心中取得了顯赫的地位。以後當他出現在螢光幕上時，則贏得了更高的聲望。他一貫反對新聞節目授獎，他堅定地認為「唯一的真正的獎勵是公眾的信任」，默羅早已得到這種獎勵。

　　在 1965 年時，自紐約發跡的電視已展現十足的活力，許多人認為 1950 年代是電視的「黃金時期」。然而美國無線電公司（RCA）控制著電視的技術，但它的網路系統──國家廣播公司，卻未能夠真正主宰節目製作及電視的觀眾。主導哥倫比亞廣播公司的威廉‧培利，便將其經營重點擺在節目製作上，不惜高薪延攬國家廣播公司的明星們。當電視網開始朝著各種不同的特色發展時，國家廣播公司及哥倫比亞廣播公司也控制著會員的評比，並且在爭取會員電台方面彼此進行競爭。

　　1954 年時，在總數高達 354 家的電台中，主要屬於美國廣播公司的會員僅有 40 家而已。屬於國家廣播公司旗下的兩個網路系統中，美國廣播公司乃是較弱的一個。這是因為聯邦傳播委員會的連鎖廣播公聽會及相關法令制定以後，國家廣播公司在 1941 年時另外成立了美國廣播公司這個無線電廣播電視網，因而使得

該網路規模與權力受到了限制。

1948 至 1957 年間，喜劇在電視節目中大行其道。喜劇泰斗米爾頓‧伯利——被人們稱為「米提叔叔」的節目，使得國家廣播公司的收視率大增。對現代喜劇的節目而言，柏利可說是此類節目的先驅者，他口無遮攔的說笑話，衣著時常是粗俗邋遢。他卻是這種新娛樂型態中不可多得的天才，並且使得許多人為了收看他的節目而去購買電視機。

1960 年時，電視已經在美國廣泛而深入基層的散佈。在那年，全美國共有 6,500 萬人收看甘迺迪與尼克森的總統競選辯論。由於在廣播中聆聽辯論的大都認為尼克森會贏得選戰，而收看電視辯論的觀眾則傾向於相信甘迺迪會打敗對手，這是因為甘迺迪在螢幕上給人容光煥發的印象，而尼克森相對就顯得老態龍鍾了。

此媒體畫面給予閱聽人的不同感受，後來電視在 1963 年時對舉國震驚的觀眾轉播甘迺迪總統的葬禮，隨之而來的是轉播南方的公民權利運動、越戰以及國內的反越戰示威。彩色播送在 1965 年逐漸變得普遍，更增加了電視所帶來的視覺衝擊。

電視面對甘迺迪總統中槍身亡的事件充分展現出其潛力，案發的星期五到第二週的星期一，美國三大電視網不惜代價，中斷了所有的商業節目和其他節目，24 小時連續報導甘迺迪遇刺事件。據統計，由於該事件，紐約市的電視觀眾人口由 30% 上升到 70%；而在舉行葬禮、全國默哀幾分鐘裡電視觀眾達到了 93%，可見電視巨大的影響力。

而電視新聞對人們產生的另一次巨大衝擊是 1969 年對阿波羅登陸月球的報導。阿波羅登月計畫可以說是美蘇太空競爭的產

物，1969 年 7 月 16 日，全世界 5 億多人坐在電視機前觀看人類
登上月球的壯舉。

　　1960 及 1970 年代，電視中的某些劇場一如 1967 至 1975 的
「史慕瑟兄弟」，充滿緊張氣氛的喜劇以及戲劇等都開始出現較
具批判性及反映社會觀點的情形。諾曼・李爾在 1971 到 1983 的
「世界一家」這個節目中，便對冥頑不靈的種族觀念、越戰以及
1968 到 1974 年間的尼克森政府，以幽默又諷刺的手法加以嘲諷。

　　電視網的經營策略在 1970 年代亦發生了改變。美國廣播公
司持續朝著以年輕人為目標而製作了許多節目，並在收視率的排
行榜上連續數年奪魁，如 1974 至 1984 年間的「快樂時光」。該
公司新發展的迷你影集系列也獲得極大的成就，例如 1977 年的
「根」，這是描述一個非裔美國人家庭被帶到美國當奴隸的歷史
故事。超過 1 億 4 千萬的美國觀眾收看這節目，或至少看過其中
一部分，而使得這個影集成為 1970 年代最為成功的節目。

第二節　美國三大電視公司

　　電視的出現，使得美國人認知的領域空前寬廣，人們知識面
大大拓寬，獲得的訊息量也大大的增加，人們眼界更加開闊，電
視已經不單單是一種提供娛樂、求輕鬆的工具了。

　　無論從什麼角度看，四〇、五〇年代電視終於取得了成功，
漸漸成為美國人生活中不可或缺的一個部分。電視改變了美國許
多人的生活方式。電影院的觀眾急劇減少，下降了 20%至 40%。

去體育場觀看體育比賽的人數也有所下降。其他一些職業領域，在人們觀看電視的高峰時間，也能感受到電視的衝擊。如出租汽車、圖書館、飯館，在這一段時間中顧客或讀者都大大減少了。無線廣播網也無法與電視台相較量。

　　美國四大廣播電視網（ABC、CBS、NBC、FOX）幾乎掌控著全國的電視市場。但由於新的傳輸技術如同電纜和光纖電纜傳輸，直播衛星以及互聯網的出現，四大廣播電視網的總份額在不斷下滑，1996 年，四大廣播電視網在晚上黃金時間的收視率僅占到了 68%。但是，廣播電視的發展前景還是令人心動，以至於不斷有人吵吵嚷嚷地要建立新的廣播電視網。

一、國家廣播公司（National Broadcasting Company, NBC）

　　是美國第一家全國性廣播電視網，總部設在紐約。NBC 成立於 1926 年 11 月，原由美國無線電公司、威斯汀豪斯公司、通用電氣公司合股經營，初期擁有「紅色」和「藍色」兩個廣播網。1939 年，美國無線電公司獲得全部股份，而獨家擁有 NBC。1939 年 NBC 開始電視轉播。1941 年 2 月它首家進行彩色電視試驗轉播，研製的 NTSC 彩色電視正式在 1954 年被確定成全國的標準。

　　1943 年，美國聯邦傳播委員會修改廣播網管理條例，規定一家廣播公司不得同時擁有兩個廣播網，於是 NBC 出售「藍色廣播網」。1965 年它率先全部播出彩色電視節目。

　　二次世界大戰後，電視的發展嚴重衝擊廣播業。1985 年，NBC 被通用電氣公司以 62 億美元收購，並把直接經營的 8 座廣播電台先後出售，成為只經營電視的公司。

　　1996 年，美國修改「1934 年通信法」取消了對一家公司在

選舉新聞成了電視新聞的重要戰場

全國範圍內擁有電台或電視台數量的限制，引發了美國歷史上前所未有過的媒體大併購。1999 年 9 月，它宣布投資位於佛羅里達州的帕克森通訊公司，並在 2002 年中進行投資，而擁有這一家公司的控制權。帕克森公司擁有 72 座電視台，它還經營以 PA-XTV 電視網，擁有 51 個加盟電視台，使得 NBC 的觸角深入到更多地方的電視台。

NBC 與微軟公司在 1996 年開始了微軟全國廣播公司電視頻道（MSNBC），是個有線和網路的電視頻道，觀眾可以透過有線電視或電腦網路收看此頻道，MSNBC 的出現，意味著美國商

業電視全新形式的產生。

　　NBC 以擅長推出創新的節目而聞名，1947 年首創記者會形式的談話節目：**會見新聞界**；1952 年創新全美第一個晨間節目：**今天**；1956 年首家推出兩人搭檔主持的新聞節目：**亨特利─布林克利報導**；1963 年甘迺迪總統遇刺身亡，NBC 首創停播所有節目：以 24 小時播出新聞等等。

　　從 1940 年開始，NBC 發展成為一個全國性的廣播電視網，但在 1976 至 1977 年到 1983 至 1984 年期間，NBC在三大廣播電視網中一直處於第三名的位置。20 世紀 80 年代後半期，NBC又重新奪回了廣播電視網的頭把交椅。為了設法保持這得來不易的寶座，NBC 在 20 世紀 90 年代中期播出了大量受歡迎的電視節目，還發起了一場「必看電視」的促銷活動。

二、美國廣播公司（America Broadcasting Company, ABC）

　　1943 年，工業界商業鉅子愛德華・諾布爾以 800 萬美元購得國家廣播公司所出售的「藍色廣播網」，成立一家獨立的廣播公司，即是 ABC。1953 年與派拉蒙劇院公司合併。1985 年，美國都市廣播公司以 35 億美元買下 ABC，改名為「都市廣播與美國廣播聯合公司」，但一般仍用原名──ABC。1995 年，世界最大娛樂集團──美國迪士尼公司以 190 億美元併購ABC，形成擁有無線電視、有線電視、電影、互聯網等多種媒體的傳媒巨人。

　　ABC 在娛樂方面較有成就。1954 年，它取得**迪士尼樂園**節目和**米老鼠俱樂部**節目播出權，節目播出後受到青少年的熱烈歡迎。1955 年陸續播放一系列西部片，贏得高額的利潤。它還首創90 分鐘的**本週電影**節目，也取得良好的效果。1981 年開播的**豪**

門恩怨連續播出 8 年，深受觀眾的喜愛。

ABC 高收視率的節目有：**今晚世界新聞**、**美國廣播公司晚間新聞**和晨間節目：**早安美國**。值得一提的是，1981 年雷根總統遇刺時，只有 ABC 的記者拍下全部實況，搶到獨家新聞，留下珍貴的歷史資料。

從 1948 年創立到 1976 年，ABC 一直居於老三的位置，並被公認為三大廣播電視網中實力最弱的一個。1952 年，ABC 與美國聯合派拉蒙影院公司（United Paramount Theaters, UPT）合併。在其後的幾年裡，在市場的夾縫中慘澹經營的 ABC 通過獨家播出迪士尼公司和華納兄弟公司製作的電視節目終於存活了。

三、哥倫比亞廣播公司（Columbia Broadcasting System, CBS）

1927 年，原聯合獨立廣播公司與哥倫比亞唱片公司合併成為哥倫比亞廣播公司，成為美國第二家全國性廣播網。1928 年生產雪茄菸的老闆威廉・佩利（William Samuel Paley）買下該公司的控制權並加快發展。CBS 於 1941 年開辦電視傳播，1965 年播出彩色電視節目，1988 年在國內成為首家嘗試作高晰度電視片。

1995 年，西屋電氣接管 CBS，隨後又收購無線廣播公司，仍用 CBS 為新公司名，1999 年，CBS 與美國維阿柯姆公司宣布合併。

CBS 旗下有 15 座電視台以及眾多附屬電視台，全國最大的廣播電台網有線電視網 TNN，還有美國最大戶外廣告牌經營公司。其網上 **CBS 體育**和 **CBS 市場觀察**都已有上億美元資產價值。而在維阿柯姆旗下，有 19 座電視台，有全球最大娛樂節目有線電視網，有著名的派拉蒙影像製作公司網，並控制有美國最大的

音像影視出租公司 Blockbuster Video，一家圖書出版公司西蒙‧舒斯等等，一旦合併成功，新公司將成為全美國擁有電台電視台數量最多的公司，在全國最大的 20 個電視市場的 18 個中占有寡占的地位。

CBS 以新聞節目和擁有眾多著名節目主持人享譽美國電視界。新聞節目 **60 分鐘**自 1968 年 9 月播出以來，一直是美國收視率最高的新聞節目之一，它的**今夜世界、哥倫比亞廣播公司晨間新聞、哥倫比亞廣播公司晚間新聞**等節目都很受歡迎。幾十年來，它推出許多著名節目主持人在美國家喻戶曉，如主持人物專訪節目**面對面**的愛德華‧凱羅，CBS 首任晚間新聞節目主持人道格斯‧愛德華茲等等。

1991 年，CBS 重登各大廣播電視網收視率第一的寶座，並連續保持三年，直到後來被廣播電視網中的新貴福克斯趕超。福克斯以高於 CBS 的出價，取得了美國全國足球聯盟足球賽的轉播權；隨後又購買了新世界傳播公司（New World Communications）——此舉又使 CBS 失去了 8 個重要的附屬電視台。1995 年 CBS 被西屋電氣公司（Westinghouse Electric）以 54 億美元購併。這標誌著勞倫斯時代的終結。

第三節　公共電視的發展

1959 年 10 月 27 日，政壇家李普曼（Walter Lippman）於紐約前鋒論壇報（N. Y. Herald Tribune）專欄發表「電視問題」

（The Problem of Television）一文，他直接譴責商業電視欺騙大眾，節目庸俗，他說：電視是一種教育工作，但究竟用於教育改善？抑教育罪惡？最後他斷言美國實行商業電視是根本錯誤的。為了使電視用於正當用途，必須建立公營電視。

　　1956 年，伊利諾大學教授史考尼博士（Dr. Harry J. Skormia）出版《電視與社會》一書。他列舉商業電視的各種弊端，最後建議由總統或參眾兩院設立一個特別委員會，徹底檢討並改變商業電視制度，設立公營電視網，並確實使電視事業成為服務社會公益的一種專業。《電視與社會》一書出版後，立即引起社會的響應，1965 年由紐約卡內基公司（Carnegie corporation）捐助 50 萬美元，成立卡內基教育電視調查委員會（Carnegie Commission On Education Television），由麻省理工學院校長克利安博士（Dr. James R. Killan, Jr）為主席。該會費時兩年從事實地調查研究，於 1967 年提出報告，主要內容為建議由聯邦政府籌募基金，設立特許、非營利、非政府管理的公共電視公司（Public Television Corporation），專門負責製作高水準電視節目，積極發展公共教育電視網。

　　1967 年，聯邦政府立即接受卡內基委員會的建議，並於 11 月 7 日由詹森總統簽署公共電視法案（Public Television Act），積極付諸實施。法案主要內容，是根據建議成立公共廣播公司。該公司不屬政府，是非營利性的，它是由 15 人組成董事會管理。董事由總統提名，經參院同意任命。其中任何一黨的董事不得超出 8 人，而且他們不是政府官員。

　　「公共廣播公司」於 1968 年 3 月 27 日正式成立。第一屆董事 15 人，分別任期為 6 年、4 年與 2 年（以後均為 6 年）。第一

屆董事為裴斯（Feank Pace, Jr）。1969 年 2 月 6 日，任命梅西（John W. Macy, Jr）為總經理。該公司擬定具體計畫，積極負責「公共電視法案」之推行。

在 1969 年，同時也成立所謂的「公共廣播服務」（Public Broadcasting Service; PBS），由其扮演各公共電台的網路協調者角色。某些主要的公共廣播服務電台——如波士頓的 WGBH 電台也同時是節目的製作者。某些節目則是由兒童電視工作室所製作，例如 1969 年以來的**芝麻街**（**Sesame Street**），而這些公共事務的節目則是由比爾・摩耶（Bill Moyers）製作，還有一些其他的節目，則是來自紐約的 WNET。

第四節　有線電視的發展

美國有線電視真正開始的時間，眾說紛紜，不過一般認為是在 1945 至 1950 年間的賓州山區城鎮，當時有線電視以社區天線型態（Community Antenna）出現，主要目的在解決偏遠地區收視不良的問題，其方式是接收鄰近地區無線電視台的節目，然後經由「同軸電纜」（Coaxal Cable）將電視節目送入用戶家，由於架設電路所費昂貴，用戶必須向經營者繳交費用，早在 1957 年，奧克拉荷馬州的特勒斯維爾城就有人經營付費有線電視的行業。

美國有線電視的發展起初並不順利，由於社區天線電視搶走原本收看節目的觀眾，再加上原來地區電台反對社區天線未經付費而引進節目，紛紛告到法院，請求聯邦傳播委員會（FCC）作

仲裁，盼法律有明定的管理條例。由於來自廣播業界的壓力，使得聯邦傳播委員會關注到有線電視的經營，對電視台造成經濟的傷害，於是導致 1962 年，聯邦傳播委員會對有線電視系統有最初的管制，允許有線電視播送外地節目外，也要播放當地電視台的節目。1965 年聯邦傳播委員會限制 100 個市場引進外地節目，同樣也要求其播放地區性節目。一年後，這項規定涵蓋了所有有線電視系統，當廣播業界為這項決定喝采時，卻為 1968 年最高法院另一項決定感到挫敗，這項決定認為有限系統並沒有因為付費而傳送廣播節目，違反版權。

　　1972 年 2 月，FCC 公布了新的有線電視法規，是一項重要分水嶺，內容要求申請有線電視系統必須先經 FCC 的同意並取得許可證，方可營運。該法規規定，無線電視網不得在廣播區域內擁有有線電視系統，全美無線電視網不得在任何地方設置有線電視系統，並允許有線電視除了可播放當地電視節目外，還可以播放其他地區的節目。法規中也明定，要求在全國首要的 100 個大城市中設置有線電視，頻道須有 20 個，並具備雙向、互動的系統，以及提供公益頻道作為政府施政及公眾互動的傳播工具。

　　1975 至 1976 年，是有線電視結合其他廣播科技的開始，尤其在結合衛星傳播之後，開啟了有線電視經營付費的新紀元，另一方面，從 1978 年起，眾議院通過新法案，有線電視不必先經過版權所有權者同意，可自由接收任何地區無線電視台節目。

　　八〇年代以後美國有線電視的發展非常蓬勃、快速、多元化，在 1984 年全國有線電視年會中，對於有線電視的成長茁壯感到欣慰。另外有線電視結合新型傳播科技，如通訊衛星、光纖電纜的發明都助長有線電視的迅速發展，例如在 1970 年代，美

國只有 70 個社區擁有有線電視系統，14 萬個訂戶。到了 1990 年元月，社區有線電視系統成長到 9,500 個，訂戶也增加到 5,008 萬戶，占現有電視家庭的 56.4%。

美國有線電視發展蓬勃的主要原因是：

1.有線電視的加盟組織相當完善。

2.有線電視可與其他競爭的傳統媒介或新科技並存，沒有自相殘殺的不良結果。

3.主要設備的安置幾乎完成，現在開始可以等候收成，獲利會越來越高。

4.政府的規約也解除，政府對有線電視的支持度較過去任何時候都好。

5.有線電視操作員經過幾年的磨練已發展出相當純熟的操作與行銷技巧。

6.按次計費、資料傳輸、付費音響、家庭保全等其他相關服務的設計也趨於完善。

美國有線電視節目也顯示幾個值得注意的趨勢：

1.有線電視台大部分節目來自全國性的供應公司，地方有線電視只是傳播而已，亦即絕大多數地方的有線電視都是以「轉手」節目為主要業務。

2.節目基本導向為「廣播」，以吸引大多數觀眾為主，而非只是某些特定觀眾。

3.直到 1986 年為止最受歡迎的是付費頻道。

有線電視系統不斷地擴張增其涵蓋率的同時，新的有線電視節目也猛然地充斥各個新頻道中。以 1995 年來說，全美有 6 個按片計費（pay-per-view）的有線電視節目，以及 6 個需要另外付

費的有線電視頻道，包括家庭票房（HBO）及表演時光（Show time）等；還有六十個左右的超級電視台（Superstation）以及有線電視網。

第五節　電視節目的類型

一、美國商業電視與非商業電視

美國各地電視台眾多，除了少數教育電視台以外，大部分為商業電視性電視企業，它們往往與全國幾家大電視網建立聯繫，並受其一定的控制。

在電視初創的年代，電視網將一段播出的時間售給廣告公司，由廣告公司從資金、內容和藝術方面對節目製作承擔全部責任。電視網的唯一功能就是將節目送給有關的地方電視台。隨著電視競爭的日趨激烈，電視網越來越認識到不能再受廣告公司的控制，決定由自己控制電視節目；因此到了六〇年代，除了新聞節目和特別節目外，電視網一般從整套電視節目製作者那邊購買節目發行權。

在美國，這種電視製作者大致有三類：個人明星製作者、有地位的電影製作公司、獨立的電視製作公司。電視節目一般可獲得資助，資助者通常雇用廣告公司為其設計廣告節目，廣告公司從電視網或地方電視台購買節目及播放時段。電視網還可從全國乃至於世界維持龐大的新聞採集機構，把新聞和錄影資料出售給其他國際電視公司，從中獲取可觀的利潤。

地方電視台通過播放全國電視網提供的插有廣告內容的電視節目，獲得由電視網為此而支付的報酬。地方電視台之間往往也互相競爭，它們透過自己的新聞採訪組、記者和製片人員，提供最新的地方新聞以及天氣預報和商情，以便賺到更多的廣告費。

隨著電視業的發展，有線電視成為現代美國大眾傳媒的一部分。這是一種由觀眾而不是資助者支付費用的付費電視。

七〇、八〇年代，有線電視服務迅速發展，它為訂戶提供了更多的節目選擇，如聯網廣播、專門的天氣預報、體育、宗教、新聞、公共服務設施的通告、搖滾音樂和其他特殊內容的頻道。1976 年，時代公司建立家庭電影公司，成為繼美國廣播公司、哥倫比亞廣播公司和國家廣播公司之後第四家全國性大電視網。

美國另一種非商業性式教育電視，經費主要來自社會的捐款和贊助，出現於 1951 年。當時聯邦傳播委員會撥 242 個電視頻道用於電視教學。1952 年聯邦政府撥款用於增建教育電視台設施。1953 年美國成立全國性教育電視及電台中心，旨在全美建立全國教育電視網。該網路節目一般事先進行錄製，然後寄往各地所屬電視台播放。地方電視台也製作教育節目。美國第一家教育電視台於 1953 年 5 月 25 日在德克薩斯州開播。直到 1969 年，全美有 168 家教育電視台在運作。教育電視台一般在白天和下午播放教學內容，晚上提供比較豐富的節目，以迎合觀眾的不同興趣，主要有紀錄片、討論時事、音樂戲劇、採訪等。

公共電視和閉路電視也屬於非商業性電視。1967 年美國卡內基教育電視委員會建議聯邦政府資助一項擺脫廣告商壓力、提高節目質量的公共電視事業。不久，國會批准這項事業，由國家每年撥款資助。1972 年尼克森政府對該電視台的政治偏見，迫使國

會削減對其撥款額，使公共電視台業務發展受到很大的影響。在美國，閉路電視一般使用於現場轉播娛樂節目和體育比賽，適用於學校課堂和醫院臨床的教學，也適用於家政的培訓教學。

二、節目的類型

在 1948 年以前，美國還只有少數菁英階層能消費得起電視，1946 年美國家庭擁有電視約 7,000 台，播出的節目有限，不過已經包括了體育節目、新聞節目、電視劇、音樂劇以及老電影。

1950 年代，在電視剛起步的時候，它受到來自無線電廣播的影響相當大。這個年代的電視節目類型，以及甚至是某些特定的節目，都是直接源自於廣播節目。這些類型包括：

各種不同的劇場：例如 1948 年到 1971 年的「蘇利文劇場」，提供了披頭四合唱團電視上露面的首次機會。

1. 喜劇：如**紅骸骨**、**劇中劇**、**我愛露西**等等。
2. 連續劇（肥皂劇）：為每天演出的通俗劇，例如 1952 年的**名燈**。
3. 戲劇：例如 1947 年到 1958 年的**電視劇院**、1958 年到 1972 年的**瓦爾登**。
4. 西部影集：例如 1955 至 1975 年的**邊城風雲**。
5. 懸疑劇：例如 1955 至 1986 年的**希區考克代表作**。
6. 科幻故事：例如 1959 至 1987 年的**昏暗地帶**。
7. 偵探系列影集：例如 1973 至 1978 年的**柯傑克**。
8. 冒險系列影集：例如 1951 至 1957 年的**超人歷險記**。
9. 談話節目：在晨間和夜間播放，例如 1952 年的**今日**以及 1962 年起的**今夜劇場**。

10.**新聞報導節目**：有許多新聞從業人員自無線電廣播跳槽到電視台。

11.**公共事務節目**：例如愛德華・穆洛所主持的**瞭望台**。

1960至1970年代間，電視業者製作了許多戲劇及緊張喜劇，例如以法院、醫院、警局為背景，而這些人都是超出人們原先所熟悉的緊張喜劇之種類。以無線電影中的冒險故事為基礎，電視也發展出一種普遍的動作冒險類型——它包含許多可預期的模式，例如：追逐、好人與壞人的特性描述等。但是在此類節目，某些以警探、醫師及律師為描述重點的次類型節目，也被區分為單獨類型。其類型包括：

1.**動作冒險節目**：通常將重點置於車輛追逐及偵探推理，包括1952至1970年的「搜索網」，以至於1993年的「紐約警局」。

2.**醫學界節目**：乃是以醫生為描述重點的戲劇。例如1969至1976年的「偉比大夫」，即以醫院情節為主的節目，如1982至1988年的「聖・愛爾斯威爾」，以及近年來收視率極佳的「急診室的春天」等等。

3.**法律戲劇**：是以律師及法院為重心的節目，例如1957至1974年的「培利・海森」以及1986至1994年的「洛城法網」：包括以律師事務所的感情世界和法庭上法律和道德的交戰，如近年獲得電視劇首獎的「艾利的異想世界」。

4.**黃金時段的連續劇**：乃是套用一些通俗劇的戲劇，例如1978至1991年的「朱門恩怨」。

5.**使用視覺及對白的比賽式節目**：例如1983年的「幸運之輪」。

6. **真實性節目**：首先被搬上螢幕的真實故事，便是「一日皇后」，但目前採用事後追蹤或是重新模擬當時狀況的方式來做描述，例如 1989 年的「911 急救線」。

7. **生存競賽節目**：以真實生活中人性及環境限制來考驗參賽人士，如 2001 年的「我要活下去」。

一般說來，美國電視節目的特質如下所述：

一、優點方面：

1. 節目完全由廣告支持，所以美國人民無須繳納執照費及其他任何費用。

2. 節目由電台自由安排，不受政府控制，所以沒有政府宣傳節目。

3. 美國工商業發達，廣告來源充足，故電視節目在一般地區播 18 小時，大城市則為 24 小時，並且免費服務。

4. 經費充裕，人才眾多，所以經常不惜成本，以加強節目內容及報導特殊事件。

二、缺點方面

1. 新聞、公共事務討論，及社會服務性節目太多。

2. 文化、教育、科學及藝術性質節目不多。

3. 娛樂性節目數量過多，品質粗糙，成為有人指責的犯罪目標。

三、電視節目的分類

1976 年代，時代公司建立家庭影院公司，提供各種電影節

目，用衛星把節目播至各地有線電視系統，在電視節目開始出現時，先由廣告公司買下時段，從承擔資金、內容和藝術方面節目的責任，電視公司僅是將節目發送於地方電視台。隨著電視業競爭的日趨激烈，欲脫離廣告公司的控制，除了新聞節目和特別節目外，電視公司開始直接購買電視節目的發行權。八〇年代美國有線電視服務迅速發展，提供了許多節目選擇，如聯網廣播、專業天氣預報、體育、公共服務設施、搖滾音樂和其他內容的特殊頻道。美國電視蓬勃發展的時期，主流的電視節目包含了新聞、連續據、摔角、情境喜劇、老電影、體育節目、搖滾樂等等，美國商業性電視節目的內容主要是廣告、娛樂和新聞性節目，而美國電視約有 90% 屬於娛樂性節目。

(一)電視娛樂節目

　　美國電視娛樂節目繁多，肥皂劇、小型喜劇成為以家庭主婦為主的日間節目等。因為晚間節目針對的目標對象較為廣泛，因此包含電影、紀錄片、音樂頻道、綜藝、和結合觀眾參與問答活動等綜合性的節目。

　　NBC 電視網是推廣綜藝小品節目最成功的電視網，「星期六晚間直播（Saturday Night Live）」，內容豐富多采，以美國人生活為題材，從家庭鄰里關係到公司人事等搬上螢幕，成功開拓另一綜藝戲劇市場；福斯（FOX）電視網也在 8 年前跟進此潮流。由於電視台節目產量眾多，內容已無法突破。美國近十年來已經有多個流行爆笑電視肥皂劇由於笑料用盡而被迫停止。

　　TALK SHOW 節目最早於 1926 年首次出現在美國電視，由主持人、嘉賓和觀眾在談話現場一起討論各種社會、政治、情感、人生話題，一般不事先備稿，脫口而出，因此被翻譯家譯做

「脫口秀」。形成一直延續至今的基調：輕鬆、詼諧、名人、八卦風格。以**奧普拉‧溫佛裏秀**（Oprah Winfrey Show）成功的例子來說，她親切的與女性觀眾分享著自己的小秘密，善於煽情地套出觀眾的心理，這種「以情動人」的主持風格引領了脫口秀的綜藝風格。美國有線電視網（CNN）招牌節目**納里‧金**（Lany King Live）主持人，在 1996 年大選時，總統競選人紛紛透過他的節目向大眾灌輸自由、民主、福利等詞彙，而他也隨之成為「政治脫口秀」的代表人物。

(二)電視戲劇

美國類型片的特點在於它們形成於電影史的早期，直到現在類型片不僅有固定模式，還有歷史可循。有人把美國影視片總結為五個類型：西部片、家庭歌舞片、家庭情節片、偵探片和恐怖片，這五大類型片特別顯示了美國人的內在活力和奔放的激情。

美國電視劇的分類，其中比較常見的包括了肥皂劇、情境喜劇和電視劇。其中肥皂劇有點像是連續劇，通常每集之間的故事都有關聯而且很會拖戲。

節目的製作成本相對來說非常昂貴。大多數的戲劇系列片每週播出的故事內容都各個不盡相同，演員和明星通常也是不同。因此製作每一片集的成本都相當高，並且成本很難降下來，不能像雜技表演節目通過重複被使用那些耐久的道具來降低成本。正是由於費用的高昂，在電視發展史上的前十年，戲劇節目的數量變少了，其他製作成本相對較低的節目的數量增加了許多。

(三)電視新聞

電視的娛樂性質雖較其他媒介高，但報導新聞是傳播媒介責無旁貸的工作，電視以畫面、聲音的雙重效果見長，使觀眾對新

聞內容能比其他媒介更真實的感受，因此傳播專家認為電視應以更充分的新聞報導為其主要任務之一。

　　1964 年，Elmol & Association 的全國性調查：大部分的美國人都從電視得到新聞。Roper 的調查發現，從 1963 年起，電視就成了新聞的主要來源，此調查並發現在所有的大眾媒介中，電視已成了大眾最信賴的新聞傳播機構。

　　根據 1990 年春季的統計，從週一至週五每天晚上平均有 5,630 萬美國人收看三大電視網中至少 1 個頻道的電視新聞。專家指出，目前這個數字大約已超過 1 億人。

　　美國是民主憲政體制的資本主義國家，其主流思想和價值觀在世界上獨樹一幟。美國的政治學者傾向於將美國人的政治信條歸納為：⑴自由⑵平等⑶個人主義⑷民主⑸法治。這些信條來源於「獨立宣言」，其主流是民主與自由，與主流政治文化一脈相承。美國新聞媒介的思想體系也以新聞自由為核心，由以下 4 個信條構成：⑴新聞媒介要擺脫包括來自政府，來自廣告商甚至來自公眾干涉。⑵新聞媒介為實現「公眾知的權利」服務。⑶新聞媒介探求真理，反應真理。⑷新聞媒介客觀公正地報導事實。毋庸諱言，這種以新聞自由為核心的新聞價值觀，是為美國現存的社會秩序服務的，一如作家，前《紐約時報》記者蓋依‧塔利斯（Gay Talese）所言，「紐約時報」和「美國政府」這兩股勢力，都是致力於同一目標──「維護民主體制和現行制度」。由此可見，由於其獨立政治地位和歷史傳統，美國新聞界與政府之間一般不存在抗衡和共謀關係，也不能將他們彼此簡單地理解為對立關係。它們之間是一種特定社會制度下的共生關係、工作關係和監督關係。

　　所以一個瞭解民主政治的人都瞭解，媒體與政府的關係，是一種既合作、又制衡的關係，其目的在維護人類共同追求的民主政治。所謂合作，是指政府為建立並維繫健全的傳播環境，促進輿論第四權監督政府的功能，必須充分地提供各種資訊以及政策、作為，作為媒體向民眾報導，滿足國民知的權利，如果政府不作此合作，甚至引導錯誤資訊，則傳媒自然樹起大纛，揭發政府的偏差，以維護健全民主政治的運作。

　　由於政府的政策及措施，與民眾的利益最為密切，所以始終是新聞報導的中心，傳媒把總統和各級政府官員視為訊息的主要來源，其故在此。

　　傳媒的天生職責就是監督政府，所以批判性是新聞人的正常，否則，「不會捉老鼠的貓充其量也只是寵物而已。」

　　為了確保這種關係，所以美國憲法第一修正案，強調國會不得制訂剝奪言論自由、出版自由等法令。

　　這個憲法修正案是媒體的護身符，也是一面擋箭牌，避免政府逾越權力，當然政府更不會有評鑑傳媒、管理傳媒的荒謬想法。

　　新聞界關切的，是政府面對第四權的新聞界，只有尊重，只有不說謊，政府所要做的，是加強新聞發布，加強發言人制度，加強與新聞記者聯繫，為記者服務增進瞭解；任何企圖控制的想法、操縱新聞的遊戲，既太敏感，也不實際，其不引起反彈也難。

　　「水門事件」再次向美國民眾證明：無論權勢被濫用的題材有多麼陳腔濫調，也無論新聞媒體對這種事情的揭露有多麼頻繁，政府濫權的可能性永遠存在，否則也不會樹立「絕對權力，

造成絕對腐敗」的名言。

　　新聞業以追尋事實，揭示真相為己任，向公眾傳播虛假資訊不僅損害新聞業的聲譽，也影響到社會的正常運轉，並最終使其失去公眾的支持從而失去作為社會公共機構的合法性。因此，新聞業自身和社會也在不斷地尋求避免假新聞或減輕其危害性的措施。在美國等主要西方國家，對假新聞等媒介失職行為的主要的控制方式有兩種：一是通過法律，比如對誹謗罪的認定，以保護名譽權等公民權力；二是通過行業自律，包括設立新聞評議會等行業性組織對媒介行為加以審查和處理、加強對從業人員的職業道德教育等。

　　電視新聞的可信度隨著電視的普及而提高。1961 年開始，電視成為美國人認為最值得信賴的訊息來源。不可替代的畫面優勢使電視新聞的可信度在 1988 年前後達到最高值；所做的調查認為電視新聞最可信；認為報紙可信的人只占 26%；相信收音機新聞廣播的人只占全部調查的 6.7%，而在電視還不普及的六〇年代初，這個數字是 20%。

　　從洛佩爾媒介調查公司的歷年調查結果可以看出：人們更願意自己親自「看到」新聞，「親臨」新聞現場，「眼見為實」（seeing is believing）就是這個原因，使得電視在所有新聞媒介中脫穎而出，成為大多數美國人的最可信賴的媒介。電視新聞的優勢連續保持近 40 年。

四、電視新聞的播報

　　播報員是決定電視新聞成功與否的重要角色。

　　美國 ABC 電視新聞主播哈里·雷森納（Harry Reasoner）認

為播報記者必須具備三項基本條件：(1)流暢的播出新聞，使觀眾
瞭解；(2)建立親切可信的印象；(3)最重要的是，本身必須具有強
烈的新聞感，建立新聞的權威。

因此播報記者除了要講求播報技術外，也要適時外出採訪。
新聞的權威及來自他對新聞的智慧、判斷和深遠的看法；他的工
作是活潑的、複雜的、也是創造性的。他成了電視台的發言人。

美國電視台在選取播報記者時，口才和說服力首先被考慮，
美國記者雖然採用讀稿機，但仍然注意適時低頭，再配合眼神及
口才。

美國電視節目中以單獨播報著稱的是退休的CBS的**華特・克
朗凱時間**（Walter Cronkite Show），克朗凱在任時手下有二十多
位助手，500 位分駐各大城市的通訊記者、攝影記者，傳遞最新
消息，使他的新聞成為美國最受歡迎的節目之一，為求真實起
見，有時更把他的辦公桌搬上電視螢幕，節目中也會偶然穿插一
個人遞送紙條給他，而克朗凱
就立即將這條最新的消息報導
出來，經常不辭辛勞的處理每
一件新聞，為了報導太空消
息，他曾到太空艙親自去體
驗。

NBC的**亨特利與布林克萊
時間**（Chat Huntley & David
Brinkley show）是一個由雙人
主持的新聞節目，亨特利在紐
約，布林克萊在華盛頓，兩人

華特克朗凱是美國最具公信力的電
視新聞主播

聯合播報新聞；亨特利在紐約播報一則新聞後，招呼一聲"David"，布林克萊就播報下去，當然布林克萊播報完後，也呼喚一聲"Chat"，亨特利也接著播報下去，這樣一搭一唱的播報方式曾成為美國最轟動的電視節目之一，兩人都很有才幹，談吐簡潔有力，擺脫了一般播報新聞的陳腔濫調，開拓了電視新聞的新作風。

不過電視新聞近年也出現一陣「歪風」，電視新聞從關注新聞事件本身開始轉而關注播報新聞的個人，從資訊轉播轉向輕鬆娛樂，從嚴肅正統轉向通俗流行。也就是說，電視新聞中潛在的娛樂和表演的因素戰勝了新聞因素。

更令人感到憂慮的是，這種新的新聞播報方式贏得了比以前更高的收視率。特別是年輕電視觀眾，他們喜歡「快樂談話」。因為從「快樂談話」中看到以前嚴肅新聞中看不到的更具感官刺激、更多暴力內容的新聞。雖然，一些在傳統新聞價值觀中成長的資深記者或主持人，比如克朗凱就曾對這種情形提出過批評，但「快樂談話」不但在七〇年代末大行其道，就是到現在，一些地方電視台還在使用這種方式播報新聞。

五、成功的電視新聞節目

美國三大電視網 ABC、NBC、CBS 對於新聞節目的競爭是非常激烈的。從清晨到夜晚，三台每天平均有二十餘次大大小小的新聞報導，此外還有評論、分析、座談、討論、辯論、專題報導、實況轉播等節目。除了在內容、深度下功夫外，電視新聞播出的形式上，也都極盡巧思，力求超越友台。

三大電視網為爭取收視率的提升，對於新聞性節目確實投注

了大量的心力，而每一個節目也各有其特色。

(一)今天（Today Show）

NBC的晨間新聞節目，其風格正如一份晨間報紙——誠信可靠、充滿知識性；但某些時候也會顯現誇張和稍嫌嚴肅。主持人布洛可（Ton Brokaw），曾經擔任 NBC 駐華府記者三年，採訪白宮新聞。「今天」節目多采多姿，包含新聞、氣象報告、專題採訪、人物訪問、特別報導、影評及內容簡介等。

(二)早安美國（Good Morning America）

ABC 晨間新聞節目，其風格似一份午間小報——浮誇而引人，現場佈景華麗，像是一棟市郊小屋，有著舒適的起居室及設備齊全的廚房。主持人哈特曼（David Hartman）對節目的要求目標，是希望能帶給觀眾舒適的一天，因此節目中的新聞報導都會加以選擇及過濾，或以一些有趣的特寫來展現美好的人生。

(三)夜線新聞（Nightline）

ABC 的深夜節目，由泰德庫貝勒（Ted Koppel）主播。此節目的特色是，每次內容都是新鮮的；其次，它常有較一般新聞更深入的特別報導，是關心新聞事件的人所樂於看見的；再來是因為某些趕不上收看七點鐘全國新聞，可有補看的機會。

(四) 60 分鐘（60 Minutes）

CBS「新聞雜誌」型的節目。擁有最高的收視率。它專門以深度報導方式來發掘、批評、討論社會問題。譬如揭發社會大型詐欺案，或者具有人情味的故事，或是介紹世界有名的政治人物等等。在每週一小時的節目裡，播出大約三個不同性質的專訪，然後由兩個資深評論員對某一社會、經濟或政治問題做評論。節目結束前的一分鐘，則由擔任專訪的記者抽樣討論觀眾來信，作

進一步解釋。更正報導內容或向觀眾道歉。多年來，觀眾來信極為踴躍，不論讚美或指責，**60 分鐘**節目小組總有雅量接受。這種讓觀眾參與的方式在美國電視新聞中是前所未見的。

㈤老牌的談話節目（Talk Show）

例如 CBS 的**面對全國**（Face The Nation）、NBC 的**會見記者**（Meet The Press）和 ABC 的**問題與答案**（Issues And Answers），於每週日中午前後播出，都是把政府高級官員或其他新聞人物請到播音室來，作一對一或三、四位記者輪流發問的訪問對象，這些政要們在節目中的談話舉足輕重，往往成為其他通訊社、報紙的重要資料，有時也會成為報紙上的頭條新聞。

第六節　美國電視對政治的影響

隨著科技發展的日新月異，媒體的傳播管道也從平面的報紙，靠聲音傳遞的廣播，進化到同時具有影像與聲音的電視，甚至於是現今的網路。然而在我們日常生活中，仍然將電視視為是一種不可或缺的傳播媒體。經由電視我們可以得知國內外的新聞大事，可以收看到美國的影集抑或日本的連續劇，各大頒獎典禮、重要體育活動的比賽，都可以透過電視的傳遞，讓觀眾收看，而電視也就成為是一個具有相當程度娛樂性的傳播工具。

電視對社會的影響不僅深遠，且是全面性的，例如：電視廣播一直和美國的政治有著不可分割的關係。從 1945 年羅斯福總統去世和日本投降，電視直接進行轉播。1947 年美國國會開幕，

首次經由電視直播，而 CBS 也展開每天 15 分鐘的電視新聞節目
之後，電視就已經直接進入美國政治。1948 年的總統大選中，電
視轉播民主黨與共和黨兩黨的候選人提名大會，接著電視又直接
播報了越戰的爆發，而到了 1952 年的兩黨總統候選人提名大會
時，電視也首次進行現場全程轉播，此時，電視已成為美國不可
或缺的傳播媒體。

一、電視與政治事件

　　「電視在現代美國政治中首次發揮具體的影響，要從 1954 年
麥加錫議員的倒台說起。之後於 1960 年代，在總統大選的百次
電視辯論中，尼克森就因為形象欠佳，辯論失利而敗。1961 年甘
迺迪也首次舉行現場的電視記者會，而當 1963 年甘氏遇刺時，
電視就發揮了最高的功能，連續 4 天不斷的在報導相關的消息。
還有 1960 年代的黑人民權運動，乃至嬉皮反既存體制及反越戰
狂潮的聲浪，也因電視的廣為播報而激起政治熱潮，詹森總統即
在廣大反越戰的群眾與媒體的壓力之下，被迫飲恨退選。」1968
年民主黨大會於芝加哥舉行的時候，就因為反戰與反體制群眾的
抗爭，而形成警察與示威民眾的大混戰，而美國電視的轉播這樣
的畫面後，使得民主黨的形象大為折損，而促成共和黨尼克森的
勝利執政。一般言之，在越戰初期，美國民意大都給予支持，但
專家指出民意相對的分水嶺，肇因於 1968 年黑人民權領袖馬丁
路德‧金恩及民主黨總統候選人甘迺迪的相繼遇刺身亡，引發電
視的廣泛轉播。再加上同年越共的「農曆年攻勢」（Tet Offen-
sive）。當 CBS 的著名主播（Walter Cronkite）親身訪越採訪攻勢
的影響，並於返美後在電視中公開播報越戰已陷入僵局，美國應

該撤軍之後，詹森總統在白宮看到此一報導之後，轉頭跟助理說，「一切都完了」，意即連克朗凱都如此報導，顯示民意已失，越戰無法贏，由此可見電視的影響之大以及新聞主播的權威性。

1970 年代後，電視的力量不斷擴大，尼克森在 1972 年訪問大陸，經過電視廣大報導後形成了所謂的「中國熱」，而同年的水門事件的爆發，CBS 的分析報導就長達 14 分鐘，使該項醜聞案，更難收拾，雖然尼克森對於電視廣播所謂的歪曲惡毒報導展開反擊，但還是不能挽救他的政治命運。1974 年，美國參院進行彈劾聽證，電視也現場轉播，終使尼克森引退辭職，成為首位在現代大眾傳媒壓力下，失去權勢的總統，從這裡也看出電視的影響力。

到了 1977 年，卡特政府時代的「韓國門案件」，電視廣播等媒體揭露了韓裔在華府運用金錢收買影響力。1987 年雷根政府末期爆發的「伊朗門事件」，國會進行一系列的電視聽證會，追查白宮官員是否涉及違法秘密安排出售武器給伊朗，以交換被拘禁於黎巴嫩的美國人質，並以售武器所得款項作為幕後支持反對尼加拉瓜桑定政權的游擊隊經費。各式各樣的政治醜聞及貪汙違法事件，皆成為電視廣播等媒體廣為傳播的重要主題。

即使是發生於國外的事件也成為電視廣播每天轉播的重要新聞，如 1979 年伊朗柯梅尼政權拘捕美國大使館人員作為人質，使美國民眾看出卡特政府的無能，而使卡特在 1980 年的大選中落敗。在 1990 年的大選，布希因為在 1991 年波斯灣戰爭中，領軍擊敗伊拉克而聲望提至高峰，可是後來因為國內經濟不振，民主黨又於國會中調查布希政府涉嫌在波斯灣戰前以大量金錢非法

協助伊拉克的海珊，造成所謂「伊拉克門」（Iraqgate）事件，使
布希的聲望大打折扣。更有甚者，投票的三天前，尚未結案的
「伊朗門」個別檢察官突然起訴雷根總統時代的國防部長溫伯
格，指出溫伯格的私人日記中，提及當時的副總統布希也有參與
討論軍售伊朗的過程，亦即布希也涉及伊朗門一案。傳媒的報導
之後，使原本正在回升中的布希民意聲望，遭受挫折，終於敗在
柯林頓手下。電視傳播對於美國政治發展、政治人物形象以及總
統選舉所產生的影響在此可見一斑。

二、電視與總統政治

　　1947 年 10 月 5 日，電視首次被引進白宮報導杜魯門總統的
演講，到了艾森豪總統時代，其新聞發言人海格悌（James C.
Hage）體認到電視傳播對於總統政治的重要性，首先准許電視錄
影播出總統在白宮的記者會。而後的總統也努力使電視媒體成為
其個人在位時的助力之一。一直到了 1968 年，尼克森總統甚至
在白宮內設立傳播處（Office of Communication），專門處理協調
新聞流程，運用民意調查以針對選民進行宣傳，安排總統於電視
新聞中出現以及推派官員與策士出現電視中為政府辯護發言等。
　　在 1992 年的美國總統大選中，德州鄉土意味濃厚的競選人
裴洛，在演講與辯論時經常提到要使白宮及總統職位成為「Bully
pulpit」（天字第一號講壇），也就是成為號召鼓動民氣的講壇。
他認為總統不單單要贏得民意，還要能引導和鼓動人民，使民眾
凝聚國家共識，才能順利推行其政策目標。裴洛指出，當民主黨
的國會和共和黨的總統形成抗衡而使政策窒礙難行時，總統就應
訴諸民意，舉行草根式的民眾大會，與民眾溝通來號召爭取支

持，才能打破死結。可是美國地大民眾多，如何才能接觸最多的民眾？

運用全國性電視廣播媒體就是一個最直接的方式，與民眾溝通，瞭解其需要，爭取認同與共識，以解決困難以及引導國家走向某種方向；而裴洛所建議的就是所謂的電子民眾大會，與民眾相互溝通。這樣的溝通效果是很有效果的。例如雷根總統，經常超越國會，直接利用電視廣播訴諸民眾，使其支持法案並進而逼促國會予以通過。在雷根執政的 8 年期間，其助理經常設計及運用各種特殊場合與背景，製造電視廣播機會以展現其形象於美國民眾之前，因而獲得民眾的喜愛和支持。

但是，電視傳送的影像也能讓人民對一個總統失望，例如老布希總統常在重大事件發生的時候，還在忙打高爾夫球的形象經電視不斷傳送給美國民眾，使得民眾感覺到，美國在經濟蕭條與失業眾多的時候，總統還在忙於玩樂，這樣的形象對老布希總統的傷害極大。可見一個總統經由電視傳送出去的形象是相當重要的，有的總統可以巧妙運用，使自己形象大好；有的就相反，使自己暴露出缺點。在柯林頓總統的時代，他對於現代電視廣播的影響就相當瞭解，他力循著總統的模式，積極運用媒體，和民眾直接溝通，為其造勢以增加未來與國會的討價力量。因此在他未上任總統之前，在 1992 年 12 月間在小岩城舉行全國經濟會議，並由公共廣播 C-Span 電視向全國轉播，在這兩天中展現了柯林頓對經濟問題的關切與瞭解，同時凝聚全國共識以解決經濟問題，該項會議廣為美國媒體所稱讚。另外在柯林頓就職典禮上，他讓電視轉播他訪問傑弗遜總統故居、林肯紀念堂及由孩童陪同於華府步行，處處皆具電視廣播的象徵性。該項典禮也被認為是

有史以來應用電視廣播最多的一次。

三、電視與弱勢政治

在民主政治國家中，電視廣播等大眾媒體的自由化與民意的自由表達是政治程序中的一部分，沒有言論自由，就難成民主政治。弱勢個人、團體與政黨等，皆可透過電視廣播與其他傳播媒體表達其聲音，見解及訴求，以轉化自我地位，引起政府或政黨注意，獲得大眾同情，進而實現其要求或阻止與通過其反對或贊成的法案。

在美國，弱勢的另一個代名詞是「草根」（Grassroots）。通常這些人包括少數民族，婦女以及兒童，或者是殘障和貧窮的人。當然也有一些為了某種理想或主義起而高聲疾呼的團體，如綠色環保人士，同性戀者等等。

雖然傳播媒體可以為弱勢的人或團體發聲，但是因為其缺乏可利用的資源，所以想要引起電視傳播媒體的注意進而尋求其宣傳效果來爭取大眾的支持，常非易事，例如環保團體遭到工業界的抵制。所以弱勢的個人或團體要想得到群眾的同情與支持，就要以理性的事實，而非暴力的形象，面對大眾以及新聞界，尤其電視廣播等新聞媒體常以社會公器自居，倘若一切的訴求都合理，自然就會有發聲的機會。例如美國著名的消費者保護運動發起人納德（Ralph Nader），就憑著其研究與知識，辯才和論據指出大企業產品的弊病，而成為電視傳播的寵兒，且挾著這樣的曝光率和發聲管道，更進而尋求國會議員的支持，而達到他所理想的保護消費者心願。另外，美國黑人民權運動領導者金恩博士（The Reverend Martin Luther King）就以溫和的抗議方式，吸引

了媒體的注意，報導其活動，傳播其理念，造成民眾開始同情支持，終究達成其政治目標。

四、美國電視與總統選舉

　　傳播媒介對於美國選舉扮演了舉足輕重的角色。因為大多數的選民並沒有機會可以直接地去接觸選舉的事務，所以他們就依賴大眾傳播媒介的訊息瞭解選舉，來參與選舉的發展直到選舉結束。電視的普及，傳播衛星的使用，社區電視的推廣，傳播科技的進步，使得人們可以迅速地得知訊息，所以電視成為影響選舉很大的一個傳播媒介。

　　政治參與及競選人，除了有效運用免費的電視廣播媒體等新聞報導及節目以自我宣傳優勢之外，在競選期間，還需運用經費在廣告宣傳文宣上。研究電視廣播廣告的專家們肯定廣告的影響及效力。廣告的基本作用，首在誘導閱聽人的動機，並進而達到說服接受的目的。尤其政治性廣告，具有為競選者個人或政黨提升為選民解決問題、改造社會及健全政治等作用，並說服選民在投其一票後，一切問題都會有所改善。由於這種積極正面意義，政治廣告常有增強選民對民主政治信念的影響。柯林頓就以這樣期待改變的訴求來擊敗處於經濟與失業困擾中的布希總統。電視廣播政治廣告的製作，必須密切配合民意調查的結果，依據「民之所好，好之；民之所惡，惡之。」的原則來設計。

　　在 1992 年大選中，柯林頓陣營利用老布希總統在 1998 年選舉時，一再向選民保證不加稅，但在任期之間卻又偷偷加稅一事，設計布希所說「請讀我嘴唇，不加稅」的廣告，於電視中廣為播放，以強調布希言而無信，不能再信任與投票給他。而後，

大選的結果也證明了柯林頓競選團隊利用老布希這個破壞承諾的弱點，打贏選戰。

五、政見發表與辯論

　　電視辯論會往往是競選活動中的高潮，辯論中候選人的互動以及記者詢問問題都能幫助選民瞭解各個候選人。例如 1996 年的電視辯論裡，記者花了 92% 的時間質問候選人有關政見的問題，而候選人亦花了 80% 的時間來回答、評論有關其對政策的看法。辯論幫助選民將候選人與其政見概念化，使其更接近自己的投票喜好，因此辯論是近年來選舉中不可缺少的過程。

　　從 1960 年著名的甘迺迪與尼克森的「大辯論」開始，電視辯論對候選人與選民來說都是一個十分重要的機會。政治辯論可以有不少的效果，包括增加閱聽人人數、閱聽人增強、改變少數選民、幫助選民設定議題、增加選民對政見的知識以及修飾候選人的形象等等。

　　許多研究都發現電視辯論的收視率非常高，吸引大部分的選民在電視機前瞭解候選人、特質與政見。因此選民可藉著這個機會瞭解競選的主題、各候選人的立場；對於大部分已經決定投票意願的選民來說，這是一個增強的機會，少數人可能因此而改變投票的意願；於未決定投票意願的人來說，電視辯論可以幫助他們認識候選人及其政策等。

　　但如果電視辯論把總統候選人的弱點，毫無保留的暴露出來，又把它送進每個家庭客廳裡，供一家人作為形成選舉態度的討論資料，其結果是否公正合理，自可想像。難怪有些評論家認為，這種方式的使用電視，反而使選民對如何做明智的選擇感到

困惑。甚至還有人說，極可能會使有些人因此對政治感到冷感。

六、民意調查

　　民意調查已成為現代民主政治的最重要工具之一。因民主政治之程序在爭取民眾的支持與選票，以為政府施政為國為民謀求福利的後盾，所以民意的背向最後將決定參政者或黨的執政與否，而民意的調查就成了從政人物和政黨施政決策的重要依據之一。

　　1970 年代是政治選舉的民意調查方面重要的年代，美國三大電視網從 1960 年代就開始相互競爭，分別與蓋洛普或哈里斯等調查公司合作，進行各種選舉性與其他民意調查。美國 CBS 在 1967 年首先建立選舉民意調查專業人員的機構。而後 NBC 及 ABC 電視網也相繼跟進，設立專業民意調查分析機構。而無線電視網 NCC 也跳入參與民意調查工作，而使民意調查進入白熱化。

　　每至總統選舉時，每天都會有四大電視網所做的民意調查結果。這樣的民意調查結果常被民眾作為判斷候選人形象與選情高低的依據。不過專家們也批判這樣的民意調查結果常有誤導民眾的可能，也可能造成電視傳播媒體操縱選舉的情況。例如在 1988 年的大選中，在選舉約一個月前，當布希與杜卡克斯將進行第二次電視辯論前夕，ABC 主播簡寧（Peter Jennings）便在廣播中宣布 ABC 與華盛頓郵報的民意調查分析，指出布希票優勢取得壓倒性勝利，此種過早論斷的結果，一方面造成對杜卡克斯的心理壓力，同時也給了先入為主的印象與預期心理；除非杜卡克斯能在與布希的辯論中大勝，否則杜氏之大勢已消失，可見不公平的民意調查對競選人之殺傷力。

　　雖然說現代電腦科技以及統計方法都很進步，但是民意調查的結果有時也有出錯的時候。例如 1948 年杜魯門與杜威競選總統時，幾乎絕大多數的媒體都預測杜威將勝，但結果杜魯門卻爆冷門獲勝。所以候選人們對於民意調查的結果該以僅作參考的心態來看待，但是實際上又常會因為民意調查支持度的上下而跟著緊張起來，這就代表了民意調查對於總統選舉的影響力有多大。

　　隨著科技、工業、傳媒技術的演進，電視在人類的日常生活裡，扮演著舉足輕重的角色。透過它使得我們能夠在最短的時間內接收到最快、最正確、最多元化的資訊；同時，它也是最容易滲透到各個家庭裡的傳播媒介，每個人都有權利去選擇他們所要收看的頻道，不管是音樂、娛樂、文化、政治及金融等各個層面的訊息。正因為電視的方便性和普遍模仿電視上的暴力行為、騙錢的伎倆等等，因此政府有必要加以督導，以保障人民在不危害到身心健康的狀態下收看電視節目。而美國所採取的方式，是透過分級制度來嚴控電視節目內容的品質，此舉也引起了一些電視業者的抗議，認為這強制干預了業者播放節目的自由。政府除了要尊重媒體的專業報導之外，務必要訂定明確的規章，使電視業者有所遵循才是。

　　電視以一個傳播媒介的身分來影響美國政治的發展，例如選舉政治，電視所帶來的影響都是相當立即且深遠的。在今日傳播科技與日俱進的同時，電視以及其他傳媒的影響力也是日漸重要，但是我們還是要注意到這樣的改變到底是有益的還是有害的。

　　在 1960 年的大選，競選活動的精采節目就是甘迺迪和尼克森舉辦電視辯論，NBC 先後為他們安排了 4 次的電視辯論會，雖

然總時數不超過 4 小時，其印象卻深入選民心中。電視把甘迺迪塑造成能幹、有急智的政治家。而尼克森從電視上看來，卻成了失望且緊張的人。根據蓋洛普（Gallup）民意測驗，尼、甘兩人辯論前的勝算各為 48% 與 47%；辯論後，卻變成了 46% 與 49%。甘迺迪藉著電視辯論一舉成為全國性的政治人物，從而進入白宮，並不見得是他辯論內容多好，而是他透過電視鏡頭所表現的「個人性格」以及「塑造的印象」。

　　根據朗恩夫婦（Kurt Lang and Glad's En el Lang）的報告，美國選民對於出現在電視上的候選人，通常以下列三種標準下判斷：

　　1. 表現能力——在電視上說話的動作如何。

　　2. 政治角色——與人爭論和答辯的技巧。

　　3. 個人印象——電視給人的印象。這時，能說善道，英俊瀟灑的候選人就占了很大的便宜。

　　電視因此愚弄了選民，選民盲目地把票投給了善於表演的人。如此，候選人如果說出選民希望他說的話、裝出選民心目中領導者的形象，似乎就可以贏得選票。

　　或許我們可以說，理想的候選人也許並不是才高八斗的人，而是善於在電視上表演給想看的人。

　　至今日，電視在美國總統大選中它已經是不可或缺的必備要素。電視已成為替候選人製造大眾印象的工具：把候選人包裝起來，像商品般的包裝起來向選民推銷。經由電視的導演，候選人只須說出民意測驗所顯示選民想聽的話，只須扮成選民心中模樣；只須測驗自己如何發出美好的聲音，贏得選民喜愛，就可以贏得民心，在政治舞台上得利。這種情況令人感到可笑，但實際

上，美國就正朝著這個方向走去。

　　而同時沒有錢的候選人用不起電視，自然無法當選。所以他們向富商大賈以及大公司募款，但是卻必須當選後給予回饋報答，這樣的文化就與美國理想中的民主政治面目大相逕庭了。

　　我們發現電視危害民主政治之精神：使政治變成金錢政治、把候選人塑造成超級明星，使一些選民不知不覺地對他們產生過多的依賴，而忽略民主政治中每一個公民的責任等缺點。但是，我們也不能因此認為電視對政治競選必然害多於利，去禁止它。因為在許多方面，電視的介入也發揮了意想不到的有利影響。若動機誠懇，方式合宜，程度適中，電視對政治的影響，就可以是積極正面且有益處的了。

第七節　電視對青少年及兒童的影響

　　電視的普及，產生了巨大的影響。有的美國人說，我們並沒有自己的觀念與觀點，我們的觀點與觀念都是從電視上來的。觀看電視也已成為美國文化生活一個重要的組成部分。

　　電視改變美國人的生活，這一點對普通的美國人尤其突出。據美國報刊統計，1995 年，平均每人一年看電視的時間估計在 2000 小時以上，這已超過了他們用在工作上的時間。

　　美國人在電視上花費的時間越多，電視對美國人生活的影響也就越大，電視創造時尚，任何一種新奇的玩意只要在電視上露面，就意味著它會風行一時。無論是服裝款式，烹飪方法或其他

都是如此。隨著電視業的發展，電視也越來越多地涉足新聞領域。對於三分之二的美國人來說，新聞的主要來源是電視。1963年甘迺迪預刺事件的連續現場報導，使成千上萬電視觀眾成為此一血腥事件的目睹者；1969年7月阿波羅登月的實況轉播，又喚起蘊藏於美國人內心的光榮感和責任感；電視關於越戰的報導，掀起了美國國內的衝擊；九一一事件喚起美國人民的愛國意識……此刻的電視機不是簡單的娛樂用品，它成為描繪美國社會形象的工具，成為造就美國人世界觀的畫筆。

電視同時也是影響美國社會政治的重要因素。它對於國內公眾的政治觀念，起了重要的誘導作用，它在總統選舉中，候選人如何塑造形象已贏得公眾的支持，一直是重要的問題。電視出現後，它就成為樹立良好形象的最有效手段。

由於電視已經滲透到社會生活的各個方面，能左右社會生活和社會時尚，因而成為廣告宣傳的重要手段，自然這也使得電視文化具有很強烈的商業色彩。電視台的收入主要來自於商業廣告，因此商業廣告幾乎在任何節目中都可以隨意插入。

電視文化給人們帶來愉悅，也帶來禍患。有識之士提出了相當嚴厲的批評。這不僅是指電視帶來對人的生理上造成的「電視病」，更重要的是指它對青少年所造成的不良心理影響。1985年一份研究報告表明，一個美國年輕人到高中畢業時，在他們所看過的22,000小時的電視節目中，會看到18,000起血腥兇殺場面。這22,000小時的總時數相當於他們課堂學習時間的兩倍。有些教育界人士指出，電視是導致青少年學習成績下降和犯罪率上升的重要原因之一。

根據調查，美國兒童和青少年看電視的時間，和總人口收視

增加的趨勢一致，且有逐年上升的趨勢。

　　青少年隨著各種社會階層之間的收視差距日益減縮，兒童收視時數和智力成反比之勢也愈形模糊。這說明著電視不但已成為社會普遍認可的通俗文化工具，也表示電視在兒童和青少年的生活裡占有重要的地位。

一、專家的意見

　　心理學家墨瑞（John Muunay, 1983）曾發出 100 多份調查問卷，請著名的社會科學專家，就 1982 年「全國精神健康協會」（National Institute of Mental Health）的一份報告中的一段對話，提出他們的看法。這段文字是這樣的：

　　「大多數的學者都認為，電視上的暴力，的確會使兒童及青少年產生攻擊性的行為。這個共識，是基於多項共識及實地考察而得到的結論。雖然並不是每個看電視的兒童都會變得富攻擊性，但是這方面的關聯性確實存在，且其影響力之大，不下於其他已知的行為變數。目前在這方面的研究，已經從探討電視暴力與否的問題，轉移到進一步發覺影響的成因上去。」

　　收到問卷的專家中，68 位作了回覆。其中 80% 以上同意上面所述的看法。另外一項規模較大的調查，是由傳播學者巴比等三人（Carl Bybee, Danny Robisono, and Joseph Turow, 1982）所進行。他們請 500 位傳播界的學者專家，就 18 項事項，分別指出電視可能具有的影響力。在其中 15 項裡，電視為大多數受訪者列為「具有某種或極大程度的影響力」。下面是名單上的前 10 名，以及同意人數的百分比。

　　—增加對世界的瞭解：91%

—增加購買行為：84%

—活動量減低：80%

—強化社會價值：80%

—閱讀減少：80%

—急功心切：76%

—加強好奇心：70%

—攻擊性行為增加：66%

—增加對不同族裔的刻板印象：66%

—言語能力增強：66%

綜合這些專家的意見可以發現，電視對於正式的學業有不良的影響力：如閱讀減少、急功心切、注意力降低等，但卻有助於一般知識的增加。他們認為電視有加強性別、族裔以及政治偏見之嫌。專家也普遍認為，電視助長了兒童的消費行為，並有導致暴力的傾向。

二、對知識、信念和見解的影響

任職於史丹佛大學的學者施蘭姆等人（Wilbur Schramm Jack Lyle, and Edwin parker, 1961）曾進行一項調查。調查結果顯示，電視對於知識的增加，幫助有限；施蘭姆等人發現，幫助效果最為顯著的，是與娛樂有關的知識。電視對兒童在運動、科技、地理、音樂、工藝等方面的知識雖有增加，在文學、歷史、自然、藝術、建築、時事以及宗教方面知識的增進，卻極為有限。施蘭姆亦指出，電視對天資普通的兒童幫助較大，因為他們使用其他知識來源的機會及能力都較差，對於天賦較佳的兒童而言，電視看得太多會對他們有不良的影響，因為看電視相對的剝奪了他們

進行其他有益心智活動的機會。

　　學者也發現，青少年和兒童的新聞來源，以電視為主。主要是因為他們對報章雜誌的接觸較少。他們對新聞事件的看法，則深受父母的意見與態度的影響。此外，許多學者的研究調查也發現，電視對暴力的使用，具有暗示作用（Lovibond, 1967; Dominick & Greenberg, 1972）；電視也在兒童的腦海裡，對世界留下恐怖危險的印象（Jerry Singer, Dorothy Singer, & Rapaczynski, 1984）。

　　兒童對於性別的看法，也深受電視的影響。兒童心理學家佛瑞等（Teny Freuh and Paul E. MCGhee, 1975）發現常看電視的幼童，比較具有採納傳統性別角色的傾向；他們指出，電視對於傳統及非傳統性別角色的處理，父母本身和電視人物角色的相似性，以及一般對於異於常規行為的看法，都影響兒童在這方面的認知。

　　另外幾項調查研究則發現，兒童對於大小螢幕上暴力攻擊行為的反映，和他們本身的實際經驗有關。格林堡，及高登（Thomas Gorden, 1972）發現，黑人及貧苦兒童對於電視上暴力鏡頭，比較能夠泰然視之。克來等人（Cline, Croft, & Courrier, 1973）也發現，經常看電視的小男孩，暴力鏡頭在他們心裡激起的反應較低。德布曼等（Robert Drabman and Margaret Hanratty Thomas, 1974）在實驗中則發現，剛剛看過暴力電視的兒童，在旁觀其他小孩鬥爭時，遲遲不向大人求援排解的跡象比較顯著。

　　總而言之，觀看電視者本身的觀念和經驗，與電視的影響互為因果。前者左右他們對於電視內容的詮釋及領會，而與電視接觸的結果，又反過來影響他們對人事物的看法及價值觀，因此又

改變了他們日後對電視節目的接受力。

三、對行為的影響

電視對兒童可能造成的各種影響之中，一直為大家注意的問題，就是暴力電視節目對年輕觀眾產生攻擊性，反社會以及不良行為的關係。

1972 年，美國衛生署作了一項調查研究，也發現侵略性及反社會的行為，至少對某些年輕觀眾來說，和電視暴力有一定的關係。這項調查的優點是，它使用的青年資料，乃是從實地調查中蒐集得來的數據。不過，從另一個角度來看，實驗室的研究儘管有其先天的缺陷，但是電視裡的畫面會引起某種程度的攻擊行為，卻是明明可見的事實。尤其在以幼童為對象的實驗裡，由於他們並不明瞭實驗的意義，其行為也最能代表他們正常的反映。

為什麼電視會有這種影響呢？學者專家嘗試從心理學、社會學、兒童發展學等等各種不同的角度及理論來研究。「社會學習理論」強調「觀察」在學習與模仿過程中的作用：「解禁及暗示說」則著重「觀察」在調整內心行為標準上的作用；「興奮說」強調觀看暴力影片會提高生理興奮狀態，而有強化行為的作用。班度拉（1984）更進一步提出以認知的觀點來解釋電視暴力與個人攻擊性的關聯。從以上這些實驗和理論來看，驗證了電視對兒童及青少年行為的確有某程度的影響力。

四、美國電視分級制度及目前的情況

(一) V-chip 修正案及電視分級制度

在 1950 年代，美國的國會議員已經開始呼籲廣播電視業者

清除電視的暴力。40 年來，3,000 份以上的學者研究指出電視暴力與攻擊行為存在著正相關，電視還會帶來其他的傷害，例如恐懼感的增加，即對真實世界的暴力失去敏感度、對暴力的接受度提高等。參議院的研究發現一個美國兒童平均每星期觀看 27 小時的電視，有些兒童甚至一天看 11 小時以上；每個美國兒童在上小學之前平均在電視上看過 8,000 件謀殺及 10 萬件其他的暴力行為；在 18 歲之前的美國青少年平均暴露於 20 萬件電視暴力，包括 4 萬件謀殺。

Mediascope（1993）對美國大眾所做的民意調查顯示，72% 的美國民眾認為電視內容太過暴力，80% 的美國民眾認為電視暴力對社會有害，認為非常有害的則從 1983 年的 26% 提高到 1993 年的 47%。

隨著與日俱增的電視暴力與兒童侵略性行為增加的關聯，即對兒童發展所帶來的負面影響，也鑑於科技能允許父母將太過暴力的節目阻擋在自家電視之外。因此 1995 年美國議會提出 "Parental Choice in Television"（or V-chip）Amendment，並增加電視暴力分級規範（Television Violence Rating Code）成為限制青少年觀眾接觸過多暴力影片的最佳方法。V-chip 修正案於 1996 年 2 月由柯林頓總統簽字，成為新電訊法案的一部分，規定 1998 年以後所有 13 吋以上在美國製造或輸入美國的電視機需加裝 V-chip，即能使觀眾阻擋頻道，節目及時段的播出之線路，以使觀眾可以將含有令人不愉快的內容之節目斷訊，如此父母就有機會為兒童篩選過度暴力或令人反感的節目。

為了配合新的法規，美國政府也要求廣播及有線電視業者發展一套分級系統，廣播及有線電視公司將隨同節目送出標示暴力

程度或性、髒話的資料。消費者只要在遙控器上輸入電訊碼
（code），就可以啟動節目斷訊裝置。理想上對暴力及不雅言論
之分級應有好幾級，以讓父母選擇適合他們小孩的節目級數。
1996 年 2 月 29 日電視事業同意發展一套電視節目分級制度，
ABC、NBC、CBS 及 FOX 並且於 1997 年 4 月開始實施，由各電
視單位及製作人負責為自己播出的節目分級，於節目開始時在電
視螢幕左上角顯現圖示。報紙、TV guide 及有線電視印製的刊物
上都會印出指導原則。

1. 兒童卡通節目應該要分級，除了體育和新聞外，所有的電
   視節目要分級，包括真人演出的節目。有些認為兒童節目
   應該與晚間節目同等看待，不應將之視為不同類別而不用
   分級，或用較寬鬆的分級標準。原因是在於「觀眾認為行
   動是真實」的就會影響暴力的效果。對小孩而言，電視上
   什麼都是真的。因此，卡通暴力也是不被接受的，雖然它
   是以虛幻的處境或內容呈現，卡通暴力或虛幻的暴力仍會
   使兒童觀看後產生反社會的效果，因此應該分級。

2. 電視節目分級制度不應該像現在的電影分級制度一樣，只
   標明節目適合哪一個年齡層，而應該也包括像暴力、色情
   內容及髒話這些特定種類內容之分級。為了使父母能有足
   夠的訊息為他們的小孩做好的選擇，電視節目制度應超越
   以年齡為分類，以提供節目內容的特定資訊，而以年齡及
   內容混合的分級制度最為理想。

3. 假使電視事業採取以年齡為主的分級制度，則必須比目前
   MPPA 電影分級制度劃分更細、更精確的等級，因為電視
   進入家庭是非常容易讓兒童接觸到的，因此更需要父母的

　　管制。大部分的專家認為應該根據兒童發展的階段，在 17 歲以下訂出四或五個類別，學齡前、小學 2 至 3 年級、小學 5 至 6 年級、12 歲以前或 12 歲以後。

4. 對小孩而言，節目「恐懼」的程度也應列入分級制度中，即使是暴力的節目，許多娛樂節目以恐懼的形式呈現，如「侏儸紀公園」對兒童產生很大的影響。

5. 分級制度必須廣泛的教育父母去熟悉使用，並監測父母對該制度的使用，且必須在試一段時間後加以評估，必須時應予修改，以擴大父母對分級制度的使用。

6. 分級的標準必須依據電視對兒童之影響的科學目視為基準，不可以只依據父母認為合適的觀點。

　　美國的 Cantor Stutman，及 Duran（1996）做了一份全國性的調查，以瞭解父母所想要的是哪一個的電視節目分級制度，80% 的父母偏好根據節目中暴力、性、髒話內容分開的分級，且標示節目內容的制度適合或不適合哪一種年齡的兒童來標示。

（二）新的電視節目分級制度

　　ABC、NBC、CBS 及 FOX 於 1997 年 1 月開始施行的新電視節目分級制度之做法，除了新聞及體育節目外，所有的節目包括卡通及脫口秀都予以分級。分級的最終決定權在地方電視台。電視事業的主管拒絕兒童教育專家所支持的制度（依據暴力、性、髒話的數量來分級）而提出以年齡為基礎的分級制度，共分六級：

V-Y	適合各種年齡的兒童，劇中不含或很少有暴力、粗話或性內容。
TV-Y7	適合 7 歲以上的兒童觀賞，能分辨卡通與真實節目的不同。
TV-G	適合所有的觀眾對話及情境。
TV-PG	建議父母陪同觀賞。節目中偶有粗話，少量的暴力、暗示的性對話及情境。
TV-14	不適合 14 歲以下的兒童觀賞，節目中可能有粗話、性內容及複雜的主題。
TV-M	只適合成人觀賞。節目中可能包含汙穢的語言、暴力及外顯的性內容。

　　批評者認為這樣的電視節目分級制度太過含糊，無法提供父母太多有關電視內容的指引。同時認為好萊塢只顧商業利潤，害怕某些節目會因所分的等級而失去廣告，不顧父母保護小孩的要求，而且他們也不信任節目製造者來為父母做選擇，形成球員兼裁判的情況，而電視事業也在 10 個月之後重新檢討分級制度。這項電視節目的分級制度仍需經過聯邦傳播委員會（The Federal Communications Commission）的通過，若 FCC 不接受，則 FCC 會設立輔導委員會，重新設計一個新的分級制度。FCC 並將召開公聽會研究計畫，在公聽會上聽取大眾的反映及意見作為通過與否的標準。

　　1997 年 2 月 11 日美國父母電視協會（Parents Television Council）發表對新的電視制度所作的報告，對這項以年齡為主的分級制度給予 "F" 的成績。研究發現電視公司之間彼此沒有一致性，即使同一電視公司內的節目之分級也不一致。父母電視協會認為電視公司幫父母獲得節目資訊，以選擇適合他們小孩的節目之承諾失敗了，亦即以年齡為主的分級制度無法協助父母做決定。

　　這項研究採用內容分析法，針對 ABC、NBC、CBS、UPN 及

WB等電視台，進行共 150 小時黃金時段的節目進行分析。92 小時（61.3%）的節目被評為 TV-PG 級，31 小時（20.7%）的節目為 TV-14，27 小時的節目（18%）為 TV-G。所有黃金時段節目都未被評為 TV-M，亦即電視公司認為這些節目都適合青少年級兒童觀賞。然而，二月底時 NBC 卻將**辛德勒名單**（Schindler's list）評為 TV-M，亦即電視公司認為 "Friend" 及 "Men Behaving Badly" 這些以性為取向的笑鬧劇評為TV-PG級，比贏得奧斯卡獎的影片更適合兒童觀賞。

1997 年 2 月 27 日在公聽會上，國會議員告訴電視業者，其電視分級系統並未提供足夠節目內容之資訊給大眾，除非電視業界改善，否則將立法解決此問題。麻省民主黨議員 Markey 原先不贊成立法解決分級問題，但目前則和其他議員連署一項修正案給電視業選擇：採取以內容為主的分級制度，或將暴力節目限制在深夜時間。

1997 年 6 月中旬，美國副總統高爾與父母團體、兒童倡導者等組織會議後，重申分級制度需加入暴力內容「以告知我們何時兒童會暴露在暴力之中」。FCC也將公聽會安排在 7 月 4 日。電視業者在各方壓力下，於 7 月 8 日（除了NBC以外）同意在TV-PG、TV-14 級加入 "V"、"S"、"L"、"D"，分別代表暴力、性、粗話、及含有影射性內容的對話（sexual innuendo），起初電視業者不同意在 "TV-Y7" 級加入這些標誌，因為擔心卡通及虛擬節目會被評為暴力節目，後來則在 TV-Y7 級加入 V 代表虛擬暴力。除此之外，對於TV-PG級的節目之分級標準也將訂得更明確，新的描述為「確實包Ａ同意評審節目委員會增加五名父母以評估電視節目的分級是否適當」。國會則同意 3 年內不立法規範電視業

者作內容分級，以作為交換。然而，演員、導演及編劇團體，將
威脅向法院控訴該修改及違反言論自由。[1]

第八節　美國電視事業的未來

一、美國電視發展現況

　　目前美國的電視業日益集中到一些電視集團手中。1998 年，
美國前 25 的電視集團已經控制了 36%。在 1996 年之前，美國商
業電視台中，這 25 家電視台中擁有電視台數量不得超過 14 家，
覆蓋率電視機家庭不得超過 25%。1996 年新法案取消擁有電視台
數量之限制，並將覆蓋率提高至 35%。此後，電視公司紛紛擴大
地盤，加緊收購各地中小電視台。

　　現在，美國主要電視集團有：

公司名稱	擁有電視台數	覆蓋率
福克斯電視公司（FOX）	24 家	35%
帕克森傳播公司（PAXON）	55 家	33%
哥倫比亞廣播公司（CBS）	18 家	31%
國家廣播公司（NBC）	13 家	25%
美國廣播公司（ABC）	10 家	25%

1.以上參閱卓美玲著，《各國電視節目分級制度做法之比較研究》，台
　北，中華文化復興運動總會出版，1998 年，頁 517。

二、美國有線電視新聞網（CNN）的挑戰

對於三大廣播電視網（CBS、NBC、ABC）來說，目前來自外部的挑戰要比三巨頭之間的競爭更為激烈。進入 20 世紀八〇年代以來，有線電視已進入三分之二的美國家庭，並大量奪走三大電視網的觀眾。有線電視新聞網（CNN）的成功成為人們津津樂道的話題。

CNN 是美國唯一一家 24 小時播放新聞節目的公司，是由泰德‧透納（Ted Turner）於 1980 年創辦，當年人們對於透納的做法並不看好，因為在美國，即使

泰德‧透納（Ted Turner）創辦 CNN，使電視新聞邁進新世紀

發生重大事件，人們收看新聞的時間平均不超過 40 分鐘，很難想像一家晝夜播放的新聞台會成功。

CNN 在電視競爭中能脫穎而出的原因有三：第一是直播新聞，第二是 24 小時播出，第三是國際新聞。這三個方面正好是美國三大電視網弱點所在，加上有電視直播的時效性，於是CNN異軍突起。而 CNN 在 1991 年波斯灣戰爭中的突出表現，使它在電視界的地位已經大有凌駕於三大電視網之上的趨勢。

三、電視與其他媒介的整合

網路技術大大刺激了美國電視業。而網路已經使得美國電視

業成了傳統媒介競爭中的佼佼者。美國三大廣播公司都已在互聯網上開發了網址,而有線電視新聞網 CNN 早就已經投入網路的設計上。NBC 與微軟合辦的 MSNBC 計有 1 個電視頻道,又有 1 個網址提供 24 小時的服務。現在全美國已經有 3,000 多家報紙、800 多家電視台、1,000 多家電台提供網上服務。

　　多媒體技術也藉電視業的發展帶來新的契機。多媒體技術出現後,各種媒介,包括印刷出版、電子版、廣播電視及娛樂業紛紛開始整合,傳統媒介之間界線變得很模糊。消費者在電腦螢幕上讀雜誌,透過互聯網聽廣播,購買製成 CD 的書和電影,播放具有交互功能的 CD。

　　對觀眾來說,多媒體這種交互媒介的最大好處就在於將文字、圖片、動畫和聲音結合在一起,創造出一個新的整體,它大於各部分簡單之和。美國廣播電視媒介在互聯網上的網站服務就利用了多媒體技術,如 MSNBC 的網路服務就是交互式的多媒體。

　　美國有線電視台正試圖利用其光纖電纜的優勢發展交互式服務。微軟公司總裁比爾蓋茲決定投資 10 億美元給有線電視開發有線電視的交互式服務。觀眾可以在家通過與電視機搭配的數碼盒向電視台發出指令,點播節目或要求電視台提供其他服務。

　　當代訊息技術已經全方位的影響,甚至改變了傳統的廣播電視傳播手段、方式、結構等。以更加廣泛的意義上講,這些新的訊息技術不僅僅影響包括廣播電視業在內的訊息產業,也開始潛移默化地影響大眾的觀念與生活。

四、美國 FCC 對電視的影響

由於電視已經滲透到社會生活的各個方面，能左右人們生活和時尚，因而為廣告宣傳的重要手段，自然這也使得電視文化具有很強烈的商業色彩。電視台的收入主要來自於商業廣告，因此商業廣告幾乎在任何節目中都可以隨意插入。

哥倫比亞大學的一位新聞權威曾經批評說：應成為國家公園的電視，正日益淪為某些人的賺錢機器。

為了控制這隻怪獸，在美國的新聞媒體中，唯有廣電媒體由主管部門主管。這個管理機構叫做「聯邦傳播委員會」（The Federal Communications Commission，簡稱 FCC）。該委員會由主席領導，有 5 個委員，直接由總統指定和參議院認可。一任 5 年。5 個委員中只能允許有 3 人屬同一政黨，任何人也不參與相關的經濟業務。FCC 是獨立的國家機構，直接向國會負責，主要職責是依法管理美國各州和跨國的電台、電視台、電話、衛星、有線電纜等通信業務。

委員會下設 7 個局、10 個辦公室。業務包括：處理牌照申請、受理投訴、進行調查、貫徹執行和修訂法律規章、參加聽證會等。主要職能如下：

有線電纜服務局：有線電纜及相關業務的主管，並負責處理有關消費者問題。

公共信號局：負責電話公司及相關的公共服務。

消費者訊息局：就委員會的政策、計畫和活動等內容向公眾溝通。

執行局：執行相關法案、規定和授權。

國際局：負責衛星和其他國際業務。

大眾傳播局：管制電台、電視台、有線電視台和衛星等。

無線通信局：負責手機、尋呼機和雙向無線電接收裝置業務。

此外，該委員會還設行政法法官辦公室、通信商業機會辦公室、工程技術辦公室、總律師辦公室、監察長辦公室、立法和政府事務辦公室、經營管理主任辦公室、媒體關係辦公室、計畫和政策辦公室、民族差異問題辦公室（Office of Work Place Diversity）。

FCC成立以來，根據廣播電視必須「為公共興趣、利益和需要服務」的總要求，制定了不少法規。通過制定和執行法規。

FCC對電視節目內容的要求，主要在下列幾點：

1. **政治要求**。這條原則來自《傳媒法案》，主要針對選舉，要求政治候選人在利用電視台、電台設施宣布自己的時候，電台、電視台必須遵守「平等時間」原則，及政治對手在電台、電視台播出的競選廣告時間長度應是相同的，但是這一原則不包括新聞報導、專訪、紀錄片等。

2. **公平主義**。《1985公平報告》要求廣播電視報導「有爭議性並對於公眾利益來說很重要的問題」，在報導此類問題時不能失去平衡。

3. **保護兒童**。1990年美國國會通過《兒童電視法》，要求商業電視台必須有題材多樣和一定數量的節目對兒童進行教育，不能只播娛樂性節目。

4. **禁止淫穢、猥褻、下流、褻瀆**。《美國刑法》禁止「在任何形式的廣播傳媒中說出任何淫穢、猥褻、下流、褻瀆的字眼」。但是對於「淫穢」、「猥褻」、「下流」、「褻瀆」如何定義，卻一直成為一個問題。

1973 年《米勒訴加利福尼亞州案例》被美國最高法院採納。從此判定「淫穢」、「下流」的標準是：⑴一部作品是否被普通人根據當前社會標準發現以整體上而言訴諸挑逗性的興趣；⑵作品中的性行為描寫是否被州法律定義為公然冒犯的性描寫；⑶作品是否缺乏嚴肅的文學、藝術。

5. **種族問題。**美國的法律中沒有明文規定電台、電視台不得發布種族問題評論，只是要求媒體自律。

6. **禁止愚弄觀（聽）眾。**由於 20 世紀 80 年代發生過數起發布假消息的事件，1992 年美國聯邦傳播委員會制定《反愚弄法》，禁止發布假消息。一次罰款可以達到 10,000 美元。

7. **有序競爭。**聯邦傳播委員會對於涉及競爭性廣告的問題也作出相關的規定，競爭材料不能失實、誤導、欺騙。

8. **關於廣告：**
   ⑴政治類廣告。聯邦傳播委員會要求電台、電視台必須向所有合格的政治候選人提供廣告時間，這些廣告安排的時間必須與商業廣告時間在一起。
   ⑵少年兒童電視節目廣告。聯邦傳播委員會對兒童節目的廣告規定比較嚴格，限制廣告時間（平日每小時不超過 12 分鐘，週末每小時不超過 10.5 分鐘），節目和廣告要分離，不得過分推介品牌的名字等。
   ⑶抽獎和遊戲廣告。長期以來，聯邦傳播委員會一直禁止電台、電視台播放任何有關抽獎的廣告和訊息。
   ⑷酒類廣告。這裡所指的「酒類」是指蒸餾酒（liquor），即通過蒸餾而不是發酵製成的酒精飲料，酒精含量較

高，如威士忌等，不包括啤酒和紅酒（wine）。

(5)廣告與節目的關係。隨著近年來放鬆管理，聯邦傳播委員會取消了關於「時間長度與節目一樣的」廣告限制，因為它們認為市場可以自行調節。但是聯邦傳播委員會仍然禁止廣告和節目的混淆。

(6)隱含廣告。聯邦傳播委員會禁止訴諸觀念潛意識的「閃爍」出現的廣告標誌。

9. **電台電視台拒絕的權利。**電台、電視台出於某些理由（例如信譽問題）有權拒絕向某些客戶出售時間。

10. **關於節目聲明（Announcements）。**電台、電視台錄製播出的內容給人時間上的錯覺，給人「正在發生」的印象，必須聲明該節目是錄製的。最後，還有一種由電台、電視台免費提供的公眾服務通告，包括推薦節目和活動，聯邦政府、州政府和當地政府的服務（例如推銷公債），非營利性機構（紅十字會、United Way 等）的節目、活動和服務，或是任何形式的為公眾利益服務的通告。這種通告必須標示出主辦單位。

11. **關於公眾檢查文件的規定。**電台、電視台必須將某些文件和訊息公開給公眾檢查。

五、電視下一步的發展

美國電視事業為數眾多的政策性問題都有很大的牽連，而這些問題不但對於如何經營企業，並且也對它們所播放的節目內容之種類都造成影響。最明顯的例子是 1997 年 4 月 4 日：美國聯邦傳播委員會為四大電視公司（ABC、CBS、NBC、FOX）免費

發放了數位電視廣播經營許可證。到 2006 年，美國將取消舊的
電視系統，這就意味著美國現在的 2.7 億台電視機屆時將成為垃
圾。

　　其次，電視在剛興起時，就規定限制擁有電台和電視台的數
量，這麼做用意是為了限制任何一個單獨的集團具有控制節目內
容以及產業結構的權利，以達到能增加節目之多樣化的目的。

　　當無線電視廣播有關的所有權集中法規在 1992 年時被修訂，
電視事業的集體擁有限制在不得超過 12 家電視台，並且所涵蓋
之觀眾群不得超過全美國的 25%。

　　然而，2002 年 2 月 19 日，美國上訴法院裁定，美國政府為
保障媒體多元而限制媒體業者擁有電視台一定數量的規定矯枉過
正，要求重新檢討，同時直接宣告有線系統業者不得在同一市場
擁有電視台的規定無效。

　　除非上訴法院裁決被最高法院推翻，否則這項裁決可能重啟
娛樂和媒體事業新一波大規模整合，並加速媒體巨人的集中化，
對小型電視台業者和宣揚媒體所有權多元化的消費者團體而言，
可說是一大挫敗。隨著美國政府對電視產業政策的改變，我們可
以預測得到，電視的未來將是大媒體浪潮下最競爭與最富挑戰的
產業。

第5章　美國廣告事業的發展

第一節　何謂廣告？

　　Bolland 將廣告定義為「付費、在媒體上將訊息有組織的呈現」。而美國行銷學會對廣告的定義是：「廣告係由一個可辨認的廣告主，以付費的方式，對商品、服務或觀念做非親身的展示或推銷。」〔Advertising is any paid from of nonpersonal and promotion of goods, services or idea by any identified sponsor.〕根據這個定義，廣告應有下列因素：一、付費：訂廣告必須以付費的方式去購買媒體的版面或時間，這也是廣告與新聞發布的主要區別。二、非親身化的展示和促銷，廣告必須透過傳播媒介來進行，有別於面對面的推銷。三、廣告的標的。可以是商品〔汽車、房子〕也可以是服務〔銀行、保險〕，更可以是觀念〔反毒、交通安全〕。四、廣告必須有可以辨認的廣告主。這一方面是強調廣告主的社會責任與廣告文化，廣告傳播可被視為說服或影響消費者行為的過程。五、特定的閱聽眾。廣告訊息的傳遞是針對某特定的閱聽群眾〔及消費者〕，此群眾可是購買者、使用者或是潛在的消費者。廣告訊息的接受者並非少數個人，也非泛泛大眾，而是具有類似特質的一群人。

　　畢學普解釋廣告為：「所謂廣告，乃透過大眾傳播，公布廣

告主的商品及其勞務，具有特殊作用的廣告或周知某一件事。」
其中，利用各種媒體作廣告手段，在現代之意義上，其影響力可
說是最大的。廣告站在生產和消費者中間，充當用以聯繫雙方間
的橋樑為目的。

第二節　廣告與美國文化

美國廣告勃興發展，不僅促進傳媒發展，也展現了文化價值
觀。

一、個人主義

個人主義是美國文化的核心，其主要內容是自主動機、自主
抉擇，通過自力更生達到自我實現。因此，美國廣告經常訴諸於
「個性（individuality/individual）、個人（personal）、獨特（uni-
que/different）」，以強調商品或服務的個性，以此加強消費者對
該商品（包括商品和服務）的認同感。

「為您服務（work for you）」已成為當今美國商界一句最
流行的廣告詞。「現在的消費者可以獲得特殊的、與眾不同的服
務。」

二、自由與平等

自由與平等是美國人價值體系中的重要部分。它與個人主義
緊密相連。美國徵兵廣告就曾以「捍衛自由（Protecting Free-

dom）」來號召青年入伍。因此，大量的商業廣告就更是以強調
使用它們的產品或服務可以讓人們享受到最大限度的自由來作為
賣點。

　　在宣揚男女平等、種族平等的今天，美國廣告變得更加關注
少數民族和女性。自八〇年代以來，以往處於從屬地位的家庭婦
女或性對象的傳統婦女形象已在廣告中呈下降趨勢，而「平等」
形象則呈上升趨勢。

三、實用主義

　　實用主義的價值觀反映在美國人的消費觀念上，表現為他們
講究經濟實用。「尋找商品的最大使用功能是廣告業最大的使
命。」因此，極力突出商品實用價值及其價廉物美的廣告在美國
比比皆是。

　　幾乎是為了消費而存在！厄內思特・曼德爾（Ernst Mandel）
稱此為資本主義的最純粹形式——「晚期資本主義」（依 F. Jam-
eson 的轉述，晚期資本主義的文化邏輯），因為資本的勢力徹底
延伸到我們整個存在的領域。

　　無人會否認消費社會帶給我們物質生活的莫大便利與滿足：
只要有錢，我們即可滿足需要並享受慾望的各種可能形式。有趣
的是，少有人會在學理上主張的「享樂主義」，如今卻隨著「消
費主義」攻占了我們生活的大片領域。結合著新科技成果出現的
科技享樂主義（technical hedonism）即是當前消費文化的流行趨
勢，這絕非伊比鳩魯（Epicurus, 341-70 BC）這等前資本主義時
期的古典享樂主義者所能理會的。然而，新的享樂文化背後卻也
隱藏著前所未有的危機。

四、主體性的喪失

在消費文化裡，商家不只供給貨品。而且還製造貨品的「價值」，並進而塑造消費者的物品意識型態、人生意識型態，致使消費行為不純然出於清楚的自主意識，而是在廣告所構造的意識型態網路裡的一種非自主性行為。意識型態的構成成了透過廣告累積的手段。如果交易是建基於買方的自然需求，那麼這是一受制於買方的交易，只要買方沒有需求，貨品即無法銷售，資本亦無法從買方那裡獲取。於是，賣方為了能大量獲取資本，即必須刺激消費慾望，而根本之道即是「製造慾望」給買方，讓買方覺得進行某種消費是必須的、理所當然的。其精細處在於，製造慾望不是改變買方的肉體結構（這無法直接達成），而是改變買方的心理結構——買方對物品、消費行為的意識型態。可以說，讓買賣建基於非物質慾望的意識型態是資本主義（尤其是晚期資本主義）的重大成就之一。

如果我們的需要或慾望是資本家透過各種方式製造給我們的，那麼我們即不是基於本有的需要或慾望而買賣，而是出於資本家為我們設計的慾望或需要而消費。如此一來，我們的消費行為是在不知不覺中受廣告家意識型態操控的情形下進行的，亦即在符合資方的欲求情形下進行的。

由於意識型態是抽象的觀念，於是消費無可避免地成了一種觀念的行為，進而成為一種「符號」，再進而透過各式各樣的廣告媒介建構成一個綿密的符號體系。今天誰不受廣告的影響？誰不依廣告在購物消費？甚至，誰不依廣告在形塑生活模式？廣告絕不止影響年輕人而已，但它的確是從年輕人開始形塑一個新世代的風格。而且，不是名之為廣告的才是廣告。而是幾乎整個傳

媒（無論所傳為何）都不得不視之為廣告。

　　資本家為了獲取更大的資金，為了讓生意可以順利進行，必然想盡辦法介入各種影響我們生活的媒介，其中媒體與政治是最重要的兩項。介入媒體，使媒體成為其意識型態傳播的工具，夜以繼日，透過無所不在的傳媒，以不同的方式不斷對我們的價值觀、世界觀、人生觀進行洗腦，以符合利於商家累積資本的模式。而為了介入龐大的傳媒體系，則必然介入更具有宰制力的政治體系，由此合法化其商業活動。這樣，商人不只左右我們的經濟型態，也左右我們的政治走向。所謂政經一體，絕非虛言。

　　尤其晚期資本主義的特色在於跨國企業的形成，這些國際性的商業組織發明各種新的資金流動模式、消費模式，並結合著新科技（如電腦網路）建構起一個綿密的商業系統，將個人零碎的消費行為網羅在這個系統之下──除非我們進入這個系統，否則很難消費。於是，反諷地，無國界或跨國界的商業卻自成一個龐大的國界，構成一種新型的政治疆域，予人新而精密的宰制。當後現代主義者不斷叫囂拆解主體以及各種傳統宰制力時，資本主義之純粹形式卻趁個人主體受挫時，以更眩惑的方式建構了更為牢靠的宰制系統以加深主體的粉碎。就如 F. Jameson 所言，這種新型的文化形式以前所未有的方式對大自然與潛意識領域進行積極的介入與宰制。

　　只要商業全面操控我們的生活，則人與物必然引生「質變」。人倫世事一旦被商業全面介入，或以商機考量，則必破壞其樸質本性。例如以交易關係取代基本人倫關係：朋友、兄弟、師生、父子等等都可能在商業領域裡化約為商人與顧客或生意對手的關係：所謂親情、友誼皆不出「取利」或「爭利」的範圍。

於此，鈔票乃決定人的價值與角色之關鍵，這就是人倫價值的票面化。

伴隨著人倫關係危機的是事物商品化的危機。所謂商品化即是把事物視為獲利的工具（商品），亦即以商人的眼光作為評估事物的最終方式。如果藝術品、各種著作、乃至思想被商品化，則我們看到的就不是非關利益的東西，而是各種利益符碼。因而各種創作品不被視為具有非關利益的價值（disinterest value），而必須依附在商業價值之上，而商業價值乃商人的規定，於是造成像人文作品由商人決定其價值這種不倫不類的現象。時下以銷售量定位一本書之價值的所謂暢銷排行榜，即是書商製造的出版謊言，其實有多少人買某本書與該書具有何等價值何干？這不過是書商賺錢的伎倆而已。

可見，廣告不僅要注重其外在研究，更要關切其對文化發展的深一層影響。

第三節　美國廣告業的發展

自有人類文明以來，廣告便茁現在人類文明之中。雖然無法將最早出現廣告的時間精確地指出來，但有證據顯示，在數千年前就有廣告的出現，根據所發現的古巴比倫（Babylon）陶碑中就有廣告的遺跡；在龐貝城（Pompeii）的廢墟裡，也發現有廣告碑的存在；在中世紀的歐洲及英國，鄉下傳布政令者（towncrier）是當時重要的廣告媒介。總之，在早期文明中，廣告確為社會的

一部分。

　　到了近代，廣告的歷史和社會條件的變動以及媒介技術的提升有密不可分的關係。古騰堡（Gutenberg）所發明的活字版印刷術，便促使各種新的廣告媒介出現，例如海報、傳單、報紙等廣告媒介。事實上，大約在 1840 年，英國便出現一份廣告，是推銷英國國教祈禱書的傳單，這份傳單被釘在全英國的教堂門；到 17 世紀末，廣告出現在倫敦的報紙上，已經成為一種普遍現象。

　　廣告（advertisement）一詞來源於拉丁語 "advertise"，意為「通知和警告」。1655 年，英國出版業者把 "advertisement" 一詞用於該行業向世人通告的標題，1600 年此詞被普遍用做通告的標題。大約在 1672 年，世界上首則報紙廣告刊登在倫敦一家報紙的背面。

　　1704 年，美洲大陸第一則報紙廣告出現在《波士頓新聞信》（Boston News Letter）上。1729 年班傑明‧富蘭克林在自己創造的《賓夕法尼亞日報》上首次運用醒目的廣告標題，大量空白和插圖，使廣告具備了更強的視覺效果與可塑性，因此他被廣為「美國廣告之父」。1741 年，他又創造了雜誌《民眾雜誌》（General Magazine），開創了美國雜誌廣告的先河。隨著廣告活動的頻繁增加，廣告經營逐步擴展成為一門職業。1841 年，沃爾尼‧B‧帕爾默（Volney B. Palmer）在費城創造了第一家廣告公司。因此，他被稱為「美國廣告公司之父」。

　　19 世紀末，美國從一個農業大國發展成為一個世界工業大國。大部分雜誌開始接受廣告。1888 年，美國出版了第一本廣告專業刊物《印墨》（Printer's Ink）。此後，美國廣告業開始有了行為科學的研究和指導。1900 年，美國廣告費用已達 5.42 億美

元，占國民生產總值的 2.9%。第一次世界大戰的結束，宣告了美國的廣告現代時期來臨。

　　1920 年 11 月 2 日，美國第一家廣播電台在賓夕法尼亞的匹茲堡市誕生。之後，廣播迅速成為大眾傳播工具。1922 年，第一條廣播廣告由紐約市的 WEAF 廣播電台播出。不久，廣播很快便成為有力的新式廣告媒介。1923 年，傳奇文案人員克勞德·霍普金斯（Claude Hopkins）寫了《科學的廣告》（*Scientific Advertising*）一書，成為廣告界的「怪經」，霍普金斯也被稱之為「美國現代廣告之父」。

　　經濟發展與傳播上的進步有助於廣告業的繁榮，雜誌在全國各地銷售，並成功地招攬全國性的廣告。翻印照片的網版技術的發展，讓雜誌的廣告主能以更為生動的方式推銷產品。到了 1900 年時，主要雜誌的廣告頁數約為 70 到 100 頁之間。

　　在 1880 到 1900 年間，是自由資本主義在歐洲，美國向壟斷資本主義發展的 20 年。許多對人類文明有重要影響的新技術，如電、內燃機等都是在這個階段內發明，橫貫北美大陸的鐵路也於此時建成。大工業的普及、發達促進了經濟的迅速發展，新產品的大量出現，市場經濟轉入了激烈的競爭階段，商業競爭成為資本主義經濟的一大特點。大量商品需要通過某種管道使消費者熟悉，以便促進銷售。這些推銷活動主要有四方面：

　　一、人員推銷（direct sales）
　　二、公共關係（public relation）
　　三、商業宣傳（business popularize）
　　四、廣告（advertising）
而廣告無疑是其中最重要的一種促銷手段。

除了商品之外，隨著經濟的發展，娛樂事業也開始興旺。由於社會結構的變化，各種戲劇、雜技、酒吧、舞廳的營業已由過去的少數達官貴人擴展到為數眾多的中產階級，以至於一般大眾；娛樂事業的競爭也加強了對廣告的需求。現代廣告就在此背景下開始發展起來的。

這階段中的廣告形式，以招貼畫（poster）和路牌廣告（road board）為主。廣告設計多是由畫家兼任，幾乎沒有專業的廣告設計師。英國著名插畫家奧布里‧比爾茲利（Anbery Beardsley），法國著名畫家亨利圖戶資‧勞特里克等人都曾畫過大量招貼畫和海報。當時廣告的構思基本上是繪畫型的，看上去就像一幅美術作品，不過畫中人物捧著某種商品而已，顯得有些牽強附會。獨特的廣告語言尚未形成。由於採印技術（colour printing）還比較落後，費用昂貴，所以這個階段的招貼廣告中的石印畫占了較大比例。

此時大眾傳播事業亦極重視廣告事業的發展。因為兩者之間，有高度密切的關係。大眾傳播事業注重發揮自由，保持輿論公正。為求能切實做到這一點，其生存必須謀求自給自足。廣告收入則為大眾傳播事業謀求自給自足的最主要財源。沒有廣告收入，大眾傳播事業極難自給自足而生存。即使能勉強自給自足，亦難以發揮大眾傳播的功能。

廣告事業則極注意能否產生廣泛告知的作用。為求能切實做到這一點，其必須透過大眾傳播的各種傳播媒介，始能達成任務。沒有大眾傳播事業，廣告事業亦難以獲得發展。今日世界上，凡是重視經濟發展的自由國家或地區，幾乎沒有不重視廣告的。就其主因是廣告已被認為具有促進經濟加速發展的價值，是

工業化發展中，不可或缺的一環。所以，廣告與工商業的關係，極為密切。研討廣告與工商業的關係以「廣告是生產者與消費者之間橋樑」一句定義，顯示廣告在工商業中的價值。

工商業中，凡是重視大量生產與大量銷售的生產者與消費者，都必須利用廣告作為橋樑，才能將產品種種訊息，傳達給四面八方的消費者知道，吸引消費者前來購買，若缺少這橋樑，生產者與消費者本身，即無法將產品的種種消息，以有效的方法，傳送往四面八方。

20 世紀以來，世界上各自由民主國家的消費者，已逐步形成不能脫離廣告而生活，脫離了廣告，使消費者會感到生活得近乎盲目。這是基於廣告能經常不斷的，提供消費者許許多多有關生活的情報，促使消費者提高生活水準，增廣見聞，充實知識，及靈活社會經濟所致。

以美國而論，工業革命在美國社會以及美國廣告發展上，造成了主要的改變。由於有了新發明的機器輔助，製造業者便開始大量地進行生產；然而，大量製造的同時，也必須大量的消費及大型的市場來配合，而能同時接觸大量閱聽人廣告，正是刺激大量的消費者與創造大型市場的重要因素。

美國工業化所帶來的最大衝擊，是在內戰結束，1865 年到 20 世紀初期之間。在三十幾年的時間裡，帶來了下列影響：

1. 由於完成了全球的鐵路網，使得美國東部製造業能將產品銷售到正在成長的西部市場。
2. 由於大量的移民匯集，使得美國的人口快速地成長，比起 1870 年到 1900 年之間的人口，共成長了兩倍，更多的人口意味者大型市場的形成。

3.電話、打字機、高速印刷機、留聲機、電影、攝影等新傳播媒介的發明，使人們更容易與其他人進行傳播。

4.經濟成長，人們擁有更多的金錢來消費新產品。

第四節　廣告媒介環境的變化

在 1980 到 1990 年代，廣告的媒介環境出現了激烈的改變。例如有線電視所提供的許多頻道，挖走了電視網的部分廣告收入；錄影帶及電腦化資料服務公司則開闢了新的廣告財源；而網際網路更幫助了互動式廣告與行銷的成長。另外，由於運輸與傳播技術的進步，使得大型廣告代理商能在世界各地設置分公司。而歐洲政治情勢的改變，也創造出新的全球行銷機會。總之，廣告工業的發展必須與眾多的社會、政治、經濟及科技要素相互配合。

廣告的持續發展促成了廣告代理商的誕生，它是專門廣告主提供廣告服務的組織。現代廣告的起源可追溯到費城的沃爾尼・B・帕爾默（Volney B. Palmer），他在 1842 年以折扣價大量購買不同報紙的版面，然後再以較高的價錢賣給廣告主，而實際廣告呈現包括文案、布局以及藝術設計等部分，則由購買版面的公司自行準備。嚴格說來，帕爾默只能算是版面掮客（space broker）。到了 19 世紀末，當「N. W. Aer & Son」廣告公司成立之後，這種情況開始改變，這家廣告公司為廣告主策劃與執行各種廣告活動。到了 1900 年，廣告開始被認定為一項專業。

　　然而，這項專業也有一些問題產生。當時在許多的藥品廣告中，都可以發現誇大不實的廣告，它們宣稱某藥物能治癒所有已知疾病，這種誇大不實的廣告引起消費者的反感。而美國國會在 1906 年通過一項食品藥物法案（Pure Food and Drug Act），此為首次寫管理廣告而制定的聯邦法律；幾年之後，國會成立聯邦貿易委員會（Federal Trade Commission，簡稱 FTC），用意在於防止不公平的商業競爭；大約在同一年裡，廣告業本身也進行一項清除不誠實廣告的努力。

　　在 1920 年代，廣播開始成為廣告媒介，而聯播網的興起也使得廣告成為最具吸引力的全國性廣告媒介；到了 1930 年代，大約有 2,700 萬美元投入聯播網的廣告市場中，甚至於有些極受歡迎的廣播節目，還是由廣告代理商所製作的。股票市場在 1929 年的狂跌衝擊，擊垮了美國的經濟，造成全國在廣告上所投下的總金額急速下滑，原本在 1929 年，廣告投資為 28 億美元；到了 1935 年，降為 17 億美元；另外，第二次世界大戰也使得許多民間企業終止他們的廣告預算。

　　直到十年以後，才恢復以往的廣告投資水準。從 1945 年第二次世界大戰結束，到 1990 年代中期之間，廣告工業的成長極為驚人。戰爭結束之後，經濟情勢從暫時經濟逆轉為消費型經濟，促使廣告極速成長，光是 1950 至 1975 年間，廣告便不可思議地增加 490 個百分點，在此一時期也出現了幾項重要的發展，其中最重要的便是電視的出現，並逐漸成為全國性的廣告的重要媒介，這項發展對廣播及雜誌皆造成莫大的衝擊。廣播在這個衝擊下變成地區性的廣告媒介，而雜誌原本就是鎖定特定的市場為主，但仍有一些受到普遍歡迎的雜誌，卻是以全國性市場為主

（例如 Look 雜誌），不過，在電視的衝擊下，也逃不過被擊敗的命運。在此一時期的另一項重要的發展是，消費者的力量更為強大，為了回應此一趨勢，聯邦貿易委員會（FTC）在 1970 年代期間，實際懲處一些不當的廣告。還有一項重要的發展則為直接廣告大部分是透過郵貼方式的成長，從 1950 至 1980 年間，直接廣告的成長超過 800 個百分點，這樣的發展得歸功於電腦化郵寄名單的發展、電話行銷的運用以及急速擴大的信用卡消費。

六○年代，是美國「廣告黃金時間」，同時又是「形象至上時代」。這一時期廣告的重心從商品的特點轉向了商品的形象。廣告主盡量使自己的品牌與某一部分消費者產生聯繫。這種商品形象廣告既有企業形象廣告的特徵，又具有商品廣告的特徵。例如萬寶路香菸中的牛仔就代表了美國開拓事業中不屈不撓的男子漢精神。

1972 年，美國廣告進入產品「定位時代」。事實證明，在美國這個傳媒眾多，廣告氾濫的社會裡，定位戰略（the strategy of position）能有效的使該品牌與其競爭對手區別開來。如大眾汽車「想想還是小的好」（think small），艾維斯汽車租貸廣告：「我們只是第二」（we are only NO.2.）等。

八○年代的廣告側重於塑造產品的品牌形象（the brand image），九○年代的廣告從獨白變成對白。佛萊斯特調查公司（Forester Research）預言，互聯網的迅速發展，將使廣告業進入第二次「創意」革命時期。

第五節　廣告與公共關係

　　美國營銷大師艾・賴斯及其女兒合著的《廣告的衰落與公關的崛起》，猶如一顆炸彈引爆了全世界的營銷界、企業和媒體。多年來，廣告是否衰落、公關是否崛起的爭議一直不絕於耳，並越演越烈。另外，爾・賴斯及其女兒薩拉・賴斯的作品《公關第一，廣告第二》（*The Fall of Advertising and the Rise of PR*）也是再次強調並證明美國廣告的衰落與公關的崛起的一本著作。在此書中強調的是「公共關係創建品牌，用廣告維護品牌」，這與艾・賴斯及其女兒的著作中觀點是有點雷同的，艾・賴斯及其女兒認為，通常，營銷人員會認為，一個品牌要想引起消費者的注意，廣告是當然的手段；也許在他們心中廣告並不是唯一的手段，還有公共關係，但在他們心中廣告是主要的，公共關係則是次要的。賴斯父女認為，這種想法大錯特錯。廣告和公共關係創建品牌，用廣告維護品牌。現在能讓消費者記住並且願意購買其產品的品牌，是那些花了大錢去做廣告的品牌嗎？賴斯父女的答案是否定的。

　　雖然，在我們的生活中，廣告無處不在，人們對廣告的存在似乎已經習以為常；但是，習以為常也許就是視而不見的先兆。賴斯父女因此認為雖然現在的廣告業極其鼎盛，但是廣告卻正在不可避免的走向衰落。在《公關第一，廣告第二》中，他們提出，在現在這個廣告貌似繁榮的時代裡，廣告實質上正在走向衰落，廣告已經沒有了原先告知公眾的功能。廣告越是鋪天蓋地的轟炸人們的視覺和聽覺，其效果就會越弱；人們對於廣告的興趣

也正在緩慢消退甚至感到厭煩，廣告不再是一個推出新品牌的有利武器了。鑑於目前廣告所處的尷尬境地，賴斯父女認為有必要尋找一種新的方式替代廣告來推出新品牌，這種方式就是公共關係。他們提出，市場策劃應該始於，只有當公共關係的目標達到之後才可以進行廣告宣傳，並且廣告在時間和主題方面都應緊密配合公共關係的策劃。

　　不過，這並不是說在賴斯父女的的眼中，廣告是落伍的，沒有用的，只有公共關係才是品牌的救星。他們絕對沒有將廣告遺棄。相反，他們認為廣告和公共關係一樣是營銷的重要手段，只不過目前兩者的功能和效用發生了變化，而且各自的作用是不能互相取代的。賴斯父女認為，創建品牌的階段就像是在上山，此時需要公共關係來將你的品牌推向頂峰，一旦到達頂峰，公共關係的使命也就基本完成了；於是接力棒就到了廣告手中，此時廣告所要做的就是維護品牌，維持它在山頂的優勢，避免過早地下山。因此，在賴斯父女的營銷裡面，廣告並沒有真正的衰落，只是它有所作為的時機後移了。

　　賴斯父女通過對近年來對營銷界的觀察，運用簡潔通俗的語言以及大量生動的案例，告訴讀者這樣一個道理：在品牌營銷過程中，廣告應該是公共關係的延續，要用公共關係來創建品牌，用廣告來維護品牌。《公關第一，廣告第二》，不僅是指公共關係先行，廣告隨後，更是向讀者宣告了品牌營銷又一片新天地——公共關係的時代來臨！

　　有人認為，廣告是一種強制灌輸，是個不受歡迎的闖入者，必須被抵抗出去。推銷越是用力，如同風越吹越猛烈，消費者對推銷資訊的抵抗也越激烈。

　　而廣告人喜好談論廣告的衝擊力：在平面廣告中常論全版、插頁、折出、以及彩色與黑色等等；在電視廣告中則是誇張動作、瘋狂角度和跳動剪接等等；在電台廣播中則把音量調到極致。但廣告作品越是企圖強迫進入心靈，它的目的似乎越是無法達成。

　　相反地公關就像是太陽。你無法強迫傳媒去刊佈你的消費。他們完全有自主權。你唯一能做的就是微笑，確定你的公關材料是盡可能有助益的。

　　第一次世界大戰對整個西方的影響很大。國際聯盟於戰後在日內瓦成立，更促進商品經濟在國際範圍內的發展。此外，蘇聯十月革命成功，也引起西方資本主義的巨大震動。

　　在戰爭的刺激下，各種現代交通事業（如航海、航空、長途客運等）得到很大發展，服務性行業的領域除了傳統的旅遊業、娛樂業外，遠程交通、旅遊等方面也有很大的發展，服務性廣告的比重迅速上升，例如著名的英國豪華郵輪，號稱「永不沉沒」的鐵達尼號（TITANIC）在 1912 年進行處女航之前就曾廣貼海報，招徠乘客。

　　1909 年，美國汽車大王亨利・福特（Henry Ford）首次採用流水裝配線進行標準化生產，製造出價格僅為 600 美元一輛的平民型汽車。從此，汽車進入了一般平民的生活，迅速普及開來。流水裝配線的出現不僅影響汽車製造業，而且是大機器生產的類產品，產量大幅提高，成本迅速下降。於是，各種商品的競爭更為激烈，商業廣告成為非常重要的競爭輔助手段。

　　隨著經濟的繁榮，文化生活得到豐富。這個階段中各種大型文藝演出越來越多，對海報的需求量也隨之增大。美術領域在該

時期也十分活躍，立體派、野獸派、未來派、表現主義等大批現代主義派紛紛顯現，競相舉辦各種美術作品展。

1902 到 1933 年間，西方資本主義國家發生經濟危機。市場產品過剩，大量積壓，需要推銷商品，就要在推銷型廣告上下功夫。在某種意義上來說，經濟危機對當時廣告業發展有一定刺激作用。過後的三〇年代，經濟的回暖和發展，許多的高檔消費品湧現市場，使得整個廣告宣傳的結構發生了變化。時裝、首飾、化妝品等護膚及洗滌用品，吸塵器等家電用品，以及汽車、鋤草機廣告宣傳占總廣告的比例加強。食品工業的興旺，使得餅乾、糖果、罐頭、食品的廣告宣傳也無處不在。這使得美國終於宣布取消禁酒令，讓酒類和香菸的廣告大行其道。隨著中產階級不斷擴大，旅遊等休閒成為人們追求的一種生活方式，於是風光明媚的海濱、豪華舒適的遊艇的享樂型廣告隨處可見。此時，美國的電影業也步入了黃金時代，它擁有一批享譽世界的明星，查理・卓別林（Charles Chaplin）的喜劇片，道格拉斯・費爾班克斯（Douglas Faibanks）主演的《巴格達竊賊》等都是名噪一時的鉅片，由於電影非凡的魅力，吸引了大批觀眾，而無孔不入的廣告也看中了這誘人的媒體，因此電影廣告成為了廣告媒介中的重要一員。

在德國，納粹的掌權使得該國出現了許多非商業性的海報及招貼畫，有鼓吹法西斯的也有反對的。

這二十年是戰爭與革命的年代，非商業的海報、招貼畫數量很多。英、美等國曾出現不少招募兵員的徵兵宣傳海報。此時的廣告表現形式仍以招貼、路牌為主，但雜誌廣告和報紙分類廣告也隨著這些新聞媒介在消費者中影響力逐漸提高。廣告構思與表

現手法依舊是藝術型為主，比較講求繪畫效果和技法。

　　美國並未受到第一次世界大戰的影響，經濟反而受戰爭刺激得到較大發展。特別是廣告業發展迅猛，已明顯將歐洲列強拋在腦後。美國的發展在早期就強烈的表現出商業化的傾向，廣告宣傳更重視商品資訊的傳達。其表現手法和廣告語言都顯現出現代的廣告雛形。可以說美國廣告發展在這二十年中奠定了現代廣告的基礎，並漸漸步向廣告霸主地位，維持至今。

　　在這二十年中，藝術型廣告仍是主導。廣告創作者不乏有成就的藝術家，有些廣告本身就是一件完美的藝術品。當然，對商品資訊的傳達之重視也是空前的。該時期的廣告大力渲染上流社會的奢華生活，給普通民眾創造出一個高於當時實際生活水準的「幻夢」，滿足了許多消費者嚮往的心理，也就是現代廣告慣常運用的引導消費策略。當時的廣告模特兒多採用女性，但當時更注重身段的優美、容顏的嬌俏，不像以往選模特兒時不一定非常美麗，要求具較強烈個性。這種廣告宣傳模特兒選擇標準延續至今。

　　在 1960 到 1980 年間，一支高度專業化的廣告設計隊伍已經形成，隨著廣告業的迅速發展，分工越來越細。總體規劃、文案編排、攝影、繪畫、植字、印刷、發行都有專人負責。攝影成了主要插圖手段，這時也很少用手寫，而是大量採用植字去完成的。藝術繪畫型的廣告已大為減少，傳達商品資訊、達到促銷目的是現代廣告的主要目標。

　　由於國際貿易的不斷發展，廣告也出現了「國際型」風格，其創作動機、文案編排、構圖、色彩甚至廣告中的白種女模特兒都十分相似，儘管在畫面上表現出了強烈的現代感，但卻很難判

別出國別與民族來。廣告也逐漸形成了自己的模式，這種現象在世界各國都很普遍，尤其在產品廣告中表現突出。

至於音樂唱片、著名的雜誌封面、藝術節、世界大展等一類廣告，為了突出個性、避免雷同、少一些商業味，也請一些著名的畫家以繪畫形式來進行設計，但這類廣告所占比例很小。

七〇年代以來，人們又開始感到「國際型」風格過於商業化、太單調，甚至連模特兒都是似曾相識，已不容易引起注意，收不到理想的商業效果。因此在構圖和處理方法上，又追求新異離奇，不拘一格，力圖使廣告有個性、有特點，更能引起消費者的注意。

就整體而言，這二十年中民營經濟得到蓬勃發展。微電子、電腦、航太技術、生物工程等尖端科技的大突破，並且在經濟領域中非常迅速地得到廣泛應用，幾乎全世界都獲得一個較為持久的發展機會。

在新技術的帶動下，新產品層出不窮，市場的性質也隨之發生了根本的變化，此時供不應求的賣方市場，轉向為競爭激烈的買方市場。廣告已不再單純是孤立的推銷手段。從這個意義出發，現代廣告在這二十年中真正確立起來。

這二十年中，隨著大眾傳播媒介新的變化，電視廣告取代了雜誌，報刊廣告為主要的形式。到 1985 年，美國全年的廣告費用中，電視廣告占 30%，報刊雜誌的廣告約占 17%，電台的廣播廣告占 10%左右，而早年最普遍的招貼、路牌廣告僅占不到 2%。另外新出現的直接郵寄廣告占了相當大的比重。

由於對廣告的需求急劇增加，廣告開支的直線上升達到驚人的地步，此時美國全年廣告開支由幾億美元，提高到接近 800

億，等同於一些不發達的國家全民的國民經濟總收入。一些西方企業將總投資的百分之幾甚至幾十，都用在廣告上；這種情況在菸、酒、飲料和易耗費品方面表現得最為突出。此外，汽車、照相機、音響視聽設備等高級消費品以及勞務方面的競爭也相當激烈，在廣告中占有重要的地位。

　　在 1980 到 1999 年間，隨著大眾傳播媒介新的變化，人們對資訊是前所未有的渴求，廣告在世界範圍的商品經濟狂潮中，借助傳播、電視等新的媒介成為巨人般的新寵，無孔不入的廣告已滲透到整個社會的各個角落。現在，不用廣告的生產和沒有廣告指導的消費，簡直不可想像。目前，廣告業已經取代了旅遊業而成為世界上最大的無煙工業，其中美國的廣告投入幾乎占世界總投入的一半，而居世界第二廣告大國的是日本。

　　這二十年高速運轉的經濟速度令現代人的生活匆忙而疲憊。如何才能搶占焦點，在資訊爆炸時代脫穎而出，成為廣告從業人員面臨的最大考驗。傳播的抒情體、描寫體、說明體、幽默體、詩歌體形式已不夠用，創意、出新、不拘一格，是這個時期廣告的鮮明特點。如引用、轉化、沿襲模仿文學名言或俗語，成為廣告創意的一種方式。

第六節　美國的報業廣告

　　打開美國報紙，很容易被那些印刷精美、門類繁多的廣告所吸引，甚至會感到迷茫。從外觀上看，美國報紙廣告的主要類型

僅有三種：陳列廣告（有圖有文，按面積收費，通常需要照相製版，這類廣告一般面積較大）。分類廣告（按內容分類，按欄數、行數甚至字數收費的小型廣告）。插頁廣告（不是印在報紙上，而是另外印刷並隨報附送的廣告）。

美國報業廣告的價格類別：

1. **地方陳列廣告。**指報紙發行地的零售商、批發商、製造商們直接在報紙上做的陳列廣告，占報紙廣告比重之首。這類廣告又細分為零售或價格廣告、形象廣告、合作廣告、推廣廣告。

2. **零售廣告。**客戶多為商店（包括商場、超市和小雜貨店等）。其重點是將擬促銷的項目加以描述並標以價格，用來調動消費者的胃口，刺激其前來消費。這類廣告的效果最容易檢驗。

3. **形象廣告。**指主要為建立公司或產品聲譽而不是為眼前的推銷所做的廣告。這類廣告大都著眼於宣揚企業或服務的個性和特色，內容可涉及企業的歷史、服務紀錄、客戶調查及週年慶典或新業務、新部門開張等。銀行、公用事業等服務類企業做這類廣告居多。

4. **合作廣告。**指若干企業為推廣某一項目或開展某一活動而聯合刊登的廣告。這類廣告的特色是合零為整，以產生分散小廣告起不到的衝擊力。由於是合作的結果，廣告中常可見到相關企業的列名。

5. **全國性廣告。**是指非報紙發行地的廣告客戶在報紙上刊登的廣告。例如，紐約的商戶在《洛杉磯時報》刊登廣告，就屬於全國廣告，反之亦然。這類廣告大都透過廣告代理

商實施，價格也略高於地方廣告。一般而言，發行範圍越大的報紙，吸引全國性廣告的機會也越多。《紐約時報》、《華爾街日報》的全國性廣告量就非常大，所占比重超過其他任何報紙。

6. **法律告示**。是指依據法律必須告知公眾的最新資訊。美國人認為法律告示的作用遠不止於給報紙創造點收入，而在於保護納稅人腰包的安全，監督法人或機構履行其承諾，告知並提醒公民行使選舉權、熟知新法律規章等。

7. **新聞版廣告**。指在新聞、副刊等版面上安插的廣告。美國幾乎所有報紙都會在新聞版、專版或副刊上刊登廣告，有時甚至一大半都是廣告，只留一個小角刊登新聞。但美國法律對這類廣告有嚴格的規定：不論這類廣告看上去多麼類似新聞或言論，只要是收費（及一切有價物品）刊登或出於任何商業和政治用途，必須註明「廣告」字樣，否則將處以罰款並公開通報。

8. **分類廣告**。這是美國廣告中最有特色也最為龐大的一個類別。這類廣告不僅為報紙帶來收入，而且為報紙帶來讀者。在美國，人們想找工作或招聘、買房、租房、買車、租車、獲得或提供某種服務，首先想到的往往是報紙上的分類廣告。很多報紙將分類廣告集中成一個板塊。分類廣告是價格最便宜的一種，但因其量大，往往為報紙帶來最多收入。《費城問訊報》的主要廣告來源有分類、零售、全國三大類，占該報全年廣告收入的比重分別大約為50%、30%和20%。這個比例是很有代表性的。

《紐約時報》2000 年的廣告收入高達 13 億美元，居全國第

一位。該報的廣告額四年前首次突破 10 億美元大關，成為當時全國唯一超過 10 億美元廣告收入的報紙。儘管如此，該報廣告部的人數僅四百多人。其原因在於該報分類廣告比重很小，全國性廣告占了 70%，而在全國性廣告的運作中，該報又將大部分工作以合約形式委託代理公司辦理。該報廣告部有四百多人，廣告和發行的大多數工作都包給其他公司去做了。廣告部主要和廣告代理商打交道。全國廣告（即來自外地的廣告）是《紐約時報》的主要來源，約占 70%；本地和零售廣告占 30%。分類廣告不太多，只是在星期天刊稍多些，因為《紐約時報》不是地方報紙。你不可能買紐約市的廣告，你一買就買成了全國廣告，這是很昂貴的。

　　《芝加哥論壇報》廣告部的分類廣告分部，就有近百人的電話推銷員隊伍。大型日報都十分重視市場調研工作，因此市場調研室也是很重要的部門，其主要職責是研究本報及對手報紙吸引廣告客戶的能力、本報廣告效果、本地區經濟狀況及對廣告的影響、廣告市場潛力、與對手競爭及吸引廣告的策略等等。

　　美國較有影響的中文日報《世界日報》洛杉磯分社的廣告部就有四十多位全職的廣告業務員。其商業廣告部及分類廣告部門還有四十多位全職的廣告業務及客戶服務人員。

　　美國報紙的廣告部門把擴大廣告額和令客戶對廣告效果滿意作為自己最重要的任務。這一切都是透過具體的服務措施來實現。歸納起來，美國報紙從以下八個方面強化自己的廣告服務功能：

　　一、擁有先進的服務設施，主要指廣告銷售手段的現代化。美國報紙廣告部門都早已實行徹底的電腦化管理，所有客戶來單

都立刻進入電腦，很多代理公司與報紙廣告部門聯網，代理商根本不需要往報社跑。遠處的客戶甚至可透過衛星將廣告內容和圖片傳給報社，以確保廣告的及時刊登。照相、掃描、列印、繪製等設備也需保持先進水準，以確保優質的服務。報紙還利用電話與客戶聯繫，很多報紙的廣告部門雇有大量電話推銷或服務員。

二、幫助客戶製作廣告計畫。即在深入瞭解客戶全年廣告需求的基礎上，在本報政策允許的範圍內，向客戶提供實惠且高效的廣告預算和刊登計畫或套餐服務，這對吸引和保持新客戶特別有用。

三、擴大協議銷售客源，即儘量與客戶簽訂半年、全年等長期協議。這種協議簽署得越多，報紙廣告銷售狀況越穩定，與其他報紙的競爭力也越強。《費城問訊報》每年有 10,000 多廣告客戶，其中 6 成以上是全年協議客戶。

四、製作可信任和有吸引力的廣告版面。由於廣告客戶花錢的目的是銷售產品和建立自己的信譽，報紙有責任幫助他們製作最值得信賴和最具有吸引力的版面。如果由代理商製作，則報紙仍有義務在版面組合方面避免歧異。為使本報廣告具有較強的公信力，美國報紙都努力幫助客戶避免使用失實或過於極端的詞語。如「質量最好、價格最低」，「本市價格最低」，「您所見到的最好的遊艇」之類詞彙都在被禁止之列。

五、提供儘量周詳的廣告資料，是指向客戶提供包括價格、版面、截稿期、辦事流程等在內的本報廣告政策資料及過去一段時間本報讀者的分布及廣告效果調查等資料，用以方便客戶和幫助客戶作出更好的決策。

六、爭取代理商的合作，即與廣告代理商保持良好關係，儘

量滿足其要求,以優質的服務爭取其為本報多拉廣告。

　　七、接單、審核、存檔方面的高效率運作,其關鍵是建立一個科學高效的辦公流程,將每一個環節的差錯減少到最低限度。

　　八、制定公平合理的價格體系。

第七節　美國的電視廣播廣告

　　1939 年,全國廣播公司開設美國第一個定時電視廣播。1941年 7 月 1 日,全國廣播公司的紐約台和哥倫比亞廣播公司的電台分別獲得營業執照,成為美國首批商業電視台。

　　第二次世界大戰期間,美國電視的普及和發展受到嚴重阻礙。獲得營業執照的 6 家電視台雖然繼續廣播,但節目數量很少。戰爭結束時,美國總共才有 7,000 台電視機,電視台僅設在紐約、費城、芝加哥、洛杉磯和斯克內克塔迪五個城市。

　　無論廣播與電視,廣告都是其生命線,以美國廣播公司第 74屆奧斯卡頒獎典禮為例,廣告都滿檔,2007 年的 30 秒廣告一檔叫價 125 萬美元,雖然是歷來最高的價碼,依然銷售一空。美國廣播公司表示,廣告價格調漲,廠商依然搶進,一方面意味著美國經濟逐漸好轉,一方面也是基於奧斯卡頒獎典禮是女性觀眾的最愛。女性觀眾收看頒獎過程,不僅是欣賞電影藝術,同時更希望從中瞭解流行時尚,包括影星的穿著、打扮與品味,進而還可以模仿。

　　1952 年,美國電視開始進入一個發展時期,建立了四大電視

網：哥倫比亞廣播公司（CBS）、國家廣播公司（NBC）、美國廣播公司（ABC）及杜蒙電視網（該網於 1955 年停業）。新的電視台大量湧現，1972 年底，全美電視台增至 600 多家。電視機的生產也迅速發展。1953 年，美國已擁有 200 萬台電視機。1960 年，美國約有 87%的家庭擁有至少一台電視機。1962 年，美國發射第一顆電視通訊衛星，把美國電視節目擴大到全球範圍。進入八〇年代，美國電視機擁有量逐漸接近飽和，其市場開始依靠產品更新換代來謀求發展。彩色電視機日益普及，截至 1993 年底，美國 98%的家庭擁有至少一台電視機，其中 99%為彩色電視機。

在電視初創年代，電視網將一段廣播時間出售給廣告公司，由廣告公司從資金、內容和藝術方面對節目製作承擔全部責任。電視網的唯一功能是將節目發送給有關地方電視台。隨著電視業競爭的日趨激烈，電視網越來越認識到不能再受廣告公司的控制，決定由自己控制電視節目。因此到了印年代，除了新聞節目和特別節目外，電視網一般從整套電視節目製作者那裡購買節目發行權。

在美國，這種節目製作者大致有三類：個人明星製作者、有地位的電影製片公司、獨立的電視製片公司。電視節目一般可獲資助，資助者通常雇用廣告公司為其設計廣告節目，廣告公司從電視網或地方電視台購買節目播放的時段。電視網還在全國乃至世界維持龐大的新聞採集機構，把新聞和錄影資料出售給其他國際電視公司，從中獲取可觀的利潤。

地方電視台通過播放全國電視網提供的插有廣告內容的電視節目，獲得由電視網為此而支付的報酬。地方電視台之間往往也相互競爭。它們通過自己的新聞採訪組、記者和製片人員，提供

最新地方新聞以及天氣預報和商情，以便賺到更多的廣告費。

美國是商業電視占主導地位的媒介大國，它的節目流通，基本上是透過買賣進行的商業市場行為。美國人認為，廣播電視是追求利潤的工具；但他們同時承認，廣播電視頻道是公共資源，核心的問題是利益均沾。

第八節　美國的戶外廣告

根據美國戶外廣告協會的統計數字顯示，美國的戶外廣告營業額每年都有穩定增長，前景可觀。美國的戶外廣告媒體費用比電視廣告便宜 80%，比報紙便宜 60%，比電台廣播便宜 50%，目前全美約有 40 萬塊廣告牌。廣告客戶七成廣來自美國品牌，三成來自海外品牌，戶外廣告同時是跨國公司夢寐以求的進入美國市場的解決之道。

在美國各式各樣的戶外廣告媒體中，戶外廣告牌最為流行，美國戶外廣告協會指出，從顧客角度來看，當地經銷商在本地區的戶外廣告牌發布廣告，往往是快速建立品牌形象和發展業務的催化劑。同時不少廣告牌也向民眾輸送公共服務資訊。美國戶外廣告公司捐贈了價值數以百萬美元計的戶外廣告空間及內容。

2000 年奧比獎的評委，《在戶外做廣告，看好這片空間》（"Adversiting Outdoor, Watch This Space"）作者大衛‧勃恩斯坦（David Bernstein），曾經說過：「只要能將海報廣告的說明做好，你就已經能做好其他所有媒體的廣告了（Solve the brief in a poster and you have solved it for all other media）。」

　　戶外廣告有極強的目標針對性，可以將其精髓滲透到大大小小的目的地：它們現身於全車身廣告公車、購物中心海報、計程車頂、電話亭、卡車車身……等等，還有數不完的名字，只要你能想得到，一定有一家公司已經在做了，或是正在醞釀之中。

　　許多美國的戶外媒體公司都是國際化公司，除了他們可以為很多國際化公司提供服務之外，他們還有在這些國家經營的經驗。加之各地天然的資源，戶外廣告是在全世界各地建立品牌理應選取的必由之路一說或許不無道理。現在廠商們已經日益認識到戶外廣告的重要性，因為戶外廣告可以將他們的產品和服務推廣到電視廣告無法觸及的地方。他們預計，美國的戶外廣告額將在 2004 年突破 200 億美元大關。

第九節　美國的黃頁廣告

　　黃頁產生於 1880 年的美國，距今已有 100 多年的發展歷史。在西方，它被先進國家的公眾視為生活中不可或缺的百科全書，並因其發行量大、覆蓋面廣、保存期長而被譽為繼報紙、廣播、電視、網路等資訊傳播載體之後的「第五媒體」。目前，黃頁的廣告收入已占各種廣告收入的 6.4%，其所占的比重已超過廣播與雜誌廣告，成長為擁有幾百億美元的媒體廣告產業。

　　據有關統計資料顯示，目前全世界黃頁廣告年收入已達 200 億美元，其中北美就占 55%。在過去的 5 年中，美國黃頁產業的

年平均增長率為 4%，其廣告收入在全國各類媒體廣告收入中所占市場份額已超過 7%。目前，美國黃頁利潤是電話公司總利潤的 25%，廣告總收入約占全世界廣告總收入的一半，其黃頁家庭覆蓋率已達到 96.5%，20 至 45 歲的美國人，每月使用黃頁 8 次。

美國大型的國際黃頁號簿公司已有相當規模。如美國西部貝爾，每年出版 320 種號簿，印量達 5,000 萬冊，有 48 萬個地方性的和 5,600 個全國性的廣告客戶。可以說，在西方發達國家，黃頁已經成為與民眾生活密切相關的各類工商企業競相追逐的「搖錢樹」。

美國每年有 50%以上的公司企業要在黃頁上做廣告宣傳，黃頁的發展非常快速，美國的黃頁產業年增長率達到 5%左右。美國人說，除了《聖經》，使用率最高的就是黃頁了。黃頁的發展，已經使美國的商家和消費者習慣了從黃頁上迅速、便捷地查找所需要的產品和服務訊息，同樣，也已經成為商家推銷產品和服務、促進商務交流的有力手段。例如：美國 1997 年的黃頁收入達到 114 億美元，占廣告業總收入的 10.8%，占電信業總收入的 6.9%。

根據 Kelsey/ConStat 調研公司 2007 年 6 月份對美國中小企業（SMBs）所做的一項調查顯示：有 43%的被調查企業開展網路營銷。其中，17%的中小企業利用搜索引擎廣告推廣。調查指出，儘管目前傳統黃頁廣告還是大部分（77%）中小企業的推廣手段，搜索引擎廣告仍可能占據更多黃頁廣告市場，分流黃頁廣告收入。

分析家指出，美國的線上黃頁及搜索引擎廣告發展迅速，已經從 2000 年的 1.3%增長到去年占互聯網廣告 15.4%的市場份額。

搜索引擎廣告正日益普及。原因在於，幾乎所有的網路用戶都使用搜索引擎，而且有調查資料顯示，每條搜索引擎廣告只花$0.29，而每條黃頁發布成本$1.18。由此，Kelsey/ConStat調查報告認為，搜索引擎正在對傳統黃頁廣告形成巨大競爭威脅。

　　線上黃頁及搜索引擎廣告較之於傳統黃頁廣告所具有的優勢，可主要概括為以下幾點：

1. 黃頁廣告容量極其有限，但線上黃頁及搜索引擎廣告的超連結可以讓用戶進入公司網站瞭解更詳細的資訊。
2. 線上黃頁可及時更新廣告內容，印刷黃頁對此無能為力。
3. 線上黃頁可通過較高的排名讓用戶優先搜索到。
4. 線上黃頁有全球範圍的用戶觸及能力，黃頁限於本地區範圍內用戶使用，而且印數有限。
5. 線上黃頁可跟蹤統計廣告瀏覽情況，如廣告點擊數量等。目前，付費線上黃頁的主要類型有付費目錄，付費廣告，會員服務等方式。廣告的主要類型有：關鍵字競價排名、登錄分類目錄、關鍵字廣告、網頁內容定位廣告等。

第十節　美國廣告業代理公司及廣告媒體

　　4A 是美國廣告代理商協會（美國廣告協會）的簡稱（全稱

原文為 American Association of Advertising Agencies）。它成立於 1917 年的美國聖路易斯，是全世界最早的廣告代理商協會。協會成員由廣告商組成，有 500 個成員，加上這些成員的分公司，共 1,200 個會員。

　　美國有廣告公司近 4,000 家。4A 協會會員的廣告經營額占廣告總經營額的 75%，從業人員占 52%。其經營主要靠會費收入和提供服務收取一些費用。會費是按廣告經營額的比例繳納，1999 年協會收入為 1,200 萬至 1,300 萬美元之間。協會由董事會領導，還成立各種理事會，除一些專職人員外，主要是依靠會員中的專業人員組成。

　　美國廣告協會在東、西、中部設有四個辦事處，共有 95 個專職人員。還設有 45 個專業委員會，如戶外、廣播、金融委員會等。他們的主要工作是為會員提供資訊服務，包括網上資訊服務，一般是應會員的要求就某個問題進行調查研究，提出研究報告給會員，這些服務是收費的。同時，協會還要研究如何對廣告公司進行管理，包括每年列出 180 家廣告公司收入與支出的百分比供會員公司參考，就廣告人的工資報酬提出建議，對名人做廣告的酬金制定出參考意見，幫助客戶尋找適合的廣告公司等等。

　　美國廣告協會在華盛頓設有一個由 7 人組成的辦事處，其職責為遊說國會，以圖在立法時保護會員的利益，並就會員提出的一些問題與政府部門進行交涉，儘管很困難，但會員很支持。例如，佛羅里達州對廣告收稅高於其他州，使佛羅里達州的旅遊業收入減少，旅遊業就給州政府施加壓力，而廣告協會也派人或花錢請說客遊說，迫使佛州政府減少廣告稅收。協會董事會的組成，是由協會提名，會員選舉產生。協會的負責培訓部門還組織

大學生到廣告公司實習，使他們畢業後能順利找到理想的工作。

美國廣告協會呼籲媒介保證支付廣告刊登費 15%的佣金（commission）給廣告公司作為媒介代理費，以促進廣告主雇傭廣告公司提供專業服務（日本則是在 1944 年確立了 15%的代理費制度）。因為廣告主直接找媒介購買時段版面的價格與通過廣告公司購買的價格一樣，廣告主並不能因此而省錢。從此時開始，廣告公司從單純的媒介代理和創作服務，逐漸發展為全面廣告代理服務公司（Full Service Advertising Agency），它也稱為綜合性廣告代理公司，表現為能夠為廣告客戶提供市場調查、廣告總體策劃、制定媒介組合計畫和促銷活動計畫、設計和製作廣告並能測定廣告效果等全面服務的廣告公司。

美國 4A 定有協會自律規則《實踐標準和創作守則》，違反會規者就要被開除會籍，以此約束會員公司遵守廣告道德準則。在 1995 年全球營業額前 25 位的廣告公司中，公司總部設在美國的占 15 家。它們都是美國 4A 廣告公司。協會成員承擔著全美70%～80%的廣告業務量。

美國 4A 創意守則 4A 會員公認

1. 廣告在美國經濟體系和國民生活方式中，負有雙重職責。對於民眾，廣告是大家瞭解自由企業的產品與服務的一個基本途徑，是大家瞭解符合自己願望與需求的商品與服務的基本途徑。民眾享有期望廣告內容可靠、表現真實的權力。對於廣告主，廣告是他們在社會激烈競爭中勸說人們購買其產品或服務的一種基本手段。他們享有將廣告作為一種促進業務、獲取利潤的表現手段的權力。

2.廣告與美國民眾的日常生活密不可分。它已成為廣播電視
　節目的組成部分而進入家庭，面對個人甚或整個家庭；它
　在最受歡迎的報紙、雜誌中亦占有一席之地；還向遊客和
　居民展示自己。在上述種種展示中，廣告都必須尊重大家
　的趣味與興趣。

3.廣告針對的人數眾多、目標廣泛，人人口味不同、興趣各
　異。因而如同大眾事業——從體育運動到教育，直到宗
　教——一樣，廣告也難以討得每一個人的喜愛。基於此，
　廣告人公認，他們必須在美國的傳統限制下進行運作，為
　多數人的利益服務，同時尊重少數人的權力。

4A 的服務標準

　　據美國廣告協會（4A）所制定的廣告公司服務標準，其重要
者有下列數項：

1.研究顧客的產品或服務，以決定產品本身的優劣點，及其
　競爭能力。

2.分析市場現況與潛力，以其產品勞務，適合市場的需要。
　諸如市場位置，可能銷售量、季節性、貿易與經濟情況等
　均在分析研究之列。

3.講求運輸、銷售及其執行方法之知識。

4.有效運用各種媒體向消費者、批發商、代理商、零售商說
　明產品與服務的知識，此一知識包括商品特性以及效果
　等。

第十一節　美國發行量稽核制度與廣告業

　　美國的 ABC 組織是世界上第一個報紙發行量稽核組織，因當時經濟高度發展，廣告需求量大，且報社之間的競爭激烈，於是催生了美加的 ABC（Audit Bureau of Circulations）組織。其後，英國、法國等歐洲國家相繼建立發行量稽核制度，第二次世界大戰結束後，隨著亞洲地區的經濟發展，日本、韓國、香港也紛紛成立自己的報紙發行量稽核組織。

　　這樣的情況說明了，報紙發行量稽核組織的出現，一方面是代表了經濟發展是成立稽核認證的社會基礎，也代表了這是整體傳媒產業朝向市場化發展與競爭的必然結果。

　　國際稽核組織聯盟（IFABC, International Federation of Audit Bureau of Circulation）的成立，是基於世界各地區的ABC組織日漸增加，並以稽核組織間的交流與合作為主要目的。

　　首次對發行量有規模的鑑定是出現在美國 ABC，1914 年廣告主、廣告代理商與出版業者為了取得可信的發行量資料，共同加入一項志願性合作計畫，使發行量稽核組織開始成形，其後在 1920 年到 1930 年代中，只有其他少部分的國家相繼成立類似機構。當廣告與出版活動在國際行銷上逐漸重要時，鑑定發行量的組織才如雨後春筍般地在各國成立。

　　1963 年，第13屆國際廣告協會大會在瑞典斯德哥爾摩舉行，各國的稽核組織代表開始訂定國際稽核組織聯盟（IFABC）的章程，此章程在該年 5 月 29 日由 10 個國家的稽核組織代表通過，並正式宣告成立。

國際稽核組織聯盟創立宗旨為：

一、鼓勵會員國之間意見交換及經驗分享。

二、制定一個標準運作模式。

三、鼓勵其他國家建立發行量稽核組織。

四、使地區與國際的組織間能夠互相合作，以及彼此活動的協調。

國際稽核組織聯盟每兩年一次在世界各地的會員國城市召開會員大會，在會員大會中由所有會員共同選舉推選大會秘書長，以志願不支薪的方式擔任行政執行人員。會員大會所討論之議程均以如何規劃、並促成聯盟的目標為主。該聯盟之主要財源來自於會員費，經費主要用途為支應召開大會所需之相關費用；其會員類型分為下列三種：

一、正式會員（必須透過正式會員國推薦，同時也要多數會員國的支持，才能成為正式會員）。

二、準會員（在會員大會中沒有選舉權，但其他部分與正式會員相同）。

三、觀察員（對平面媒體發行量稽核有興趣的非會員）。

IFABC 組織對於 ABC 會員的認定，成為世界各國，包括台灣成立 ABC 時的依據，那就是：

一、必須是由廣告主、廣告代理商及媒體發行人三方所組成。

二、須使用標準化的名詞與定義公告發行量。

三、為非營利組織。

四、只發表數字，而不加以任何意見。

五、鼓勵廣告主、廣告代理商及媒體發行人積極參加。

第十二節　美國廣告業的現況與展望

國際互聯網的出現及日漸普及，使廣告業開始嘗試新的課題。最新的研究報告表明，到 2004 年美國網路年度廣告支出將達到 220 億美元，可與電視的廣告相抗衡。該報告預期，網路廣告支出增加，會使網路資訊內容供應公司在美國廣告市場的占有率增加到 8%以上，遠高於目前的 1.3%。屆時，網路廣告支出將僅次於電視廣告、報紙廣告、和直接宣傳的費用。因此，更多刊登廣告都可能將要求以廣告連結的點擊人次（CPM）或購買產品的人次，作為廣告計費的依據，或是產生新的網路廣告計費方式。同時，網路廣告在型態、形式上的突破，將刺激傳統媒體廣告產生新的創意，傳統的廣告理論也會因此需要做相應調整、修訂。

尼爾森（A. C Nielsen）和喬治‧蓋洛普（George Gallup）分別成立了調查小組，研究消費者的心態和偏好，提供有關公眾輿論、廣告訊息的效果以及廣告產品的銷售情況方面的訊息服務。這些公司開創了一個全新的指導廣告製作和策劃的行業：市場營銷調查業。

二次大戰後，美國廣告注重宣傳商品所代表的社會地位、時髦、豪華和成功。這種做法是為了迎合這一時期人們追趕時髦的心理：消費者希望藉助不斷購買現代化產品而改變自身形象，躋身於上流社會。

1957 年，美國廣告費用突破了 100 億美元的大關。此後，每年大約以 10%的速度遞增。

　　WPP 集團總裁馬丁‧索羅（Martin Sorrell）指出，從企業的廣告支出來看，預估 2004 年全球的經濟表現，將比過去三年佳。其中亞太地區在中國大陸、南韓與印度等國家經濟成長帶動下，表現最為亮麗。

　　WWP 是全球二大傳媒集團之一，集團旗下總計有超過百家公司，提供客戶包括廣告、公關、媒體投資管理等多項服務，在財星雜誌排名前五百大的企業中，就有 330 家是 WWP 的客戶。

　　受到全球不景氣影響、廣告的營業額衰退，是全球傳媒業者共同面臨的問題。基本上，在美、英等國政府相繼採取經濟擴張政策，刺激景氣成長下，全球的經濟不景氣已趨於和緩。

　　過去幾年的網路泡沫，不但使得全球的經濟付出代價，更重要的是，也對廣告的消費型態產生長遠的影響。廣告市場的預算，有從報紙轉向無線或衛星電視的趨勢；年輕的世代，多半花比較多的時間在無線、付費或衛星電視，至於文字媒體，他們多半會選擇能快速獲得訊息與分析的日報。

　　但最近美國 Taylor Nelson Sofres 旗下《競爭媒體報告》公司（CMR, Competitive Media Reporting）專門提供廣告與行銷相關的策略分析，公布一項調查，認為整體廣告市場已經呈現復甦跡象。位於紐約的 CMR 這項調查涵蓋了電視、廣播、雜誌、報紙、網路及戶外廣告等各類媒體。調查顯示，美國企業 2003 年上半年在傳媒上的廣告總支出將近 537 億美金，僅較 2002 年同期的 538 億美金下降了約 0.2%。

　　在各類媒體中，以廣播廣告的成長 7.5% 為最高；其次是報紙成長 4.4%；網路廣告列居第三，成長幅度為 1.9%；接下來是電視的 1.6%；雜誌與戶外廣告等仍然持續頹勢，衰退幅度都超過

8%。

　　另一家市場分析公司標準普爾（Standard & Poor's）也同時估計廣告市場大幅在 2004 年恢復成長，2003 年全年媒體的廣告收入將較去年增加 2.7%，2005 可望成長約 5.1%。但是，雜誌廣告將會是復甦最慢的一個。

　　今日美國商業性電視節目的主要內容是廣告、娛樂和新聞節目。廣告是美國電視最重要的一項內容。美國電視廣告五花八門，從政治、宗教到各種商品（香菸廣告於 1971 年被禁止）及服務專線，應有盡有。商品和服務廣告經常由影劇或體壇明星「現身說法」。在大選年份，政治廣告生意特別興隆。政客、議員、州長等候選人出鉅資做電視廣告，以塑造和挖掘對自身有利的視覺形象，爭取選民的青睞和選票。

非傳統廣告之衝擊

　　美國在媒體技術和廣告量方面一直遙遙領先其他國家。在這種情形下，美國廣告業的一舉一動也成為全球其他市場的一個方向指標。

　　一年一度的美國廣告協會廣告行業趨勢報告中有很多新發現，都可作為廣告市場參考（這份報告 2007 年所調查的對象有39%為廣告公司，31%為媒體，而廣告主占 14%，學術界為4%）。

　　今年大家都聚焦在新媒體的湧現及他們如何影響傳統廣告方法及策略。

　　今年調查發現的最有效力的非傳統廣告策略排名如下：獨家媒體承包贊助、手機文字訊息、廣告娛樂、產品置入式廣告、

DVD 內容營銷等。

最有效用的大撒金錢的方式是：把整期媒體包下及手機文字訊息。

但產品置入式廣告則從去年的排名第一跌至甚低位置，美國的產品置入式已變成明日黃花。分析其原因：喜新厭舊的原則特別適合形容這批非傳統廣告策略。

新媒體雖然甚受關注，但其相對傳統所能提供的有效性備受懷疑，其一是因為對這些新媒體的經驗不夠。一些媒體指出：現在有太多新的及獨特的方法去花廣告費，因此傳統媒體一定會受到吞食，而廣告費會逐漸流入新媒體做嘗試，但整體廣告費可能並沒有增加。只不過是媒體組合的不同而已。實際上，過去幾年非傳統的廣告策略並沒有建立起更有效力的信心，傳統媒體雖受威脅但仍是主流。

對數碼錄影器（DVR, Digital Video Recorder）所引起的跳過廣告觀看節目的擔憂，幾年來一直存在，但今年調查中顯示出前所未有的高數字——58%的受訪者已經改變或考慮改變對電視廣告的購買。若觀眾可以下班回家收看電視節目但跳過所有廣告，廣告商一定會用其他方法替代。這亦解釋為何產品置入式（Product Placement）內容越來越受重視。

有線廣告占整個廣告市場的份額持續上揚，去年估計到 2007 年才會達到 18%的每年增長，但現在預計從 2006 年就能達到每年 19%的上升（中國在線廣告的年增長估計亦在 20%以上）。

「整個廣告業最重要的商業挑戰」在最新調查中沒有單一哪一項特別受到重視，眾多挑戰也差不多是同一份量，顯示出眼前美國廣告業正面對多重同時發生的挑戰：

前十位商業挑戰：
　1.證明投資回報；
　2.發展好的點子從而在困境中突圍而出；
　3.整合創意滲透各種媒體；
　4.新科技對傳統廣告帶來的威脅；
　5.新媒體的衝擊；
　6.媒體激增，受眾分散；
　7.維護及投資品牌；
　8.以創意改變消費者行為；
　9. DVR 的普及，造成越來越減少常規電視廣告；
　10.廣告公司的合併。
　即便是面對眾多挑戰，但最能讓當前美國廣告業成功的因素調查中，仍然顯示了一些不可或缺的因素，其包括：
　1.專業操守（Integrity）；
　2.常識（Common sense）；
　3.專注（Dedication）；
　4.領導能力（Leadership ability）；
　5.創新想法（Innovation thinking）；
　6.願意冒險；
　7.創意。

第 6 章　美國公共關係事業的發展

第一節　公共關係的歷史發展

　　如前所言，現代公共關係仍以美國為主流。因為 19 世紀構成了現代社會，亦是美國現代公共關係的孕育時期。其重要因素為：第一，美國南北戰爭後，政治民主及經濟自由的觀念已深植人心。尤以產業革命之成功，使科技、資本、資源、及人民之開拓精神相結合，產生了大的企業。許多大企業家並無取之於社會，用之於社會的觀念，甚至漠視公眾利益；因此，公眾開始對企業之作風感到不滿。第二，現代報紙在 19 世紀形成，使報業成為強大之輿論力量。第三，美國政黨重視宣傳；尤以美國政府尊重報紙之功能，新聞代理（Press Agentry）行業及廣告業開始了若干雛形的公共關係活動，固然與隨後形成的現代公共關係制度發生混淆，卻亦開闢了現代公共關係活動的蹊徑。

　　自 20 世紀開始，由於兩次世界大戰之發生，以及戰後美國在政治、經濟，及社會各方面的劇烈變革，現代公共關係乃自西方文化思想之源頭，經 19 世紀之孕育，終誕生於美國。

　　其形成及發展之過程，大致可分成四個階段。

　　第一階段為 1900 年至 1917 年，稱為揭發及洗刷時期。如前所述，大企業於 19 世紀崛起後，剝削勞工，壟斷資源，欺騙消

費大眾，以及勾結政府取得特權情形，造成社會公憤，乃有若干鼓吹進步思想之雜誌，如麥克魯（Mc Clure's）及柯里爾（Collier's）等不斷著文揭發企業之黑暗，主張建立社會公道。此即美國新聞史上有名之「耙糞」運動（Muck-raking）。其時，美國總統西奧多‧羅斯福（Theodore Roosevelt）對此運動亦力予支持。唯企業界並未覺悟，卻雇用新聞代理人代為洗刷。

　　在從事為大企業擔任宣傳代理人中，有李氏（Ivy L. Lee）堅決主張「公眾必須獲知」（Public Be Informed）之原則，提倡一切向公眾公開，並強調唯有良好之作為始能獲得應有之宣傳。李氏之主張改變了當時單向宣傳的觀念，奠定現代公共關係的工作基礎。

　　第二階段，自 1917 年至 1919 年為政府發展公共關係時期。重視出版及言論自由原為美國之立國精神。威爾遜總統（Woodrow Wilson）充分透過報紙宣揚新自由之想。第一次大戰爆發之初，美國人民主張中立，政府乃成立公共新聞委員會（Committee on Public Information），採取積極努力進行說服工作，宣揚美國立國理想及作戰目的，以獲得人民對戰爭之支持。

　　第三階段，自 1919 年至 1933 年，為引起公共注意之廣告及喧鬧時期。第一次大戰結束，在哈定總統（Warren G. Harding）「回歸正常」（Back to Normalcy）的號召下，戰時約束解除，工商業乃使用戰時之宣傳方法鼓吹消費。無線電廣播初發明即成為廣告之利器，股票市場投機活躍，投資托拉斯大量擴展。企業誤認為引起公眾注意，即為良好公共關係，初未以公共利益為計。經濟不正常發展結果，終導致 1929 年之股市崩盤及隨之而來之經濟大恐慌，直到胡佛總統（Herbert C. Hoover）為羅斯福總統

（Franklin D. Roosevelt）所取代。

　　第四階段，自 1933 年以後，乃逐步進入現代公共關係之正常時期。由於經濟恐慌之沉痛教訓，富蘭克林・羅斯福總統入主白宮後，立即執行新政（New Deal），藉系列之社會立法，平均社會財富，保障大眾利益，並迫使企業負起對社會之責任。企業界亦覺悟在經濟衰落期間不能徒賴行銷，更須將企業之價值為公眾所接受。稍後，企業界更瞭解企業之利益必須符合公共利益，企業應隨時掌握民意趨勢，適應社會需要。而現代公共關係之健全發展，於茲開端。

雷根總統是美國成功的政治公關專家

第二節　公共關係在於誠實

　　在美國，公共關係所涵蓋的範圍相當廣，甚至政府、工會、企業以及許多營利、非營利團體或組織都包括在內。當事件不具爭議性時，公共關係的作用在於傳播消息和事實；一旦事件出現爭議時，公共關係可以在民意被封鎖前扮演鼓吹者的角色，透過正確的詮釋事實，運用遊說力量以贏得支持。

　　就較具爭議的角度看，公共關係有時也被稱為是一種「宣傳」。其實，宣傳本身是個「好」事，一直要到希特勒開始撒「大謊」汙染了傳媒後，才成為一個不好的事。自由國家的公共關係，最重要的一件事就是——誠實。個人皆可採取不同的論點以詮釋事實，各方皆有表達意見的權利。然而，最後的決定權是在公眾手中，由公眾決定要採信哪一方的說法。

　　公共關係好的一面就是將訊息傳達給大眾，使大眾不斷的接受新思想。從不好的一方來看，「宣傳」的目的可能在誤導大眾，使大眾思想封閉。

　　美國許多設有公共關係部門的組織，覺得本身沒有辦法顧及來自四面八方的要求；因此，乾脆直接先把訴求傳達給大家認定的「意見領袖團體」；包括主編、作家、牧師、教育家、國會議員，甚至各領域的政府階層領袖由他們代為表達意見。

　　導致這種狀況的原因有兩個：其中之一是，要將消息傳達給全國人民所需的成本實在太高了；另一個原因是大部分的人對於事情的態度其實是很冷漠的。人們對於聳動的口號或是情緒化的訴求可能會聽聽看。但是只要這件事與他們現有的經驗無關，

他們就會採取置身事外的態度。當然有些人可能會出於好奇或是出於對政府的尊敬，而相信這些訴求。但是，我們第一次可以感受到美國總統對民眾的號召力是在 1931 年 10 月。當時，赫伯特胡佛（Herbert Hoover）在克里夫蘭參加總統競選，數萬名群眾將他團團包圍著，令他動彈不得。胡佛的群眾魅力由此可見。

　　媒體除了具有呈現社會真實面、告知讀者訊息的功能外，也包含許多關懷社會的基金會，如基金會這類媒體內的非營利組織，利用媒體傳播的功能，匯聚大家的力量，來擴大價值。媒體內的非營利組織與外界非營利組織最大的不同在於，媒體內的非營利組織運作因有媒體金錢上的資助，所以不用擔心內部經費不足的問題，在經過基金會評估之後，可將所募得的款項全數捐出，給予個案直接的救助，一般人對於政府官員的印象都較為刻板，而政府官員對於媒體也有著既期待又怕受傷害的心理。一方面希望本身曝光率因為媒體報導而升高，但另一方面又害怕說錯話，所以導致於許多官員都以少接觸為妙，以免多說多錯。在公開與媒體運作部分是一個橋樑，也是非常重要的溝通對象，不但可以包裝企業形象，卻也能夠加以醜化。在公開的法則裡，不外乎是親切、誠懇、善意和專業。

　　在職場上不可能不和媒體打交道。要與媒體打交道的不二法門就是建立良好關係，維持彼此之間的情誼，這是最有利的方式。

第三節　公共關係的職業靈魂

　　美國公共關係的發展最重要的是在長期努力中形成幾個重要的概念。這幾個概念，形成了公關的職業靈魂。

　　此即公共關係意識是一種綜合性的職業意識，它大致由以下幾個因素組成：

一、塑造形象的意識

　　塑造形象的意識是公共關係意識的核心。公共關係思想中，最重要的是珍惜信譽、重視形象的思想。良好的企業形象，是一個企業的無形資產和無價之寶。國內外公共關係學者給公共關係下的定義有許許多多，側重點各有不同，但異中求同，絕大多數公共關係定義都強調公共關係工作的一個重要目的，即塑造組織的良好形象。但組織的形象必須是真實的，而非虛假的；組織的良好形象，必須以組織的良好行為和優質產品或服務為基礎，而非編造出來的。

　　具有塑造形象意識的人，清醒地懂得知名度和美譽度對自己組織的生存和發展的價值。

二、服務公眾的意識

　　形象是為組織的特定對象所塑造的，這些特定對象必然與組織有著某種聯繫，他們是組織的公眾。離開了公眾，孤立的組織形象是毫無意義的；忽視了公眾，組織的生存就會受到威脅。

　　任何組織的公共關係工作都必須著眼於公眾。當組織利益與

公眾利益發生衝突時，滿足公眾利益應該是第一位的。具有服務公眾意識的人，能時時處處為公眾利益著想，利用條件，創造條件，來為公眾服務，努力滿足公眾方面的要求。

三、真誠互惠的意識

真誠互惠的意識是公共關係的功利意識。否認公共關係工作的功利性，這是自欺欺人。任何組織都想塑造自己的良好形象，但這種形象的塑造，必須建立在真實、透明、真誠的基礎上，而非建立在弄虛作假的基礎上；任何組織也都想通過公共關係工作，追求自身經濟效益和社會效益的最佳統一，這種追求，建立在彼此尊重、平等合作、互惠互利的基礎上。

四、溝通交流的意識

溝通交流的意識，實際上也可以說是一種訊息意識。組織為了塑造良好形象，更好地為公眾服務，以實現其目標，就必須構架一個訊息交流的網絡，並內外溝通掌握環境的變化，保護組織的生存，促進組織的發展。

第四節　政府公關與企業公關

在五〇年代，歐洲共同市場形成已是時勢所趨，而許多美國公司對歐洲共同市場的發展很敏銳，因此準備積極的開發。

然而美國的外交，當時受到蘇聯政策宣傳的影響，在世界上

許多地方都有不被諒解的部分。因為政治上的不利處境，美國的企業也連帶受到波及。因此，對於推動國際貿易的美國公司來說，除了本身的業務外，另一項重要的工作就是必須得到其他國家的接受與善意對待。

因此，此時國際企業的公關活動，除了有利於進行歐洲共同市場獲得利益外，也促進了國際間的相互瞭解，間接強化了美國外交政策。此時的國際公共關係演變成了雙向道的局面，其他國家在美國國內所策劃、實行的公關活動也使美國人更加瞭解國外的構想與觀點。

美國公共關係在政府方面，首先要談的是將公關當成政治工具來運用。舉例來說，極為美國人民愛戴的總統──約翰·甘迺迪，其生活中的一舉一動都與公共關係脫離不了關聯。甘迺迪巧妙運用公關，而最主要的是，他是以國家整體利益為考量，並不只是單純地想要吸引大量選票而已。在現代社會中，總統不只具有權力，同時還肩負著懇求人民同意的義務。也就是要對他的人民解釋自己的目標，並藉由各種方法來尋求支持。

甘迺迪政府是歷史上最重視且致力於公共關係的時期。為公關時代來臨的重要指標。甘迺迪總統甚至擁有「美國第一說客」的美稱。全國媒體記者不但把注意力集中在其他政治活動上，也開始習慣注意他於公關活動所投注的心力。

其次，美國聯邦政府公關及宣傳活動，已位居舉足輕重的地位。而華府中，無論是各司、局、委員會、部或是立法單位，均已設立直屬的公關人員或公關部門。他們的工作目的，是希望社會大眾能經常接收到政府的活動訊息。雖然有時各部會的所作所為，均是以政治作為出發點，卻仍然希望政府所做的各項活動和

服務能廣為人民所知。

　　在企業方面，可以說，美國的各個大型行業，都必須要有處理公共事務及公共關係的能力。「管理」不只是作出正確的商業判斷就足夠，還需要隨時準備好向相關團體解釋及辯護他們的商業決定，例如股東、供應商、消費者、員工及企業相關成員，同時也必須面對社會大眾。

　　在 1930 年代，美國鋼鐵業由於一開始無法善用公關處理，導致了許多問題。例如在調整鋼鐵價錢時，除了社會大眾不認同的眼光外，更遭到總統的憤怒攻訐。此時此舉，造成了同年 1929 年的股市大崩盤。因此在此時進行公關活動，讓社會大眾對鋼鐵工業有些許瞭解是刻不容緩的。

　　鋼鐵界以進行公關活動的方式來讓大眾瞭解，他們能讓人們知道鋼鐵工業與他們的利益息息相關。鋼鐵業者人性化、戲劇化他們的商品、工業及現代化的計畫，使人們瞭解活躍及繁榮的鋼鐵工業，為全國帶來大量的工作機會及收入，鋼鐵更為大家提供更安穩舒適的生活。鋼鐵業是美國第一的組織大型公共活動的主要產業。而鋼鐵業者藉由公共關係專家的努力，逐漸建造了資訊水壩，使人們有較多的瞭解無論是戰時還是承平時代，鋼鐵工業都對美國有卓越的貢獻。除此之外，也讓民眾知道鋼鐵工業一直致力於加強生產技術、研究開發。

　　由於他們的長期努力，獲得了民眾的好感。1962 年的調價風波平息後，民眾態度傾向於支持鋼鐵工業，而美國民眾也聽到政府的心聲，在 1963 年的調價行動中顯示與過去一年截然不同的反映。

　　經由這樣得到的經驗，當時的鋼鐵領導者已經意識到他們必

須面對永無止境的公共關係難題，他們有責任進行密集的公關活動，以有利於自己的公司及整個工業。他們認為，政府如果因為遭到誤導或基於不信任的心態而對業者採取行動，將對整體經濟造成很大的危害，因此商業界有義務以真誠的態度與政府領導者雙向溝通，討論經濟問題與解決方案。因此在公共關係政策委員會指導下，組成了美國鋼鐵院，有效實行鋼鐵業界的計畫。

又以 1940 年代的航空業為例，當時航空業與鋼鐵業面臨同樣的問題。業者所要做的決策同樣要使社會大眾瞭解才能受到支持。抓住消費大眾的信心是航空業繼續生存的關鍵。

由於當時大多數的美國人民厭倦了戰爭，渴望和平，並希望家人早日歸來。因此，在當時人民的觀念中，國防發展應該伴隨著戰爭結束而大幅縮減。由於這樣的態度，美國航空業面臨極大的困境，一方面是產業本身的生存受到威脅，另一方面則是認為國家將會削弱航空工業。航空發展日漸惡化，產業潛力不斷下滑，問題越來越嚴重。因此航空相關領導意識必須快點採取措施來保護航空業，喚起美國對此危機的重視。

因此公關諮詢委員會等相關單位開始研擬企劃，而計畫內容包括加強全國上下透過立法支持政府成立相關委員會，進行研究、設計適合的航空法規；舉辦相關公關演講；和其他組織機構合作增加國防航空實力；發行宣導影片、廣告等。同時《華盛頓郵報》也於頭版報導航空產業身處存亡關鍵，狀況岌岌可危，許多重要的報社編輯與專欄作家也紛紛為拯救航空產業辯護。

國會最後為此增列資金，用於飛機採購以及發展相關研究計畫，使航空業起死回生。在 1943 年到 1949 年航太工業協會的公關計畫，以公共利益為重，其所展開的全國性活動表現相當傑出。

第五節　公共關係與民意

　　公共關係的最大意義，在提升民意的地位；這是民主政治的基本精神。回顧歷史，當羅馬帝國覆亡，日耳曼野蠻民族征服歐洲，使民眾意見交流的民主傳統中斷，但最後古代文化終於復甦，使民意力量得以顯現，亦肇始了現代公共關係的觀念及制度。其間，文藝復興（Renaissance）及宗教改革（Reformation）更使希臘的民主傳統及羅馬的共和思想復活於現代社會。

　　這一段期間大致包括了十三個世紀之久。從西元 475 年羅馬帝國滅亡，到文藝復興發生以前，被稱為黑暗時期，因為希臘羅馬的文化被野蠻民族所鎮服後，民意的地位已微不足道。直到文藝復興開始，以迄 18 世紀的啟蒙運動，才建立了現代社會的基礎，其最大特徵便是強調個人尊嚴及民意的重要。

　　文藝復興為古希臘及羅馬的文化精神復活，而促進民意的發展。文藝復興引進民主的觀念，建立了以人為中心的人文主義，代替了黑暗時期以神為主的愚昧思想。宗教改革更推翻了中世紀教會的權威。新航道的發現使西方文明到達美洲及非洲。金屬活字印刷術的發明以及運輸及商務的發達所造成的傳播與交通的革命，更促進各方面的改變。

　　19 世紀迄今近二百年期間，所稱現代社會者，一方面固由於政治、經濟，和社會各方面續有激烈的改變；科技的不斷突破直接間接促進這些改變，而形成人類社會關係空前未有的緊張與衝突，甚至演變成世界性的戰爭；一方面亦由於各種轉變突顯了大家在社會中的主導地位，使傳播與民意的力量無比的膨脹，竟足

以影響人類社會的禍福安危。

　　從社會環境看，許多巨大的改變造成人類在心靈上、在生活上無所依寄，亦使個人與個人的關係，團體與團體的關係，乃至國家與國家的關係趨於緊張。

　　譬如人口的迅速增加便已構成人類社會未來的隱憂。雖然西方國家不斷推行節育，人口已出現了負成長，但發展中的國家，尤其是亞洲大陸和非洲，由於缺少有效的控制，或視人力為經濟生產的動力，仍見人口的激增。

　　譬如都市化的普遍改變了大眾的生活型態，農村人口大量外流，農業生產衰退；都市人口則密集增長，流動量增加，生活趨於集體化。農村社會雞犬相聞，守望相助的敦親睦族觀念，今日已不復存，緊張、單調、而劃一的生活節奏，使人與人間關係冷漠，缺少關切。

　　譬如教育設施之不足及教學關係的疏遠，也是現代社會一大危機。大量的新生人口需要教育機會，但教育設施和教師人數皆不能比例擴充，甚至教學方法及教學內容亦難充分適應其需求。因此，世界上許多國家皆發生教育不足的現象。

　　更重要的，19 世紀繼承了 17 世紀和 18 世紀政治民主化與經濟自由化的發展趨勢，已出現了以大眾利益為取向的大眾社會。每一個人皆關心自己的權利與福祉。尤其 20 世紀開始迄今，歷經兩次世界大戰，使人類的社會關係受到激烈的震撼，舊的社會秩序幾已瓦解，新的社會秩序不能建立。

　　在現代社會的危機中，傳播與民意成為改變的最大力量。儘管自古代社會早已存在著透過各種途徑，傳播消息，凝聚民意的活動，但 20 世紀的大眾傳播影響甚至左右大眾態度的效果，可

　　稱難以想像。而民意的力量更直接支配現代的民主政治，亦影響經濟生活與社會價值。因此，在急劇變化的社會中，無論個人、團體，或國際，無不重視透過資訊的傳播，以求獲聞於公眾；更希望主導民意，爭取公眾的支持。因此，一種新的管理哲學，新的專業智能便應運而生，此即現代公共關係。

　　美國公共關係發展過程中之新聞代理人（press agent）在1930年代經濟大恐慌時期，已逐漸轉化為一種專業性之公共關係人，或稱公共關係顧問。

　　公共關係顧問之層次與工作性質與新聞代理人不同。伯尼斯（Bemays）於1927年即撰文指出：「公共關係顧問指導、忠告，並監督其委託人影響或引起其公眾注意之各種活動。公共關係顧問對公眾詮釋其委託人，亦向委託人詮釋其公眾。」

　　伯尼斯對公共關係顧問之功能有下述之界定。

　　一、界定或協助界定委託人之社會目標。

　　二、在上述目標與委託人賴以存在之各項社會因素中，尋出其關係失調之處。類此失調情形或係僅由錯誤之資訊、忽視、漠然，在公眾心上所造成之扭曲，或由委託人不妥之行動所致。

　　三、試求調整委託人對社會之政策或行動，俾消除上述關係失調情形。

　　四、向委託人建言，如何使其新的政策或行動透過為公眾所瞭解之途徑或方式推出；如果原有之政策或行動必須維持不變又應如何推出。

　　伯尼斯之說明已強調公共關係顧問在推行現代公共關係工作中之諮詢角色。目前，美國執行公共關係專業之公共關係顧問公司，為數甚眾，且有日趨專門化之趨勢，其運作除諮詢外，尚可

接受委託負責公共關係計畫之執行，或配合委託單位之公共關係
部門共同推動。

　　社會上任何存在的事物，必基於大眾的需要；或確認為大眾
所需要。但不可否認的，許多文明的成就，必賴長期的知識累
積，和思想的激盪。群居是人類社會的基本需要，更肯定了現代
許多事物的價值。因此，卻深入瞭解現代公共關係的重要性及其
未來發展的趨向，不僅要追溯文化背景，更要瞻往知來。以發展
出一條新的軌跡來。

第六節　美國公關業的文化及優勢

　　美國是世界上工業最發達、市場經濟最繁榮的國家。美國的
公共關係具有悠久的歷史，近年更取得長足的進步，創造的產值
遙居世界之首。美國的企業公關的機構規模不大，辦事效率卻極
高，對樹立良好企業形象，密切企業與用戶乃至社會各界公眾的
聯繫，促進產品銷售，增進企業整體經濟效益和社會效益，發揮
著不容低估的重要作用。在美國工商企業界，開展公共關係活
動，已成為一條重要的促銷途徑，並取得不少成功經驗。

　　美國廠商一般以下列方式利用公共關係開拓市場、促進銷售
的：

一、設置目標並開列專案

　　廠商們經常自己發問：應設置什麼樣的公關機構，用何種方

式促進銷售？這個開拓市場、爭取用戶的目標是通過公關解決，還是採用其他手段更為有效？要回答上述問題，就必須全面考察公司業務和市場狀況，預先估計各種可供選擇手段的效果，並判斷採取何種公關技術最為行之有效。

一旦確立了利用公關樹立企業形象、擴大商品銷售的目標，重要的工作便是：將整體目標開列為若干具體專案，排好時間表，並作出開支預算。因為僅在口頭上說說是容易的，什麼時間、在什麼地點、由何人去開展何種具體公關活動，卻是另一碼事。只有列出「清單」，才能避免流於空談，或者盲目開銷，以使「好鋼用在刀刃上」，保證將要實施專案和計畫促銷活動的周密性和可行性。

二、與其他市場策略相融合

為了更好地促進產品銷售，擴大市場占有率，公共關係活動不是孤立進行的，而是與其他市場交往因素匯為一體。美國著名公共關係專家弗萊德‧桑伯魯著文談到，通常在下述五種情形，可考慮實行這樣的融合：

商標要求真實可信。一個令人信服的事實是：幾乎所有資訊都將從高可信度中獲得。公關活動花銷甚微、針對性強，在提高廣告可信度方面尤為有效。

資訊本身是複雜的。公關活動不同於一則預先製作的廣告，它不受嚴格的時空限制和編輯形式約束，從而更便於廠商表達完整的、或相對完整的商品或服務資訊。

雜亂無章的銷售資訊已被發出。應當強調的是，公關活動與商品資訊發布會、展銷、廣告等促銷手段的結合。廠商提供了一

種理順這種糟糕狀況、度過難關的好途徑。報告人本身是發送資訊的關鍵。訓練有素、技藝超群的公關或營銷人員，通過對公眾或者用戶所作的宣傳，能使人們樂於接受，並且確信他所發布的商品功能、價格和銷售服務等資訊。

廣告本身具有新聞價值。在市場經濟高度發達的現代社會，廣告已成為大眾文化的組成部分，並經常融合於新聞之中，而公關活動恰好有助於這種做法，有時甚至可以實現廣告或其他花費更大的促銷手段不能實現的市場開拓。

三、委託 AMSC 代理與依靠內部相結合

不論是依靠內部人員的力量，還是申辦公關或廣告諮詢，即委託 AMSC 代理服務，廠商的目的在於實現內外促銷效果的相輔相成，以達到公關促銷活動高效性和經濟性的一致。而這種綜合應用的技術有賴於廠家最高決策者的謀略，富有創見性的主題及有關的資訊資料。

美國工商企業追求個性，沒有哪兩家公司運用完全相同的公關促銷策略。當企業自身缺經驗，或者時間緊迫、且需較高專業公關能力時，廠商一般是到 AMSC 這種專門的顧問機構請求諮詢服務，或者聘用代理人，在其他情形，則放手使用公司雇員，且在實踐中予以考察和培養。

四、關注競爭對手並與之合作

美國 AMSC 公關專家和市場學家一致認為：向同行取經，並且身體力行，總會受益。聰明的廠商總是洞察別的公司如何利用公共關係促進銷售。譬如怎樣設置公關機構，配備人員；如何協

調公關人員與市場營銷人員之間的業務關係，以期共同開拓市場和擴大用戶，並借鏡其成功之處。

在公關實務和其他銷售業務中，大多數美國廠商情願與同行妥協甚至合作，以求利益分享，而儘量避免引發激烈矛盾或者衝突，造成兩敗俱傷。對兩家公司同時有利的公關時機，可能成為某種良好的轉機。例如將本公司的產品或服務公諸於世，對另家相關公司的產品和服務同樣會產生「曝光」作用，為拓展雙方交叉、重疊的市場，聰明廠商將充分估價對合作有益的公關專案的潛力。

五、評價公關效果且持續努力

現代公共關係學將公關實力分為調查、策劃、實施、評估四個相關步驟，並強調評估的重要性，美國AMSC企業公關專家更進一步指出：如果財力許可，應盡力設法建立公關專案的效果度量，尤其是促銷效果度量，即使財力有限，也不要省去評估環節。否則可能降低了一個不同凡響的公關專案的可信度。要作出客觀準確、合乎邏輯的效果評估，必須以市場狀況及公眾印象的改善為尺度，而這又建立在廣泛蒐集公眾（首先是用戶）反饋資訊的基礎之上。

開展公關活動並促銷成功的美國工商企業，從大量實踐活動中認識到：公共關係活動不同於一般的生產和銷售工作，它的效果很難在短期呈現。美國AMSC公關專家告誡說，開展一兩次公關活動而未見明顯成效，譬如銷售額未有顯著上升，便認為公關實踐對促銷無效，從而棄之不用，實在是患了「近視症」。廠家應克服急功近利心理和短期行為。

　　公共關係促銷的根本秘訣，正在於向著既定目標持續不懈的努力。公眾初次聽到某個消息，可能並不立即作出反應，但反覆收到公關活動發出的同一商品和服務資訊，對企業和產品有了信譽，便不知不覺加入到用戶的行列中來。這裡，需要的是「春風化雨」的耐心和高超過人的技巧。

　　美國 AMSC 有著專業的公共關係經驗，與美國其他的公共關係服務機構也有著良好的公共關係，向會員及客戶提供最優質的公共關係服務。

第七節　廣告與公關業的專業規範

　　1990 年美國的「偉達」（Hill and Knowlton）公關公司接受羅馬天主教的委託，進行反墮胎的媒體宣傳運動，在公司內部與社會引起軒然大波。羅馬天主教的公關目標是在三到五年之內，以三百萬到五百萬美元的預算，說服社會大眾（包括教徒與非教徒）反對婦女墮胎行為。

　　爭論的焦點之一，在於羅馬天主教利用公眾的捐獻與政府的免稅優惠進行爭議性議題的遊說是否允當。當時的美國公關協會主席 Jerry Dlaton 為羅馬天主教提出辯護，引用美國憲法第一修正案，認為主教們所進行的遊說屬於言論自由的範疇，理應受到保護。然而，同為天主教系統的芝加哥羅耀拉大學（Loyola University）心理系教授 Eugene Kennedy 卻很痛心地指出，這些宗教領袖選擇了一個「非常具有操控性且不道德到近乎麻木不仁」的

策略。

　　最感尷尬的是美國偉達公關公司的員工。雖然老闆屢次在媒體為其客戶的立場辯護，但是卻有 160 名員工簽署陳情書，抗議老闆置員工價值觀（有多位公關業務執行明白支持婦女墮胎權）與客戶利益相衝突於不顧。此時，社會輿論開始批評公關人員是「騎牆派」、「兩面人」，接受什麼樣的個案委託就會採取什麼政治立場，公關人員的形象至此面臨重大考驗。

　　當我們重新思考廣告與公關公司在意識型態與客戶屬性的兩難時，不免會碰觸到敏感的道德問題。所謂「道德」，指的是個人判別是非、公平、正義的價值體系。在特定的情境之下，個人與他人的互動過程中往往會有道德問題浮現，這是因為個人的行為並不單靠自由意志為之，而是依循一定的規範而行。對於廣告與公關人員來說，與不同公眾溝通的過程中，也應當有一套專業規範（professional codes）可供依循。這套規範可以建立廣告與公關人的專業形象，並提升廣告與公關業的社會地位。

　　另一個較受關注的案例是：「吸菸鏡頭電影」是否列入限制級？這項議題促使美參議院舉行聽證會討論，美國參議院於 2004 年 5 月就限制好萊塢電影中出現吸菸鏡頭的議題舉行了聽證會，眾多參議員和美國電影人的代表、美國電影協會（MPAA）主席傑克‧瓦倫蒂就這個問題展開了激烈的辯論。一項研究顯示，青少年看到電影中的吸菸鏡頭後會大大增加吸菸的可能性。這項研究激發了把吸菸設為電影分級中的限制級的提案，兩黨的參議員都說好萊塢應當對此事負起更大的責任。他們敦促瓦倫蒂把香菸列為限制項目，通過分級系統警告父母不要讓孩子們看有吸菸鏡頭的電影，並最終減少電影中這類鏡頭的出現。在會上，包括馬

里蘭州司法部長在內的反吸菸活動家長們說，他們希望出現吸菸鏡頭的電影都被劃成 "R" 級（17 歲以下觀眾要求有父母或成人陪客觀看）。一個立法者質問瓦倫蒂為什麼粗口、性內容和暴力可以作為電影分級的標準，而吸菸就不能被加入分級標準中以提醒父母注意？他們之中的多數表示不太願意通過法律對好萊塢強迫採取行動，希望通過美國電影協會分級這種自律行為達到限制吸菸鏡頭的目的，但參議員辛・隆・維登威脅說，如果好萊塢不自己採取行動的話，他們會通過國家機器解決此事。而瓦倫蒂引用了美國憲法第一修正案中關於藝術自由的條款：「我不認為導演應當受到政府任何形式的干預，我要告訴你，我認為導演講述故事是他的權利。」他堅決不同意對自己於 1968 年主持確定的電影分級制做任何改變。瓦倫蒂說，分級系統限制的內容就是美國電影協會通過調察所知的父母最關心的事情，他還說，如果吸菸被列入限制內容，那麼環保主義者、動物權益保護主義者和其他團體也會對分級制度發難：「我要確保分級制度不會被另外一幫像反吸菸主義者一樣對自己的觀念充滿熱情的人所干涉。」另外，還有參議員要求瓦倫蒂在電影開演前放映公益廣告，而瓦倫蒂回答說，這是影院的事，不是影人的事，而參議員則說，只要瓦倫蒂出面施壓，情況就會有所改變。

　　2006 年 3 月 17 日上映的這部電影「吸菸銘謝惠顧」則是把這件事活脫脫搬上大螢幕，除了吸菸問題，更是道出了公關業倫理與自身道德意識的衝突。

　　一般而言，廣告與公關人員會在四個領域遇到與倫理規範相牴觸的難題：

一、客戶（或廣告公司）利益與公共利益相衝突：

最明顯的例子就是幫菸酒商執行公關工作。由於菸酒商在刊播廣告方面受到政府單位的重重限制，因此在非廣告的促銷預算上投資甚多，包含了公關活動規劃。不過，由於菸酒產品對人體健康具有負面影響，立法單位對於這些產品的限制也越來越嚴苛，社會公益團體對於菸酒商的監督與反制行為也越來越積極，因此許多承接菸酒商客戶的公關人員面臨了道德上的難題：如何在利潤與公共利益中尋找平衡點？

二、客戶（或企業組織）對於廣告或公關人員的要求有違倫理規範：

由於對公關運作的認識不清，客戶有時會向廣告或公關人員做不合理的要求，例如撰寫誇大不實的參考新聞稿誤導讀者，或是要求以金錢利益酬賞媒體記者等。

三、廣告或公關人員違反既定的專業規範：

創立於 1948 年的美國公關協會，早於 1950 年便制訂了公共關係專業規範，其中雖有修正，重要條文經歷社會變遷，仍然保持其原則上的一致性。

四、廣告或公關工作性質違背了個人價值觀：

隨著傳播工作的多元化，廣告與公關人員所接觸的議題具有爭議性時，即使意見或立場與雇主相左，也必須執行客戶請託的業務。上述的羅馬天主教委託公關公司對立法單位與社會大眾進行反墮胎宣導活動就是一例。簡而言之，當廣告或公關工作違背

了個人政治立場或價值觀時，道德問題也隨之而來。

第八節　網路公關

近年來網際網路的風行，已經對企業傳統公關活動的執行方式，產生極大的衝擊。透過網路公關的應用，企業對外可以建立外在形象，並可與消費者進行雙向溝通；而對內則可作為宣導企業精神、目標、文化與各部門間的溝通管道。由於網際網路具備有高效率、即時傳播與低成本等種種優點。因此，未來企業利用網路來設計公益活動、線上服務、危機處理等許多公關事宜，是一必然的趨勢。

近年來，在資訊教育推廣及資訊產品的快速發展影響下，網際網路已成為 21 世紀現代人最常使用的新型態傳播工具之一。而企業更紛紛在網路上建立首頁、架構網址及資料庫，使大眾可以隨時上網與企業進行雙向互動溝通。因此，網際網路將可成為公關人員製作公關活動的新媒體利器。

美國的公關公司，直到 1990 年代早期才考量網際網路在公關應用的潛力。對於公關活動專業人士而言，網路公關相關應用為電子郵件，World Wide Web，Usnet，Listserv，Gopher，與 Telnet（Bobbit, 1995）。

網路在公關活動的應用又稱為「網路公關」（Net Relations）。「網路公關」乃為一種即時傳播方式，對利用網路在企業形象建立，以及可到達全球地域的觀眾的功能（functionality）

（Spataro, 1998）。根據「美國公關協會」（Public Relations Society of America）的一項調查指出，目前幾乎 100%的公關公司都已應用網際網路來進行公關活動（Anonymous, 1999）。

國外《公關雜誌》（1996 年 10 月號），曾對美國公關人員對網路看法加以分析發現，這些公關人員認為將來 85%的記者會場地與新聞來源（如發稿單位），都將透過網際網路傳給新聞媒體。由以上趨勢看來，網際網路將主席未來公關活動的進行。因此，學習線上公關的觀念與實務，對公關人員來講是勢在必行（引自林俊毅，1996）。

由於近年來各國政府及媒體對資訊高速公路的大力推動，通訊成本大幅降低，高速數據機的普及，和企業網路服務供應商的增加，使得網際網路快速成長。對各企業來說，網際網路無疑是一項低成本、高效率的推廣工具。

對負責公司形象包裝及內部溝通的公關部門來說，網際網路是公司對外建立形象、與消費者溝通的最新工具，對內則是宣導企業精神、目標、文化與各部門間的溝通管道之一。除此之外，再加上網路所具有的高效率、低成本的種種優點，因此，在未來企業設計公益活動網頁、線上服務、危機處理等許多公關事宜，乃是一必然的趨勢。

傳播科技的迅速發展，已經改變了許多媒介使用者的工作、娛樂、購物等等生活型態，也深深的改變公關、行銷的本質。以當今最熱門的網際網路為例。網際網路已經追隨報紙、雜誌、廣播、電視四大媒體，穩坐第五大媒體候選人寶座。由於全球資訊網具備傳送文字、聲音、動畫和影像的多媒體功能，較以往網路的文字介面，在表現的豐富性要傑出許多，使它成為傳播行銷印

刷品的新樂園。

就以網路公關來說，目前有許多公司企業會提供「首頁」，其中包括了公司的商標、座右銘、精神標的應用和公司資訊、產品訊息以及新聞等。可以說是企業宣傳刊物的電子數位出版，目的無外是宣揚公司形象。

Miller（1995）指出，網路傳播的主要目標如下：所傳遞訊息對員工與顧客而言具有商業價值，滿足他們的需求、增強與員工或顧客之間溝通的效率。然而，既然採取網路傳播的方式，決策階層就必須確保核准訊息發布的效率與電子傳播的效率是一樣的。在構築電子傳播資料庫時，決策階層必須決定資料庫的規模，包括內容、更新的頻次、設定的目標對象等等。Miller 從電子郵件與全球資訊網路兩種不同的傳播方式出發，討論企業如何運用網路傳播進行組織對內與對外的互動（引自孫秀蕙，1997）。

國際公關組織，較著名之組織包含：

1. IPRA（International Public Relation Association）：總部位於英國倫敦。
2. PRSA（Public Relation Society of America）：位於美國，下轄 PRSSA，每年固定舉行年會。
3. IABC（International Association of Business Communicators）：國際商業傳播組織，亦位於美國。
4. 中國公關協會、公關基金會：皆位於台灣。
5. 中國國際公關（CIPRA）、中國公關協會（CPRA）：皆位於大陸。

第 7 章　美國雜誌事業的發展

　　雜誌（magazine）這個字源起於阿拉伯字 Makhhazin，原義是指倉庫，或儲藏室。近代第一本以「雜誌」之名出版的刊物，源起於西元 1731 年，英國人凱夫（Edward Cave）所發行的《紳士雜誌》（*Gentleman's Magazine*），內容包括藝文、科學和新聞等資料。而現代雜誌真正起步是在 19 世紀末期，而目前部分超過百年歷史的雜誌，大多為當時所創辦。

　　美國雜誌的起源要上溯至英國殖民時代，當時在英國本土的第一批英語雜誌是創立於 18 世紀早期的倫敦，當時的出版商常跨足報紙與雜誌兩大領域，其內容「並沒有太大的差別，只是形式上的不同」。第一份與報紙有所區別的刊物是丹尼‧狄福在 1704 年所創的《評論》，他在單純的新聞報導外加上了新聞特寫，開啟了雜誌的新形式。

　　美國雜誌被稱為貴族媒體，它的發展與報刊的命運密切相關。美國雜誌經過早期的初創時期、發達時期、現代化時期、互相競爭時期和兩次世界大戰時期後，原本深受歡迎的大眾化雜誌受到廣播、電視等媒體的嚴重挑戰，大眾綜合性雜誌逐漸衰落，大批專業性雜誌紛紛出現。

第一節　美國雜誌發展的四個時期

一、初創時期（1741 至 1865 年）

美國的第一家雜誌是在 1741 年由布雷福（Andrew Bradford）所創辦的《美洲雜誌》（American Magazine），但是壽命很短，僅出三期。之後陸續又有富蘭克林所創辦的《一般雜誌》，內容上以所有殖民地為對象，企圖將重要消息作最廣泛的傳布，但也僅出六期便宣告停刊，而後來出刊的雜誌也很快的停刊，這似乎是雜誌當時共同的現象，其原因就是當時沒有廣告收入，絕大多數的收入是來自銷售，但是在成本高於售價的現實情況下，當時的雜誌自然無法維持長久。這些美國雜誌內容主要是摘錄自一些流行的書籍和小冊子，而且往往是以有關宗教、哲學、自然科學為主題，這是因為早期在美國革命期間雜誌發揮了刺激殖民地民眾的團結和獨立戰爭的堅持，又因為由於此時期包括運輸、制度等種種條件的不良，使得雜誌發展受到限制。

美國獨立革命成功以後，在雜誌出版方面開始有了一些變化，至 19 世紀時，雜誌已變成一種可以長期發行並且營利的媒體。其中最著名的是《星期六晚郵報》，從 1821 年發刊後一直延續到 1969 年。另外，在數量上也有明顯增加。據統計，美國在 1825 年出版的雜誌有一百多種，而到 1850 年後，增加到六百多種。一般來說，19 世紀初期的美國雜誌仍屬初創時期，此時以大眾為對象的一般性雜誌已出現，而當中的四〇年代到五〇年代則是美國本土文學的最大發展時期。

二、發達時期（1865 至 1914 年）

到了 1865 年南北戰爭結束時，美國憲法通過的義務教育使得人民擁有當時最高的識字率，加上鐵路運輸的發展間接促進出版物的流通，這種種因素使得美國雜誌正式邁入大眾化時代。估計 1865 年戰爭結束時，美國雜誌有七百多家，1885 年增為 3,300 家，1895 年增為 5,100 家，1900 年增為 5,500 家，1905 年增為 6,000 家，1950 年則超過 7,000 家，如此快速的發展可謂是美國雜誌的蓬勃發展時期。

除了市場量的增加以外，雜誌本身也有變化，當時一批以小說或小說類文章為特色的綜合性雜誌紛紛出現，以售價低和高發行量的姿態成為一般民眾可閱讀的雜誌，立下全國性雜誌的模型。其中又以《科里爾雜誌》、《世界主義者》和《麥克魯爾雜誌》最著名。《麥克魯爾雜誌》是郵報業鉅子麥克魯爾所創，這是美國第一本大量發行的廉價雜誌，當時的雜誌界掀起一股揭發醜聞的社會運動，也就是所謂的「扒糞運動」。而《麥克魯爾雜誌》便是當時最有力的推動者。

三、現代化時期（1914 至 1945 年）

第一次世界大戰爆發時，民眾開始將注意力轉移到歐洲戰場，相對的「扒糞運動」的風潮也逐漸消失。而戰後雜誌界在發展上也起了些變化，很多高級雜誌像：時事雜誌、幽默雜誌……等相繼停刊，其中以《北美評論》及《生活雜誌》兩家最受歡迎，也在二次大戰前停刊，除此之外其他類別的雜誌也有不少被停刊或合併。

導致這些雜誌被停刊的最主要原因是因為編輯方針無法隨時

宜變，大眾的興趣本來就是變化多端的，只要經過一段時間就會有改變。編輯如果不能順應民意有所改變，隨時有被淘汰出局的可能。當時新發行人推出新型態雜誌或以新原則、新方式處理既存之型態，加上小資本的試驗，一旦成功便能使老的大型雜誌停刊。

　　眾多的新興雜誌中，有一種具「信仰使命」的雜誌，以宣傳某種信念為目的，當中，以萊華士（De Witt Wallace）的《讀者文摘》在 1922 年創刊，以宣揚樂觀、生活儉約，以及對美國進步有信心的信念。這可說是一種文化與商業結合的雜誌。二為魯斯（Henry R. Luce）在 1923 年所創的《時代》雜誌，是一種將新聞精編並提供新聞背景加以分析的雜誌，一反客觀性報導的傳統，成為三〇年代流行的分析報導的先驅。宣傳美國時代的來臨，且照片是最好的傳播教育。三為羅斯（Harold Ross）在 1925 年所創的《紐約》，以宣揚完美為主旨，是現代幽默諷刺性雜誌始祖。四為麥克菲登（Bernarr Macfadden）以強調事實及坦白為信念的雜誌，也藉此發起健康生活的運動。

四、高度競爭時期（1945 年至？）

　　二次大戰爆發後，美國雜誌界開始進入高度競爭時期，有許多雜誌興起，也有許多雜誌停刊，像《柯里爾氏》和《婦女家庭良友》在停刊之際還有四百多萬的銷售量，但還是逃不了停刊的命運，可見競爭激烈的程度。

　　從 1950 年到 1980 年代的 30 年間，美國成年人口的成長率為 55%。同時期加盟 ABC（報紙雜誌發行量稽核局）的一般雜誌，其銷售份數也從 1 億 5,150 萬遽增為 2 億 9,060 萬份，創下

92%的驚人高成長量。簡言之,雜誌以成年人口成長率近兩倍的速度普及化,對消費者之影響也越來越大,並成為顯著的市場。不過至 1960 年起的 20 年間,由於電視的普及也威脅到雜誌在全國性廣告上的優勢,更對雜誌業造成衝擊。

1960 年代末期,隨著大量發行的一般性雜誌逐漸凋零,雜誌的型態又開始轉變。由綜合性轉向專門性,以服務不同興趣的讀者。

第二節　美國雜誌勃興的原因

美國雜誌事業的發展,在世界各國無出其右。其主要原因,約如下述:

一、經濟因素

經濟因素無疑是雜誌發展的主要動力。財富增加、交通繁榮、工商業結構的改進、政府租稅政策的進步等,皆直接或間接的刺激了雜誌的銷售及發展。美國的經濟發展可以 1861 年爆發的內戰作為分野。內戰後,美國的文化發展得到較為確定的方向,估計自 1850 年至 1910 年的將近六十年間,美國的製造廠增加了 39 倍多的資本,工人增加 7 倍,產品增值更是達到 19 倍之多。根據「幸福」雜誌在 1900 年做的市場結構調查報告,表示「美國已經成為單一階級的市場,就是富有的中產階級」。由此可見,雜誌已非奢侈品,自然大大提升了雜誌業的發展。

二、教育及文化因素

在大眾傳播行業中，廣播及電視的對象，較無知識水準的侷限。然雜誌卻會因內容的不同，而在知識水準方面有所限制，有著一定的教育程度。據拉則非爾（Paul Lazarsfeld）及肯達爾（Patricia Kendall）所做的研究顯示，68%受過大學教育的人口經常閱讀雜誌，而以此比較廣播的聽眾，每晚收聽三小時或以上的聽眾，受過大學教育的人口約占 21%。由此可見讀者的教育程度與雜誌讀者之間，有著高度密切的關聯。教育的發達促使識字率增加，自然也提高了閱讀雜誌的人口，因此雜誌的發展與人們的教育水準，是有很大的相關。

三、政治及社會因素

休閒時間的增加，政治及社會地位的提高，及社會道德習慣的改變，皆促進了雜誌事業的存在。由於南北戰爭的教訓，造成區域敵視及誤解，因此亟需一種傳播方式，使人們快速瞭解事實及釐清觀念。為使這樣的傳播發展，國會於 1879 年 3 月 3 日通過了「凡是以傳播具大眾利益的消息，或致力於科學、文學、藝術或某一特殊企業」的雜誌，可享有第二類費率之優待。此法案的重要性，使得部分人將 1879 年作為美國雜誌的誕生年，此一說法促進了雜誌發展及利益，因此實不為過。

由於交通進步，每週工作時間縮短，人們的休閒時間也增加，使得更有時間閱讀雜誌。廉價電力的遍布，使家庭照明極為方便，也增加了閱讀時間。交通發達帶來的結果，如《讀者文摘》的讀者，也因為都市化而大為提高，由此可見都市化與現代化的並行發展。今時美國社會的發展還有幾個因素，有利於雜誌

發展。

　　㈠隨著社會的複雜化，職業分工更細，無論是管理階層或技術階級，均被進一步加以區隔，形成各行各業之次級行業；為滿足這些次級行業，需要專業的雜誌。

　　㈡隨著社會包容度的提升，出現了新型態嗜好與享受自由樂趣的階層。

　　㈢過去 20 年間由於美國高等教育普及，造成雜誌事業的蓬勃發展。1970 年代初，美國高中畢業生入大學的比率達 50%以上。1965 年到 1974 年間，取得學士學位者有 600 萬人，1974 年後的 10 年間更高達 900 萬人。由於這些年輕知識階層的出現，促成了專門雜誌的創刊。

　　㈣空閒時間的增加和財富分配的平均化，使得更多人得以參與各種休閒活動，發展自己的興趣、嗜好及從事運動等。

　　㈤女性在社會上較過去更為活躍，不論已婚、未婚，從前因經濟因素未能參與或無暇參與的休閒活動，如今參與的機會大增。

　　從雜誌經營面來看，進軍專門性雜誌的意義，意味著營運重點的轉移，亦即從依賴廣告收入轉為依靠銷售收入。經營一般性雜誌的基本手法是訂定無視於製作成本的低廉全年訂閱費用，藉以增加銷售量，再用廣告收入來彌補赤字。但這種做法因受到電視的影響及景氣衰退的現象，遲遲無法獲得改善，終於步上難以為繼的命運。

　　另一方面，專門性雜誌無論是零售價或全年訂閱，訂定超過製作成本的價位，純以「真正的讀者」為對象發行，朝著鞏固經營基礎的方向大步前行。

　　徹底堅持不靠廣告收入而靠銷售收入的是《*News Saturday Evening Post*》。原為一般性雜誌，1968 年被迫停刊，1970 年將讀者對象設定在 40 歲以上男性主管的專門性雜誌面貌重新出發，一年發行四次（現為月刊），定價高達一美元，發行量五十萬份，全部限定零售。由於這種做法是考量即使該雜誌完全沒有廣告收入，也能充分確保獲利，因此被視為新雜誌經營型態而備受矚目。

　　對美國人而言，雜誌的發展意義重大而貢獻尤多，因為美國雜誌是美國文化的重要代表。芝加哥大學前校長羅伯特・赫欽斯說：「魯斯（Henry Robinson Luce）（《時代》跟《財富》的創辦人）和他的雜誌對美國人的影響，要大於所有教育制度的總和。」美國雜誌促成政治社會改革，例如常揭發醜聞，促使國會進行調查；另一方面，全國雜誌也常常為了全國讀者討論廣泛不同的問題，予全國各地讀者一種文化上的聯繫，而培育全國統一精神。

　　美國雜誌低價格政策使美國讀者可分享雜誌內容所帶來的娛樂，使人們從單調的生活中得到調劑，而且雜誌教導讀者有關生活上之事及各種問題，完全達到雜誌應有對教育社會大眾的功能。

　　至於美國雜誌發行遍布全球，能有效的將美國的思想或政策向全世界傳達，影響國際政治尤不能忽視。例如《時代雜誌》的亨利・魯斯（Henry Robinson Luce），曾運用旗下刊物的影響力，使得小羅斯福總統（Franklin Delano Roosevelt）租借軍艦給英國，左右二次大戰的戰局。

　　美國雜誌的言論尺度既廣而深，對於世界各國的政府來看，

可謂是維護「言論自由」最佳模範，所以研究美國雜誌在美國文化中所占的地位甚具價值。從 1950 年代以來，由於電視媒體的競爭力大大增強，許多電視台推出類似雜誌的具有大眾化趣味的專欄節目，如家庭類、風尚類、休閒類、娛樂類等，有的電視台把這類節目稱為「電視雜誌類節目」。由於畫面精采，語言生動，時事性強，很受觀眾歡迎。因而，促使許多大眾綜合性雜誌的讀者轉向電視媒體。

此外，當代美國社會，由於公眾興趣的多元化，讀者進一步細分為較小的群體，大眾綜合性雜誌很難滿足各種群體的需要。民眾往往根據不同的興趣和不同專業而分化為若干群體。因此，雜誌要為諸多較小的群體服務，就得走「小眾」專業化的道路。

雜誌經濟收入一半來自廣告。而「小眾化」專業雜誌讀者群體單一，特點鮮明，廣告針對性強，費用較低，收效很大，因此較能吸引特定廣告。

雜誌讀者群來自一般大眾，由性別、年齡、社會背景、收入及職業等因素來分析，其中較著名的有：

(一)一般性雜誌

1. 皇冠雜誌（*Coronet*）：為十日刊，刊載有關娛樂、科學、宗教、社會問題、家庭生活等文章及小說，為一大眾化袖珍雜誌。

2. 烏木雜誌（*Ebony*）：月刊，內容以報導及刊載黑人有興趣之文章為主，主要以黑人為對象。

3. 萬國雜誌（*Cosmopolitan*）：月刊，綜合性雜誌，以 18 歲至 34 歲婦女為主要對象，且以職業婦女居多。

4. 讀者文摘（*Reader's Digest*）：月刊，以趣味性及引導人生

向上為主，適合各階層人士閱讀，有 14 種語言刊行，它不但反映美國生活的真相，更因國際版發行量大，而被稱為「我們所共有最大的文化傳播利器」。

5. 紅書雜誌（*Redbook*）：月刊，趣味性雜誌，內容刊載適合青少年及婦女之文章，如有關婚姻、兒童心理學、美容、服飾等。以 18 歲至 34 歲的女性為其主要對象。

6. 星期六晚郵報（*News Saturday Evenings Post*）：月刊，為歷史最悠久的雜誌，常刊載許多有關娛樂界名人、政治家、海陸軍英雄、及其他大眾矚目的人物自傳或傳記、讀者投書、短評及小說。

(二)新聞性雜誌

主要是專注於刊載美國國內外政治經濟情勢及國際性事務等的新聞性文章或報導。目前美國三大新聞性雜誌為：

1. 時代雜誌（*Time Magazine*）：週刊，使用故事題材披露各類新聞，把一切故事以新聞而非評論的方式作簡短的處理。對象為美國及外國對美國內政。

    1923 年，亨利‧魯斯（H. Luce）、布里登‧哈登（Hadden）創辦了《時代》（Times）週刊。這是第一家新聞雜誌。之後，時代出版公司又於 1930 年創辦了大型經濟月刊《財富》（Fortune），1936 年創辦了大型綜合性畫報《生活》（Life）。這三個雜誌都有世界性的影響。《時代週刊》最重要貢獻是開創了解釋性報導（interpretative reporting）這一獨特的、極其重要的方式。

2. 新聞週刊（*Newsweek*）：披露重要新聞性雜誌，內容包括內政、國際情勢、教育、商業及介紹新書等。對象為美國

及外國對美國內政、世界發展情勢有興趣之一般民眾。

《新聞週刊》創辦於 1933 年，原名為 News-Week，1937 年與《今日》（*Today*）雜誌合併，更名為 Newsweek。1961 年，該刊轉手給華盛頓郵報公司（The Washington Post Company）。銷量一直保持在 300 萬份以上。

3. 美國新聞與世界報導（U.S. New & World Report）：週刊，內容不似其他新聞性雜誌，主要是專注於美國及國際性事務，以有關政治及經濟性事務為主。對象以工商界人士、政府機關、美國及外國對美國內政、世界發展情勢有興趣之一般民眾。

《美國新聞與世界報導》是由《美國新聞》（U.S. News，創辦於 1933 年）、《世界報導》（World Report，創辦於 1946 年）和《美國週刊》（U.S. Weekly，創辦於 1926 年），三刊合一而成。該刊內容注重政治、經濟與軍事，與《時代週刊》和《新聞週刊》相比，風格較為保守，銷量也低一些，1997 年為 230 萬份。

㈢高級知識份子雜誌

1. 大西洋雜誌（*The Atlantic*）：主要以高級知識份子為其對象。

2. 哈潑雜誌（*Harpers Magazine*）：月刊，大眾綜合性雜誌，對象也是以高知識份子為主。

3. 紐約客（*New Yorker*）：週刊，偏重刊載對國家、地方及國際事務之評論文章，以高知識份子為主要對象。

4. 星期六評論雜誌（Saturday Review）；週刊，刊載書評及文學界知名作家們之文章，也是以高級知識份子為主要對

象。

(四)特殊興趣與專門性雜誌

特殊雜誌內容專為某些人服務，如家庭服務的《好樂園雜誌》月刊，幫助讀者做好家庭管理，如改造居家、裝置掛圖、烹飪、園藝等。就專門性雜誌而言，如《大眾機械雜誌》（*Popular Mechanics Magazine*）：月刊，內容偏重兩點，一是有關科學及技術的新聞及一般性文章；二是有關機械學之文章。

(五)純消遣性雜誌

提供娛樂為此雜誌的主要目的。如《花花公子》雖以性為主題，但仍不缺乏好文章；又如《秘聞》專門揭發隱私，以滿足讀者窺秘的本能慾望。

(六)大眾化雜誌

《生活雜誌》用相片、圖片來說故事，印刷華麗、內容精采，曾受大學生歡迎。可惜成本太高、廣告太少，最終於 1972 年 12 月 29 日停刊。《星期六晚郵報》初時強調幽默，風行一時，後來也是因發行量過高，廣告幾乎為電視奪走，且亦不能配合時代潮流走向專業，因此遭受淘汰。

(七)宗教雜誌

就宗教雜誌而言，如《天主教文摘》（*Catholic Digest*）為月刊，從書籍、雜誌、報紙摘錄有關討論天主教之文章。對象以一般教友為主。另外《基督教前鋒雜誌》（*Christian Herald*）、《猶太國民月刊雜誌》（*The national Jewish Monthly*）也屬同一性質刊物。

(八)體育雜誌（Sport Magazines）

體育雜誌是休閒類雜誌中的佼佼者。美國人熱愛體育運動，

體育雜誌是人們愛讀的刊物。體育雜誌有大眾性的，如《體育畫刊》（Sport Illustrated），《體育世界》（*Inside Sports*）。但專業性體育雜誌占大部分，如《划船》（*Boating*）、《飛行》（*Fiying*）、《滑雪》（*Skiing*）、《墙球》（*Racquetball*）、《背包旅行者》（*Backpacker*）。近些年健美雜誌頗受民眾青睞。

(九)肥皂劇雜誌（Soap Opera Digest）

肥皂劇是美國家庭婦女不可或缺的消閒文化。隨著肥皂劇流行面的擴展和觀眾的增多，肥皂劇閒談雜誌種類和發行量也不斷增加。影響較大的有《肥皂劇摘要》（Soap Opera Digest），《肥皂劇週刊》（Soap Opera Weekly）和《最新肥皂劇介紹》（Soap Opera Update）。這些雜誌通常在食品雜貨店收款台處銷售。

(十)女士雜誌（Women's Magazines）

女士雜誌可以說是美國專業化雜誌中做得最大的、也是最為成功的一種。據美國報業自由婦女學院的一份調查報告的統計，1998 年登記女士雜誌達 331 種。19 世紀末，第一個銷量突破 100 萬份的雜誌是《婦女家庭雜誌》（*Ladies' Home Journal*）。該雜誌至今不衰，1999 年發行量為 450 萬份。

(圡)男士雜誌（Men's Magazines）

在美國，男性雜誌的地位相較於女性雜誌可謂大大遜色。男士雜誌有相當數量是性雜誌或體育雜誌，還有很多男士雜誌是有關戶外活動、冒險活動和服飾風尚的內容。在諸多男性雜誌中，性雜誌是一個爭議頗多的話題，但自 1950 年代以來，社會已持越來越寬容的態度。

(圭)青年雜誌（Young's Magazines）

美國有些青年雜誌，如《男孩的生活》（Boy's Life）、《17

歲》（Seventeen），已有較長的歷史。這些年來，隨著美國青少年成熟年齡的提前，有時不免走入誤區；於是針對這一群體的雜誌也就應運而生。

㈢色情雜誌（Erotica Magazines）

　　20 世紀五〇年代，美國人的性觀念開始放鬆，六〇年代出現性解放運動。一批色情雜誌就是在這種時代背景下創辦的。影響最大的是《花花公子》（Playboy）。在美國，《花花公子》並不是最黃色的雜誌，但它卻是最有名氣的雜誌。八〇年代後期，反淫穢文化勢力上升，色情雜誌銷量有所下降。1986 年「米斯處理淫穢問題委員會」（The Mesa Commission on Pornography）在一份報告中強烈譴責這類色情雜誌。在該協會的強硬要求下，不少商店停止出售這類雜誌。然而，色情雜誌依舊流行。

㈣幽默雜誌（Humor Magazines）

　　美國人欣賞幽默，喜愛幽默刊物。19 世紀 70 年代美國出現了兩家幽默雜誌：《普克精》（Puck）、《漫畫週刊》（Comic Weekly），一直延續至今。這類雜誌特色是恐怖、犯罪、色情和暴力，因而受到社會各界的譴責。這些雜誌主要是面向青少年，但成年人讀者也有不少。美國滑稽連環畫雜誌約有 200 多種，總發行量超過 3,000 萬。

第三節　兩種代表性的典範雜誌

　　美國雜誌的林林總總，不勝枚舉，這裡僅列舉兩種代表性的雜誌——《時代雜誌》（Time）與《讀者文摘》（Reader's Digest）作為代表。他們的創辦人和最初的職員，都是沒有雜誌經驗的年輕人，兩家公司成本也都很小，但它們的刊物刊登簡短、精練的文章都非常成功，在六〇年代都成為世界最大的雜誌公司，這有如奇蹟，卻都是事實。

一、亨利・魯斯（Henry Robinson Luce）與《時代雜誌》（*Time*）

　　亨利・魯斯，一個出生於中國，生長於傳教中家庭的平凡男孩，卻在未來的生命中左右著世界新聞的脈動，而《時代雜誌》

創辦「時代」雜誌的魯斯（Henry. R. Luce）

的創立更為大時代畫下一個新的里程碑。亨利・魯斯出生於 1898 年 4 月 3 日中國山東橙縣的一個傳教家庭，他的父親魯斯博士，畢業於普林斯頓大學神學院，母親則是紐約州一位律師的女兒，父母親都受過良好的教育，同時也是非常虔誠的基督徒。當年魯斯的父親在美國傳教士所創辦的橙縣學院任教，而魯斯一家人和其他當地的外國居民居住在一起，因此魯斯的童年雖然

是在中國度過，但除了和家裡的中國傭人接觸外，很少有機會與其他中國兒童相處。1913 年，魯斯的父親回到美國籌款，那時美國康州的名校哈奇克斯正好有一個獎學金，小魯斯便欣然接受，與父親回美國去就學，在當年，哈奇克斯小學幾乎百分之百都是上流社會的弟子，校規森嚴的哈奇克斯小學校長布勒美伊在學期開始，都會訓誡學生說：「本校只有一個校規，就是要做一個紳士。」

　　在這個時期，魯斯碰到一個左右他一輩子的人——海登。魯斯與海登擁有完全不同的家庭背景，兩個人都對新聞編輯有些許的經驗，但他們個性並不相同，唯一相同點是：他們都要爭取第一。

　　耶魯畢業後，魯斯及海登各自朝新聞業發展，並在巴爾的摩報再度重逢，這個重逢使他們的事業又再度的串聯在一起，於是在 1922 年辭掉工作開始了《時代雜誌》的策劃及經營。

　　在魯斯與海登努力將《時代雜誌》的大方針定出來之後，經過數個月的蒐集與努力，第一本《時代雜誌》終於在 1923 年 3 月 3 日創刊，售價為 1 角 5 分。創刊號封面用的是一個圍有方框的石版描，是奧伯霍薩（Obeholzer）的手筆，而主角是共和黨籍眾一掌堪農（Joseph Gurney Cannon），3 年之後，《時代雜誌》發行增到 11 萬份，廣告收入計為 180,300 元；到 1928 年，盈餘甚至高達 126,000 元，之後便扶搖直上，數字越是驚人。

　　在此同時，兩也也逐漸穩定了時代的方向與編輯方針：

　㈠文字簡潔有力，可讀性高

　　創辦人之一海登，對於文字嚴格把關，以簡單的語言或者相互複合的詞彙，建立所謂的時代風格，與其他雜誌互相區分。

　㈡嚴格查證事實

　　包括人名，地名，日期和其他專有名詞，他建立了一個資料庫和充實的圖書資料，嚴格查證的事實包括了歷史，名言，名人，而其「資料室」也是由原本的「年鑑、名人錄、字典、辭典、歷史教科書」的組合。

　　㈢新聞以目錄詳細的分類

　　觀察平面或電子媒體，不難發現新聞分類與封面故事都是非常普遍的現象。《時代雜誌》以新聞分類被接受之後，也使讀者更方便閱讀各種相關訊息。

　　㈣封面人物

　　《時代雜誌》對於人物的特別關注來自於其創始者的「成見」，因為魯斯與海登相信，任何新聞都必須有人的因素在內，而讀者的好奇心也通常聚集在對人物的認同與否，而這種編輯政策進一步發展，就成了封面上突顯人物肖像，象徵新聞所在的「封面人物」與「封面故事」的先例，自 1936 年起更有風雲人物選拔，本身也成為一年一度的新聞，被其他媒體爭相報導。

　　㈤集體創作

　　《時代雜誌》創作初期，其主要編寫團隊由通訊員，研究員，改寫作家，編輯，資深編輯，校對，排版相互組合而成，也是編採合一最徹底的合作方式；但在 1922 年時，駐外通訊記者直接撰稿，減輕紐約總部的改寫過程，便打破了這個傳統。

　　1929 年，海登逝世，魯斯接手編務，甚為順手，而《時代雜誌》也逐漸擴展；魯斯在 1933 年創立《財星》，1936 年設立《生活》並陸續買下《運動週刊》等雜誌。

　　隨著業務日漸擴大，魯斯創立「發行人制度」，也就是將發行人與總編輯的業務區分。使發行人對所屬單位的業務全權負

責，而總編輯則負責刊物內容和編寫實務，該刊物的內容與行銷業務的工作嚴格區分，以免影響新聞選擇或採訪獨立觀察。

除了《時代雜誌》的創辦之外，魯斯也陸續創辦及購買了《生活》（*Life*）、《體育畫報》（*Sport Illustrated*）、《財星》（*Fortune*）、《建築論壇》（*Architectual Fortum*）、《住屋與家庭》（*House & Home*），其中《生活》更擁有國際版的發行。

魯斯終其一生，都對中國問題保持著高度興趣，他曾經公開演說自己是一個對中國「情不自禁的人」，他個人極為推崇蔣介石，並在戰時捐款、邀請蔣宋美齡赴美演講，在《時代雜誌》中更對反共立場毫不隱諱，每當《時代雜誌》內容提及與中國相關的新聞，魯斯就一定要親自審閱。而在《時代雜誌》中也不難見到他對中國的「情不自禁」。

魯斯因為對於新聞自由的熱愛；因此，他出資創立了郝金斯委員會；因為對於中國的情感，讓他建立了魯斯基金會；魯斯除了被譽為一位偉大報人之外，他出資為社會奠定了自由而負責的報業基礎，更讓媒體有了自律空間。

基於對傳播媒體的深層反省，促使魯斯（Henry R. Luce）在1942 年 12 月，捐款 215,000 美元於芝加哥大學成立美國新聞自由委員會，聘請當時芝加哥大學校長郝金斯（Dr. Robert M. Hutchines）為主席。首先提出「社會責任論」。

社會責任論的主要目的在使社會的各種功能易於發揮，使媒體兼顧自由與責任，人類獲得更多的歡樂與福祉。它除了維護發表自由，更要求媒體自律為清流，善盡責任，使社會衝突「由暴亂的水準提升到討論之水準」。

何伯斯坦曾在其「媒體勢力」一書中提到：

「魯斯最大的影響力便是利用時代普及美國文化，以專欄報導方式使百萬以上受過中等教育的美國人都能夠對藝術、戲劇、宗教發生興趣。同樣的，他對報紙編輯的啟示就是擴大了新聞的定義，他在創辦時代之前新聞只是政治和犯罪，但魯斯的好奇心與博學，使他重視社會上所發生的一切現象，醫學、法律，甚至是新聞行業本身，他都認為有新聞的價值，因此他不只是一位很成功的記者和宣傳家，同時也夠資格被稱為一位教育家」。

自 2007 年起，《時代》將由原本在星期一發行，改為星期五發行，星期六遞送給訂戶，這項傳統事實上從 1923 年發行時，就已經延續。這對週刊的廣告客戶有很大吸引力，因為讀者在週五拿到雜誌後，可有一整個週末的時間細讀。但也有個缺點，由於華府習慣選在星期五下午公布具有殺傷力的政治事件，一旦碰到如此狀況，在週五出刊便無法最速報導新時事。

《時代》每年的年底都會選出該年度的風雲人物，這些人是對該年最有影響力的人、事或物。這也是《時代》八十三年以來，每年的重頭戲。曾經獲得《時代》美國版封面人物的華人知名人物有何振梁，毛澤東，鄧小平，李嘉誠，李登輝，楊振寧，張學友等。1983 年時，個人電腦就被選為「年度機器」，1999 年時，愛因斯坦則被選為「世紀風雲人物」。

二、讀者文摘（Reader's Digest）

遠在 1922 年 2 月《讀者文摘》出刊以前，華萊士（De Witt Wallace）就想要辦一份每年可以賺 5,000 塊的雜誌。華萊士生於明尼蘇達州聖保羅（ST. Paul），他的父親詹姆士華萊士（De James Wallace）係一長老會牧師，曾任長老會馬卡拉斯特學院院長，精通希臘文和拉丁文，華萊士自馬卡拉斯特學院和加利福尼亞大學畢業後，在聖保羅一家出版農業雜誌和教科書的威伯出版公司服務，並曾在一家大印刷廠做推銷員，當他在威伯出版公司服務時，就孕育了讀者文摘的構思。

創辦「讀者文摘」的華萊士與麗娜

他認為大家都想要獲得知識，只是苦於沒有時間與金錢能自成千累萬的雜誌中找出可以一讀的好文章，他認為如果能自所有的文章中擇其佳作，予以刪飾並裝訂成冊，不但方便閱讀，而且保存也容易。

當華萊士在醫院時，就開始實驗他的看法，首先他將雜誌中的文章剪下，在不損原意的情況下予以刪節，然後編輯成冊；在6 個月後，他一共蒐集了 31 篇文章，編成一袖珍型雜誌，但是卻無一人感到興趣。

1921 年，華萊士辭去西屋電氣公司的工作，花了 3 個月的時間為計畫中的刊物撰寫推銷傳單，並且自朋友處籌借了 5,000 元作為資本，同時他又找到了一位合夥人——華萊士的未婚妻麗娜‧艾契生（Lila Bell Acheson），他們在格林威治村租了一間酒店的地下室作為辦公室，成立了讀者文摘公司（Reader's Digest Association），並且著手編輯、刪節文章，然後油印出來，1921 年 10

月 15 日他們兩人結婚了，同時寄出了數千份的宣傳單。蜜月歸來時，他們發現有了 1,500 名的訂戶，每人付繳了 3 元的定金；1922 年 2 月，第一期的讀者文摘就出版了。

華萊士本來想令《讀者文摘》成為一份女性雜誌，但不久後就改變了他們的主意，把男性讀者也作為他們的對象，同時確立編輯方針，並且提出了一個口號：「每天自重要的雜誌中選一篇文章，予以節錄、濃縮成小冊子的形式。」華萊士看法是正確的，《讀者文摘》成了歷史上最成功的雜誌。

華萊士選稿有二個標準，第一是「適宜性」（Applicability），即每一篇文章都要與讀者有關；第二是「持久的興趣」（Lasting interest），每一篇文章即使是在一年後都有一讀的價值，《讀者文摘》就常常重刊過去的文章；第三是「建設性」（Constructiveness），提倡樂觀、過簡樸的生活，並且要促進一個「更好的美國」（Better America）。

在初期，《讀者文摘》的發行只靠直接訂戶，沒有零售，是因為華萊士擔心書攤上的銷路不好，但他後來見到許多模《仿讀者文摘》的雜誌在書攤上的銷路不錯時，他才於 1929 年與 S-M 新聞公司簽約，由它代理《讀者文摘》的分銷工作，這時《讀者文摘》才開始在書攤上出現。

為了避免稿源被切斷，1933 年起，華萊士也開始採用創作；同時他無法找到足夠的具有持久興趣的文章，這也是他採用創作的原因之一。1933 年，文摘共刊登了 15 篇創作，但似乎甚少的人注意到此一改變。

《幸福雜誌》在 1936 年第一次透露了文摘發行量：據估計第一年底約為 7,000 份；1925 年有 20,000 份；在 1929 年供書攤

零售以前為 109,000 份；1950 年時銷數為全美第一，有 9,013 萬
2,000 份；1963 年的統計為 1,452 萬 3,000 份，比《電視週刊》多
出了 500 萬份。

　　1938 年，《讀者文摘》又在英國首先發行海外版，此後它的
國際版就不斷出現。1963 年時，除美國本土外，《讀者文摘》在
25 個國家設有分支機構，在所有的非共產黨國家發行，共有 29
種國際版，用 13 種語言印行，總銷數為 1,041 萬 5,000 份，其中
有四版——英文、法文、德文、加拿大英文——每月各銷 100 萬
份，總計國內和國際版的總銷數約為 2,800 萬份。

　　1950 年時，《讀者文摘》開始出版《讀者文摘節本》（Rea-
der's Digest Condensed Books）。五〇年代末，很成功的將唱片郵
售予訂戶，1961 年增加另一附設機構——讀者文摘音樂公司（Re-
ader's Digest Music Inc.）。

　　《讀者文摘》無疑是成功的，當其開放接受廣告時，成千成
百的廣告便足以證明其影響力之大。在美國中產階級的心目中，
文摘是一份完美而保守的雜誌，它和一次好的講道一樣的具有啟
發性、有趣和報導性，它讚美簡樸的生活和樂觀，它所傳播的福
音將永遠被人記住，《讀者文摘》實在是一份超凡的雜誌。

　　《讀者文摘》中文版於 1965 年創刊後由讀者文摘遠東有限
公司出版，內容與美國版不同，以刊載政治經濟文章、科技知
識、奇情故事、溫情小說、幽默小品為主，以知識階層為主要讀
者對象。該刊辦事處分社有香港、台灣以及新、馬等地。該刊為
32 開本，每期頁數約有 150 多頁。現時讀者文摘遠東有限公司，
經過改組後可劃分為英文、中文及泰文三個出版集團。

　　中文版發行地區，包括香港、澳門、台灣地區以及東南亞華

埠。主要欄目：「書摘」、「開懷篇」、「各地珍聞」、「浮世繪」、「科學新知」、「珠璣集」、「小說」等。2003 年 7 月起，《讀者文摘》中文版以煥然一新的姿態跟讀者見面，同時也為《讀者文摘》全球 48 個版本的編排轉變揭開序幕。全新的《讀者文摘》中文版更生動多采，更富時代感，更搶眼奪目，內容也更符合大中華地區讀者的興趣。

　　《讀者文摘》中文版的讀者，據調查年齡平均為 35 歲，男女比例平均，只差 2 個百分點，更顯得《讀者文摘》是一本綜合性的雜誌，題材包羅萬有，男女老幼皆宜。內容包括生活、醫學、科技、時事分析和評論等等。

　　在過去數十年中，《讀者文摘》中文版不斷精益求精，帶給讀者最新、最切合時宜的內容與資訊，務求與讀者一同成長。為慶祝創刊 40 週年，《讀者文摘》於 2005 年 3 月以全新設計與讀者見面。西元 1973 年，華萊士夫婦正式宣布退休，逐漸交卸管理職責。膝下無兒的華萊士夫婦，他們所建立的出版王國於西元 1990 年在美國紐約證券交易所註冊上市。《讀者文摘》現在由董事局主席兼行政總裁唐瑞德（Tom Ryder）先生領導。

　　《讀者文摘》是全球雜誌出版史上最成功的例子之一，現在以 50 個版本，21 種文字發行，每月總讀者人數約一億。面對現今瞬息萬變的時代，《讀者文摘》也面臨了挑戰，主要必須改變的部分，是因循舊的思想，加入新意，以改變目前發行飽和的狀態。發行人魯格納表示，今後，每年都要將他的刊物領入一個新市場，並打算進軍 ABC 的電視節目裡，擴大影響。

　　創辦《讀者文摘》的華萊士已於 1981 年 3 月 30 日逝世，享年 91 歲。其妻麗娜則在三年後逝世。但在 1997 年時，《讀者文

摘》已轉變為一家年收入超過 20 億美元的國際企業，證明其創
辦人華萊士的高瞻遠矚，不但確保公司的生存與成長計畫，也讓
這個傳奇人物成為實至名歸的傳播鉅子。

第四節　美國雜誌的前景

　　美國的雜誌在西元 1741 年由布萊德福（Andrew Bradford）
首開先河，他創辦了《美洲雜誌》（*American Magazine*）。而現
代化雜誌的出現也大多在 19 世紀末出現，許多社會、經濟因素
都為雜誌的發展提供良好的基礎。在 19 世紀末進入 20 世紀時，
現代大眾化雜誌的特徵已經很明顯的顯示出來，它具有以下幾點
特徵：一、價格低廉，人人都可以購買。二、發行量大，以大量
生產及推銷的方式，使得雜誌的發行量創下空前所有的數字。
三、廣告很多，一方面製造商正在尋找全國性的市場，另一方
面，大量的發行也刺激廣告的增多，實際上廣告也成了廉價雜誌
成功的基本因素。四、雜誌內容通俗化，19 世紀末葉後，雜誌的
內容不再是與讀者無關的論著，此刻它的對象是中產階級，內容
通俗，多與讀者的切身困難和興趣有關。五、大量運用圖片，現
代雜誌的圖片多，許多雜誌都濫用圖片，而孟西（Frank A. Mun-
sey）的《孟西雜誌》（*Munsey's Magazine*）更將裸女相片帶進美
國家庭。六、注重時事，麥克魯爾（S. S. McClure）是首先注重
時事的少數發行人之一，他認為除了廉價供給好的讀物外，雜誌
還應該是現在文明的權威紀錄者。

美國雜誌㈠

美國雜誌㈠

　　美國的雜誌包羅萬象，它之所以有成就，是因為具有一種雙重的功能。它做評論的媒介，同時也作為市場制度服務；這兩種功能使雜誌與其他的媒介有所不同。可以對一件事做比較詳盡的報導，更可提供讀者一個共同討論的地方。和書籍相比，它的時效性較大，而保存的時間也頗久。雜誌很適合於一種教導和解釋的媒介，就大量生產制度而言，它需要雜誌的服務，雜誌將買賣雙方帶到一起，雜誌作為廣告的媒介便完成了此一任務，並且促進了美國經濟的發展。

　　由於美國雜誌有價格低廉、運用大量圖片和高廣告量等特性，事實上這正和現今多數媒體的發展方向不謀而合；不論是報紙或者是網路媒介都是朝著這樣趨勢改變去迎合閱聽人，這樣現象證明了當初開發出雜誌這樣媒體的傳播先進的光獨到，完全瞭解閱聽人的需求和彌補了其他媒體所無法觸及的領域，使得雜誌建立起了不可取代的媒介地位。

　　時至今日，雖然新傳播科技的普及化，以其非線性的閱讀方式和豐富的資源等特色迅速吸引了閱聽人的注意，但是雜誌仍在媒體市場中占有一席之地，反而向分眾化和更深度的內容吸引閱聽人。另一方面，其他媒體的變革當然對美國的雜誌業造成了巨大的影響，也讓許多原本銷售量相當驚人的雜誌無法再出現在閱聽人的手上，而這些無法通過考驗的雜誌都是敗在無法掌握閱聽人的喜好，或是不知變通的結果，因此被傳播新世代的科技給淘汰，事實上雜誌的特性被許多媒體所引用，同樣的，現在仍然深受閱聽人喜愛的一些雜誌也懂得向其他媒體學習其優點，並且納為己用。

　　因此雜誌與其他媒體的分野越來越難區隔，所有媒體都有其他媒體的影子，這是一個新傳播的科技世代。

第 8 章　美國電影事業的發展

第一節　前言

　　電影是一百多年前由法國盧米埃兄弟（Auguste and Louis Lumiere）所發明，當時他們拍攝的火車進站（Arrival of a Train at La Ciotat, 1895），震撼了許多觀眾，以為火車即將從螢幕衝出而撞上他們，由此可見電影對人類有高度的感染力。

　　但電影真正蓬勃發展之處並不是在它的發源地，亦非在歐洲鄰近之國，而是遠在大西洋另一端的美國。美國興盛的自由及民主主義，使大眾傳播能在短時間內迅速發展，而電影在發明之初，就成為美國爭相學習的新技術，大衛葛瑞菲斯（David W. Griffith）所拍攝的「國家的誕生」（The Birth of a Nation, 1915），講述美國在南北戰爭中及其後的社會現象，至今在影史上具有崇高的地位；一代才子奧森威爾斯（Orson Welles）更是在年僅 26 歲便推出被公認為影史上最佳影片之一的「大國民」（Citizan Kane, 1941），由此可見，法國雖是電影的發明地，美國才是電影的真正的發祥地。

　　自 1893 年，T・A 愛迪生發明電影視鏡，並創造「囚車」攝影場，被視為是美國電影史的開端。1896 年，維太放映機的出現開始了美國電影的大眾性放映。後來，電影院放映的電影開始

取代電影視鏡，人們通常以五分錢的代價到所謂的「五分錢娛樂屋」（nicklodeon）欣賞五分鐘長短的電影。在 1922 年時，已有多達近三千萬的美國人每週至少看一場電影。

建立於 1927 年的美國電影藝術與科學學院除頒發一年一度的「學院獎」（奧斯卡獎）外，也逐漸加強了它的學術工作。到了 1967 年，在華盛頓和洛杉磯兩地成立了美國電影研究院。電影資料館遍佈全美，其中重要的有紐約現代藝術博物館。羅切斯特的伊斯曼電影資料館、華盛頓國會讀書館以及伯克利太平洋電影資料館等。

六〇年代後期以後，美國許多綜合大學陸續設置了電影學院、電影系或專業，藉口的有南加利福尼亞大學電影學院，加利福尼亞大學（洛杉磯）的影劇系和紐約大學的電影製作、電影理論、影劇劇作三個系，僅就電影理論學科來說，獲得電影博士學位的人數由六〇年代中期的 200 人激增到 2000 人。各種理論研究機構和學會的發展，各種電影學術性刊物（如《美國電影》、《電影季刊》、《廣角》、《電影雜誌》）的繁榮，為美國電影研究提供了優越現實的條件。

在美國電影評獎活動中，除了影響最大、歷史最久的電影藝術與科學學院的奧斯卡金像獎以外，重要的還有美國影評人學會獎和好萊塢外國新聞記者協會「金球獎」等。除此之外，主要的國際性電影節有芝加哥電影國際電影節、洛杉磯國際電影展覽、紐約國際電影節和舊金山國際電影節。

美國的電影，逐漸由商業走向學術，各方面的研究與藝術電影紛紛開拍。電影這門學問，不只考量經濟以及娛樂，也逐漸成為一種帶領時尚的風潮。

電影的拍攝，不僅僅要結合科技，更需要各方面的人才，不論是在美術、繪圖、電影方面，甚至是文學的人才，創意的思想更是不可或缺的元素之一。由於電影的功能不斷擴大，綜合了各方面的人才，我們可以預見他的未來仍可期待。

第二節　美國無聲電影

19 世紀末 20 世紀初，美國的城市工業發展和下層居民迅速增多，電影成為適應城市平民而需要的一種大眾娛樂。它起先在歌舞遊樂場內，隨後進入小劇場，在劇碼演出之後放映。

1905 年在匹茲堡出現的鎳幣影院（入場券為五美分鎳幣）很快遍及美國所有城鎮，到 1910 年每週的電影觀眾多達 3,600 萬人次。當時影片都是單一發行的，產量每月 400 部，主要製片基地在紐約，如愛迪生公司、比沃格拉夫公司和維格拉夫公司。1903 年 E. S 鮑特的《一個美國消防員的生活》和《火車大劫案》使電影從一種新奇的玩意兒發展為一門藝術。影片中使用了剪輯技巧，鮑特成為用交叉剪輯手法造成戲劇效果的第一位導演。

以《火車大劫案》為例，這是一部以西部開發時期為背景，描寫盜匪行兇，俠士仗義的影片。儘管全片放映時間還不到 10 分鐘，但影片中槍戰和緊張的追逐場面，使觀眾十分激動，因此轟動一時，成為美國西部片的開山之作。電影已不僅是一種滿足人們新奇心理的玩意兒，其娛樂功能大為增強。

電影收益高，競爭激烈。1897 年，愛迪生公司即為爭奪專利

進行訴訟，到 1908 年，成立了由愛迪生控制的電影專利公司，公司擁有十六項專利權。到 1910 年電影專利公司壟斷了美國電影的製作、發行和放映。獨立製片商為擺脫專利公司的壟斷，相繼遠離到紐約和芝加哥的洛杉磯郊外小鎮好萊塢去拍片，那裡自然條件得天獨厚，又臨近墨西哥邊境，一旦專利公司提出訴訟便可逃離。D. W. 格里菲斯 1907 年加入比沃格拉夫公司，次年導演了第一部影片《陶麗歷險記》。至 1912 年已為該公司攝製了近 400 部影片，把拍片重心逐漸移向好萊塢，並發現和培養了許多後來的名演員，如 M. 塞納特、M. 畢克馥和吉許姊妹等。

第一次世界大戰前夕，鎳幣電影逐漸被一些條件較好的電影院所代替；電影專利公司的壟斷權勢逐漸消失，終於在 1915 年正式解體。此時以格里菲斯為代表的一批新的電影藝術家已經出現。製片中心也從東海岸移到好萊塢。第一次世界大戰不同程度地破壞和損害了歐洲各國的電影業，卻促成了美國電影勃興。美國電影源源不斷地湧入歐洲市場。到第一次世界大戰結束時，已經建立起在歐洲的霸權地位。

有一大批被稱為電影明星的演員，他們的音容笑貌都為全美國甚至全世界的觀眾所熟悉。電影發展的最初 20 年間，最負盛名的影星是喜劇天才查理‧卓別林（Charles Spencer Chaplin, 1889～1977），他所扮演的蓄一小撮鬍子，頭戴小禮帽，足蹬大皮鞋，短褲短衫，手執細長手杖的流浪漢形象，已成為獨具特色的形象，觀眾對此百看不厭，而且讚嘆不已。他的成功，其實也與影片的選材有關。他的影片多以工業社會、城市發展為背景，反映存在於這個時代的成功與失敗、幸福與悲哀，這正是當時美國社會的真實寫照，正是人們普遍感受與普遍關注的事物，它當

　　然會在觀眾中產生共鳴。另外，這時候的少男少女，往往希圖在
銀幕上尋找各自的崇拜偶像。瑪莉‧畢克馥（1983～1979）因長
於扮演可愛、純情的女孩而被稱為「美國大眾情人」。她所主演
的《風騷女人》聞名遐邇，為此獲奧斯卡最佳女主角獎。而在姑
娘們的眼中，英俊、瀟灑而又體格強健的弗朗西斯‧波斯曼，則
是最受歡迎的想像中的「心上人」的化身。

　　導演格里菲斯、T. H. 英斯和塞納特對美國早期電影的發展貢
獻甚大。

　　卓別林於 1914 年拍攝了第一部影片《謀生》立即吸引了全
世界觀眾。1919 年，卓別林、D. 范朋克、畢克馥三位著名的演
員和格里菲斯一道創辦了聯美公司，以發行他們獨立製作的影
片。二〇年代，美國影片生產的結構從以導演為中心逐步轉化為
以製片人為中心的體制。「製片人中心」模式形成了二〇年代的
「明星制度」，各大公司均擁有一批明星。除卓別林、範明克和
畢克馥外，先後成名的還有 R.「胖子」亞布克爾、T. 巴拉 J 和 L.
巴里摩爾兄弟和早逝的 R. 范倫鐵諾等。

　　「好萊塢」此時已成為「美國電影」的同義語。由於在明星
制度極盛時期有些明星的行為不檢點招致公眾的抨擊，美國電影
業成立了「美國製片人與發行人協會」，在 W. H. 海斯的主持下
這一組織制定了「倫理法典」，以便在審查影片時剔除其中不合
乎美國公眾道德觀念的生活方式的情節、對話和場面。這就是著
名的海斯法典，它對美國電影的約束一直延續到 1966 年。

　　嚴格的審查制度使美國無聲電影的主要成就表現在喜劇、西
部片和歷史片三個方面。喜劇片的佳作首推卓別林的《尋子遇仙
記》（1921）、《淘金記》（1925）和《馬戲團》（1928），基

登的《航海者》（1924）、《將軍》（1926），H. 勞埃德的《大
學新生》（1925）等；西部片主要有《篷車》（1923）、《鐵
騎》（1924）和《小馬快郵》（1925）等；歷史片有 C. B. 地密
爾的《十誡》（1923）和《萬王之王》（1927），格里菲斯的
《暴風雨中的孤兒們》（1922），R. 英格蘭姆的《啟示錄四騎
士》（1921）等。

　　第一次世界大戰後，不少歐洲導演陸續來到好萊塢，他們的
才能不同程度地受到了製片公司的壓抑和扼殺。他們和美國導演
一起拍攝出無聲電影的最後一批重要影片，如金的《史泰拉恨
史》（1923）和 K. 維多的《大檢閱》等。R. J. 弗拉哈迪的《北
方的納努克》（1922）則為紀錄電影奠定了基礎。

第三節　有聲電影的問世

　　二〇年代中期，豪華的電影院已基本上取代鎳幣電影。二〇
年代末期，好萊塢電影為戰勝商業無線電廣播，在音響方面進行
了一次革命，產生了有聲電影。在 1900 年，幾乎沒有一個人能
預料到當時才初具雛形的電影，會成為 20 世紀前 50 年中最具有
感染力且最為大眾化的藝術形式。

　　1926 年，華納兄弟影業公司拍攝了用唱片來配唱的由J.巴里
摩爾主演的歌劇，1927 年 10 月 6 日又首映了由 A. 克羅斯蘭導
演、A.僑生主演的有唱歌、對白、響聲的《爵士歌手》，這是世
界上第一部有聲故事片。

　　1928 年 7 月 6 日華納公司又推出了「百分之百的有聲片」《紐約之光》。自此，有聲電影全面推開。至 1930 年，除卓別林繼續拍攝幾部無聲片外，全部故事片均為有聲片。

　　在導演中間最先適應有聲片製作並拍攝出富於創造性影片的有：R. 馬莫里安的《喝采》（1929）和使用了主觀鏡頭的《化身博士》（1932），L. 邁爾斯東的《西線無戰事》（1930）和《頭版新聞》（1931）、劉別謙的《愛情的檢閱》（1929）和《微笑的中尉》（1931）、K. 維多的《哈利路亞》（1930）。卓別林也拍攝了他第一部有聲片（城市之光）（1931）。

　　好萊塢的製片公司是 1912 年開始相繼建立的。隨著 1928 年雷電華影業股份公司的建立，形成了美國電影業的八家大公司。

　　當時對美國電影發展較有貢獻的還有眾多的表演藝術家。其中包括亞斯坦、鮑嘉‧鮑育、古柏、克勞藻、大衛斯、德哈威蘭、珍方達、蓋博、格蘭特、赫本、魯賓遜、史都華和泰勒等。優秀的電影家中還包括攝影師托蘭和黃宗霑。此外，童星鄧波兒等主演的影片對於鼓舞三〇年代的美國民眾起了重大的作用。

　　從二〇年代末開始，W. 創造了米老鼠、唐老鴨等一系列家喻戶曉的動畫形象；從 1938 年的《白雪公主和七個小矮人》開始，創造了《木偶奇遇記》（1940）、《幻想曲》（1940）、《小鹿斑比》（1942）等膾炙人口的動畫長片，使美國的動畫片的影響遍及全世界。

　　好萊塢在三〇年代發展成為美國一個文化中心，眾多的作家、音樂家及其他人士相繼來到這一電影都城。他們之間相互影響，拍攝出一批社會意識較強的影片，如上述《斯密斯先生到華盛頓》、《新新監獄兩萬年》、《黑色的憤怒》、《告密者》、

《怒火之花》、《青山翠殼》、《狂怒》、《我是越獄犯》以及
《巴斯德傳》（1935）、《左拉傳》（1937）；《華萊士傳》
（1939）、《他們不會忘記》（1937）、《黑色軍團》（1936）
和《窮巷之冬》（1936）。年輕的威爾斯 1941 年導演《公民凱
恩》，吸取了經典美國電影的精華，導演了這部從敘述結構到鏡
頭結構均有重大創新的影片，把美國電影推向一個新的高點。威
爾斯的《公民凱恩》和《安倍遜大族》（1942）對於以後電影的
結構、拍攝和電影理論的影響十分深遠。

　　電影的出現和發展，意味著美國社會大眾文化的興起。充滿
競爭的緊張生活，增強了人們對娛樂的要求，這時人們對於傳統
的娛樂形式表現出某種厭倦情緒，這不僅是因為其形式的除舊
日，還因為傳統娛樂的過於「美國化」，使在人口中占相當比例
的新移民們難以理解，難以接受。在這種情勢下，電影正好以其
新奇的形式，多變的情節，易於接受的特性贏得了廣大的觀眾。

　　電影的普及，大大開闊了一般民眾的眼界。藝術的因素已不
僅存在於繪畫、舞蹈、文學、戲劇之中。電影為一般公眾提供了
各種藝術的要素，還對美國民眾生活方式，價值觀念的改變有著
潛移默化的影響。

第四節　美國電影黃金時代──好萊塢文化

　　美國電影中的特殊現象類型影片，在三〇年代獲得了充分的
發展。最初的類型片是無聲電影時代的喜劇片、鬧劇片和西部

片；到了三〇年代初期，歌舞劇、盜匪片、偵探片、恐怖片等類型相繼出現並繁榮發展。類型電影是美國經濟、社會和文化的產物，它們之中成為經典作品的有：歌舞片《四十二街》（1933）、《掘金女郎》（1933）、《大禮帽》（1935）、《風月無邊》（1936）和《歌舞大王齊格飛》（1936）；盜匪片《小凱撒》（1931）、《公敵》（1931）、《疤面人》（1932）和《嚇呆了森林》（1936）；恐怖片《吸血鬼》（1931）和《弗蘭肯斯坦》（1931）等。

電影的普及，使一些演員一夜之間成為家喻戶曉的明星。他們在人們心目中的地位幾乎與英雄不相上下。這一時期中，像范倫鐵諾可稱是無聲電影時期的「拉丁情人」，《酋長》（1921）、《血與沙》（1922）兩片的上映，使在影片中扮演膽大而又浪漫的英俊小生的他，成為了成千上萬婦女崇拜與愛慕的偶像；另一位影星道格拉斯，在驚險影片中，以一個言談輕薄、動作誇張的英雄形象使無數觀眾為之傾倒。他主演的人物往往面帶微笑，年輕而充滿朝氣，在影片中飛簷走壁，膽識超群。1924年上映的《巴格達竊賊》一片風靡一時。

至於女影星，除了風靡美國的「美國情人」瑪麗・畢克馥以外，還有克拉克・蓋博和格洛麗亞・斯旺森。克拉克・蓋博可以被稱作是「喧囂的二〇年代」的化身。

有聲電影使觀眾身臨其境，既看到他們自己喜愛的演員，又聽到他們的聲音，電影終於向人們展現出一個完整的世界。一些昔日無聲電影的明星由於音色不佳，有聲電影的誕生，使電影這一藝術形式更近完美。與此同時，美國電影的商業化程度也日漸提高。

　　就在藝術家和製片人關注於電影的拍攝和電影技術的提高時，由米高梅電影公司創始人路易斯·梅耶建立的電影學院，將注意力集中到對美國電影成就的表彰上。

　　1929 年 5 月 16 日，在美國好萊塢舉行了「學院獎」第一屆授獎儀式。根據評獎規則，由美國電影藝術考科學院的 300 多名成員，觀看各公司推薦的影片，再經提名、討論，最後以無記名投票的方式選舉產生獲獎影片和藝術家，並規定評獎每年舉行一次。這一次的 15 項大獎，除珍妮·蓋諾因主演《七重天》等影片而獲最佳女演員獎外，其餘 14 項大獎均為男性壟斷，卓別林因主演《馬戲團》一劇而獲「特別榮譽獎」。

　　奧斯卡金像獎當屬最早的電影節評獎活動。據說第一屆授獎活動，並沒有什麼激動人心的場面，甚至當時的報紙都沒有報導這次活動。但隨著時間的流逝，美國的國際影響日漸擴大，以「促進電影藝術與科學以及發展人類文化為宗旨」的奧斯卡金像獎，成為全世界藝術家全力追求的電影最高榮譽。「奧斯卡」，這尊高 13.5 英寸，重 8.5 磅，實際價值約 100 美元的青銅像，已成為電影藝術最高成就的象徵。

　　五〇年代早期，新興的電視業的發展，使輝煌一時的電影業面臨嚴峻的挑戰。三〇、四〇年代電影在娛樂界建立起來的霸主地位產生動搖了。電影的觀眾數量第一次出現急劇的減少，此後一直沒有大幅度回升過。電影製片的費用卻增加了近兩倍，不少美國電影公司只好到外國去拍片，昔日好萊塢的黃金時代已成歷史。然而就是在這樣的情況下，仍然有一批優秀的美國導演在電影史上留下閃亮的足跡，仍然有一些明星的風采深深的留在人們的記憶之中。每年，依然有大量的影片推出與觀眾見面，其中也

不乏娛樂性、藝術性兩者俱佳的精品。

　　福特在五十年的電影創作生涯中，先後創作了近 200 部影片，它的作品充滿著對於歐洲和美國社會傳統價值觀的讚美，對於人物感情的描寫淡雅入微，這些都成為其獨到的特色。

　　希區考克這位出生在英國的大導演，人們稱之為「懸念大師」，為世界影業界的聞人。他以高超的導演技巧和藝術創造力使影片的情節跌宕起伏，扣人心弦。

　　20 世紀中期，許多二〇、三〇年代脫穎而出的電影明星達到了他們藝術生涯的頂峰，他們的影響甚至延續到以後的數十年。他們不僅在美國家喻戶曉，在全世界都擁有大量的崇拜者。克拉克‧蓋博，以其英俊、瀟灑的男子形象征服了觀眾，成為人們心目中的「電影皇帝」。

　　女影星中，有 4 位深受歡迎，她們的影片的票房價值歷久不衰。一頭烏髮的瓊‧克勞福特的女性美貌中又不乏陽剛與智慧之美。貝特‧戴維斯的雙眼似乎能表達人類的全部智慧，她的銀幕形象始終光彩照人。瑪琳‧迪特里奇雖然帶有濃重的德國口音，但是她在影片中扮演的那種使男人著魔甚至願意為她鋌而走險的角色相當成功。凱瑟琳‧赫本以其富有貴族氣質的外貌和充滿活力的表演，贏得觀眾的喜愛。

　　新的影星不斷湧現出來。五〇年代最耀眼的三顆巨星是瑪麗蓮‧夢露、伊莉莎白‧泰勒以及馬龍‧白蘭度。

　　整體而言，整個五〇、六〇年代，好萊塢在一定程度上仍然保持其自身的特色。它出品的音樂片質量之高依然是其他製片公司所無法比擬的。

　　為了與日趨壯大的電視的力量相抗衡，爭奪觀眾，電視製片

商在提高影片本身質量的同時，還設法引進新技術以增強影片的演示效果。五〇年代，電影技術進步方面最重要的成果，一是寬銀幕電影的出現，二是立體聲音響用於電影製作。

二次大戰後的美國電影

二次大戰結束，造成大多數國家的電影工業產生巨大變動。歐洲、日本、蘇聯，以及遠東各國都遭到戰爭慘痛的摧殘，而且極需意志和金錢重建家園。經濟大恐慌結束之後，隨即而來的新興繁榮富庶，使得美國能夠對這些國家伸出援手，進而更加鞏固它在西方國家的地位，並在冷戰中與蘇聯對抗。

第二次世界大戰期間出現了許多優秀的故事片，有柯帝士的《勝利之歌》（1942）、《卡薩布蘭加》（1943）和《出使莫斯科》（1943）；顧柯的《費城的故事》（1940）；霍克斯的《約克將曹》（1941）；希區考克的《破壞者》（1942）、《疑影》（1943）和《救生船》（1944）；休斯登的《馬爾他之鷹》（1941）；金的《皇家空軍之一名美國佬》（1941）；朗格的《劊子手也死亡》（1943）；李洛埃的《魂斷藍橋》（1940）和《東京上空三十秒》（1944）；劉別謙的《生死問題》（1942）和《天堂可以等待》（1943）；麥卡里的《與我同行》（1944）；邁爾斯東的《鼠與人》（1940）、《北極星》（1943）；匹查爾的《月落烏啼霜滿天》（1943）；普雷明格（蘿拉）（1944）；拉托夫的《俄羅斯之歌》（1944）；舒姆林的《守望萊茵河》（1943）；華爾斯的《目的地緬甸》（1945）；惠爾曼的《黃牛慘案》（1943）和《大兵喬的故事》（1945）；懷德的《通向開羅的五座墳墓》（1943）和《失去的週末》（1945）；伍德的

《戰地鐘聲》（1943）和《金玉盟》（1942）；惠勒的《小狐狸》（1941）和《忠勇之家》（1942）等。褒曼、克羅斯貝、迦倫、海華絲、霍普、佩克、透納和約翰韋恩等演員在這一時期加入了美國電影明星的行列。

　　從戰後開始直至五○年代初期，是好萊塢「黃金時期」的最後一段繁榮時期。這一時期最突出的影片有：卓別林的《凡爾杜先生》（1947）；多南和凱利的《雨中曲》（1952）；福特的《親愛的克萊蒙丁》（1946）；雷克斯《紅河》（1948）；休士頓的《寶石嶺》（1948）、《柏油叢林》（1950）和《非洲女王》（1951）；金的《正午十二點》（1949）和《槍手》（1950）；卡善的《君子協定》（1947）、《漂亮的混血姑娘》（1949）和《慾望街車》（1951）；曼凱維支的《彗星美人》（1950）；米納里的《一個美國人在巴黎》（1951）和《邪惡的和美麗的》（1952）；羅森的《當代奸雄》（1949）；斯蒂文斯的《陽光照耀之地》（1951）和《原野奇俠》（1953）；維多的《太陽浴血記》（1947）；華爾許的《白熱》（1949）、懷德的《日落大道》（1950）和《十七號戰俘營》（1953）；惠勒的《黃金時代》（1946）、《文繼承人》（1949）和《羅馬假期》（1953）；齊納曼的《正午》（1952）和《走向永生》（1953）等。

第五節　電影業的打擊和挑戰

美國電影自四○年代末至五○年代中，也經歷了一系列的打

擊和挑戰。首先，1945 年 5 月美國最高法院根據反托拉斯法對拖延多年的「派拉蒙案」作出裁決，判定大公司壟斷為非法，要求製片公司放棄發行和經營電影院的業務。這個判決切斷了大公司的主要財源，迫使大幅度減少影片生產。其次，美國電視發展迅速，到 1953 年電影觀眾與 1946 年相比減少了一半。為爭奪觀眾，早在二〇年代前即已發明出的寬銀幕電影此時成為與電視競爭的手段。

最嚴重是自 1947 年起，「非美活動調查委員會」開始針對好萊塢進步人士進行政治迫害。1948 年華盛頓特區聯邦法院判處好萊塢十人案，1951 年又繼續加深和擴大對電影界人士的迫害。許多人被控為共產黨，8 百萬餘人被列入黑名單。這場迫害損傷了美國電影的創作元氣。但受迫害的電影界人士克服重重困難，攝製出描寫鋅礦工人罷工的影片《社會中堅》（1954，比伯曼導演），至今仍受到電影研究人員的重視。主要發生在四〇年代中期至五〇年代中期的美國「黑色電影」，如懷德的《加倍賠款》（1944）和《日落大道》（1950），加奈特的《郵差總按兩次鈴》（1946）和雷伊的《以夜維生》（1949），亦是這種政治氣候下產生的，並隨著五〇年代末政治迫害的消退而逐漸消逝。

在許多重要的電影生產國家中戰爭結束後的幾年，都出現觀影人達到顛峰的情況，可是終於很快的在美國，以及五〇年代末期的大多數歐洲國家，觀眾慘不忍睹。美國於是以彩色、寬銀幕、「更大」、更獨特的影片等新開發的策略，冀望喚回觀眾，然而垂直整合片場制度的「黃金年代」終告結束。

美國電影的黃金年代結束之後，各大公司從六〇年代中期開始解體或轉產，海斯法典也被正式廢除。隨之出現了微型影院、

藝術影院、汽車影院、獨立製片，而實驗電影也有了發展。

　　在「好萊塢之後」的年代裡，一些經典題材和類型電影發生了變化。N. 雷依、V. 米納里和 D. 希爾克使美國電影情節前進一步，出現了希爾克的《寫在風中》（1957）、《被玷汙的天使》（1958）和《生活的模仿》（1959），米納里的《邪惡的和美麗的》（1952）、《蛛網》（1955）和《家在山那邊》（1960）等有代表性的影片。自《槍手》和《日正當中》開始，傳統的西部片也發生了變化，在這種稱之為「成人西部片」中單槍匹馬的主角有些變成群體的主角，並出現了福特的《搜索者》（1956）、G. R. 西爾的《虎豹小霸王》（1969）和 S. 佩金珀的《野性的一群》（1969）等與過去不同的西部片。歌舞片中的佳作當推顧柯的《窈窕淑女》（1964）、R. 懷斯的《西城故事》（1961）和《音樂之聲》（1965）以及惠勒的《滑稽女郎》（1968）。這一時期是美國青年思想最動盪的年代，相應出現的表現青年叛逆、反抗的所謂「反英雄」影片有：雷伊的《無謂的反抗》（1955），卡善的《伊甸園東方》（1955），J. 洛甘的《野餐》（1965）以及後來的 M. 尼柯爾斯的《畢業生》（1967），A. 潘的《邦尼和克萊德》（1967），D. 霍珀的《逍遙騎手》（1969），J. 施萊辛格的《午夜牛郎》（1969），T. 馬裏克的《荒原》（1973）等。

　　這一時期其他突出的影片還有：R. 阿爾特曼的《陸軍野戰醫院》（1970）和《納什維爾》（1975）；P. 波格丹諾維奇的《最後一場電影》（1971）；地密爾的《十誡》（1956）；M. 福爾曼的《飛躍瘋人院》（1975）；A. 西勒的《愛情故事》（1970）；休斯登的《不合時的人》（1961）；S. 庫柏里克的《光榮之路》（1957）、《斯巴達克斯》（1960）、《怪癖博士》（1964）、

《2001 太空漫遊》（1968）和《發條橘子》（1971）；尼柯爾斯的《第二十一條軍規》（1970）；F. 沙夫納的《巴頓將軍》（1970）；G. 西頓的《飛機場》（1970）；斯蒂文斯的《巨人》（1956）；懷德的《熱情如火》（1959）和《公寓春色》（1960）；惠勒的《賓虛傳》（1959）。希區考克在這一階段拍攝了他最有影響力的一批影片，如《後窗》（1954）、《眩暈》（1958）、《北西北》（1959）、《精神病患者》（1960）、《群鳥》（1963）和《瑪爾妮》（1964）。

美國黑人演員過去在電影中只扮演次要的甚至是反面的角色，自 S. 波蒂埃開始，在《掙脫鎖鏈》（1958）、《藍斑》（1965）、《吾愛吾師》（1967）、《炎熱的夜晚》（1967）和《猜猜誰來吃晚餐》（1967）中扮演了正面角色，並開始嘗試由黑人自己編導關於黑人生活的影片。從 L. 斯特拉斯堡在紐約開設的演員講習班培養出的馬龍·白蘭度、M. 克利夫特、保羅紐曼和珍芳達等加入了電影演員的行列。從大學電影系畢業的年輕導演亦開始嶄露頭角，如 F. F. 柯波拉的《教父》（1972）、《教父》（續集、1974）和《對話》（1974），G. 盧卡斯的《美國風情畫》（1973）、M. 斯柯西斯的《窮街陋巷》（1973）和《出租汽車司機》（1976）等影片顯示出美國青年導演在承繼美國電影傳統基礎上的創新精神。

美國電影的「復興」是從史蒂芬史匹柏的《大白鯊》（1975）和盧卡斯的《星際大戰》（1977）開始的。這兩位導演都是南加利福尼亞大學電影學院的畢業生，他們運用當代工藝技巧製作傳統類型片（災難片、科幻片）引起強烈的反映，並導致美國電影的製作和票房收入直線上升。受到美國青少年觀眾歡迎

的科幻片發展為災難片、冒險片而成的場面壯觀的影片的一個新片種，這些影片包括《第三類接觸》（1977）、《異物》（1979）、《外星人》（1982）、《失去方舟的入侵者》（1981）、《金剛》（1976）、《超人》（1979）、《侏儸紀公園》（1993）以及這些影片的續集。

在七〇年代末以來的美國電影中，家庭和婦女以及平民生活的影片又重新受到重視，如 W. 艾倫的《安妮‧霍爾》（1977）和《漢娜姊妹》（1986）；阿爾特曼的《三個女性》（1977）；阿普特德的《礦工的女兒》（1980）；R. 本噸的《克萊默夫婦》（1979）；P. 馬佐爾斯基的《一個未婚的女人》（1978）；M. 雷爾德的《金色池塘》（1981）；R. 雷德福的《普通人》（1980）；H. 羅斯的《轉折點》（1977）；齊納曼的《茱莉亞》（1977）等。關於越南戰爭的影片當推 H. 阿什比的《歸家》（1978）、M. 西米諾和科波拉的《現代啟示錄》（1979）。其他突出的影片還有關於工人的如《諾瑪‧雷》（1979）、《洛基》（1976）、《藍領》（1978）；表現青年的如《週末狂熱》（1977）、《油脂》（1978）、《毛髮》（1979）和《閃舞》（1983）等。

八〇年代《洛基》系列以英雄情節和武器大觀吸引當時影迷，並拍攝了多部續集。另有湯姆克魯斯主演的《捍衛戰士》（1986），這部電影充滿了許多空戰場面的壯觀音效，以及另一部達斯汀霍夫曼的《雨人》（1988）。

在九〇年代《麻雀變鳳凰》（1990）以表現灰姑娘和王子的浪漫愛情片風靡一時。愛情片《英倫情人》（1996）、《辛德勒的名單》（1992）、湯姆漢克斯主演的《費城》（1993）、開電腦特效先河的《阿甘正傳》（1994）；《ID4》（1996）、驚悚

片《沉默的羔羊》（1991）、迪士尼的動畫片《獅子王》
（1994）。另外尚有華人導演李安在美國市場崛起，如《囍宴》
（1993）、《理性與感性》（1995）、《臥虎藏龍》（2000）。

第六節　美國重要的電影公司

眾所皆知，美國是電影業霸主，而好萊塢（Hollywood）幾
乎成了電影的代名詞，奧斯卡則成了世界電影的最高榮譽。

好萊塢位於加利福尼亞州市區西北郊。20 世紀初，電影製片
商在此發現理想的拍片自然環境，陸續集中到此，使好萊塢逐漸
成為世界聞名的影城。1908 年好萊塢拍出最早的故事片之一《基
度山恩仇記》。1912 年起相繼建立製片公司，到 1928 年已形成
派拉蒙等「八大影片公司」聚集地。三〇、四〇年代是好萊塢的
鼎盛時期，攝製了大量成為電影史上代表作的優秀影片，並使美
國電影的影響遍及世界。同時好萊塢亦發展為美國一個文化中心
眾多的作家、音樂家、影星及其他人士匯聚於此。第二次世界大
戰後，製片廠陸續遷出，許多的拍片設施閒置或轉手電視片製作
商。六〇年代初期，好萊塢成為美國電視節目的主要生產基地。
區內名勝有「好萊塢碗」（天然圓形劇場）、「朝聖者」圓形劇
場、希臘劇院、中國劇院、加利福尼亞藝術俱樂部等。許多新、
老影星則多居住在附近的比佛利山上。

美國著名的電影公司有下列幾家：

一、環球影片公司：（Universal Picture Co.）

電影製片公司。1912年美國獨立電影公司的老闆萊默爾把他的公司和 N・鮑爾斯等六七家小電影公司合併，組成環球影片公司，在三〇至四〇年代成為美國電影業的八大公司之一。萊默爾1914年在好萊塢北面建起了攝影棚和供拍外景用的場地，命名為環球城。1915年3月環球城正式啟用；當年生產影片250部。三〇至四〇年代生產了大量低成本影片，其中大多是西部片、音樂片、恐怖片和滑稽片。如卡洛夫主演的恐怖片，竇萍主演的音樂片，阿博和卡斯特洛主演的滑稽片，都有很高的票房價值，贏利頗豐。在它的產品中，像《西線無戰事》（1930）那樣嚴肅的作品極少。1946年環球公司和國際影片公司合併為環球國際公司。

1952年德卡唱片公司購得了環球國際公司的大部分股票之後，恢復了舊名。以後該公司又歸美國音樂公司（MGA）所有，直到八〇年代。五〇年代一改過去大量製作低成本片的做法，採取少拍片以提高技術質量的方針。同時採用資助獨立製片人拍攝影片的方法，其中不乏成功之作，如《斯巴達克斯》（1960）。六〇年代，公司集中全力提供電視片和公共電視放映的影片。同時還把環球城作為好萊塢的一個旅遊中心向旅遊者開放而利潤倍增。七〇年代攝製了頗有影響的《美國風情書》（1973）以及該公司歷史上獲利最多的娛樂影片《大白鯊》（1975）。

二、派拉蒙影業公司：（Paramount Pictures Inc.）

電影製片和發行公司。楚柯爾在1912年創立名演員公司，拉斯基於1912年建立傑西・拉斯基故事片公司。1916年上述兩

家製片公司合併成立為名演員—拉斯基公司。次年，新公司兼併
了 12 家製片公司；以後再把派拉蒙影片發行公司也併了過來，
遂於 1927 年改名為派拉蒙—名演員—拉斯基公司。1930 年又兼
併擁有多家影院的帕布利克斯公司，再改公司名為派拉蒙帕布利
克斯，逐步發展成好萊塢的大公司。

　　1930 年公司由於領導階層的矛盾與經營不善被紐約聯邦地區
法院宣布破產，1935 年重組成立了派拉蒙影業公司。新公司生產
了一系列由魏斯特、克羅斯貝、霍甫、拉摩、古柏和考爾白等人
主演的賺錢影片而再次興起。當時公司的導演有范斯登堡、劉別
謙和馬莫里安等。公司四○年代發掘吸收了不少新人，如萊德、
萊克、蘭開斯特道格拉斯等人。導演有懷爾德、斯特吉斯。公司
四○年代最賺錢的影片是《與我同行》。五○至六○年代，派拉
蒙和其他大公司一樣受到美國影業蕭條的打擊，影片產量下降，
收入減少，1960 年石油資本集團購買了派拉蒙，使其成為海灣與
西方石油公司的一家子公司。隨著七○年代美國電影業的復興，
派拉蒙攝製了《教父》（一、二集）、《油脂》、《週末狂歡》
等票房價值很高的影片，公司逐年有盈餘，並於 1978 年達到了
創紀錄的數字。

三、20 世紀福斯電影公司：（20ᵗʰ Century-FOX Film Corp.）

　　電影製片和發行公司，成立於 1935 年 5 月，由默片時代的
大公司福斯電影公司和 20 世紀影片公司合併而成，是三○至四○
年代好萊塢 8 家大電影公司之一。當時公司擁有許多名導演並擁
有不少受觀眾歡迎的電影明星拍攝了一些有一定質量的影片。這
一時期，公司生產的影片樣式不一，藝術質量也參差不齊，但影

片的技術質量都比較高。1940 年福特為公司導演的《怒火之花》可作為藝術與質量俱佳的例子。

　　從五〇年代開始，美國電影業進入衰退時期。該公司為了與新興的電視抗衡，曾致力於研究寬銀幕在商場上的應用。1953 年9 月 16 日根據《聖經》故事改編拍攝的寬銀幕故事《長袍》在紐約羅克亞影院上映，這第一部寬銀幕故事不僅是該公司成立以來賺錢的影片，也是電影從默片進入有聲片以來在技術上的一次突破。六〇年代，攝製了美國電影史上成本空前的影片《克婁巴特技》（1963，一譯《埃及豔后》），遭到失敗。1972 年又推出《海神號遇險記》，開創了氾濫於七〇年代的災難片樣式。七〇年代後期，該公司拍片很少。1985 年大石油商戴維斯買下這家公司。

四、哥倫比亞影業公司：（Columbia Pictures Corp.）

　　電影製片和發行公司。1920 年，原來在環球影片公司工作的科恩兄弟和布蘭特在好萊塢成立一家攝製喜劇短片的小公司，稱為 CBS 電影銷售公司。1924 年改名為哥倫比亞影片公司，並於三〇年代發展成為美國電影業的八大公司之一，這主要是由於H. 科恩的精明強幹和公司導演F. 卡普拉的創作才能起了作用。卡普拉在公司工作 10 年，拍攝了不少頗受歡迎的喜劇，其中包括《一夜風流》（1934）、《弟斯先生進城》（1936）、《史密斯先生上華盛頓》（1939）等。五〇年代，哥倫比亞公司開始向獨立製片人和導演資助的辦法拍攝影片，公司先後資助一些頗有名氣的導演，如：S. 施皮格爾、D. 里恩、O. 普雷明格、E. 卡善、R. 羅森和F. 齊納曼，拍出了不少質量高、影響大的影片，如：《生於昨

天》（1950）、《永垂不朽》（1953）、《在江邊》（1954）、
《桂河大橋》（1957）、《阿拉伯的勞倫斯》（1962）、《猜猜
誰來吃晚餐》（1967）等。

　　五○至六○年代的美國電影危機年代，哥倫比亞公司通過它
的子公司銀幕珍品公司向電視台出售公司以前的舊影片並為電視
台攝製電影片，成為好萊塢最早與電視結合的大公司之一。1968
年公司改組，改名為哥倫比亞電影公司和銀幕珍品公司，繼續從
事對獨立製片的投資、電影製片和新興錄影帶工業。八○年代該
公司附屬於美國可口可樂公司。

五、華納兄弟影業公司：（Water Bros.）

　　電影製作和發行公司。1923年4月由華納四兄弟創建。當時
總部設在紐約，製片場設在好萊塢附近的伯班克。華納兄弟1917
年開始在紐約從事電影的發行放映業務，建立華納公司攝製影片
是業務的擴展。1925年接管維泰葛拉夫製片公司，並於1927年
攝製、發行電影史上第一部有聲影片《爵士歌手》，從而使華納
公司於三○年代初進入了好萊塢八大電影公司的行列。華納公司
在三○年代以拍攝強盜片、歌舞片和傳記片著稱，由賈克奈、鮑
嘉等人主演的強盜片最有觀眾緣。傳記片中也有不少受歡迎的作
品，如茂尼主演的《左拉傳》（1973）等。華納的影片比較樸
素、緊湊，成本也較低，其主題都或多或少與三○年代初發生的
美國經濟危機有關係。五○年代美國電影蕭條時期，華納把財力
轉向製作電視系列片。六○年代開始，越來越多地採用向獨立製
片人投資的製片方式。它成功地拍攝了《淑女》（1964）、《誰
害怕佛吉亞‧沃爾夫》（1966）、《邦妮和克萊德》（1967）

等。1967 年加拿大發行電視片的七藝公司買下了華納公司，改名為華納—七藝公司。兩年後，華納—七藝公司又轉讓到一個大企業集團金尼全國服務公司手中，改組為華納交流公司。這公司經營的業務範圍甚廣，製片和發行僅是其中的一個項目。

六、米高梅公司：（Metro-Goldwyn-Mayer）

電影公司。1924 年 5 月 17 日，美國洛氏公司的老闆把該公司所屬的米特羅影片公司和高爾溫影片公司，L.B.梅耶製片公司合併，組成米高梅公司。三〇年代好萊塢鼎盛時期，米高梅是最大的電影公司，每年要生產 40 至 50 部電影。米高梅在這一時期擁有美國最受觀眾歡迎的影星和導演，影星如嘉寶、克拉克蓋博、史賓塞屈賽、伊莉莎白・泰勒等等，導演如范斯特勞亨。從三〇年代到第二次世界大戰結束，米高梅攝製了數以百計的影片，除了少數影片如《塊肉餘生》、《叛艦喋血記》（1935）、《茶花女》（1939）、《忠勇之家》（1942）、《雙城記》等之外，多為平庸之作，內容淺薄、脫離現實，成為好萊塢「夢幻工廠」代名詞。

四〇年代末到五〇年代初，米高梅曾一度以拍攝大場面歌舞劇為重點，生產了幾部頗有特色的歌舞劇，如《1952》等。五〇年代美國電影發生危機，到六〇年代初該公司連年虧損，影片產量連年下降，七〇年代初到八〇年代每年只拍 3、4 部影片。七〇年代初，美國拉斯維加斯的大資本家 K. 克寇里安買下了米高梅公司。新的主管人員把米高梅公司的道具服裝等統統拍賣出去，並把資金投入拉斯維加斯、里諾等賭城的房地產、旅館業和其他能獲利的方面。到七〇年代末該公司買下聯美公司，改名為米高

梅公司—聯美娛樂公司。

七、聯美公司：（United Artists Corp.）

　　在 1619 年由卓別林、范朋克、畢克馥、格里菲斯出資創建。目的是為了擺脫大電影公司的束縛和剝削，爭取過多的創作自由和更大的利潤。最初設想只是攝影和發行 4 位原創人的作品。後因格里菲斯退出，卓別林、范朋克等人的作品數量有限，公司遂把資助獨立製片人拍片和發行他們的影片作為業務重點。聯美公司與當時的其他電影公司不同，它沒有自己的攝影棚，拍片時需租用場地；沒有自己雇用的電影明星和導演，採用向獨立製片人投資的方式拍片；沒有自己的電影院，發行影片採取與發行商逐片簽訂合同的方式。

　　聯美是最早採用美國在六〇年代盛行的製片和發行方式的大公司。這種經營方式及導演具有的相對獨立性，使聯美公司得以在攝製娛樂片外，還拍攝、發行了一些具有一定影響和一定藝術成就的影片。如卓別林的《淘金記》（1925）、《摩登時代》（1936）、《大獨裁者》（1940）、《舞臺生涯》（1952）、D. W. 格里菲斯的《被摧殘的花朵》（1919）、《走向東方》（1920）以及《疤面人》（1932）、《桃色公寓》（1960）、《西城故事》（1961）等等。聯美公司在紐約成立時只是個小公司，二〇至三〇年代中，逐步發展成為美國電影業的八大公司之一。五〇年代，美國電影業進入蕭條、衰退時期，卓別林和畢克馥先後把他們的股票出售給金融資本家。之後，聯美公司又幾度易手，終於在 1981 年被米高梅公司的老闆克寇里安買下，併入米高梅公司，改稱米高梅—聯美娛樂公司。

八、雷電華影業股份有限公司：（RKO）

電影製片和發行公司。是三〇年代美國電影業的八家大公司之一。雷電華公司成立的年代和經過，眾說紛紜，多數說法是：1928 年由洛克斐勒財團的美國雷電華公司兼併美國電影票預售公司（兼營製片）和凱思—阿爾比—奧菲姆商業放映系統而成。由於新公司的組成部分中原先有兩個公司是專營發行與放映的，所以新公司在這方面的力量較為強大。從成立開始，公司不僅發行自己攝製的影片，並且長期發行迪士尼等人的影片。

雷電華影業公司存在的時間較短，1954 年休斯買下雷電華公司，大約在 1955 年又賣給通用輪胎和橡膠公司，但把製片廠和將近三〇年所拍攝的影片於 1957 年轉售給德西露製片公司。六〇年代，海灣與西方石油公司買下了德西露製片公司。雷電華公司從 1929 年拍出第一部影片《麗澳‧麗泰》到 1957 年的最後一部影片《密戰計畫》（JET PILOT）為止，大約拍攝、發行了 1500 部影片，其中絕大部分為低成本的娛樂片，特別是一些恐怖片、驚險片以及少數 F. 亞斯坦和 G. 羅吉絲合演的歌舞片。但是也有少數例外，例如威爾斯的《公民凱恩》（1941）、《安倍遜大族》（1942）和希區考克的《美人計》（1941）。

第七節　電影演藝學院與奧斯卡獎

長期以來，美國只把電影看作是娛樂手段，把好萊塢當成生產故事和幻想的工廠，因而首先注意影片的商業價值。奧斯卡獎

外，學術工作也開始加強。除前述 1929 年 5 月 16 日，在美國好萊塢舉行了「學院獎」第一屆授獎儀式外，1967 年，在華盛頓和洛杉磯兩地成立了美國電影研究院。電影資料館遍布全美，其中重要的有紐約現代藝術博物館、羅賈斯特的伊斯曼電影資料館、華盛頓國會圖書館、伯克利太平洋電影資料館等。

六〇年代後期以後，美國許多綜合大學陸續設置了電影學院、電影系或專業，著名的有南加利福尼亞大學的電影學院，加利福尼亞大學（洛杉磯）的影劇系和紐約大學的電影製作、電影理論、影劇劇作三個系。只就電影理論學科來說，獲得電影博士學位的人數由六〇年代中期的 200 人激增至 2,000 人。各種理論研究機構和學會的發展，各種學術性刊物（如《美國電影》、《電影季刊》、《廣角》、《電影雜誌》）的繁榮，為美電影研究提供了豐富的資源條件。

美國電影學術與科學學院設在洛杉磯的比佛利希爾斯，它除辦公室、電影廳和大小放映室外，還有收藏十分豐富的影片和有關影片的圖片文字資料的圖書館。學院在八〇年代時有會員將近 4,000 名，都是經學院聘請的電影各界專業的知名人士，從成員起主要以頒發一年一度的「學院獎」來提升電影的「質」。這個「學院獎」為一尊小雕像，頒給在上一年度上映影片中表演出色的人和有創意技巧非凡的人。據說，「學院獎」後來被稱為「奧斯卡獎」，是因學院一位女秘書說這座雕像和她叔父奧斯卡十分神似，所以後來大家便稱「學院獎」為「奧斯卡獎」。

美國電影評獎活動中除影響最大、歷史最久的電影藝術與科學學院的奧斯卡金像獎以外，重要的還有美國影評人學會獎和好萊塢外國新聞記者協會「金球獎」等。主要的國際性電影節有芝

加哥國際電影節、洛杉磯國際電影展覽、紐約國際電影節和舊金
山國際電影節。

　　當然在全球名目繁多的電影獎項中，奧斯卡獎名氣最大，歷
史最長。每年頒獎典禮進行時全球都會有超過 2 億人觀看現場的
演出，都會有無數的明星從世界各地趕到這裡參加這個盛會。

　　1920 年代，美國電影製片業已經在南加州奠基生根，以洛杉
磯為中心的八大公司紛紛成立，影片不斷地生產，無論美國國內
或國外都普受歡迎，各大公司為了拍片需要，又希望以最廉價的
薪資掌握屬下，以賺取更多利潤，而演員卻希望得到更高的待
遇。因此，導演及演員們都有成立工會的意圖。影片公司老闆們
深恐一旦工會成立，有了組織便難以駕馭，於是由米高梅翁吾總
裁路易‧梅耶創議之下，於 1926 年 11 月成立了美國影藝學院
（Academy of Motion Picture Arts and Sciences）。

　　梅耶創立影藝學院的目的雖然別有所圖，可是多數的會員們
卻有更高的理想：期望影藝學院能夠促進電影藝術與科學的水
準，加強業者在技巧和經驗方面的心得交流，改良攝影電影的器
材及設備，鼓勵和獎賞優秀的從業人員，故而日後一年一度的奧
斯卡頒獎典禮便產生，乃是由首任主席道格拉斯‧范朋克提出，
獲得董事們的熱烈附議，並於 1928 年 7 月由專案小組研擬出會
員們的投票辦法，經過董事們討論通過，先產生提名名單，再投
票選出得獎者，這套提名（Nomination）制度，日後一直沿用，
並被全世界許多影展模仿採用。是奧斯卡最大特色之一。

　　奧斯卡金像獎（Oscar Awards）的正式名稱叫「電影藝術與
科學學院獎」（Oscar Awards），奧斯卡只是一個名字。奧斯卡
獎盃的主體為一座 13.5 英寸，重三點九千克的鍍的金男像，由美

國著名的雕塑家喬治・斯坦利設計。按照奧斯卡獎有關的評選規則，一項獎的獲得者只能領取一個金像獎座，如果一項獎有兩個人共獲，則應分別授予他們每人一個金像獎座。金像獎的樣子是裸體男子，雙手叉於胸前，握著一把長劍，站在一個五環片盤上，每一個環代表影藝學院的一項重要工作部門：製片、導演、編劇、演員、技術人員，最初的獎座由梅耶撥出 500 美金交給喬治・史丹利製作，獎座高十三吋半，重六又四分之三磅，內裡是合金，外表鍍上一層金色薄片，看起來閃閃發光，所以稱為金像獎。

　　奧斯卡金像獎從 1929 年開始，每年評選、頒發一次，從未間斷過。凡上一年 1 月 1 日至 12 月 31 日上演的影片均可參加評選。金像獎的評選經過兩輪投票，第一輪是提名投票，先由學院下屬各部門負責提名（採用記名方式），獲得提名的影片，將在學院本部輪流放映，觀後學院的所有會員再進行第二輪投票（採用不記名方式），最後以得票的多少決定影片的獲獎。獲獎名單是高度保密的。學院會員投票後，選票全交美國的普萊斯—沃特豪斯會計事務所加以統計。選票放在保險箱內，荷槍實彈的警衛人員日夜守護。統計後的用紙則全部燒毀，絕對保密。各項獲獎名單，分別裝入密封的信封袋，直到頒獎當日當刻，由司儀當眾拆封宣布。

第八節　美國電影的文化內涵

　　電影的出現豐富了人們的娛樂生活，也開闊了人們的眼界。對兒童們來說，卡通片的出現則是大好的福音。沃爾特·迪士尼（1901～1966）是他們的歡樂使者，因為沒有一個人能夠像他那樣給兒童帶來巨大的歡樂。其實，迪士尼的成功，也為三〇年代飽受艱辛的中老年人帶來另一種歡樂。

　　美國的電影，由商業走向學術，各方面的電影與藝術電影紛紛開拍。電影這門學問不只考量經濟以及娛樂，也逐漸成為一種帶領時尚的風潮。一個國家的風潮可由流行的文化具體呈現出來；一個國家的文化特色則要由電影脈絡中爬出來。電影是一個國家人文薈萃和社會問題濃縮的最佳借鏡，使得電影非僅是第八藝術而摻入更多各面向的思考空間。藝術之美也如鮑姆嘉通提出：「任何一種美都不是理性認識的，理性只是認識事物本質和內涵具有明晰概念。」而就事物的本體而言則反而成了客體，使重心失焦模糊。

　　面對電影的本體內涵而言其迷思是由好萊塢（Hollywood）精神開始的，迷思意味著不可解，而人類是迷思的崇拜者，美國即是迷思的最大擁護者。美國的迷思來自於「美國式的電影」，隨著好萊塢影片的傳播也無形壯大資本主義生產方式的美國，但在同時也產生了好萊塢危機。美國的生產商在故事片和錄影帶的貿易方面都處於主導地位。特別是在美國，電影被歸屬於娛樂產業一部分，在其他地方則被視為文化產業。其中分別之處即是美國獨有好萊塢，使人更對日益摻雜次文化的好萊塢產生思考。

　　1895 年電影才問世，其中以法國在 1910 年大約占了世界七成電影市場為大宗國家，但隨著一戰的爆發，歐洲忙於戰事，美國免於戰事之外和美國國家有秩序的介入海外電影市場。戰爭時耗在戰爭資金的國家不再獨占市場，反而使美國電影有擴張傾向。美國是一戰後最大債戰國也無疑取代了歐洲獨占電影市場的地位。

　　一邊是美國大片場垂直整合，另一邊是勞資集結及演員平等權利會於 1919 年發起罷工，次年美加戲劇舞台雇員聯合會、電影放映公會及各種技藝人員工會組織正在形成。米高梅因應勞資糾紛迭起的背景下，成立電影藝術及科學學院，以頒發奧斯卡獎等方式，作為籠絡、分化與控制演員、導演、編劇與技術員工等工會的手段之一。很少人會想到光鮮亮麗的奧斯卡，是起於勞資衝突。自此後好萊塢更自為「小國務院」，製片人 Walter Wanger 更說好萊塢是美國的外交大使；Thomas Guback 更論述到美國政府透過外貿法案與賦稅手段，對電影業提供了可觀協助，造成國家機器的介入及商業化色彩濃厚。要是由這個角度來觀察，那麼好萊塢的入侵即是以全球化為手段，實質意義同為文化帝國。且語言影響思想，使得好萊塢成為政治作用意味極為濃厚。

　　真正論究好萊塢精神，有人認為即是美國文化的重塑，美國雖擁有一切大國條件，但歷史太短則是無法改變的事實，在此前提下由好萊塢製造出來的「美國迷思」，便是這項遺憾下的彌補品。藉由控制好萊塢即是控制全世界——成為美國文化與美國式民主的代言人。

　　由結構主義理論來理解好萊塢精神，意符是多變可順應環境而生存和美國電影的同意詞；指服飾奢華、花俏次文化的意義。

就意符的好萊塢而言，即是在米高梅全盛時期每部影片片尾都會打 Made in Hollywood，雖非每部片都出自好萊塢，卻是在「好萊塢傳統」特殊生產規模及大規模的生產手段，強調演藝人員的專門化（明星制）、專業化，類型美國電影如「金髮尤物」片中一改美女形象不僅有美貌亦有智慧，且憑自信努力當上律師；如「阿甘正傳」片中即是宣傳美國人樸實及努力即有明天的本性；如「天才雷普利」，片中提及美國式的價值觀即是——判定別人罪狀之前，必定會將事件的來龍去脈調查清楚。

如果像某些人聲稱的「好萊塢是大社會的鏡子」，那它所反射出的無疑是奇怪和畸形的影像。好萊塢承認電影和社會問題的確有關，但是他們堅稱是社會問題塑造電影，美國社會問題才是真正最大的元兇。換言之，好萊塢從未影響美國文化產生不良次文化會導致社會問題層出不窮；次文化的主體是美國文化的良莠不齊導致社會問題，持此立論者似乎忘了電影是社會的鏡子。

第九節　電影的最後邊疆

自從電影有了聲音和色彩之後，人們在電影方面的進步就更加真、更加完善地反映現實。聲音和色彩把電影從以往的限制中解脫出，使電影走向了另一個更廣闊天地。不管是導演、攝影、表演、化妝、動畫等電影藝術也都因為電影有了聲音和色彩而獲得新的生命。

電影從誕生之日起，幾乎就融入了大眾文化之中，一直為人

們帶來歡樂，美國電影的技術與經驗，到目前已經漸漸成熟，甚至整部片可以在電腦虛擬的情境下創造。然而即使在 1946 年，電影製片廠每年可生產 40 至 50 部的電影，在每部影片的平均投資為 2,000 萬美金，再加上為了要使整個組織維持運轉所需的高昂經費，使得整體的投注成本極為可觀，並且也承受了必須製作出賣座佳片的龐大壓力，因此在大眾文化盛行的電影界，似乎也潛藏人文的關懷漸漸沒落的隱憂。

　　1920 年代，大部分的影片配銷系統都是把持在那些主要電影製片場手中。如今，一部影片其原先的配銷模式可能在戲院中播放，然後是付費有線電視錄影帶銷售、網路節目播放、有線電視，這種在各種不同媒體中做的一系列「輪映」（Windows）則是電影未來發展的另一個活水。

　　為了與日趨壯大的電視相抗衡，爭奪觀眾，電影製片商在提高影片本身質量的同時，還設法引進新技術以增強影片的演出效果。五〇年代，電影技術進步方面最重要的成果，一是寬銀幕電影的出現，二是立體音響用於電影製作。1952 年研製成功「西尼拉瑪」寬銀幕系統，1953 年又出現了「西尼瑪斯柯普」系統的寬銀幕電影。能夠產生三維音響效果的立體聲技術，1952 年也開始運用於電影業。但是，在一個相當長的時期中，這種技術的應用並不普遍，畢竟花費的成本太大了，已有的電影院也要經過改造才能適應這種新技術的要求。

　　以 1953 年，好萊塢發行了諸如《蠟房》、《黑瀉湖來的動物》等立體電影，還造成了一定的轟動效果，觀眾紛紛離開電視，去體驗一下那種刀劍迎面砍來、雪崩從天而降的顛慄效果，然而很快的觀眾就對這套把戲厭倦了。儘管電影界做了如此多的

努力來吸引觀眾，但它最終發現民眾的興趣已經發生變化，電視這個新媒介已經成為一種新的生活方式。

在電影迅速發展的過程中，人們除了關心它所帶來的滾滾財源，對電影作為一門藝術所取得的成就也並未漠視，開始舉辦各種節日並評選各種電影獎，以表彰在電影藝術上的突破與提高。

總括來說，世紀末的美國電影依然佳片迭出。但從七〇年代後期以來，也有一種不好的傾向日益流行，那就是「巨片主義」。以七〇年代《星際大戰》、八〇年代的《外星人》到九〇年代的《侏儸紀公園》，影片製片的成本越來越高，獲獎的《鐵達尼號》的製作成本更是高達 2 億多美元。好萊塢似乎走入了一個誤區，好像只有投資大才能拍出好影片。然而並不是每一部大成本、大製作的影片都能獲得成功。《水世界》就是一個明顯的例證，並且大成本的影片一旦失敗就是一場災難。好萊塢在一片繁華的表象下如何反思才是重點。像李安的《斷背山》耗費不大但卻廣受好評。可見「智慧」、「用心」才是好電影最重要的條件。

美國電影的產量可以說是全球第一，全世界不管到哪裡幾乎都可以看到，電影是一雙面鏡，美國人通過它看世界，我們亦通過它看美國。美國人奉行的英雄主義更是在電影中表露無遺，美國也擅於利用電影來宣揚愛國意識，每當戰爭片的最後，都可以看到星條旗的蹤影。

如果要瞭解一個國家的文化，最好的辦法就是去一趟，但是如果要瞭解美國又不想花大錢，最簡單的方法就是去多看幾部美國電影，你會發現原來美國電影裡所展現出來的美國人民族性是多麼強烈，受九一一事件的影響，美國人在近年來激起了愛國

心，凡事不再以利為先，此外也出現一股反戰風，電影頒獎典禮上，得獎導演批評美國總統布希，不該對伊拉克發動戰爭，也可以看出演藝人員對於國家也是能有話直說的。

　　美國電影的黃金時代似乎已經結束，各大公司從二〇年代中期開始解體或轉產，隨之出現小型電影院、藝術電影院、汽車電影院。獨立製片及實驗電影有了發展，這也未嘗不是新的挑戰。

第十節　美國的娛樂電影

　　電影的初衷即是娛樂大眾，以下將娛樂片分為八個類型，一一分析各類型受到大眾歡迎的因素及過程。

　　喜劇：《摩登時代》（Modern Times, 1936）、《公寓春色》（The Apartment, 1960）

　　卓別林（Charles Chaplin）可算是喜劇的開宗始祖，他的作品至今在影史上仍有屹立不搖的地位，在誇張表演方式的逗趣下，是對當時社會現象的反射和對低層人民的關懷，因此除了表演方式已成為喜劇演員的典範，這種建立在悲劇上的喜劇，是被認為最高明的喜劇表現手法。「摩登時代」是卓氏代表作之一，故事背景為經濟大蕭條時期，主角在工廠作工被當成機械看待，工廠無預警關廠後面臨失業的窘境，充滿對勞工被壓榨及無情資本主義的反諷。卓別林是日後喜劇的典範，義大利演員羅貝多貝尼尼（Roberto Benigni）即以卓別林為效法對象，他自編、導、演的「美麗人生」（Life is Beautiful, 1997）獲得各方讚譽，勇奪

奧斯卡金像獎最佳外語片及男主角獎（史上第一位外籍演員獲得）。

比利·懷德（Billy Wilder）是美國影史上舉足輕重的導演之一，《日落大道》（Sunset Blvd., 1950）、《熱情如火》（Some Like It Hot, 1959）都是他廣為人知的經典作品，他的主角也多為社會中的小人物，為功名汲汲營營時衍生出種種趣事。《公寓春光》是懷德獲得奧斯卡最佳影片的代表作，內容描述一名小職員為了升官，將自己公寓借給上級偷歡，卻發現偷歡對象其中之一是他心儀的同事。主角面臨兩難的局面往往是喜劇中的樂趣來源，懷德是情境喜劇的高手，也使觀眾在娛樂中看到感同身受的生活處境。

歌舞：《綠野仙蹤》（The Wizard of Oz, 1939）、《真善美》（The Sound of Music, 1965）、《紅磨坊》（Moulin Rouge!, 2001）、《芝加哥》（Chicago, 2002）

歌舞片也是電影發明初期就已盛極一時的電影類型，《歌舞大王齊格飛》（The Great Ziegfeld, 1936）等片至今仍為人津津樂道，家喻戶曉的《綠野仙蹤》更以其創意十足的劇情和經典名曲，至今仍為觀眾的最愛。

但歌舞片的最高峰莫過於六〇年代，許多百老匯音樂劇紛紛被好萊塢片商相中，於是造成歌舞電影的大風潮，獲得奧斯卡最佳影片等多項大獎的《真善美》就是代表之一，除了悅耳動聽、朗朗上口的歌曲外，富含親情與愛情的故事也是其成功的主因。

但後期因此類電影漸顯疲乏，加上其他類型紛紛崛起，歌舞片沉寂了好一陣子，直到近幾年再度起死回生。《紅磨坊》是澳洲導演巴茲魯曼（Buz Luhrmann）的野心之作，全片以歷年流行

歌曲貫穿，加上扣人心弦的愛情悲喜劇，獲得不少好評，也榮獲
奧斯卡最佳影片等 7 項提名。兩年後的「芝加哥」重返改編百老
匯音樂劇行列，將這齣早已膾炙人口的熱門戲碼搬上銀幕，以流
暢的影片節奏及生動幽默的歌舞場面廣獲讚賞，終於奪得奧斯卡
最佳影片，再創歌舞片不可限量的新紀元。

動作冒險：《法櫃奇兵》（Raiders of the Lost Ark, 1980）、
《神鬼奇航：鬼盜船魔咒》（Pirates of the Caribbean: The Curse of
the Black Pearl, 2003）

史蒂芬史匹柏（Steven Spielberg）是娛樂片的好手，不論各
類片型到他手中都能出類拔萃，印第安那瓊斯系列不但奠定他的
影壇地位，更且是影史上冒險片型的經典之作，入圍奧斯卡最佳
影片的《法櫃奇兵》是該系列的第一部，其精采絕倫的動作場面
及引人入勝的考古情調使本片受到廣大回響。

冒險片一直是大眾的最愛，幾十年來唯一改變的是視覺效果
的突飛猛進，《神鬼奇航：鬼盜船魔咒》再創冒險片的另一高
峰，目不暇給的視覺效果是本片成功的主要關鍵。

懸疑：《後窗》（Rear Window, 1954）、《北西北》（North
by Northwest, 1959）

希區考克（Alfred Hitchcock）以精準營造懸疑氣氛而有「緊
張大師」的封號，他的作品在影史上皆有不可磨滅的地位。《後
窗》主角因腳傷在家修養，閒暇之餘用望遠鏡偷窺大廈社區對面
的住戶，卻意外目睹一樁謀殺案，本片極富創意的故事和營造緊
張的高明程度，成為後人效仿的典範。同樣地，《北西北》主角
無端捲入一場陰謀，接二連三出其不意的發展皆令人直呼過癮，
適度的喜劇元素緩和使人喘不過氣的懸疑氣氛。

科幻：《星際大戰》（Star Wars, 1977）、《外星人》（E.T. the Extra Terrestrial, 1982）、《魔鬼終結者》（The Terminator, 1984）、《回到未來》（Back to the Future, 1985）、《駭客任務》（The Matrix, 1999）

科幻片在七〇年代中期前幾乎是 B 級電影的天下，粗糙的效果加上可笑的劇情，使科幻片持續停留在不入流的階段，直到喬治盧卡斯（George Lucas）在 1977 年推出《星際大戰》，才為科幻片立下一座新里程碑，其視覺效果成就在當時堪稱非凡，極富想像力的劇情深深吸引大眾，不但創下票房紀錄，亦入圍奧斯卡最佳影片等多項大獎，此外，其正邪對立的設定也激勵著當時面臨蘇聯共產勢力威脅的美國人。

史蒂芬史匹柏的《外星人》曾造成萬人空巷的熱潮，其溫馨幽默的劇情滿足了大眾對外星生物的幻想，當時受到感動的孩子們如今成為造就美國高度太空科技發展的先驅。

詹姆斯卡麥隆（James Cameron）早在以《鐵達尼號》（Titanic, 1997）風靡全球前，就創造出一部警世寓言《魔鬼終結者》，主角是來自未來的戰士，為保護首領母親不被來自同一時代的機器人殺害，原來人類世界將在 1997 年被自相競爭的核武毀滅，為當時美蘇冷戰下的核武競賽提出嚴重警告，幸好後來並未如本片寓言，其反武理念仍是重要的。

H.G.威爾斯（H.G. Welles）在整整一世紀前的鉅著《時光機器》（The Time Machine）便帶領人類邁向時光旅行的想像中，1985 年勞勃辛密克斯（Robert Zemeckis）的《回到未來》融入喜劇風格，以主角誤闖父母少年時代而改變未來的有趣劇情，帶動大眾對時光旅行的憧憬。

20 世紀末，華查斯基兄弟（The Wachowski Brothers）的《駭客任務》掀起另一波科幻片熱潮，其創新的表現手法和富有哲學意味的劇情設定，令大眾為之風靡，也造就科幻片在新世紀的新方向。

恐怖：《驚魂記》（Psycho, 1960）、《大法師》（The Exorcist, 1973）、《異形》（Alien, 1979）、《靈異第六感》（The Sixth Sense, 1999）

恐怖片也是大眾最愛的類型之一，藉由極度的感官刺激彌補日常生活的平淡，希區考克的《驚魂記》是恐怖片經典之一，其恐怖的因素不只是嚇人場面，更是人物心理的投射，本片傑出的分鏡技巧已成為電影學中典範教材。

宗教一直是美國人心中根深柢固的觀念之一，七○年代盛傳的撒旦附身事件，造就出這部具有時代意義的《大法師》，片中主角小女孩飽受惡魔附身之苦，而前去救援的神父亦遭良心譴責之煎熬，對當時信仰低落的美國有深刻警惕作用。

在科幻片因《星際大戰》而興盛時，《異形》進而結合恐怖類型，令科幻片呈現嶄新風貌，當時仍是新進導演的瑞德利史考特（Ridley Scott）大展他操弄類型電影的長才，使本片成為不寒而慄的最新代言詞，片中的怪物形象也被日後同類片型爭相模仿。

印度導演 M.奈特夏馬蘭（M. Night Shyamalan）以其宗教的鬼神觀念創造出這部與眾不同的《靈異第六感》，夏馬蘭師法希區考克的故弄玄虛，加上個人獨特的視覺風格，形成本片傑出的娛樂效果，意外獲得奧斯卡最佳影片、導演等提名。

災難：《大白鯊》（Jaws, 1975）

　　史蒂芬史匹柏的《大白鯊》是災難片中的經典之一，本片的成功可從美國人至今仍對鯊魚有深刻恐懼感中看出，但本片豐富的娛樂效果仍為人津津樂道，至於鯊魚是否真如片中敘述般那麼危險，也沒人追根究柢了。

　　動畫：《美女與野獸》（Beauty and the Beast, 1991）、《玩具總動員》（Toy Story, 1995）、《史瑞克》（Shrek, 2001）

　　自從華特迪士尼發明動畫開始，從起初為兒童帶來歡樂，到提供不同於一般形式的傳播方式，動畫一直是世界上不可或缺的媒體之一。迪士尼公司歷年來的動畫短片及長片已樹立其在動畫界的龍頭地位，在傳統動畫逐漸消沉的時期，他們更結合音樂劇形式，使動畫片再創高峰，《美女與野獸》不但破天荒成為首部獲奧斯卡最佳影片提名的動畫，更與其後亦廣受歡迎的「獅子王」（The Lion King, 1994）雙雙被改編為百老匯音樂劇，顛覆電影由音樂劇而來的模式。

　　隨著電影技術日新月異，3D 動畫成為動畫片不可避免的演進，自皮克斯公司拍攝的《玩具總動員》起，該公司的每部作品皆甚為成功，逐漸取代其合作公司迪士尼的傳統地位。「史瑞克」的出現是動畫片的新里程碑，其顛覆經典童話的劇情恰好符合大眾追求創新的心態，更諷刺地打敗迪士尼，拿下奧斯卡第一屆的最佳動畫長片獎。

第十一節　美國的歷史電影

從美國電影蓬勃發展以來，歷史片一直是片商和大眾的最愛，從耶穌基督各種不同版本的電影、羅馬帝國的《賓漢》（Ben-Hur, 1959）和《神鬼戰士》（Gladiator, 2000），到 2006 年推出的九一一事件電影。以下就美國歷史各時期的電影略加分析。

殖民時期：《激情年代》（The Crucible, 1996）、《紐約黑幫》（Gangs of New York, 2002）、《新世界》（The New World, 2005）

美國初期殖民多為英國的宗教異端，但到了新大陸的清教徒們仍為自己設下更嚴苛的異端刑責，亞瑟米勒（Arthur Miller）改編自己劇作的《激情年代》即探討當代此現象的瘋狂及不公，主角拒絕未成年少女的求愛後，竟被誣告為行巫之人，自己和妻子皆受到嚴酷的逼供。

愛爾蘭和義大利幫派的鬥爭自殖民時期就開始了，馬丁史柯西斯（Martin Scorsese）以義大利後裔的身分慎終追遠地拍出《紐約黑幫》，敘述造就今日美國情勢的這段不可磨滅的根源。

《新世界》是源於美國家喻戶曉的故事，英國人初抵美洲大陸開發，與印第安人發生衝突，加上約翰史密斯、約翰羅菲和印第安公主寶嘉康蒂的愛情傳奇，喚起了美國人的歷史共鳴。

獨立戰爭：《決戰時刻》（The Patriot, 2000）

獨立戰爭是美國最重要的歷史之一，《決戰時刻》敘述一位農民在經歷喪子之痛後，為復仇而加入這場造就歷史的戰爭，即

使主角動機並不偉大，英美對戰的激烈場面仍令人震撼。

拓荒時期：《西部開拓史》（How the West Was Won, 1962）、《遠離家園》（Far and Away, 1992）。

拓荒精神是美國人最引以為傲的長處，因此亦出現不少有關拓荒時期的電影，就連卓別林都拍了部《淘金記》。

《西部開拓史》出自西部片之父約翰福特（John Ford）之手，描述一家人歷經半世紀的西征過程，具有卓越的歷史價值。《遠離家園》主角是愛爾蘭佃農後代，在誤打誤撞下與地主女兒到達美國，一路奮鬥西進，最後取得屬於自己的領土。

南北戰爭：《亂世佳人》（Gone with the Wind, 1939）、《與魔鬼共騎》（Ride with the Devil, 1999）、《冷山》（Cold Mountain, 2003）

說到南北戰爭，改編自瑪格莉特米契爾（Margret Mitchell）暢銷小說《飄》的《亂世佳人》絕對是無與倫比的代表電影，由南方觀點出發，敘述一位望族女兒經歷南北戰爭時的愛恨情仇和成長，即使對戰爭甚少著墨，戰爭時的社會現象翔實記錄主角所到之處。

台灣導演李安不斷嘗試以外國人觀點拍攝各國不同時期的故事，《與魔鬼共騎》描述在南北交界的密蘇里州一對患難兄弟因戰爭而分離，在懵懂年紀就必須作生死攸關的抉擇，以全然客觀的觀點，本片忠實地敘述了戰時青年、婦女和黑人的心情。

以細膩刻劃人物心理著稱的安東尼明格拉（Anthony Minghella），也以《冷山》表達他對南北戰爭的重視，主角如史詩奧德賽的旅程，表現戰時平民的弱勢，及更堅貞不移的愛情。

經濟大蕭條：《奔騰年代》（Seabiscuit, 2003）、《最後一

擊》（Cinderella Man, 2005）

1929 年的經濟大恐慌是美國人難以忘懷的歷史過程，雖然造成整個社會的大動亂，也再次證明美國人逆流而上的精神。《奔騰年代》背景設在經濟大蕭條時期，由從小被家人賣掉的騎馬師、走出喪子陰霾的企業家和失意訓馬師三人互助，在賽馬比賽中找到人生價值，故事雖無新意，卻深刻印證當時美國不屈不撓的精神，《最後一擊》在拳擊手真人實事的感人故事中，更能代表美國勇往直前的珍貴價值。

二次世界大戰：《北非諜影》（Casablanca, 1942）、《辛德勒的名單》（Schindler's List, 1993）、《搶救雷恩大兵》（Saving Private Ryan, 1998）

可能因為二戰對美國的甚大衝擊，片商們對該時期的題材樂此不疲。《北非諜影》甚至在戰爭結束前推出，一方面搭上當代時事的熱潮，一方面強調美國對戰爭的高度關注。主角是個在北非名望甚高的美國人，握有能逃離納粹勢力的通行證，卻遇見丈夫是欲逃出的歐洲大使的舊愛，這種兩難的局面考驗著他的道德和情感。本片除了社會價值外，極富張力的人性衝突也是其維持經典不墜地位之處。

史匹柏在九〇年代的兩部大作皆顯示他對二戰的熱切關懷，身為猶太人後裔，《辛德勒的名單》可說是他的感恩之作，除了記載猶太人被殘忍屠殺的情況外，亦讚譽主角辛德勒無關種族的高貴精神；《搶救雷恩大兵》則透過 9 名大兵尋找一位家族僅剩一子的小兵，強調美國重視的人道主義。

冷戰時期：《獵殺紅色十月》（The Hunt for Red October, 1990）、《驚爆十三天》（Thirteen Days, 2000）

二戰後，美蘇成為世界兩大勢力，此時期世界緊張的情勢成為片商和大眾關注的焦點。改編自著名軍事小說作者湯姆克蘭西（Tom Clancy）作品的《獵殺紅色十月》，敘述冷戰末期一名蘇聯潛艦指揮官下令航向美國，藉其意圖不明的行徑，表現美蘇對立的高度緊張局勢。

1962 年的古巴危機也是美國重要歷史之一，《驚爆十三天》的內容的確就是那十三天中，美國政府對危機的因應過程，即使在今天看來仍驚心動魄。

越戰：《越戰獵鹿人》（The Deer Hunter, 1978）、《現代啟示錄》（Apocalypse Now, 1979）、《前進高棉》（Platoon, 1986）

越戰是近代改變美國最多的一場戰爭，盛大的反戰風潮造成許多奇特的社會現象，毒品氾濫、性開放是其中較負面的，而自戰爭歸來的勇士們更不如戰前英勇。《越戰獵鹿人》敘述一個工業小鎮的好友們加入越戰後所造成的改變，絕大篇幅集中在越戰中，使大眾直擊越戰無情的面目；隔年的《現代啟示錄》是法蘭西斯福特科波拉（Francis Ford Coppola）的野心鉅作，兼具濃厚反戰意念及令人嘆為觀止的電影技術，成為立即的經典之作。

個人觀點強烈的奧立佛史東（Oliver Stone），以《前進高棉》強調戰爭中的險惡人性及對參戰青年造成終身不可磨滅的衝擊，與其後的《七月四日誕生》（Born on the Fourth of July, 1989）和《天地》（Heaven & Earth, 1993）並稱「越戰三部曲」，可見史東對越戰的刻骨銘心。

近代史：《阿甘正傳》（Forrest Gump, 1994）

改編自大眾文學的《阿甘正傳》，以一位智障人士的生平經歷貫穿美國自五〇年代以來的社會現象和近代史，從出身南方的

落後城鎮、遇見被父親性侵害的童年玩伴、陰錯陽差進入橄欖球隊而上大學、目睹黑人被大學接受入學、加入越戰結交黑人好友、代表美國與中國進行友好乒乓球賽、遵守對已故好友的承諾從事捕蝦事業、成為無人生目標人民的長跑領袖，加上輕輕帶過的甘迺迪遇刺、登陸月球、尼克森辭職，本片在主角有趣的遭遇中，表達時代對社會及人物的影響，也透過一個弱勢人物的反差，顯示小人物對時代也有影響力的希望。

　　近代戰爭：《黑鷹計畫》（Black Hawk Down, 2001）、《鍋蓋頭》（Jarhead, 2005）

　　即使蘇聯共產勢力瓦解，美國仍不中斷其對世界展現勢力，至於是對他國事務的侵權，抑或保護他國，就留待眾說紛紜了。《黑鷹計畫》翔實記載美軍 1993 年為挾持兩名軍事將領卻陷入困戰的實況，英籍導演瑞德利史考特並未加入任何主觀批評，只是表現這場戰爭中每位軍人遭遇困境時的不同應對心態。《鍋蓋頭》，改編自一位親臨波灣戰爭士兵的自傳，相信也是部忠實記載該戰爭實況的佳作。

第十二節　美國的社會現象電影

　　除了獲得娛樂或瞭解歷史，反映社會現象也是大眾喜愛的題材，電影不但帶領他們參與自己未知的領域、看到更多不同的人生面貌，也會對故事描述的內容感同身受。

　　政治：《大陰謀》（All the President's Men, 1976）、《誰殺

了甘迺迪》（JFK, 1991）

　　大眾無法親自參與政治，電影便成為他們能快速瞭解政治實情的媒介之一。《大陰謀》顧名思義就是敘述政治陰謀，改編自揭發七〇年代水門案兩位記者的著作，將事件的來龍去脈作一番翔實的呈現，亦減緩大眾對該事件在未知狀態下的恐懼感。

　　奧立佛史東在甘迺迪遇刺近三十年後推出的《誰殺了甘迺迪》，以其一貫極為主觀的作風對內幕作出大膽的種種假設，為了國家安全的考量，大眾欲知的真相仍未被揭露，但透過檢察官主角的追查突顯了民主精神的可貴。

　　經濟：《華爾街》（Wall Street, 1987）、《驚爆內幕》（The Insider, 1997）

　　史東除了對政治的高度興趣外，經濟也是他的另一個關注焦點，《華爾街》敘述美國大企業非法的內線交易，雖然故事為虛構，卻一針見血地指出在自由經濟體系下，令人厭惡卻必要的貪婪。

　　《驚爆內幕》透過一名被開除菸草業行政人員上《六十分鐘》爆料香菸的具體害處，卻因巨大菸草企業壓力使電視台不敢播出，也令主角面臨因違反保守機密協定可能被告的困境。本片反映媒體在龐大經濟體系下被操縱的問題，也指出企業在追求利益下的道德淪喪。

　　媒體：《螢光幕後》（Network, 1976）、《大特寫》（The China Syndrome, 1979）、《益智遊戲》（Quiz Show, 1994）

　　同樣作為一個媒體，電影也可用以檢討當代媒體面臨的問題及建議應有的作為。《螢光幕後》透過一個新聞主播因電視台企圖轉型而被撤職後，以出其不意的行動證明自己的影響力，也突

顯電視在時代轉變下，人民求知的權力仍不容被侵犯的重要性。

《大特寫》主角是個調查能源的投機女記者，意外目睹核能電廠意外，正當她欲揭發以獲晉升時，卻有更大壓力阻止她的行動，記者在面臨激烈競爭下的不擇手段和面臨打壓時應有的毅力，都是本片強調的重點。

《益智遊戲》取材自一件五〇年代的真實事件，一個益智遊戲節目被發現作假，進而引發大眾對媒體道德的爭議，身為學者的主角不該配合電視公司欺騙大眾，但電視台發言人提出的娛樂性和真實性的差異，也有理地證明娛樂節目和誠實道德可不相關的論點。

家庭：《親密關係》（Terms of Endearment, 1983）、《美國心玫瑰情》（American Beauty, 1999）

家庭電影是最貼近大眾的型態之一，家庭關係雖各不同，社會影響下的親子關係卻是面面相覷的。《親密關係》以一對母女長達數年的愛恨關係為主軸，女兒的婚姻狀態和面臨病危，及母親的第二春，皆令彼此關係重新從冷漠轉為關懷，突顯親情的密不可分。

《美國心玫瑰情》對近十年家庭型態作出一針見血的描述和諷喻，不得志的上班族爸爸、事業心重並操縱慾強的母親、得不到家庭溫暖的女兒、拘謹過頭的怪異鄰居，一反常態地形成一部建立在喜劇上的悲劇，而有更深刻的社會省思。

法律：《十二怒漢》（12 Angry Men, 1957）、《梅崗城的故事》（To Kill a Mocking Bird, 1962）、《永不妥協》（Erin Brockovich, 2000）

司法制度是美國的立國基礎，有關法律的電影亦是層出不

窮。《十二怒漢》是部以陪審團實際討論時間為影片長度的電影，在極為緊湊的篇幅中敘述陪審團表決時的盲目跟從、不理性到慎思熟慮後的決策，顯示陪審團制度的缺失及可貴。

《梅崗城的故事》背景為三〇年代的美國南方小鎮，主角為被控強暴的黑人辯護，受到鎮民的反對，甚至脅迫他退出，此議題在今日看來仍是十分敏感，但司法制度的公正卻不容小覷。

描述小鎮民對抗大財團的《永不妥協》，除了主角對客戶們感同身受的努力不懈外，仲裁制度對此類案件的裁決方式，證明司法制度符合人民需求的公正及效率。

黑幫：《教父》（The Godfather, 1971）、《四海好傢伙》（Goodfellas, 1990）

黑幫是人類社會中的必然產物，代表著反政府、反社會的抗衡體系，其組織甚至比一般正當組織更為精密。《教父》是影史上最具代表性的電影之一，科波拉以其義大利裔身分敘述一段長達數十年的義大利黑幫家族興衰，揭露不為人知的黑幫世界及黑幫根源，兩年後的《教父續集》（The Godfather, Part II, 1973）成為史上第一部獲得奧斯卡最佳影片的續集電影，也是至今唯一雙雙獲得最佳影片的系列電影。

同為義大利裔的馬丁史柯西斯的《四海好傢伙》，則是敘述較近代的黑幫演進，主角從小在犯罪中成長，在經歷事業興衰後，最後淪落為警方的汙點證人，可視為黑幫的末代寓言。

犯罪：《計程車司機》（Taxi Driver, 1976）、《沉默的羔羊》（The Silence of the Lambs, 1991）

《計程車司機》是史柯西斯對犯罪現象的探討，主角設定為一個自越戰退役的計程車司機，每晚都會在車上遇見不同的人

物，在過往經歷與社會接觸的交織下，主角心理狀態變得極為暴力，可能隨時控制不住，反映當時社會處處潛藏的犯罪危機。

《沉默的羔羊》是犯罪心理學電影的代表作，除了編、導、演三方完美的組合，人性因脆弱而偏差的心理呈現在主角的對談及兇手的行為中，也對連續謀殺兇手的心理進行深入推測。

勞工：《岸上風雲》（On the Waterfront, 1954）、《諾瑪蕊》（Norma Rae, 1979）

馬龍・白蘭度（Marlon Brando）主演的經典電影《岸上風雲》，描述一位碼頭工人在偶然下在碼頭上目睹一椿謀殺案，兇手是他的老闆，在未即時出面制止的自責下，決定挺身出面作證對抗老闆，突顯當時對勞工人權的忽視和勞工隨時可能面臨的危險。

《諾瑪蕊》的主角是個單親媽媽，在無法忍受她工作的工廠不重視勞工權益下，不畏可能失去工作的危險，與工會宣導者聯手向工廠老闆爭取自己及同事應有的合理待遇，喚醒勞工應有自覺的勇氣。

音樂：《成名在望》（Almost Famous, 2000）

在近代音樂史中，美國占了不小地位，導演卡麥隆克洛（Cameron Crowe）以他自身經驗拍出《成名在望》，透過一名小樂迷在偽裝身分下成為滾石雜誌的採訪記者，隨著樂團巡迴時，記錄樂團在受人景仰外表下的真實面貌，亦不乏毒品和性放縱的現象描述，感慨真正音樂精神的沒落。

男女關係：《安妮霍爾》（Annie Hall, 1977）

伍迪艾倫（Woody Allen）以拍攝現代都會的男女愛情關係著稱，《安妮霍爾》可視為其中的代表作，艾倫飾演他典型的神經

質角色，追憶與安妮的過往經歷，試圖找出分手原因，表現七〇年代起男女關係漸漸走向不單純的現象，及女性對愛情自主的覺醒。

單親家庭：《克拉瑪對克拉瑪》（Kramer vs. Kramer, 1979）

除了男女關係的轉變，家庭也在七〇年代出現重大變化，因夫妻離異而形成的單親家庭有日益增加趨勢，《克拉瑪對克拉瑪》表現親子雙方在面臨此衝擊下的複雜心境，和雙方爭取扶養權時迫使小孩面臨殘酷的抉擇，象徵雙親不代表家庭的時代來臨。

青少年：《畢業生》（The Graduate, 1967）

《畢業生》主角是個剛離開校園的新鮮人，卻隨即捲入與有夫之婦的不倫關係，又愛上婦人的女兒，在此複雜關係中表現青少年在學習社會生存及自我定位時不知所措的常態，及青少年追求自主的熱情，卻也是將他們導向更徬徨前途的不理智。

種族：《紫色姊妹花》（The Color Purple, 1985）、《衝擊效應》（Crash, 2005）

種族問題一直是美國境內最大的問題之一，更具體地是白人與黑人的衝突，史匹柏亦十分重視種族問題，《紫色姊妹花》表達他對黑人在美國處境的重視和同情，故事圍繞著一位美國非裔女子，自 20 世紀初起長達三十年的經歷，描述當時黑人在社會上遭受待遇的種種面向，及黑人透過宗教和音樂激勵下，對自我價值的覺醒。

多線敘事是近來電影常見的手法，《衝擊效應》便巧妙地運用這種手法，表達美國不同種族間在現實生活中的偏見、對立、寬恕及互助，除了黑白衝突，亞裔非法移民的問題、普遍對拉丁

人的偏見，和九一一事件後中東人在仇視意識下遭受的侵害，使本片充滿豐富的層次。

同性戀：《費城》（Philadelphia, 1993）、《斷背山》（Brokeback Mountain, 2005）

同性戀其實是人類有史以來就已存在的關係，隨歷史上各時代或地域的差異而有不同的待遇，但仍屬社會上的弱勢團體，近年來因人權的重視及觀念的開放，使同性戀不再只能隱藏自己的身分。

《費城》描述一位平步青雲的律師在面臨愛滋病魔的摧殘下，同時遭到法律事務所運用手段開除的不平等待遇，透過另一名律師的支持下挺身控訴，表現同性戀對自我人權的維護，及在法律及社會上應給予對待的公正和平等。湯姆漢克斯（Tom Hanks）突破性的演出，使他獲得包括奧斯卡及柏林影展在內的多項最佳男主角獎，也是第一位以同性戀角色獲獎的演員。

在以《囍宴》表達同性戀和中國傳統家庭的衝突後，李安再次選擇描述美國六〇年代的同性戀故事「斷背山」，兩名主角在面對保守風氣下無法圓滿的愛情，造成對他們往後人生的影響，本片在同性戀面對自我及現實環境的衝突有深入的著墨，並傳達同性愛情無異於異性愛情的理念。除了勇奪威尼斯最佳影片金獅獎外，在美國各大影評人協會獎中，本片也獲得了洛杉磯、紐約、波士頓影評人協會的最佳影片及導演，全美影評人協會亦頒予最佳導演；而在 2006 年元月 17 日發表的第 63 屆金球獎中，《斷背山》更是大放異彩，拿下最佳導演、最佳劇情片、最佳劇本、最佳原創歌曲共四項大獎。先前更獲得 6 項提名。李安曾在頒獎典禮中，感謝大家加強了他對電影的信念，他更堅信電影力

量可以改變人類的思維方式。

第十三節　美國的次文化電影

在社會文化多元發展的歷程中，除了符合規範道德的主流文化外，也出現了提供想像或反主流的次文化，即使反主流在一般觀念中會被與傷風敗俗畫上等號，卻能滿足大眾暫時超脫現實框架的渴望，代表次文化的電影也在獲得支持下逐漸蓬勃。

漫畫：《蝙蝠俠》（Batman, 1989）、《蜘蛛人》（Spider-Man, 2002）、《綠巨人浩克》（The Hulk, 2003）

漫畫是提到美國文化中不可或缺的產物，代表著美國充滿想像力的特性，其中以超級英雄為主角的漫畫更是受到廣泛喜愛，引起片商搬上銀幕的企圖。

當《蝙蝠俠》在以黑色幽默風格聞名的導演提姆波頓（Time Burton）手中，除了對蝙蝠俠本人黑暗性格的敘述外，反派的背景與蝙蝠俠的互動，也使波頓導演的兩集電影不同於一般娛樂電影正反對立的俗套，可惜在喬舒馬克（Joel Schumacher）導演的第三、四集中，徒有聲光效果而不重人物描寫，使本系列落入狗尾續貂的殘局。克里斯多佛諾蘭（Christopher Nolan）重新打造的《蝙蝠俠：開戰時刻》，不但有更好的故事和格局，人物刻劃也更勝於波頓的版本，喚起觀眾對蝙蝠俠的信心，至於《超人 5》（Superman Returns, 2006）是否也能一雪前恥，引人關切。

《蜘蛛人》至今仍是美國人最喜愛的漫畫人物，由兩集電影

票房雙雙登上影史十大足以看出，巧合的是導演山姆瑞米（Sam Raimi）就是以次文化恐怖電影起家，影片的娛樂性和內容並駕齊驅，證明娛樂片也有高品質的可能性。

李安出人意表選擇拍攝的《綠巨人浩克》，也是美國家喻戶曉的漫畫之一，對人物情感的細膩呈現，使本片有別於一般改編自漫畫的娛樂片，雖然這種做法犧牲了娛樂效果，卻有著電影工作者堅持自我理念、不受市場需求影響的崇高精神。

恐怖：《活死人之夜》（Night of the Living Dead, 1968）、《鬼玩人》（Evil Dead II, 1987）

次文化的恐怖電影通常由一群剛畢業的電影人，甚至電影學生，以極低成本獨立拍攝，製作品質雖不如大片商電影精良，富創意的劇情和氣氛的準確掌握，就能使這類電影獲得回響。《活死人之夜》是殭屍電影的開山始祖，本片的成功促成續集陸續的開拍，且不亞於首集。

《鬼玩人》是《蜘蛛人》導演山姆瑞米的成名作，其實本片是《屍變》續集，但在劇情和恐怖及幽默戲謔效果上，都勝過首集。雖然支持者仍在少數，作為小成本立大功電影的鐵證，此類電影在影史上也占有一席之位。

暴力：黑色追緝令（Pulp Fiction, 1994）、追殺比爾（Kill Bill: Vol. 1, 2003）

說到代表次文化的暴力電影，絕對少不了昆丁塔倫提諾（Quentin Tarantino），他誇張風趣的風格受到固定喜愛者的崇拜，《黑色追緝令》是他勇奪坎城影展最佳影片的代表作，該片描述黑幫及非法份子在生活中互相關聯而發生的趣事和困境，一反一般暴力電影的肅殺氣氛，塔倫提諾的招牌插敘式手法也是本

片高明之處。

　　《追殺比爾》更向香港和日本暴力電影取經，全片充滿驚人不償命的殺戮，結合卡通式的瘋狂戲謔，主角決心復仇的態度雖屬負面，卻也是真實人性的投射，使本片及其續集也受到廣大群眾喜愛[1]。

1.本章電影分類參考文化出版社黃柏鈞所著《美國的電影》（2006 年 2 月）。

第9章　美國網路化與傳媒新發展

第一節　網際網路起源與功能

　　網際網路最初起源於美國軍方想把位於不同區域、不同的廠牌的電腦用共通的方式連結起來，藉以傳達資訊。爾後，這項計畫逐漸擴展至政府、學術、研究和商業機構，形成一個複雜的網路體系。為了連線之安全性，電腦間以蜘蛛網狀互相連接，小網接大網，形成一個巨大的電腦通訊網，遍布世界一百多個國家，重要性日益增加。

　　原先在網際網路上的通訊以文字型態為主，發展出一套可在網路上傳送圖形、影像、聲音與文件的系統。此系統使用主從架構，使用者可利用瀏覽器（Browser）與主機連線，執行多人交談、即時語音功能，將提供這些服務的主機以制式位置加以連接，成為網際網路的一個應用網站，即稱 WWW。

　　WWW 除了提供文字、圖形、聲音、影像多媒體（Multimedia）等等平面的表達方式外，亦引用超連結（Hyperlink）的觀念，可用來製作有深度層次感的立體文書。使用者在閱讀一篇圖文並茂的文件時，可以用滑鼠按鈕或鍵盤按鍵操作，來選取文件上事先設計好的文字或圖像，進而透過事先安排好的連結線索（Link），輕易取得進一步的資訊，而不用像傳統的讀書閱覽方

式。

　　WWW的文字或圖像中所含的連結，所指向的可以是另一篇文字稿或是圖形聲音，甚至是影帶節目或圖文共存的文件。而且同一文件內的眾多連結，可能個別指向網路上各地的資源，而一篇文件也可能是由散佈各地的小單元所組成。整個網路傳輸及文件組合的過程。此種結合 Hyperlink 及 Multimedia 的網路 Hyper-media 超媒體觀念，足為 WWW 的一大特色。除此之外，網際網路更包含電子信件、電子佈告欄、檔案傳送、遠程存擷取、搜尋引擎等功能。

　　電子信件就是您在電腦上寫信，您可以用鍵盤或其他方式輸入，待您寫完，電腦內的送信軟體會將信送到您指定的使用者那端，在這過程可以沒有紙張，當然也沒有郵差，更不須貼郵票，另外一點不同的是該信會立刻被送到對方（一瞬間的功夫），且儲存在對方的電子信箱中，假如對方當時正在使用電腦，則可以馬上閱讀，若不在，該信就被儲存起來等待取閱，這就是電子信件。

　　電子佈告欄（Bulletin Board System，簡稱BBS）是電腦與通訊結合運作下的產物，起初靠它來做資料與檔案的傳遞，由於電腦網路與資料庫技術快速的發展，它的應用範圍更加普及，凡舉大家所熟知的電腦擇友、電子購物、教學測驗、問卷調查、時間查詢幾乎都可以在 BBS 站看到。

　　檔案傳送的內涵也許字面上不易瞭解，確實，它是可以用來傳送檔案，但它可不只會這些，您可以用 FTP 與另一部電腦連結，假若這部電腦內有很多的公用程式檔案，這時您便可以輕易擷取那些檔案。而若該資料庫又在化學與化工方面有非常多的學

術報告或論文，若您需要便可拿過來。執行這樣服務的系統，我們可以稱呼它為檔案伺服器（FTP Server）。這不是神話，在地球上現在大約有 1,000 多個 FTP 資料庫，開放供您使用。基本上，各FTP資料庫所存放的檔案仍以與電腦相關的為主，這不同於其他類型的資料庫系統。

遠程存擷取（Telnet）是另外一種方式，讓您與遠端的一部電腦連線，更真確的說，您的電腦載入（login）到彼端電腦系統，這時您操作的環境與控制都取決於對方系統。我們舉例來說，現在全世界已有很多圖書館系統以這樣的方式開放使用，這時您便可以透過網路連結login到該圖書館系統，進行線上查詢。同樣的，您也不需要顧慮時空如何遙遠、兩部電腦如何連結。

另外，網際網路還有一個相當重要的功能，那就是搜尋資料的功能，當網際網路使用者想找某些資料時，卻不知切確的網路位址，只要在進入搜尋引擎網站後，鍵入關鍵字，搜尋引擎便能提供與關鍵字相關的資料。搜尋已成為每一位網路使用者的生活中不可或缺的使用工具，使用者可以藉由搜尋網站找到自己所需要的資訊，不論是生活資訊、學術研究、國內外新聞、個人網頁以及官方網站等等的資訊，都能藉由搜尋網站的幫助來獲得。

網際網路被視為一個「新媒介」，由於網際網路媒介發展相當快速，短短四年的期間，就造就了五千萬的使用者規模。是傳統電子媒體無法達到的境界。網際網路是一個有別於早期媒介特性的傳播媒介，包括衛星傳播、線纜傳播及電腦的媒體應用，展現出一種龐大的「數位化」效果，能讓各種資料透過數位格式加以傳送，除了有原來的效能，尚能產生各種「整合」效果，它基本上是以電腦為基礎的整合，在創新中促進傳統大眾傳播發揮更

大的功能，使之趨向於使用者互動、個人化選擇；網際網路和大
眾媒介一致，主要也能廣泛傳布，並自由進行傳播，但是網際網
路卻不斷藉新科技來提升服務效果，彰顯個人在使用上的主導
性，個人的資訊需求不斷藉由科技得到滿足，網際網路的數位化
資訊突破了傳統媒介的範疇，更塑造了新媒介的特性。綜合歸納
網際網路的特性如下：

　　一、自由：網際網路是以「自由」為基礎來做連結的核心思
想，可以隨時隨地連結到世界的任何一個角落，同時在網路的世
界裡，能夠充分地發揮個人的自由意識。

　　二、平等：網際網路的連結使用，不分種族、語言、身分、
性別、年齡等條件的差異，只要擁有由共同的資訊協定標準所建
構的平等關係，就能夠進入網際網路世界遨遊。

　　三、普及：網際網路所帶來的便利，不但降低媒介使用的成
本，更由於硬體設備的簡單化，相當快速地進入社會各種不同範
圍領域，如政府機關、民間團體、教育機構、家庭環境、及個人
生活工具。

　　四、互動：網際網路的互動特性突破傳統媒體的溝通障礙，
使用者能藉由網際網路得到個人的需求之外，並且能夠在網際網
路上，如網路留言板、問題反應區等地方，發表自己個人的意見
及想法，網際網路也可以在短時間接獲使用者的反應，進一步做
修正及調整，這是傳統傳播媒體所不能達到的功能。

　　五、生活化：網際網路的發展漸漸涵蓋生活中所需要的資
訊，不論是食、衣、住、行、娛樂等等的生活需求，都能在網路
上獲取相關資訊。同時，無線寬頻的推廣，也使上網漸漸轉變為
一種生活的基本需求。

　　六、全球化：網際網路使不同國家的社會群眾能夠彼此相互交流，經由網際網路這一新媒介，進一步促成資訊、文化、經濟的互動，這種趨勢將世界各地的各種資訊脈動聯繫在一起，形成一種更加緊密的社會體系。

　　七、功能強化：網路中的多媒體資訊，包含實體世界的各種媒介，如報紙、電視節目、廣播等；其立即性的媒介內容，是其他媒介所無法比擬的。同時網路不斷地創新，網路虛擬世界試著模仿真實世界的作業情境，不斷開發更加便利的功能，如網路購物、網路教學、網路郵局、網路交友等，皆是屬於網際網路科技創新之後的代表性功能。

　　網際網路是雙「無形的手」，透過視覺、有趣的、通俗性較強的娛樂形式，潛移默化地改變著人們，尤其是青少年學生的人生觀、價值觀和行為模式。它深刻地改變著青少年的思想理念、思維模式和行為模式，影響和引導著人們的社會心理和社會的精神面貌。

　　我們從下述再度探討網際網路的正負功能：

一、正面功能

㈠新興媒體為人們提供大量課外資訊

　　電腦和網路為人們提供大量新訊息，成為對課堂教學和學校教育的重要補充教材，另外也成為學生可以預習和複習功課的工具。

　　活潑的網路教材活躍少年的思維，增進他們在廣闊的知識背景上理解、掌握課堂上老師所傳授的知識、理論、法則、定律等，是極有意義的。

　　譬如遠距教學：透過各種聲音、影像和文字訊息與學生互動，使得所謂 X 或 Y 世代的精神世界，為學校教育提供了有血有肉的形象材料，使得原始的課堂教育不再枯燥乏味。

㈡現代化價值觀

　　現代人，特別是具有一定文化知識的現代人總是要與大眾媒體接觸，它是現代人生活的不可或缺的組成部分。在「接觸」過程中，無形中也透過電視電腦等媒體，學會許多社會給予的價值觀。如尊重智慧財產權、容忍不同意見、體諒、珍惜資源、分享資源等。

㈢加速社會化

　　社會化是青少年透過家庭和學校的教育過程，進而瞭解社會的行為規範、準則，並使之內化成為個人行為模式的過程。

　　網際網路媒體的增加，為年輕人的獨立思考發展提供了良好的基礎，也有利於他們養成獨立分析、解決問題的能力。

　　正面幫助：大眾傳媒娛樂活動的多樣性豐富了青少年的課餘生活，使他們能在娛樂中忘記煩惱，這為青少年提供了新奇多變的生活環境，使他們的生活色彩多樣化，大眾傳媒為青少年提供了更廣闊的生活空間，各種文化場所與虛擬的網路世界為青少年提供了更多的交往機會（網路交友），尤其是電子化生活已成為青少年所追求的時尚，並且此風氣更有直線上升的趨勢，電腦與網路世界對青少年具有極大的吸引力。

二、負面作用

　　㈠網路對青少年來說，最重要的不再是其浩瀚知識（庫），而是一種交友娛樂工具。而大眾傳媒的市場操作使大眾文化以營

利為目的，大眾傳媒的營運必然使青少年的消費需求向更高消費的層次發展。

㈡在消費行為上一改以往的實惠、耐用、節儉的取向等，而特別注重審美、新潮、變異以及個性化。

大眾傳媒對青少年消費模式的影響主要透過大眾文化的炒作和廣告來實現的。廣告作為大眾文化的一種形式，已成為向青少年灌輸文化價值理念的主要媒介。廣告對青少年的消費模式乃至生活模式都產生了深刻的影響，當代青少年所表現出來的炫耀消費、彰顯個性的消費主義與現代廣告有著密切的關係，廣告準確而又生動，使得某一產品甚至消費模式、消費理念進入廣大青少年的心中，並且使得某一產品在他們的心中占據一個牢固的無法取代的位置。另外，青少年的消費主義的價值取向主要表現在他們對名牌的認識，青少年需要透過名牌來獲得同伴的豔羨和流行的認可，來彰顯自己的個性異於其他人。

㈢大眾傳媒有助於個性的解放，固然賦予青少年積極的獨立思考模式，也使青少年文化呈現出相互尊重的多樣化精神。進一步也使得兩代之間的思想和追求完全改觀。在言論自由的今天，權威崩解，答案不再只有一個，思想自由與發展成為人生的主要目標；但另一方面在青少年的心理中，自我是非常重要的，自我意味著獨立解放與不受拘束。

㈣傳播媒介（尤其是網際網路）使青少年的事業觀到愛情觀幾乎都受到影響。大眾傳媒所塑造的歌星或政治明星對青少年一代更具無可想像的動員力。他們崇拜世俗的明星勝過那些揚名天下的英雄、科學家和政治領袖，使偶像崇拜從生產型偶像變為消費型偶像。

㈤受大眾傳媒的影響，部分青少年會或多或少的染上一些惡質的毛病，主要表現在享樂的物質生活中和不切實際的行為上。大眾文化的世俗性使青少年的審美觀走向俗化，青少年審美觀的俗化在青少年審美對象的選擇上，表現為古典嚴肅的文學藝術受到冷落，通俗淺薄的文學作品在青少年中流行，如暴力影片、八卦等成為時尚；在審美模式上，他們追求淺顯直接，從交響樂走向通俗流行歌曲，從學術走向隨筆漫談；在審美情感上，他們不再崇尚含蓄，而去追求露骨男女性愛和金錢關係，當代大學生中流行速食主義的愛情觀也可以說是當下社會、媒體、價值觀等所打造愛情觀的一種表現。

㈥衝突論學者拉查斯斐和默頓認為，現代大眾傳播將現代人奴化，他們作了歸納——表面訊息與通俗娛樂的迷思。

根據美國尼爾森網路調查公司一項最新的青少年網路調查顯示，多數 6 至 18 歲青少年男女上網時間集中在晚間 8 時到凌晨 12 時，超過 4 成的青少年最常在學校裡使用網路，青少年最常上網從事的活動依序是線上遊戲、瀏覽有關色情等娛樂網站，另外高達 44% 的青少年認同暴力色情資訊可以存在於網路上。

青少年沉溺於表面訊息和通俗娛樂中，每天花費了大量的時間和精力，反而消弭積極參與社會實踐的熱情，當他們聽完廣播，看完電視，讀完報紙以後，一天的時間就過去了。社會學者把這種現象稱為大眾傳播的「麻醉作用」，認為過度沉溺於媒介提供的表層訊息和通俗娛樂中，就會不知不覺地失去社會行動力，而滿足於被灌輸知識的迷思當中。

㈦網路匿名性：自由討論的空間與多重身分。

在網路上，我們可以利用化名來表示自己的身分，網路的匿

名性可以提供使用者以非真實的社會代號進行溝通。因此在網路上與他人互動會讓使用者感到安全、輕鬆，可以隨便跟陌生人隨意交談。網際網路因為具匿名性而無法判斷對方的社經地位、性別、年齡等代表個人的依據，一旦我們無法呈現真實的身分，或無法針對對方的身分作出正確適當的判斷時，我們表達情感或互動時就會少了原先的社會規範，或是較不受拘束，且較容易呈現真實社會中不敢表達的回應。

第二節　美國的網際網路發展

　　美國網際網路發展現況可由美國南加大大學數位展望（Digital Future）中心所做的研究得知，南加大在 2000 年的調查中發現已有三分之二的美國人使用網路，2000 年網路處於高成長期，許多研究機構認為網路使用數量會因使用者好奇及熱潮減退而停止成長，甚至縮減。不過，南加大在 2003 年的調查中顯示網路使用人口並沒有減少，反而擴展至不同年齡層，並融入民眾每天的生活當中。

　　在數位展望中心 2003 年的調查中，發現已有超過 75%的美國民眾使用網路，且每週上網時數由 2000 年的平均 9.4 小時提高至 12.5 小時，從 2000 年到 2003 年上網時間成長率為 33%。

　　美國網路用戶上網時間超過七年者占全部使用者的 32.7%，五年至七年者占 25%，三年到五年者占 25.2%，上網超過三年者總計占了 8 成以上，（圖一）顯示網路使用者並未因好奇或熱潮

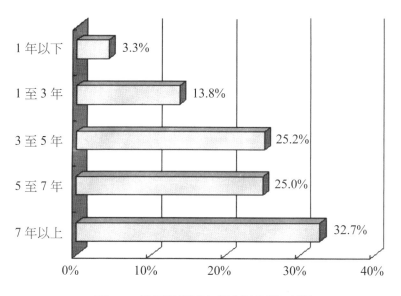

圖一　美國網路用戶接觸網路時間

資料來源：南加大數位展望中心，2004 年 9 月　資料整理：ACI-FIND

減退而減少，網路反而成為他們生活的一部分。

　　另外美國網路用戶從事的網路活動中，以電子郵件與即時傳訊占最多數，其次為網頁瀏覽、新聞閱覽等。（圖二）

　　美國網路使用的普及也反映在信件的減少上，美國郵政總局透露，2005 年全美共 2 萬 8 千個郵筒被移去，現在只剩下 26 萬 7 千個郵筒。UPS、FedEx 也減少透過郵局郵遞信件，兩家公司在 2001 年到 2005 年間，這類郵件減少約 5%。

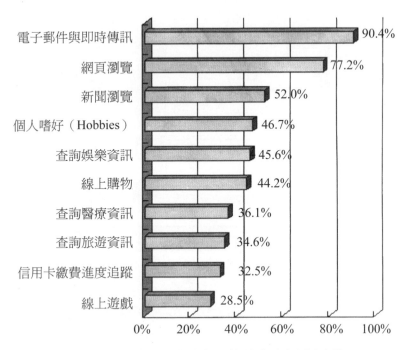

圖二　美國網路用戶最常用的前十大網路活動
資料來源：南加大數位展望中心，2004 年 9 月　資料整理：ACI-FIND

第三節　媒體的多元發展

　　2006 年《時代雜誌》的風雲人物是「你」，理由是由你我共同建構參與的網路內容飛速成長，影響力無遠弗屆，網路已成為現代世界的一大力量。網路的普及性除了受到《時代雜誌》的承認，另外，知名的電子商務市場研究公司 comScore Networks 公

布的研究報告顯示，全球 15 歲以上人口使用網路者占 14%，達 6 億 9 千 4 百萬人，美國為網路使用人口最多的國家，約有 1 億 5 千 2 百萬人。若以每月上網時數計算，全球平均為 31.3 小時，以以色列的 57.5 小時位居第一。台灣上網時數位居全球第五，以台灣大學生為例，大學生平均一週上網 22.45 小時，男生平均 26.65 小時，女生平均 18.41 小時。

　　往昔談論美國的大眾傳播事業，首先想到的，就是三大報、四大電視、廣播網、CNN以及一些影響深遠的雜誌，如時代、新聞週刊、讀者文摘等。但今天，網路的發展，卻讓人著實吃驚，許多傳統媒介，對於這新興媒體寵兒，不得不另眼相看，甚至退讓三分。

　　尤其對年輕的閱聽人，網路更是影響深遠。根據美國報紙協會的一項調查，大多數的美國年輕人，是不讀報紙的；但是，網路報紙進入了年輕人的世界。25% 的 15 到 34 歲的讀者，讀網路報紙；僅有 19%的年輕人，讀印刷報紙。

　　今天，全世界有互聯網用戶 2.75 億人，有 7,500 百萬個網址。而這兩個數字，每年都以 80%的速度增長。被稱為互聯網之父的溫藤·瑟夫預言，到 2006 年，全世界將有 9 億個電子設備，連進互聯網，與當時的電話數量相當。

　　美國電腦的普及率，全世界最高，每 1,000 人中，有 580 人使用電腦。於互聯網普及率方面，美國居第二位，每 1,000 人中，有 486 人上網。互聯網普及率最高的是冰島，每千人普及率為 493 人。網路事業的發達，某種程度內，改寫了新聞學的定義。

　　美國於 1999 年底的上網人數達 8,080 萬，上網普及率達 30%；其中 55 歲以上成人占 12.1%（980 萬），35 至 54 歲占

31.2%（2,520 萬），18 至 34 歲占 28.5%（2,300 萬），13 至 17 歲的青少年占 13.7%（1,110 萬），12 歲以下的兒童占 14.5%（1,170萬）。而其中，青少年平均每週上網時間達 8.5 小時，比全部的上網者平均上網時間還高出 27%。根據皮爾互聯網（Pew Internet and American Life Project）於 2001 年的研究（Teen Life Online）指出，青少年上網人數已增加至 1,700 萬人，占美國青少年總數的 73%。且青少年對網際網路的使用，在他們日常生活中與朋友、家人、及學校的關係中，扮演了很重要的角色。到 2005 年時，青少年上網的比率已增加至 87%（2,100 萬），將近是每十名青少年就有 9 名有在使用網路，而其中的 51%更表示他們是每天都會上網的，會造成這樣的結果與高速網路的發展有很大的關係。因此，網際網路對青少年的影響也隨著上網人數的增加而增加。

　　青少年使用網路的方式除了最基本的搜尋引擎及電子郵件外，自 2004 年起，青少年偏好藉由即時通訊軟體（Instant Message）與同輩友人進行交流。

　　傳統新聞學的新聞定義是，新聞是對新近發生的事件的報導，強調新聞的新鮮性、政治性、重要性，和社會影響性。而美國一項調查發現，在網路時代，和新媒體時代，報紙和期刊的新聞報導，和選題的趨勢，在朝生活方式、社會名人、娛樂、名人逸事、醜聞方向發展，而開始遠離國內政治、政府活動、和外交事務的報導。但是，娛樂性訊息在傳統新聞媒體上，只站在邊緣地位。

　　電腦開始只有八位元，後來，進步到十六位元，以至現今的狀況；當然，這期間經歷了約莫二十幾年的光陰。及至網路化、

全球化的時代來臨，平面、廣播媒體，依然占有一席之地，顯示受眾的多元需求，已不只是網路化所能滿足。

反璞歸真，和厲行簡樸生活，對現代人來說，未嘗不是一個好選擇。雖然網路傳輸的速率，十分地驚人，而它所帶來的全球化，是否是好事仍有待檢討。美國號稱將給伊拉克自由民主，但到如今，伊拉克如同電影《殺戮戰場》般，也像當年越南的悲慘。所謂的全球化，有時不啻一大諷刺。

自 1980 年代，雷根政府履行新自由主義的經濟政策後，自由貿易、鼓勵私有化、解除管制，成為經濟發展的主流思維。反映在媒體發展上的，就是媒體財團，透過各種管道，以解禁將可促成媒體市場自由競爭之名，遊說美國政府，解除所有管制。

媒體財團的努力，在 1996 年獲致第一波的成功。是年，美國修正通過「電訊傳播法」，放寬多項廣電與有線電視媒體所有權集中的限制，這促成了許多大型媒體的併購案。

1984 年，美國聯邦有線電視法出爐，允許有線電視，擴大覆蓋率，從政策上保證了有線電視的大發展。在這以前，批准收視費的權力，在各城鎮的市政會，新法使有線電視在很大的程度上，不受城鎮的管理。法律通過兩年後，開始對收視費放鬆管理，允許有線電視系統，按照市場承受能力收費，並又確保了經營特許權延續。這項規定，有利於開發，新的節目提供網、新技術和新業務，有線電視進入了黃金時代。

從「二戰」結束後，到 20 世紀八〇年代初的三十年，無疑是美國無線電視業發展的黃金時代，也是其廣電市場發展成熟的時期。而在一個成熟的媒介市場裡，新媒介的興起，除了開發出數量有限的新受眾以外，很大程度上意味著對原有媒介市場秩序

的破壞——這種競爭的激烈程度，可想而知。新舊媒介進行全方位的競爭，它們拚分布（Distribution）、拚受眾（Audience）、拚內容（Content）、拚財力（Finding）。以有線電視為例，從1980年開始，三大電視網在黃金時段收視節目中所占比例，開始逐漸下降。這其中的一個原因，就是有線電視開始，獨立製作節目，而且內容豐富多采。

在這些新興媒介手段的影響下，公眾的注意力，明顯分散市場，進一步細分，一些網站原有的觀眾，紛紛流向各種新興的媒介，這是對這些舊有媒介，商業利益的打擊，也是對舊有媒體權威的挑戰，但是，正如報紙在電視興起後，謀求生存、發展的道路一樣，傳統的媒介，與新興媒體的競爭，促成了市場的細分，越來越多的媒介關心具有某一類鮮明特徵的群體，而不是兼顧絕大多數人（要抓所有受眾可能什麼也抓不住）。消費者的興趣，受到了更多的迎合與關注，受眾的需求，越來越受到重視。

第四節　無線與有線電視的競爭

在八〇年代，總體看來，電視觀眾人數增加了，每天開機時間，約在 8 小時左右，但收看無線電視的比例，卻逐步降低。原因在於節目來源，和頻道選擇的增多，例如地方獨立台，及有線電視的開放，都是很重要的因素。

美國三大電視網間的競爭，電視網與其他節目來源之間的競爭，都為節目製作內容和尺度，帶來了效果。在嘗試各種新型態

的同時，社會問題的探討逐漸受到重視與歡迎。曾打破收視紀錄的電視影片《燃燒的床》（The Burning Bed），是根據真實故事拍成，描寫一位飽受丈夫凌虐的妻子，在不能忍受下，放火燒死丈夫，並獲陪審團無罪開釋的經過，這類節目，不但有衝突性，而且還有爭議性。電視上的戲劇，變得越來越大膽，也越來越真實。

　　《天才老爹》（The Cosby Show）是另外一例。雖吃過三大電視網的閉門羹，但最後 NBC 決定，冒險以寇斯比本人的大牌魅力，可以為不再受歡迎的家庭情境喜劇，注入起死回生之力。結果，這一部影集一躍成為全國收視率最高的節目。這樣的情形，證實了電視網主管，以預測叫座的節目公式，是不可靠的；另一方面顯示，收視率王座的不堪一擊，因為它們不像生產事業一樣，可以單純藉由成本低、工源足、市場近，而保持長久優勢，因為觀眾口味，實在是不可捉摸。

　　1979 年，美國聯邦傳播委員會，解除了對有線電視的所有限制，任何有線電視系統，均可以隨心所欲地引進其他地區節目，也可以自由地安排節目。此時，人們的收入日豐，觀念日新，不少人願意付費收視各種不同的節目。八○年代，更有不同的有線電視節目上市，爭取收視者的興趣。

　　當電視業蓬勃發展時，就有人開始擔心，印刷媒體與電影、收音機會被取代。但歷史證明，報紙內容已有所改變，更重視事件深入分析與一般休閒等軟性新聞報導，雜誌也更趨專業化，而捨棄傳統一般大眾化路線；廣播則強調，聽的是節目；電影也在音效、特殊視訊上下功夫，都具有了電視無法取代的特質。但不可否認的，不管是哪一類媒介內容，都難再引起絕大多數受眾的反應，大眾媒介逐漸變成小眾媒介，廣播走向窄播，都是時勢之

所趨。網路的興起，更使得所有傳統媒體不得不警覺，也不得不起而奮鬥。

第五節　報紙的集團化管理

美國報業集團的雛形，始於 1749 年，距美國第一家日報的誕生，僅 11 年之遙，而且誕生地也在賓州的費城。這家名為「費城印刷公司」（The company of Printers of Philadelphia）的集團，合併了該市早期兩家日報，其動機只有一個：節省開支。除了將機器合併使用外，公司將員工的平均工資，由每週 6 美元降至每週 5.83 美元，以減少虧損。

1836 年和 1837 年，三位紐約報商，先後創辦費城《公眾紀錄報》（Public Leader）和巴爾的摩《太陽報》（Sun），從而組建了全國第一家跨地區的報業集團。但直到南北戰爭之後的 1878 年，才由斯克里普斯家族組建全國第一家真正現代意義上的報業集團。隨後，一些目前仍活躍在美國報界的大報業集團，開始浮出水面。《聖路易斯電郵報》（現發行量排行第 31 名）的老闆普立茲，收購紐約《世界報》和《世界晚報》，於 1887 年成立普立茲印刷集團（Pulitzer Publishing）；《舊金山檢查報》的老闆赫斯特，於 1900 年前分別在紐約、芝加哥等大都市，收購及創辦若干報紙，組建赫斯特集團（The hearst Company）；奧赫於 1896 年收購《紐約時報》後，成立紐約時報集團（The New York Times Company），當今全美最大報業集團：甘尼特公司（Gannet

Co.）則正式成立於 1960 年。

　　報業集團的興起，使一大批報紙（特別是發行量較大的報紙）迅速被少數大公司掌握，報業壟斷的局面逐漸形成。到 1929 年，59 家報業集團，已控制了全國 325 家日報。當時，全國 106 個 10 萬人以上的城市中，有 84 個城市具有集團控制的報紙。其中，斯克里普斯・霍華德、赫斯特、布拉克和甘尼特四大報業集團，擁有全國半數 10 萬人以上城市的 60 份日報。到 1985 年，全國 156 個報業集團，已擁有 1186 家日報，占日報總數的 71%。2001 年，僅全國最大報業集團（以報紙發行總量和報業收入計）甘尼特公司一家，就在美國 43 個州，擁有 99 份日報，和 300 多份週報或半週報（其他國家的報紙未計在內），員工總數為 53,000 人。該集團的 99 份日報，包括全國發行量最大的《今日美國》，占全國日報總數的 7%，發行總量約 780 萬份，占全國日報發行總量的 12%。2001 年，全國發行量最大的 10 家報紙，悉數為各報業集團所擁有。

第六節　跨媒體和跨國經營漸成趨勢

　　如前所述，美國報業的分部格局，到了 21 世紀初，已經趨向穩定，報業集團，在國內報界，擴張的空間越來越小，但美國企業資本擴張的本性決定了它們不可能就此罷手，一些實力雄厚的大集團，早已預見到這一趨勢，虎視眈眈地開始向海外和其他媒體擴張。

　　美國報業集團的跨國經營，集中發生在外國報業集團，加速向美國滲透之時，和 1992 年，美國經濟進入高速發展期之後，走在前面的，依然是那些在國內，雄霸一方的大型報業集團。其中，特別值得一提的，是加拿大人布萊克創辦的霍林格國際公司（Hollinger International）。該公司八〇年代後期，進入美國，並註冊成立美國出版集團（1995 年恢復霍林格國際公司名稱）後，大量收購美國報紙，至 1995 年，該集團已擁有 105 份美國日報；當時，按日報數量計，居美國各報業集團之首；因此，美國早已將這家集團列入本國報業集團統計範疇。

　　不過，它在美國收購的，大都是發行量 4,000 至 25,000 份的小型地方報，只有主報《芝加哥太陽時報》，2001 年平均發行量達到 48 萬份，居全國第 13 名。正是這家後來居上的美國新貴，在原先擁有英國最大日報《每日電訊報》的基礎上，又於 1989 年和 1991 年，先後收購了中東最大報紙《耶路撒冷郵報》，和澳大利亞的費爾法克斯報業集團，其九〇年代鼎盛期，擁有或參股的各國報紙總和，曾一度超過 500 家。甘尼迪公司，於九〇年代時期，大舉進軍英國，收購了英國最大的地方報業集團——新聞公眾股份有限公司，從而在英國擁有了 15 家日報和一批週報，其中，包括收購了世界存在，連續出版時間最久的報紙《沃爾塞斯特日報》（Worcester Journal），該集團在英國的日報發行總量，至去年已達 60 萬份。

　　同時，甘尼迪還以旗艦《今日美國》的名義，向外擴張，《今日美國》國際版，迄今已在 5 個國家和地區，設有分印點，每日向世界 60 個國家發行 250,000 份報紙。道瓊公司，向外擴張的步伐更早，於 1976 年和 1983 年，先後創辦了總部設在布魯塞

爾的歐洲《華爾街日報》，和總部設在香港的亞洲《華爾街日報》，在 14 個國家和地區設有分印點，兩報 2001 年的期發行量，分別為 95,000 份，和 82,000 份。

20 世紀九〇年代，以美國三大廣播電視網為代表的廣電業，和以網際網路為通道的電子傳媒的蓬勃發展，特別是廣電業，收納廣告的數量，明顯增加，使美國很多報業集團意識到單一媒體的危險；於是，各集團爭先恐後地開始了跨媒體經營。被美國新聞界公認跨媒體步伐最快也最成功的報業集團是論壇報公司。總部設在芝加哥的論壇報公司，是在《芝加哥論壇報》的基礎上發展起來的，素以報紙少而精著稱。1996 年，以報紙發行量計，在美國報業集團中排行第十。

後來，該集團有兩大舉措，使之成為美國新聞界的重要新聞，其一是 1999 年，該集團「小魚吃大魚」，買下當時排行第五、老牌報業大亨錢德勒家族的時報鏡報業集團公司，使《洛杉磯時報》等一批大報，歸己所有；其二就是其近年來，轟轟烈烈的廣電化運動。從 1996 年開始，論壇報公司在原有少量的電台、電視的基礎上，加速進入廣播電視領域，先後在華盛頓區、費城、波士頓等城市，收購了 16 家電視台，使其擁有電視台的總量達到 22 家，在全國 12 個最大電視市場城市的 10 個城市，擁有自己的電台。

2001 年，該集團已成為全美僅次於三大廣播電視網路公司的第四大廣播公司，也是非廣播網路公司所有的全國最大廣電集團。同時，論壇報公司向電子網路進軍的速度也十分驚人，至 2001 年，已建有 30 個新聞服務和特殊服務網站，每月吸引上網人次逾 500 萬。集團新聞服務中心總裁兼首席執行官大衛威廉斯

表示，多媒體戰略的實施，已使集團在覆蓋全國新聞、吸納全國和地方廣告等方面的能力大大增強，2000 年，集團的經營收入，達到 60 億元，僅次於 62 億美元的甘尼迪集團，一舉躍居全國電子報業集團的第二把交椅（按發行總量計排列第 3）。不僅如此，該集團意識到電子報紙取代印刷報紙的最終趨勢，還斥巨資發展數位電視和改進型網際網路服務，因而被認為是最有後勁的報業集團。其他如甘尼特、赫斯特、奈特－里德等大報業集團，也不同程度地涉足跨媒體經營。其中，甘尼特擁有的電視台數量，也曾達到 22 個。

第七節　美國網路如何影響報業

　　美國報業集團的形成，主要是通過報紙間，互相兼併、收購實現。新辦報紙，需要重新培養讀者，更新開闢市場，費時費力，所以多年來，已不是美國報業擴張的主要途徑。報紙易主，在美國是常事，每年都會發生十幾宗，或幾十宗，讀者對此並不太關心，報界也不以為奇。據統計，1981 年至 1995 年，這 15 年間，美國以報紙為主的印刷傳媒，共發生 970 宗產權交易，總金額達 482.96 億美元。其間，最高峰是 1989 年，共發生 111 宗，交易金額為 71.34 億美元。由此可見，美國報業集團，完全是以資本為紐帶，將各子公司維繫起來的。

　　美國報業集團的名稱，大體可分為三類：一類以家族名字命名，大都是一些歷史較久的老牌公司，如綜合實力排前 10 名的

報業集團中的甘尼特公司、奈特－里德報業集團、紐豪斯報業集團、赫斯特報業集團；一類是以核心報紙命名，此類集團，大都由著名報紙擴張而成，如由《芝加哥論壇報》衍生出來的論壇報公司、由《紐約時報》擴大而成的紐約時報集團、由《華盛頓郵報》發展而來的華盛頓郵報集團；第三類是既無家族名、又無報名的，如媒體新聞集團、自由傳播公司、以及默多克在美國的新聞集團。

　　美國報業集團的組織機構，與其他集團公司，沒有太大分別，可分為兩種：全國範圍特大型多媒體報業集團，通常為五級架構，即董事會、最高管理層、分局、中層管理、各子公司，以甘尼迪公司和論壇報公司為代表；其他報業集團，通常為四級架構，即少了分局這一環，以道・瓊斯公司，和華盛頓郵報集團為代表。

　　美國最大的 50 個市場區域裡，有超過半數的成年人（53.5%）閱讀報紙；美國每天發行的報紙，超過 5,500 萬份，每份報紙平均擁有 2.2 個讀者。週末發行的報紙，達到 5,900 萬份，每份報紙平均擁有 2.4 個讀者。

　　截至 2004 年 3 月底為止的半年中，美國各報總發行量下跌，但《今日美國報》、《華爾街日報》、《紐約時報》、《洛杉磯時報》等，前四大報發行量仍有增加。統計顯示，《今日美國報》，平均每天發行量達 228 萬份，比去年同期，增加 2.2%，穩居全美第一大報地位；排行第二的《華爾街日報》，發行量約 210 萬份，其中包括大約 30 萬個線上付費訂戶，增幅高達 15.4%，增幅最大。排名第三的《紐約時報》，每日發行量大約 113 萬份，微幅增加 0.3%；第四大報《洛杉磯時報》，也微增 0.4%。

表一　美國十大報紙平日報刊發行量（2002 年 9 月至 2004 年 3 月平均數）

序號	報紙名稱	發行量
1	今日美國	2,287,933
2	華爾街日報	2,100,605
3	紐約時報	1,131,371
4	洛杉磯時報	944,303
5	華盛頓郵報	759,864
6	紐約每日新聞	734,473
7	芝加哥論壇報	675,847
8	長島新聞日報	577,354
9	休士頓紀事報	551,854
10	紐約郵報	533,860

資料來源：Newspaper Association of America

　　美國報業協會（Newspaper Association of America），在一份「美國受眾利用媒體習慣的改變」調查結果中表明，報紙在受眾信任程度、使用方便程度，和深刻性方面，均超過了電視、廣播、雜誌，以及網路。

　　面對電視、廣播、網路等後起媒介的衝擊，報紙這個最古老的媒體之一，依然煥發出蓬勃的生命力。走過了近三百年歷程的報紙，如今，依然是美國重要的媒介；幾年前，各家報紙開辦網路版，有專家曾擔心，隨著網路版的出現，報紙最終將會被擠出歷史舞台。這種悲觀的預期，至少目前看來還未出現。美國貝爾登公司，不久前的調查表明，去年第一季度，90%的地方報紙都認為訂數沒受到網路版的影響，在既是經常瀏覽網路版，又是報

紙訂戶的讀者中，只有 2% 的人，不再訂報，這屬於正常的波動。

　　保持主報風格，如今已成為美國報紙網路版的一個突出特徵。美國雖有不少大媒體集團，但下屬各媒體，仍然是各辦各的網路版。例如《紐約時報》公司內部，幾十家媒體的訊息，早已整合在一起，既可以共享，也對外銷售，但其所屬的《紐約時報》、《波士頓環球報》、《國際先驅論壇報》等十多家報紙，都各有各的網站，各存各的風格，內容也都是以本媒體為主。經常在網上看報的讀者還會發現，美國報紙網路版上的重要新聞、評論，全都是出自主報自己的記者、編輯，或作家之手，即便是轉載，也都不能脫離主報的風格，這不僅是遵守新聞行業的規範，更體現了維護品牌的意識。讀者長期閱讀某個報紙，已經形成了閱讀習慣，如果網路與報紙的風格不同，時間長了，便會影響讀者對主報的看法。

　　網路版的報紙，不同於一般網站，辦網路版的目的，也不是為了搶報紙的新聞，其基本原則，就是要跟著報紙走，擴大報紙的影響力，進而爭取更多的報紙訂戶，有的美國報刊網路版，只對訂戶提供免費檢索服務，有的則是專為訂戶發送。有很多網路版，還依賴報紙的「品牌效應」，推出本報記者、專欄作家的專欄，或請記者，評論家與讀者做網上交流。大多數報紙網路版，都要求瀏覽者登記，這些訊息，不僅有利於瞭解讀者情況，順利推動報刊發行，也有利於爭取廣告客戶。

　　傳統報紙，以文字和紙張為媒介，在資訊傳播上，存在著諸多侷限，如資訊量，受版面限制，報導時效，受出版週期限制，傳播範圍受發行的地理空間限制等等。美國報業協會（Newspaper Association of America）的一份調查表明，從 1998 年開始，美國

每週已有約 3,600 萬人，從網站上獲取新聞；預計到 2005 年，95%的美國人，會通過網際網路獲取新聞。

　　網際網路的發展，使報紙遭受了比廣播電視更大的衝擊。在前所未有的巨大挑戰面前，美國報業義無反顧地選擇了迎戰。他們認識到，如果堅持報紙行業，就只是生產報紙的行業，那麼前途是黯淡的，如果確認報紙行業是提供資訊與傳播服務的行業，報紙行業所生產的資訊與服務，均可以百分百地轉化為數位形式；那麼，網路就不再是報紙的競爭對手，而是辦報人可以利用的一種現代化的高科技傳播手段。美國報業協會主席斯特姆表示：「網際網路，是少數可以跟傳統報紙，配合得天衣無縫的媒體，它是報業自然的發展方向，它為報紙提供了空間、即時性，和更大的讀者群。」報紙積極的調整，和準確定位，使得自己在數位化時代得以新生。

　　隨著網路的不斷膨脹，網上報紙的閱覽者，對廣告商而言，是最具吸引的群體（參見下表二「網上報紙受眾調查」）。所以，網路上商機被認為是誰先搶占了有利地勢，誰就有可能發財致富。據美國報業協會的統計，截至 1997 年，只有大約二分之一的網上報紙，開始有了盈利，絕大多數網上報紙，還處在開拓市場的過程中，只有投入，難見產出。目前，在網路上流通的大量資訊，比較明顯的弱點，是可信度差，而傳統報紙，在以往長時間裡建立起來的聲譽，是其可資利用的一筆無形資產，也是報紙所提供網上資訊可靠性最有利的保障。

表二　網上報紙受眾調查

平均年齡	37.7 歲
平均年收入	58900 元
性別	男性 56%　女性 44%
教育程度	大學及大學以上學歷 52%
上網地點	在家上網 62%　在辦公室上網 35%

資料來源：美國報業協會 2000 年調查（Newspaper Association of America）

第八節　全球化背景下的廣播電視事業

　　三十年前，加拿大傳播學者麥克魯漢用「地球村」來描述大眾傳播媒介的世界。今天，地球村已經存在。我們生活在一個娛樂和訊息產品的全球化市場上，幾家龐大的跨國傳媒集團，占據了大部分的市場。美國的傳播電視業，正是這個市場重要的組成部分。作為世界上最發達的廣播電視行業，美國的廣播電視業，不僅僅是電台、電視台、聯播網、製作公司等簡單的組合，更是一個運作靈活的巨大的利潤事業。

　　在 20 世紀的最後二十年，世界廣電業的規模、結構，都快速發展，其中最重要的趨向，是全球化、市場化，和商業化。儘管廣播電視的傳播內容，和傳播手段都在發生變化，但整個行業的市場重構，對傳統的廣播電視，在公共服務領域的概念，和社會價值體系的衝擊，則更要加深遠。其主要趨勢為：

一、快速社會制度和經濟轉型

由於許多國家的廣播電視業，都在 20 世紀最後的十年到二十年間，經歷了快速的社會制度和經濟轉型，如東歐各國的體制轉變，北美自由貿易協議的影響，WTO 開放，電訊市場的促進等等，經濟、社會、政策、技術等因素，共同作用於媒介產業，帶來了廣電行業結構的巨大變化。

二、大媒介集團的壟斷和集中控制加劇

媒介產權的集中過程，不僅僅是卡特爾式的水平整合，而是水平整合和托拉斯式的垂直整合的有效結合。這樣，既可以通過對同一媒介產品，生產層次，和產品市場的整合，來有效地提高媒介集團在某一領域的控制程度，擴大規模經濟，又可以在日漸寬鬆的政策環境下，不斷強化不同媒介產品生產層次，和同一媒介產品上下游市場的整合，以確保降低營運風險，提高效率，免受成本波動等市場變化的影響。與此同時，越來越多的大媒介集團，進入全球傳媒市場。如美國的迪士尼、時代—華納、VIACOM，都在國際媒介市場上，擁有許多知名的媒介產品品牌。從澳大利亞傳媒鉅子莫多克的新聞集團，到微軟和貝塔斯曼，其經營目標，都在全球市場。

三、媒介事業的商業化（commercialization）、市場化（marketization）和自由化（liberalization）

私營資本中，大量進入廣播電視業，相當多的國家，對廣播電視的控制，有不同程度的放鬆（deregulation），商業目標越來越取代廣播電視傳播在傳統上賴以存在的公共利益基礎。

四、地方媒介公司與跨國公司之間的戰略性聯合加強

為擴展市場份額，讓全球化媒介產品，順利進入地方市場，跨國公司越來越依賴於同地方性媒介攜手，而實力雖不如跨國公司，卻占有地方性資源優勢的小公司，也十分懂得如何利用自己的長處，來吸引跨國公司，並從中獲得相應的利潤，雙方合作的範圍和深度因而加大。

五、新媒介技術的滲透和數位化

一方面，從數位音頻廣播、非線性電視攝錄編輯設備，到衛星電視，和高清晰度數位電視等，廣播技術的發展，帶來了整個廣電行業，從製作方式到行業結構的變化；另一方面，無論是基於電訊業發展的點對點的傳播方式，如互動電視 VOD，以及市場和影響力越來越大的互聯網，對廣播電視的形成、內容，乃至基本理念，都在構成無可迴避的威脅。

在這個大背景之下，美國的廣播電視業市場，重構的過程因而是十分劇烈；三大廣播公司，在這二十年中，行業內霸主的地位一路滑落；從七〇年代，將近 90%的市場，下降到九〇年代中期的 55%，衛星和有線電視用戶，不斷增加巨大的媒介聯合企業兼併，不斷出現，呈現出娛樂業，新聞業，和 iA 業，高度融合的趨勢，數位技術和網際網路，對傳統的廣播電視傳播理念，帶來衝擊，這些變化有的已經在社會系統中，體現出其深遠的影響，有的則還無法判斷，其在行業內外的波及面，究竟有多麼深廣；而且，更為重要的是，新世紀的到來，給世界經濟格局帶來更多變化的可能性，尤其是新媒介技術的快速發展，越來越成為值得殷切關注的焦點。

　　第一樁震動全球的媒介兼併案，就是五年前，還岌岌可危的「美國在線 AOL」以 1,840 億美元，一口吞掉稱雄百年的時代華納，展現出新媒介行業，造就的新經濟神話。這一切，可能對美國乃至全球的媒介行業帶來根本性的變化。當前，美國 5 家主要廣播電視公司的網站情況，將有助於我們具體認識上述特點，進而透視美國廣播電視和網路，彼此整合互動的過程。

一、國家廣播電視公司網站

　　國家廣播公司（National Broadcasting Company, NBC），是美國歷史最久、實力最強的商業廣播電視公司，它創辦於 1926 年，為美國無線電視公司所有，1986 年被通用電氣公司（GE）收購，NBC 隨之轉入 GE 的旗下，NBC 是 1995 年在各大廣播公司中率先在互聯網上設站的。

二、美國廣播公司網站

　　美國廣播公司（American Broadcasting Company, ABC）是 1943 年，在 NBC 分出來的藍色廣播網的基礎上建立的，1945 年 6 月，正式用現名，當時主要從事無線廣播，五〇年代後發展電視業務。1986 年，為大都市媒介公司收購，組成大都市／美國廣播公司。1996 年為著名傳媒和娛樂集團華特迪士尼公司買下，現在，是迪士尼的全資子公司，美國最大的商業廣播電視公司之一。

三、哥倫比亞廣播公司

　　哥倫比亞廣播公司〈Columbia Broadcasting System, CBS〉，

是美國最大的商業廣播電視公司之一。它在 1927 年，由 16 家電台聯合組建；不久，為哥倫比亞唱片公司接管，開始用現名。1928 年，菸草商威廉‧佩利取得控制權，採取措施，組建廣播網，同 NBC 相抗衡。

四、福克斯廣播公司網站

　　福克斯廣播公司（Fox Broadcast Company, FOX）是默多克的新聞公司，於 1986 年組建，專營電視，發展迅速，至 1993 年，有直屬電視台 8 座，附屬電視台 128 座。九〇年代，新聞公司陸續購買了新世界通訊集團、20 世紀電影製片公司等，整合重組為福克斯娛樂集團（Fox Entertainment Group, inc），廣泛經營電影、電視的生產、製作和播映，福克斯廣播公司，則是該集團旗下一個子公司。

五、有線電視新聞網網站

　　有線電視新聞網（Cable News Network, CNN），是美國最有影響的新聞廣播電視公司，也是世界上最著名的國際新聞電視機構。它為納透廣播公司 1980 年在亞特蘭大創辦，開始時向國內，和全美地區的有限電視網，播送新聞，以後逐步把業務擴展到歐洲、亞洲，和世界各地。目前它設有綜合新聞、標題新聞、國際、財經、體育、西班牙語、機場新聞等多個電視頻道，運行兩個廣播電台（英語、西班牙語），通過衛星和電纜，日夜不停地向國內外 1 億 7,000 多萬使用者，以及 500 多家電視機構提供各種新聞。隨著納透廣播公司併入時代華納公司，以及時代華納和美國有線的合併，CNN 已成為美國在時代華納集團旗下，一家重

要的子公司。

　　CNN 於 1995 年 8 月起，在網路上設站。每天有幾千個頁面，結構嚴謹，層次分明。

第 10 章　美國大眾傳播教育的發展

第一節　南北戰爭後的新聞傳播教育

新聞傳播教育源自美國，產生於南北戰爭之後，在大學中正式成為一種制度，至今已一百一十個年頭，而美國的新聞傳播教育在世界上依然居於領導的地位。

南北戰爭時，南方軍事領袖羅伯特・李將軍（Robert. Lee）在他身為華盛頓學院的院長時，深感新聞事業對於啟發民智具極大力量，且他認為新聞傳播教育對南方的重建有所助益。於是在1869 年時，建議該大學之董事會設立 50 名獎學金，藉此培育從事出版或報業的學生，董事會採納了他的建言，並要求設立印刷廠以供實習。但此計畫並未實現，且於 1878 年宣告放棄；雖然如此，但這個思想對美國以後的新聞傳播教育，卻有著莫大的啟示作用。

1873 年，堪薩斯州立學院開始有印刷課程；1876 年，康乃爾大學開始新聞講座；美國的新聞傳播教育早期課程比較屬於純技術型態，大多是學徒制。所學習皆為印刷、出版技巧。又因為當時的主流媒體為報紙，所以寫作技巧就來自於部分大學裡面的文學院所傳授。

1876 年，康乃爾大學以講座的方式提供有關於新聞科目的課

程，但由於學生興趣缺缺，僅有一名學生獲頒結業證書，1893年，賓夕法尼亞大學聘請曾任《芝加哥論壇報》的財經版編輯約翰生（Josph F Johnson），在商學院講授有關的課程，這是新聞學正式列入大學課程的先聲。1904 年，伊利諾大學的商學院與威斯康辛大學先後開辦新聞課程，伊利諾大學也是開設四年學制課程的首創者；而在 1878 年，扮演新聞傳播教育重要角色的密蘇里大學，報人萊甘麥（Prof. David McCanally）於英文系的課程中講授新聞事業史，以當時英國的《泰晤士報》以及美國的《紐約時報》、《紐約前鋒報》為教材，1893 年賓州大學聘請曾任芝加哥論壇報財經版編輯約翰森（Josph F Johnson）在商學院教授個人從事新聞事業的經驗，他以若干報紙為教學教材。

　　1892 年，密蘇里大學在密蘇里州報業協會建議之下設置了新聞學院，但因為一般人漠視新聞傳播教育的重要性，所以導致經費的缺乏，到了 1908 年才由新聞教育家威廉博士（Dr. Walter Williams）主持這世界上第一所新聞學院，此校亦為第一所頒發新聞學位的大學學府；而 1912 年，美國另一家重要學府哥倫比亞大學也創立新聞學院，由美國著名報人普立茲（Joseph Pulitzer）捐款 200 萬美元而設立。此時，美國也有 30 多個大學提供新聞學的課程。到 1935 年，全美國已有 455 個學院或大學開設新聞課程。1963 年，全美國之大學或獨立學院，正式設有新聞或大眾傳播科系之統計，共有 105 個，其中有 35 所大學設有研究所。

作者（中）訪密蘇里大學，與（前）院長費雪會談，促成密大與文大的交流合作。（右）為潘健行君。

第二節　美國新聞傳播教育發展四階段

　　美國新聞傳播教育的發展歷程，大致可分為幾個階段來觀察。

　　第一階段：最早的課程內容是純職業性的，在 1920 年代以前的新聞學研究，主要是由以前的報人所主持。其內容主要是印刷史、新聞人員傳記及由他們所辦之期刊記述等。本階段可以說

是新聞傳播研究的草創時期，新聞傳播活動有正式的教育型態，研究成果還停留在新聞史料及報業文獻階段。

第二階段：從 1920 年代開始轉變，在教學方面，強調技術性的教學工作減少，課程內容開始反映出當時新聞事業的社會層面、倫理層面和文化層面的興趣與日俱增。學者布萊耶（Willard G. Bleyer）便主張新聞教育要走學術路線，降低技術的份量，並讓學生接觸社會科學的教學法。歷史和新聞倫理普遍開設，並把報社當作是一種社會機構來研究，並研究對時事和輿論的解釋。

這些課程連同國際傳播研究，提高了新聞的學術地位。接著開始提供一些課程，訓練學生從事報業經營、廣告、攝影和其他專門領域的工作。其課程特色是：除承認人文科學的重要外，同時也與社會科學關係密切。在第二階段的發展，新聞傳播學者已經不是以自我報業為中心，而是旁及其他學科橫斷面，並逐漸建立新聞傳播的學術地位。

第三階段：哥倫比亞大學新聞學院於 1935 年，開始提供一年的新聞課程給已獲得學士學位的人。1930 年代早期，布萊耶在威斯康辛大學的政治學科和社會學科的博士班裡，就已設立新聞學選修組，他把新聞學部門放在社會科學中，而不是在人文學科部門，這決定對新聞學研究的屬性和新聞教育的方向，有重要的影響。另一個有意義的改變是，香檳城伊利諾大學於 1947 年成立第一個傳播研究所，有別於傳統時用的新聞學。此後，各校也紛紛採用此名稱或與新聞學合而為一，新聞傳播的博士教育日漸普及。

第四階段：是傳播教學研究的成熟期。開始於 1950 年代，晚近的傳播學者都是起於此一時期，而傳授新聞傳播博士學位的

大學已有 34 所。所造就的新聞傳播教學與研究人口，已超過 2,000 人，主要分配在近 300 所美國大學的新聞傳播學科系，其中授予碩士學位者更有 121 所之多，形成良好的教學與研究環境。

　　在討論美國新聞傳播教育歷史的過程中，有幾位關鍵性的重要人物：

一、威廉博士（Dr. Walter Williams）

　　1908 年，著名新聞學者華特・威廉博士成立密蘇里大學新聞學院，這是美國第一所新聞學院，該學院主旨在提高新聞道德，培養報業專業人才。同時威廉博士首訂「報人信條」（The Journalism Creed）8 條，當時是對抗黃色新聞，珍惜新聞自由與提倡新聞自律的指南。

　　這 8 條信條則是：

1. 吾人相信新聞事業是神聖之職業。
2. 吾人相信報章為社會公眾信託之所寄，凡與報章有關係者就其全部職業論，皆為可信託之人，因此不為公眾服務而受小我驅策者，即是背叛社會之蠹賊。
3. 吾人相信思想清晰，立論明正，確實而公允為優良新聞事業之基礎。
4. 吾人相信新聞記者只須寫出心中持以為真者。
5. 吾人相信箝制新聞，除非為社會幸福著想者，皆無可辯恕。
6. 吾人相信非出乎正人君子之口吻，即不足以充任記者，而從事寫作，受他人偏見之籠絡固宜避免，受自己偏見之賄買尤宜摒除，須知記者不能藉口因他人之指使或分得利潤

而脫逃個人之責任。

7. 吾人相信新聞廣告與評論均應為讀者至上利益而服務，一本至真純潔以為唯一標準，因此優美新聞事業的最大考驗，即為對社會公眾服務的多寡。

8. 吾人相信新聞事業之或最大成功者必使上蒼與人間有所畏敬，它立論獨立不撓，輿情之傲慢不足以移之，權勢之貪婪不足以動之。

19 世紀以前，新聞學不被重視，被認為只是一般如同技術工人職業的小技術，新聞教育更不被重視，更難以登上大雅之堂。

在許多人眼中，尤其是在報業界裡，新聞教育被視為是多餘，充其量不過是種技術，而非一門專門獨立的學科。而威廉博士就是打破這種成見與迷思的人，在密蘇里大學中，扛起了成立新聞學院的責任。這是全世界第一所新聞學府，也是第一位將新聞搬進學術殿堂的一位學者。

他確立了新聞教育是一種理論與實踐並重的課程，除了技術的實踐外，更要有良好的理論、人文學科或社會背景，將新聞實務導入了人文的精神，能夠為社會所服務。

在校園裡，威廉博士也期許不光只是培養出當個書呆子的人才，他們也發行了密蘇里人報，也成了密蘇里師生教學實習的場所，不僅內容與廣告一直都受到重視及有一定的水準之外，發行服務品質也很高，甚至自己送報，對於這份用心不但可敬，此外，這份實習報紙也讓學生真正的接觸瞭解讀者群，這樣實務和人文理論的並重，使得密蘇里新聞學院在人才栽培上都受到了各國的重視。

威廉博士日後出任密蘇里新聞大學校長，新聞學院院長由馬

丁博士繼任，但威廉博士始終對於新聞教育的關懷絲毫未減。
1913 年畢業的校友芮夫，為母校捐贈了一棟大樓，並在致詞中對
威廉博士讚頌：他教誨我們新聞事業為專業，而使斯業增加榮
譽；他手訂記者信條，發表倫理道德，使吾輩受到尊敬；他使新
聞事業成為替人類服務的專業，使斯業有助於世界。

　　威廉博士像是為新聞教育點燈的人，引導我們、照耀我們，
後世有責任傳承他所樹立的榜樣，將新聞教育與新聞事業的發展
理想發揮到最高點，為人民社會做最佳的服務。

二、普立茲（J. Pulizer）

　　1874 年普立茲出生於匈牙利，祖先擁有猶太人的血統。他主
張新聞工作者應受專業訓練，並提出一筆鉅款，贈給創辦於 1912
年的哥倫比亞大學新聞學院。他表示，塑造國家前途之權，是掌
握在未來的記者手中。他並於去世之前，捐贈 100 萬美金設立普
立茲新聞獎金，以獎勵新聞工作者提升新聞專業水準。

三、施蘭姆（W. Schramm）

　　1947 年，施蘭姆博士在伊利諾大學成立了傳播研究所。他對
於傳播理論的發展成為一門科學的貢獻，是眾所公認的。他被推
崇為傳播理論的推廣者、組織者，同時也是研究者。他所主持的
伊大新聞學院，不久也成為全國新聞研究中心，他個人也被喻為
大眾傳播學集大成者。他先後任教於史丹福大學、夏威夷大學等
校。

第三節　新聞教育的原則

　　總體來說，美國新聞教育經過近一百年的試煉和探索之後，又經過許多專家的不斷嘗試、批評、反省與再造，大體已經建立一套客觀標準的課程。各校再根據自我的客觀環境、教育觀念與大架構的指導原則，設計出一套具有特色的課程。

一、以實務訓練為本位

　　這是傳統性，也是最盛行的新聞教育制度，其主要目的在培養新聞媒體所需要的記者、編輯、業務等多項實務人才為主。不管他們是否同意被稱呼為職業訓練所，這些學校所提供的課程，即使是一些比較理論性的課程，例如法律和新聞道德，講授的內容也多以實際發生過的新聞事件為主。密蘇里大學、舊金山州立大學等可為代表。

二、以社會科學為依歸

　　這一類學者主張新聞傳播教育是將社會各種知識傳授給學生的橋樑，因此其教育內涵應以社會科學為基礎，與新聞工作密切結合。新聞傳播教育與社會科學逐漸結合，是 1920 年代新聞傳播教育的一大轉變。在當時有許多專家學者認為傳播乃是社會心理學的一個領域。持這種觀點的學校，許多把新聞系置於社會科學院所之下，至於課程內容，則偏重於傳播的理論與社會現象的研究。這類學校以明尼蘇達大學為代表。其餘如史丹福大學、伊利諾大學等，在稍後的課程安排上，也逐漸加重社會科學的比重。

三、以人文主義為目的

　　這一學派的人，認為新聞教育是一種文化的工具，不但塑造社會輿論，且應在社會上扮演道德仲裁的角色。基於這種新聞媒體的社會影響力，他們主張新聞教育應多強調人文主義方面的思想和課程。

四、科學性的傳播研究

　　這一派是近年來結合統計和電腦之後的產物。以統計、電腦為重要輔助工具，針對各種不同的傳播模式、傳播理論和傳播效果做數據方面的分析。

作者訪問著名的哥倫比亞大學新聞學院。

第四節　新聞傳播教育內涵演變

基於上述，近年來美國新聞傳播教育的發展，更有令人注目的現象。那就是新聞與傳播逐漸分道揚鑣。

近二十多年來，新聞學術界一個重要的現象就是研究傳播理論的人，不斷試圖和研究傳統新聞的人脫離關係而自成一學術領域。雖然這種想法在短期難有實現的可能，但是也不能否定其可能性。

很多高等學府的新聞系科，一方面希望多從事一點學術性的研究計畫，但是基於經費及人力資源的來源問題，又不得不擴充較低層次的大學部及實務方面的課程。其實就長遠的眼光來看，這種合而分法的現象有其積極的一面。利用擴充大學部所獲得的經費及人力，支援較高層次的學術研究；同時利用學術單位的研究成果，豐富大學部的教學內容，這是雙方互利的做法。

其次，傳播理論研究的比重日趨增加，在傳播研究方面，以史丹福大學最負盛名。早在三〇年代開始，該校的學者們即率先以統計的方法展開對傳播模式和傳播效果的研究。到了五〇年代，史丹福、明尼蘇達以及伊利諾大學即以研究傳播理論著稱。史丹福大學甚至把傳播研究列於新聞教學之前，成為該校最優先的學習目標。

不過，現代新聞傳播教育在相當程度上已經落後於新聞事業的發展，面臨著重大的挑戰：新聞傳播觀念的急需改變、轉換現代新聞傳播模式和方式、快速掌握現代新聞傳播設備和技術，以瞭解現代新聞傳播的市場格局與受眾需要。

　　目前的美國新聞傳播教育，正面臨著兩個不容忽視的問題：一是作為社會科學知識的學術底蘊不夠；二是對科技的內涵不夠。2002 年出任哥倫比亞大學新校長的波林格（Lee. C. Bollingh）就認為該校新聞研究所的課程不足。他呼籲面對各界對新聞傳播教育的關切與期望，新聞傳播教育工作者必須明確新聞傳播教育的思路、轉換教育觀念、提高教師的科學研究水準、調整課程、更新新聞教材、改善教學環境、改革教學方法；同時，新聞傳播教育工作者，要有高度的責任感、使命感、銳意改革、勇於探索、積極進取、不斷創新，提高新聞實務的未來與發展。要完成新聞傳播的理想，達成新世紀新聞人才培養的目的，必須要加強人格教育；要幫助學生樹立正確的人生觀、世界觀、價值觀，培養學生高尚的情感和堅強的意志，從而實現自我價值。同時，要完善知識結構，培養知識交叉型、能力應用型、素質複合型的人才，才能造就具有堅定信念和技術熟稔的新聞人才。同時，為適應全球化的趨勢，應培養具有全球視野的新聞傳播人才，並有終身學習的理念。新聞傳播教育應該提高新聞專業理念，教導學生堅守職業良心，遵循新聞職業道德，恪守「真實、客觀、公正、完整」的新聞基本原則。並不為政府傳聲筒，也不以市場馬首是瞻，教育民眾的角色尤為重要。

　　波林格曾於 2005 年訪問台北，他強調保護新聞自由同時，也要加強新聞教育。

　　美國的新聞教育大致以 1950 年代為轉捩點。哥倫比亞大學、西北大學和密蘇里大學等學院取得了鞏固的地位，不只是有好的師資，吸引了活力有理想的年輕人；更重要的是，他們和業界建立了密切的關係，這幾所學院的畢業生，成了各大都市的主流報

社爭取錄用的對象，進而受學院訓練的記者與編輯，也就一步一步的改變了美國媒體的生態，及其處理新聞的態度。

這就是新聞專業化的歷程，新一代的美國記者終於擺脫了過去無賴、文化流氓的形象，以端莊、嚴肅的面貌出現在社會大眾面前，美國記者日漸贏得社會敬重。美國知名小說家當過記者的多得驚人。大作家馬克吐溫就是其中之一。

在那個記者行業不受到尊敬的年代，什麼樣的人會想去當記者？換個方向問：不幸當了記者的年輕人，如果要轉行，能轉哪一行、該轉哪一行？答案是，記者成了小說寫作的最佳訓練。想寫小說的可以在記者工作上，近距離看到社會的深層樣態，當記者當久了也可以累積許多新聞中寫不進去，卻可以寫成小說的好材料。他們對於人的感受與人的反應充滿了好奇與熱情。那個時代的新聞，不像後來專業化了的新聞那麼嚴謹、那麼有程序有規範，可是卻散發著戲劇性的人情味。

在「媒介就是力量」的口號登高一呼之下，21世紀今日的社會，傳播媒介對大眾的影響力量無遠弗屆。而在資訊焦慮充斥的當下，社會大眾對各式各樣新聞資訊的取得更是掘井若渴。此時新聞事業便更顯得重要而不可或缺。而新聞事業當中的靈魂人物——新聞記者，在新聞學術圈中對於「新聞究竟是不是一項專業？」的爭執議論中，一直是值得研究的對象之一；新聞記者若是不專業，其所報導出來的新聞便不具可信度、不具權威性，亦足以戕害整個新聞事業的發展。

除了培養從事新聞傳播媒體工作的人才，美國新聞傳播教育也面臨跨越學科的挑戰，所以為了使新聞傳播教育更為完整，今後的發展有三個面向：

一、從新進發展的傳播理論觀點賦予新聞學與新聞教育豐富的內涵：

傳統新聞學著重新聞採訪、寫作、編輯等訊息製作。但隨著傳播理論的多元發展與科技的演進，閱聽人分析、媒介批評、精確新聞報導、公眾傳播、人際傳播、傳播科技等概念，將豐富新聞學術與教育的內涵。

二、融合新聞學與語文傳播相關的學術領域：

語文傳播的知識與訓練，能幫助新聞工作者認識語言文字的本質與功能，以及提升使用語言文字的敏銳度與精確性。此外，現代的新聞採訪強調以對話、溝通、多文化等的採訪策略，來取代傳統的對抗、直線問答或文化本位等模式，語文傳播的訪談、人際傳播、文化間傳播等，將賦予新聞學新的意義。

三、發展傳播理論與研究之專題課程：

近年來傳播理論與研究朝更多元的方向發展；在理論概念上與研究方法上加入許多其他社會人文學門的思考，使傳播學門的內涵更為豐富。開設發展傳播理論與研究之專題課程，使學生能接觸更多元、更高層次的理論，充實學生日後從事實務或學術研究的涵養基礎。

第五節　傳播教育面臨的新挑戰

　　眾多學生，進入美國的 300 多所大眾傳播科系就讀後，他們逐漸發現一項事實，那就是原有的新聞及大眾傳播課程，也未必適合新一代年輕人的口味，促進了美國新聞與大眾傳播課程的一連串改革，也走向多元化。

　　其中主要的挑戰約如下述：

一、廣告結合公關的整合傳播

　　廣告和公共關係是大眾傳播學異軍突起的兩個附屬部門，美國新聞及大眾傳播學會出版之《新聞教育》季刊（*Journalism Educators*）在其年度調查報告中指出：「自七〇年代即呈現的主修廣告及公關學生人數持續成長之勢，未來將更看好。」根據該組織多年之統計，廣告是目前美國大學人數最心儀的主修科目，而公關受青睞之勢稍弱，但逐年遞增之態則甚明。目前商業發展蓬勃，更需要用廣告和公關等整合傳播來達到有效、重複的宣傳效果，進而建立企業的形象，和提高產品的銷售量。

二、婦女在新聞媒介中扮演的角色

　　大專院校教育、人文、藝術、經社及心理學、商業及企管學、觀光服務、大眾傳播等系中，女生人數超過男生，而這些學科的大專畢業生應是新聞工作人員的主要來源。教育水準的提高使許多女性得以加入勞動市場，同時教育程度的提高，也使婦女逐漸進入專業工作行列。女性新聞從業人員的遞增，顯示她們在

新聞傳播事業上的貢獻。某些方面她們有男記者沒有的特質，她們必須和男性工作者一起競爭，甚至要比他們加倍努力，目前美國出色的女性記者並不多。除了生理上女性較無法扛重的機器設備外，在新聞工作上與男性並沒有大的差異性，但是她們依舊無法避免天職上賦予她們照顧家庭的責任。

三、美國新聞與傳播事業正面臨轉型期

　　經營權與所有權的推行貫徹，使許多新聞與傳播媒體走向聯合企業，多角化的經營更須專業的傳播事業管理人才能勝任。例如 1960 年代，報系和聯合企業控制美國報紙家數 30%，占讀者總發行量 46%；但到 1980 年代，兼併收購時有所聞，目前已占有 60%的家數，而占讀者發行量更高達 71%。許多歷史悠久的報紙或雜誌，在不堪累賠虧損下易主經營，一時傳播事業的管理專家、顧問，身價暴漲、待價而沽，而編採部門若不是一再的裁員縮併編制，也只有轉行他業。

四、因為傳播業的就業市場需要，正全面帶動新聞傳播教育的發展

　　傳統的新聞傳播教育，固然培養了不少印刷媒體人才，而電子視聽媒體新產品開發成功，使得後續的軟體傳播製作者備感缺乏，美國的傳播教育單位順應時代發展，改變以往的觀念，不僅單純為教學滿足，各校師生因前景看好，都盡量朝實務路線，大學部的學生更是蓄勢待發，希望畢業後即能投入就業的行列。

五、研究所教育品質引發爭議

美國若干名校向不重視新聞教育，但近年來原本沒有新聞科系的院校已一一新設碩士班、博士班，分頭進行傳播學高層次的研究。

美國於1981年授予傳播學碩士，已經有3,082人獲得，博士學位也有193人。1985年時，有4,000餘人獲頒學碩士學位，而獲得傳播博士者也有300多人之多。一般相信，這是美國傳播科系大學擴充後的另一波震撼。此趨勢是否影響美國新聞教育研究所教育的品質，令人疑慮。

六、大眾傳播界走到十字路口

大眾傳播是年輕的學問，在六○年代經過所謂「行為科學」的洗禮下，融合科技整合精華，一時社會學、心理學的名詞在傳播的理論中，令人目不暇給，成為當代的主流。

傳播學受到科技、經濟、外交多元化複雜環境衝擊，傳播教育的內容，不但跨出古老的新聞編採教材的門檻，也突破社會科學的十字路口，目前正放開腳步，走向寬廣的自然科學的超視網路空間。尤其電腦出現，對大眾傳播整個大環境產生極大的衝擊，例如整個編採制度的改變。

在傳播的學術基礎日漸深厚之時，大眾傳播已接受不少融合之學，許多新興的學科正陸續推出問世，使大眾傳播的領域更加寬廣，進而提高學術的價值；但在這十字路口當兒，卻也令人憂心是否會走火入魔，失去其原來的本質？

七、實際整合研究問題

目前美國提供新聞學四年教育的學院和大學約 300 個。基本上，學生在各大學學習領域中，各種研究寬度和深度的不同要求，只選 25%至 30% 的新聞及傳播課程，其他則分別選修社會科學、人文科學和自然科學等課程。換言之，學生在本身的專業研究中，也選讀一個主要專門課程。大學除提供他們基本傳播技能以外，也提供社會科學課程，而使得新聞和傳播工作與社會聯繫起來。新聞學的學生正如其他學科的學生那樣，集中選修地理學、物理學、經濟學、法律、政治學，或語文課程等，這當然是由於新聞從業人員除應熟悉本行工作外，尚須具備某些專精的學識之故，這樣才能培養科學記者、醫學記者、商業記者與法律記者等。

此種發展，理想固佳，但是否為學生能力所能負荷；否則，「樣樣通，樣樣鬆」的結果，此種理想也不過是一場鏡花水月而已。

柯理查教授在《新聞教育人》季刊中指出另一個美國新聞教育的新理想，那就是「傳播教育的高中化」。他指出，美國新聞傳播教育於本世紀 1908 年搬上大學講堂後，由於客觀事實需要，近幾年正快速走進各高級中學校園，許多州並已發展成立「高中新聞協會」（High School Press Association）的跨校組織，成長的速度幾可以用雨後春筍來形容。這正是筆者多年前提倡「新聞學為全民教育」的初衷，也是國民培養媒介素養的基礎。

1. 各普通高中（職校）紛紛開設一門以上的「新聞學」課程，學生並參與高中校刊新聞學習。

2. 中大型的高中則加開編輯與採訪，甚至廣播電視的課程，

並利用各校的視聽教育中心製作節目，已接近專業水準。

3. 全美有 30 個州政府已正式規定，在各高中任教新聞傳播
課程的師資，必須通過「審定」（Certified）資格，以及
至少須在大學修習過幾門特定的相關學分課，而尚未實施
該規定的各州，正預備採取同一模式跟進。

美國新聞教育「高中化」的成因與演進過程經研究，初步的
假設可歸納為：

1. 美國大眾傳播媒介固然無遠弗屆，但其小眾媒介也相當興
盛，自成體系，深入家庭、學校、社會團體，使美國各高
中學校成為社會的雛形、縮影。因此，媒介的「易得性」
相當普遍。

2. 美國高中生傳統上是美國送報生（Carrier boy）最大的人
力資源，送報與陪看孩童多半是青年工讀的第一份工作，
這種從「觸媒」的誘因轉換成學習興趣，未始不是重要的
動機。

3. 美國高中的身心發展日漸早熟，他們長期受教於豐富的社
區報紙、社區電視廣播網洗禮；在如此環境下成長，逐漸
躍躍欲試，學習當傳播媒介的「小主人」。一方面他們的
體能足夠肩負 ENG 電子攝影機，許多州允許 16 歲的青年
取得駕照，增強其新聞採訪活動能力，配合各校電腦文字
處理資訊作業，都構成有利的條件。

第六節　新聞教育另一章——傳播倫理

　　美國新聞院校的教學，相當強調以自學為主，重視實踐，鼓勵學生獨立思考，發表自己的見解，主張不同意見之間的相互競爭，而在寫作技巧、採訪、新聞攝影上的要求都相當嚴格，美國新聞教育的重點是教學與對於新聞上的研究，教師不僅僅是在教學，同時也藉由學生的反應，進一步的將與同學之間的互動變成一種對傳播更加深度的研究探討，而學生也能夠自由的發揮出自己對新聞傳播的想法，跟教師互相討論，以期更加瞭解傳播的本質。

　　美國的新聞傳播教育相當重視實作，校內都有設置自己學校的校園報紙、廣播、電視等媒體，提供在校學生實作的經驗，同時學校也會跟當地媒體協調溝通，讓學生在畢業之前就可以擁有實際參與媒體工作的經驗，達到學以致用的效果。

一、課程設置

　　美國新聞傳播教育者最初類屬職業訓練特質，著重於新聞採訪與寫作技巧，但近年轉為偏向人文科學與社會科學。美國新聞教育者認為記者要以新聞手段正確反映當今世界各類事物非常不易，強調學生應該學習和掌握廣博的知識，所以前兩年以基礎教學為主，第三年則開始專業教學，而基礎課程和專業課程為1：3。

　　美國新聞學院實行學分制，較特別的是若能在高中修完大學課程，學分是被允許的，而且他們相信實行學分制，可讓學生在

修必修課程同時，可多選修一些與畢業有關或自己感興趣的課程，如此不僅提高學生學習的主動性，也可讓學生擴大自己的學習領域，不只是侷限於某個領域之內，且能增加自己往後在社會上的競爭力。

　　美國除了四年制正規大學外，還有一種兩年制的初級大學，而將近一半以上初級大學開設新聞方面的課程，例如：大眾傳播概論、新聞攝影、採訪寫作等基本課程，有些還設置新聞方面的高級課程，甚至美國約有 5,000 所中學也設置新聞課程，從中可見新聞科系熱門程度的比例是逐年上升。

二、教學方法

　　美國新聞教學除了新聞史和新聞理論，皆以強調實踐為主，尤其三年級時除了修習原本安排的課程外，還進行業務技能訓練，安排他們到各大廣播電台和電視台完成正式節目播出，或在報館完成出版任務。

　　為了讓學生及早接觸媒介實務，美國新聞學校不僅提供學生許多實習機會，也附設專屬本身的廣播電台、電視台和報紙，而這些校園傳媒由於都是面向社會，所以皆有專屬自己的頻道、節目、廣告……等等，確實讓本科系學生早點瞭解媒介生態，並及早融入傳播媒介圈中，甚至還派學生到校外媒體進行畢業實習，例如：到《紐約時報》等報社或廣播電視網；但大多數學校不會主動安排學生到校外媒體實習，而是希望學生自己爭取以換取實習機會。

　　姑且不論是何種行業，基本上應有的道德倫理素養是不可或缺的，尤其新聞傳播行業更是不能忽視，由於新聞傳播是將所得

知的訊息公諸於社會大眾，所以往往一則消息登出，可能會造成一個人身敗名裂或讓一件事無中生有，所以便有人指稱新聞人是用「筆」、「攝影機」殺人，其殺傷力不容忽視；但會造成此結果完全取決於個人的新聞道德倫理，這也與他們當時所受的新聞倫理教育的深淺息息相關。

　　所謂新聞倫理（Journalism ethics），是指媒體及媒體工作者出於自律的需求，強調記者有責任報導事實的真相，以及必定從可靠消息來獲得訊息，並在採訪新聞時，永遠要尊重消息來源的尊嚴、隱私和權利，以上可以說皆是新聞倫理的基本要素。雖然有許多人認為新聞道德是個人觀念問題，在課堂上教授倫理似乎效果不大，但一個新聞工作者的倫理道德是慢慢灌輸培養而成，可藉此讓他們瞭解媒體該有的基本原則，以及在傳媒圈工作該有的道德素養。

三、新聞倫理的重要性

　　現代傳播技術的廣泛應用，使人們對新聞事件的感知無時不在、無處不在。同時在不同的報導者中間，往往會出現對同一新聞不同的解讀方式，並在不同的閱聽者中間產生不同的認知傾向和反映，這在新聞事件的報導實踐中已是屢見不鮮，由此引發了人們對新聞倫理這一概念的廣泛討論和思考，以解決日益增多的新聞事實與倫理的衝突和對抗，尋求一種相對妥善的解決方法。傳播工作者若只是為了取得新聞消息，而喪失該有的道德倫理以不擇手段取得，或為了吸引讀者，出其所能挖掘不必要的報導，例如：公眾人物的隱私、不實報導……等等，相信沒有人願意看到記者為了換取新聞，而喪失該有的基本新聞倫理。

　　尤其在現今狗仔隊橫行、隱私權的侵犯、不實的新聞報導、扭曲新聞消息等等的媒體亂象，更顯示新聞專業教育中的「新聞倫理教育」更形重要。

　　1993 年出版的〈新聞學大辭典〉敘述：「新聞倫理學是研究新聞工作者的職業道德和行為規範及其規律的學科。」相對於其他的在美國 32 所大學新聞傳播學專業，雖然在課程的設計上互有差別，但新聞倫理或稱為傳播倫理的學科，則被 90% 的大學列為必修的主課程之一。

　　新聞倫理道德的發生是在開始有新聞職業之後，因為新聞道德是以新聞職業為基礎，若是沒有新聞職業的產生就不會有新聞道德。所以說，道德來自於實際的新聞職業，而成為指導新聞傳播工作者的一個標準與指標。

　　哥倫比亞大學新任校長波林格最近曾說，新聞學府側重編採技術性教學的時代，已經過去了，今後應更深入探討當代重要課程，新聞教學應更學術化。

　　哥大新聞系目前有 206 名碩博士生（修業期限為十個月）、近百名半工半讀碩士班學生和 17 名博士班學生。

　　波林格在寫給新研所全體師生的電子信中說：「傳授新聞技巧是樁有價值的目標，不過在新世界以及在這個偉大的大學裡，顯然仍有所不足。」波林格又說：「傳授技巧確很重要，問題在於如何維持平衡。」他的意思至為明顯：今後新研所應該走一條學術味道更濃的道路；應重新思考新聞教育的任務、課程的改編和新研所的角色；不應再太過重視編採技巧和處理新聞的技術性問題。波林格指出，新研所應對傳播的變遷和自由媒體所扮演的角色，下功夫研究。

為了改革新聞教育，波林格成立一個由 30 多名專家組成的委員會，成員包括曾任《紐約時報》總編輯的羅伯茲、《紐約客雜誌》的名記者奧爾塔和拉曼及《新聞週刊》董事長史密斯。

第七節　新聞傳播教育面臨的新挑戰

媒體公信力的式微

從 20 世紀下半葉開始，隨著傳播科技的發達、市場經濟全面性的拓展，傳媒的功能日趨多元化，尤其是經濟和娛樂的功能，形成一種厚報化、多頻道化的媒體拓展現象，相對來說降低了新聞傳播在整個訊息傳遞上的比重，淡化了部分新聞的地位。在學術領域上，大眾傳播學的興盛也與新聞學的式微有一定的關係。

隨著媒體的市場化程度提高，新聞人才的專業理念日益受到重視。如果再不及時處理這個問題，美國新聞業將在度陷入黃色新聞的泥沼。

美國有公信力的報紙很多，但知名的八卦新聞卻也不少，隨著大眾文化和收視率的消費型態，不少知名媒體急於播報搶收視率，許多名主播名記者都吃上了官司。可見，美國在悠久的新聞教育，面對商業市場的衝擊，記者的專業義理仍然受到強大的挑戰。

根據學者指出，專業理念應包含下列五項：1.傳媒是社會的公器，新聞工作必須服務於公眾利益。2.新聞從業者是社會觀察

者、事實的報導者。3.他們應以主流的社會價值觀作為價值的取向。4.應以實證科學的理性標準來評斷事實的真偽，並服從事實高過於權威。5.他們受制於建立在上述原理基礎上的職業規範，接受行業自律。

雖然，作為培養未來新聞從業者的新聞教育，不僅要教導學生操作傳媒的技能，還要養成學生的新聞專業理念，也就是說培養學生的責任感，及培養學生的正義感，得以讓新聞媒體的第四權發揮監督的功效；並做到公平公正，不讓社會公器淪為權威人士的宣傳工具，這才是新聞對於社會整體的價值。

失去了新聞專業義理的教育理念，新聞教育也將失去它的靈魂。因為，新聞專業裡面不僅是從業者的思想引擎，引導著他們的新聞追求，而且是從業者的方向盤，規範他們的新聞實踐。在這一片市場化的媒體浪潮中，不但不應該隨著世俗的眼光遺忘記者的專業理念，反而更應該加強專業理念，以扭轉普遍失衡的媒體現象，這也是對社會大眾所託付的交代。

美國是新聞教育傳播的淵源，自威廉博士創立密蘇里新聞學院以來，就將其定位在新聞人才的培養，這個教學目標也深深影響著整個美國新聞教育的發展。由於傳播媒體的多元化，使得大眾傳播學興盛，相較下，新聞學的領域開始式微，甚至被許多人混為一談。世界一流的新聞培養人才的大學卻並沒有因此忽略其新聞學的重要性，仍舊保持原本創立學院的精神目標，繼續前進，也造就了許多知名的人才及校友，其中最具代表性的兩間學校，哥倫比亞大學的新聞研究院及密蘇里新聞學院，仍舊保持著創辦之初的精神，培育良好的新聞人才及創造良好的新聞教育環境，也成為許多一流大學新聞教育的目標及宗旨。而面對逐漸失

去方向的新聞教育，下面這幾項是美國現代新聞教育所急於追求的。

㈠人才培養目標

對新聞專業的人才，美國很明確的強調新聞的專業就是培養記者，並能夠使他寫出好新聞，學會寫好新聞的能力。所以很重視培養他們新聞職業精神，並培養實務能力。

㈡人才培養層次

在人才培養上，美國新聞專業人才的培養主要是在本科和研究生這個層次，一般不培養新聞學博士生。當然也有部分例外，密蘇里新聞學院有在培養博士生，但主要是作為高校的新聞教師和一些研究人員培養。

㈢教學內容與培養模式

在美國新聞教學內容上，主要比較側重一些實務和專業精神的課程，不開太多理論方面的課程。像哥倫比亞大學就明確的指出，不培養新聞理論的人才。

哥倫比亞大學研究生學制為一年。專業培養的方向有四個，分別是報紙、廣播電視、雜誌、新聞媒體。其主要核心課程都是怎樣寫好新聞、製作新聞，如，報導與寫作、廣播電視寫作、雜誌寫作、網路新聞、電視新聞製作、廣播電視管理、攝影新聞、高級經濟新聞研究等。每個專業課程都配有報紙工作室、廣電工作室、雜誌工作室、媒體工作室為其核心課程，其教學制度上有很強的實踐性質。

密蘇里新聞學院，從它的本科到碩士班也都是強調實踐能力的培養。它們的學生從本科開始都要到媒體裡面去受過實習的訓練。

　　密蘇里新聞學院創辦人威廉博士，在創立學院之初就同時創立了一份報紙——哥倫比亞密蘇里人報，服務民眾將近了 100 多年，從來未曾停過。在隨著傳播科技的進步，它們自己也成立了自己的廣播電台 KBIA-FM 與電視台 KOMU-TV。

　　密蘇里新聞學院所創辦的密蘇里人報是哥倫比亞市兩份商業報紙之一。報社擁有一棟獨立的編輯大樓。然而哥倫比亞市的人口較少，發行量也跟著較少，因此密蘇里人報長期以來處於虧損的狀態，但仍然堅持不懈。此外還出版期刊 VOX 娛樂雜誌和 IPI 全球記者雜誌。VOX 娛樂週刊在密蘇里地區發行。而 IOPI 全球記者雜誌則是一份國際性刊物，總部在奧地利的維也納。

　　而 KOMU-TV 則是盈餘的盈利單位。成立於 1953 年，是進入美國全國電視聯播網的一個地方電視台，其設備可堪稱國際一流的水準。

　　從上述可以知道，美國新聞教育的教學內容，非常重視與新聞業的結合，有些本身就是道地的新聞機構，也的的確確地展現教育界與實務界的結合。

（四）畢業論文

　　哥倫比亞大學新聞學院的碩士是不能寫理論性的文章，寫一篇深度報導或是製播一個 30 分鐘長度的節目就可以了，並不需要發表或播出，只要給導師審核通過即可。

　　密蘇里新聞學院則是可以寫新聞作品，也可以寫理論性文章。本科生不要求寫畢業論文。

（五）師資要求

　　美國新聞學院對教師的要求則是比較強調需要有新聞實務的背景，他們不一定要強求博士學位，但卻重視其背後的工作經

歷。此外，他們還要具備有培養學生的能力。如此一來，這些教師都能在大量的新聞實際能力培養的課程中，發揮自己的能力作有效的指導。

第八節　新傳播科技對新聞教育的影響

公民新聞學：公民新聞學的理念來自於美國紐約大學的Rosen 教授，在 1990 年提出這個理念，希望藉由公民的參與使新聞的報導不再只有少數菁英的聲音，一般人民只能對於公共事務採取旁觀的對策，期待能夠在部分媒體資助下，能避免商業媒體的缺憾，落實社區成員瞭解彼此的平台。

公民新聞學在美國的興起，代表了新聞學術界和實務界對於自由市場經營媒體下的反省。藉由媒體的角色，使得下層的民眾聲音得以上傳，並促使社區意識得以凝聚。

主張這類的學者，對於網路的出現充滿了樂觀，對於網路媒體的近用性受到許多人的重視，因此，在後來流行的部落格上，出現了許多新聞性的部落格，雖然許多人對於這類的新聞學多有所批評，但不能否認的，它所呈現的聲音更多元、更具有互動性。反對此一論點的學者則是認為，新聞是一項很重要的文化事業，具備相當大的歷史包袱，在網路匿名的影響下，可能會影響到這項文化事業，並使其變質。

這兩方的說法都有人贊同也有人反對，贊同的人認為，如果在部落格新聞上確實能夠提出消息來源的證據，而這些證據是必

須不會誤導觀眾的，其實是可以接受的，至於言論是否中立，這派的學者認為沒有關係。因為，他們認為，摻雜言論的聲音，正是此類草根性媒體的特色。

　　無論贊成反對與否，不能不承認其對一般傳統媒體的影響：

　　首先，部落客讓採訪網變大、變密，與記者既合作又競爭。它們的眼睛、人脈和照相手機監看著社會每個角落，任何新聞人物都將無所遁形，任何秘密會面都可能曝光，原本因為難以採訪而被忽略的人和事（如弱勢族群）則比較可能獲得報導。部落客揭露的題材，可能先在網路流傳，然後被傳統媒體引用，運用即時書籤（RSS）監看部落格新聞將成為記者的例行公事。部落客將逐步分擔甚至取代傳統記者的工作，記者不能再靠報導例行新聞為已盡職，必須以深度的報導、宏觀的分析、深入淺出的文筆證明自己的存在價值。

　　其次，部落格讓閱聽人能夠串聯，新聞媒體將面對越來越大的挑戰。當閱聽人對新聞報導有所疑惑時，不必再悶在心裡、不必再寫往往石沉大海的投書，而可以透過部落格提出質疑，有疑問就互助合作找出真相，有不滿就串聯抗議，閱聽人不再是分散的大眾，而是分進合擊的行動者。媒體不能再傲慢的拒絕道歉，記者也不能再自以為是，謙卑地面對這個潮流，甚至善用這股浪潮，藉助部落客的力量改正錯誤、補足材料、促進對話、豐富內容，才是雙贏之道。

　　第三，部落格創造出空前豐富的新聞資源，媒體競爭的勝敗關鍵將因此改變。過去，媒體競爭力的基礎在於財力，有財力才能以高薪雇用人才，以鉅資擴充設備；但在部落格時代，競爭力基礎在於魅力，有魅力才能吸引部落客來投稿、來加盟、來對

話、來貢獻智慧、來分享資源，這是重義輕利的結盟，能夠集結比任何財團更多的人才、資源和聲譽。南韓OhmyNews以四個人起家，短短四五年就吸引35,000個寫手加盟，創造出每天250則新聞、200萬人次流量，證明吸引人才比雇用人才更有力。而吸引人才的魅力來自媒體的信譽和形象，也來自打動人心的編輯政策和開放的加盟辦法。

第四，部落格開創空前暢通的傳播通路，新聞控制的難度將越來越高。政府、財團、媒體老闆控制新聞，主要是藉由媒體所有權、人事任免權、新聞選擇權來管控新聞傳播通路，確保記者馴服、新聞不踰矩；但在部落格時代，人人可以擁有自己的媒體，任何被媒介組織封殺的新聞都可以透過部落格或其他網路媒體匿名發表，美國 Newsweek 扣下的柯林頓與李文斯基性醜聞，當晚就被DrudgeReport公諸於世就是一例，越來越多獨裁國家的人民透過部落格發聲也是明證。

第五，部落客讓新聞變多、變雜，編輯的重要性將與日俱增。部落格世界，資訊爆炸，真偽難變、良莠不齊，如何明辨真假、去蕪存菁，進而選擇、重組成新而有力的新聞專輯，與傳統媒體既有內容相輔相成，在在需要編輯的功力；此外，如何避免誹謗、侵犯著作權，需要編輯慧眼把關；如何帶動對話、管理留言，也需要編輯拿捏分寸。編輯不能只是被動的加工新聞，而必須主動的企劃新聞、建構新聞。

第九節　美國新聞傳播教育學術研究的發展

　　美國的新聞傳播教育學府，不僅培養人才也研究學術。其重要成果對理論之建立與實務的指導，均有貢獻。其中重要的研究如：

一、閱聽人研究的演進

　　㈠最早在「大眾社會」概念下的閱聽人研究是強調媒介的大效果理論：如子彈理論認為大眾傳播的威力非常大，媒介只要能把訊息對準閱聽人，閱聽人即應聲而倒。那時所探討的是媒介對閱聽人做了什麼，而不重視閱聽人的地位。

　　㈡第二次世界大戰時，學者霍夫蘭（Hovland）對美國國防部的軍教影片效果作研究，結果發現宣傳並不能改變受眾的態度。之後，拉查斯斐等人於 1940 年代對選民的問卷調查，也發現，大眾傳播對改變選民的態度很有限。1960 年代克拉伯（Klapper）也認為傳播媒介充其量只有助長的效果。那時的效果研究在探討媒介內容與閱聽人之間的「緩衝體」（或「中介變數」）。

　　㈢這種研究取向，一直到 1964 年，哈佛大學的社會心理學家鮑爾（Raymond Bauer）推出〈頑固的閱聽人〉（*The Obstinate Audience: the Influence Process from the Point of View of Social Communication*）一文，才開始有了明顯的轉變。鮑爾的觀點，一反過去閱聽人是被動的說法，而認為閱聽人可以主動地尋找資料。有關閱聽人是「主動」的研究取向，七○年代出現的「使用與滿

足理論」可以說是重要的閱聽人對媒介的使用，是一種功能性選擇的結果，它強調閱聽人有能力去選擇符合他們需求的資訊內容。換言之，傳播效果研究的重點從以往的「媒介內容能對閱聽人做什麼」轉變成「閱聽人對媒介內容做什麼」。

㈣閱聽人研究在 1980 年中期出現了所謂「接受分析」，它強調閱聽人的主動形象，但它也不完全忽略媒介「本文」（test）的力量。其最大的特色在強調「本文」的意義來自「本文」與「閱聽人」互動的結果，故強調製碼與解碼應同時研究；在方法學上則同時對閱聽人與媒介內容作資料的蒐集。它在企圖整合社會科學和人文學的理論觀點。

㈤當代大眾傳播學者簡生和羅森袞（Jensen and Rosengren）曾在 1990 年《歐洲傳播季刊》，撰文討論有關大眾傳播媒介與閱聽人關係網路的主要研究傳統，這五個傳統分別是：效果研究（effects research）；使用與滿足研究（uses and gratification research）；文學批評（literature criticism）；文化研究（cultural studies）；和接受分析（reception analysis）。其實，這五個研究傳統間存在著一些明顯的共通處，彼此卻很少意識到（或重視）對方的存在。

但是，最近研究者開始意識到彼此對話和接觸的重要性。

簡生和羅森袞分別將這五個傳統劃歸為社會科學及人文典範，其中效果研究和使用與滿足研究屬於社會科學典範，而文學批評和文化研究屬人文典範，至於接收分析則兼具二者的特色。

二、傳播效果研究的發展

(一)早期的媒介萬能論

在二次大戰前後，媒體研究者接受了余爾幹「大眾社會」觀點，認為由於「大眾社會」中，規範混亂，個人心理異常和孤獨等原因，使媒介享有強大威力，人們易於受媒介左右。這種媒介萬能論（或稱「皮下注射針理論」，the hypodermic needle theory），的確有一些歷史根據：

1. 赫斯特報系在促進美西戰爭中所扮演的角色，顯示在尋求大眾支持其論調的力量。

2. 1938 年威爾斯（Orson Wells）的《火星人入侵記》（the Invasionfrom Mars）廣播，震驚了大約 30%的美國觀眾。

3. 納粹德國運用廣播心戰宣傳，作為戰爭的武器，效果極大。

(二)中期的媒介效果有限論

1. 自 1940 年，美國哥倫比亞大學應用社會科學研究所的拉查斯斐（P. Lazarsfeld）在俄亥俄州伊利郡對美國大選選民所做的研究，卻證明大眾傳播的威力不如人際傳播，並發現了傳播中，居間發生影響力的意見領袖（opinion leader）在團體中對於其他人的影響力大於大眾媒介，其後續研究——笛卡圖研究（Decatur study），由凱茲（E. Katz）和拉查斯斐於 1995 年出版了《親身影響》（Personal Innfuence）一書，他們的研究多半證實了媒體對消費者的影響很小，反不如人際傳播。

2. 霍夫蘭（C. Hovland）所領導的耶魯學派在第二次大戰中及戰後做了許多實驗研究，及李溫（K. Lewin）的密西根

學派之守門人研究，瀚費斯廷吉（L. Festinger）的認知和諧理論（Theory of Cognitive Dissonance）研究，導致傳播研究的「個人差異論」的產生。

3. 1960 年克拉伯（Joseph Klapper）的《大眾傳播效果》一書，最足以支持這個有限效果的觀點。他的結論認為，大眾媒介並非產生傳播效果的必要或充分條件，它通常只能增強或鞏固既有的態度，而較少能改變它。

(三)中度媒介效果時代

1. 從 1960 年代到 1970 年代，學者們產生了一種新的觀點，認為只要傳播活動經過規劃設計，遵循某些傳播策略，還是會成功的，這就是條件效果時代，代表這種思想的主要論文是孟德爾森（Harild Mendelsohn）的〈資訊宣傳的成功理由〉。有些學者也認為，傳播研究此時開始進入了〈中度效果時代〉。

2. 在 1970 年代，學者們開始重新檢討媒介的影響力，其原因是鑑於許多從事廣告宣傳或競選人員仍然認為大眾媒介有極為可觀的潛力，他們認為有限效果論不能真正瞭解大眾傳播的魅力，對生活產生前所未有的影響力。

3. 德國學者諾爾紐曼（E. Noelle-Nenmann）指出，有限效果論不能真正證明傳播的力量有限，恐怕是傳播研究者所使用的理論與方法過於有限，才導致我們對傳播力量認識不清。歸納而論，回顧早期簡單的刺激與反應模式開啟了行為主義研究之先河，但是其研究基本概念，帶有濃厚的萬能效果論的色彩，忽略了對人的研究，進入有限效果模式則開始針對閱聽人作各種實驗及社會調查，然而卻將傳播

的能力化成對閱聽人行為層面的研究，忽略對媒介及其他
長期潛在影響的研究，中度效果模式拓展了認知層面的研
究，並且也常是從鉅觀的結構角度反省傳播的效果及功
能。如議題設定、知溝理論及涵化理論等。

三、研究傳播的勸服效果及兩大研究學派

　　對於傳播媒介的勸服效果，可選出二條路作為代表：一條是
哥倫比亞社會學家拉查斯斐及學生的研究，他們發現了「兩級傳
播」過程中「意見領袖」的存在，此外還包括由此延伸的創新傳
布研究。第二條路可通稱為耶魯研究，即實驗心理學家賀夫蘭領
導的傳播態度變遷之研究，其所關心的也是勸服功能，影響到廣
告心理學以及近年對勸服心裡過程理論上的一些修正與延伸。

(一)哥倫比亞研究

　　拉查斯斐開創哥倫比亞大學應用社會研究所，用問卷調查樹
立了半研究半商業研究的楷模。他本人對隨機抽樣調查提出重大
的貢獻，他所設計的小規模重訪法，原先是為了研究美國農業部
的廣播節目，但後來未及使用便碰上 1940 年 10 月的總統大選，
乃轉以研究媒介在選民投票態度的改變扮演什麼角色。這便是
1949 年拉查斯斐等人（Lazarsfeld, Berelaon Gaudet）所寫的《人
民的選擇》（*People's Choice*）一書。

　　此後「兩級傳播」支配傳播研究 30 年成為最具影響力的典
範。其地位固然是由哥大的一系列研究予以建立，也靠後來所謂
的創新傳布（diffusion of innovations）研究發揚光大。創新傳布
研究是經過凱茲和羅吉斯（Rogers）的努力，在傳播社會學與鄉
村社會學兩個研究傳統之間建築的橋樑。甚至六〇年代學者如施

蘭姆，在分析媒介與第三世界國家發展的關係時，都傳承了這一個典範。

(二)耶魯研究

賀夫蘭在耶魯大學建立「傳播與態度變遷研究計畫」，整整活躍了二十年，所做的一連串研究無不精密嚴謹，整個研究計畫龐大而有系統。

賀夫蘭和他的學生鍥而不舍，針對傳播與態度改變的問題尋找答案，結果「耶魯研究」不但具有精密性，而且保持連貫性，從此而後幾乎無人能出其右。

雖然賀夫蘭英年早逝，「耶魯研究」在傳播領域後繼無人，但其所種下的種子卻是所有傳播研究者必須追索的。

「耶魯研究」的特色是用實驗的方式探求傳播對態度改變的影響。

它運用一系列的實驗設計，突出某一個主要因素（例如傳播者的「可信度」），操縱其他外在干擾的因素，然後觀察那個主要因素的解釋力量。

學界對於耶魯研究的評價甚為分歧，而且褒貶之間相距懸殊。已故哈佛社會心理學家布朗（Brown）便坦白的指出，儘管耶魯研究的實驗設計非常嚴密，可惜它的思想卻與整個研究的大潮流脫節，以致成了孤魂，並沒有普遍地激發其他人在知識上的興趣。

反之，耶魯出身（賀夫蘭的門徒）的馬奎爾（McGuire）卻對它推崇備至，盛讚它的影響深遠，在態度變遷的研究上言，只有費斯亭吉（Festinger）「認知不和諧論」足以跟它較量。

四、影響媒介公信力的因素

㈠學者艾薩德（Izard）分析影響媒介公信力的因素有以下幾點：

1. 閱聽人的因素：

⑴閱聽人本身的意識型態（idedogy）會影響他是否相信媒介。

⑵閱聽人本身的政黨認同（party identity）。

⑶閱聽人的年齡（age），愈年輕的人愈不相信媒介，年紀大的則相反。

⑷地理區域：美國研究發現愈靠近華府（政治中心）的閱聽人對媒介公信力的評估愈低。

⑸種族因素：美國此因素較突顯，發現黑人對媒介公信力的評估比白人低。

2. 媒介本身的因素：

⑴媒介是否遵守倫理標準？（ethical standard）

⑵對一般民眾的隱私權是否尊重？（privacy respect for persons）

⑶意見和事實是否分開？（fact/opinion）

⑷是否隱匿了某些該報導而未報導的新聞？（cover up stories）

⑸是否受商業勢力的控制？（controlled by business）

⑹報導事情是否公平、公正？（fairness）

⑺媒介是否給閱聽人造成一種自大傲慢的現象？（arrogant）

⑻若閱聽人覺得媒介報導的愈正確，其媒介公信力愈高。（accuracy）

⑼媒介新聞人員的知識是否得到認可？（knowledge）

⑽媒介是否常常互相攻訐？（hide changes of their wrong do-iog）

㈡美國：艾薩德所作的公信力研究：

發現美國讀者對媒介最大的批評有以下幾點（負面評估）：

1.60%的人認為報紙常隱匿一些必須報導的新聞。

2.69.5%的人認為報紙常侵犯個人隱私權。

3.58%的人認為在新聞報導中有太多記者的意見。

4.77%的人認為美國的報紙以營利為目的。

5.85%的人認為報紙對他們不同意的人所提的問題會比較苛刻。

6.57%的人認為報紙太受商業企業的控制。

7.49%的人認為記者常常修飾資訊，以掩飾他們未得到充分的消息。

　　由上述研究成果，證明傳播教育除培養新聞實務人才外，對高深理論研究亦極有貢獻。根據美國教育部統計，在 1989 年，約授予 5 萬名傳播學士學位、4,000 名碩士學位、250 名博士學位。1993 年，約有 257 萬名學生在校主修傳播學，因此 1900 年增加 20 萬名。在美國，傳播學是一個熱門學科。

下篇　美國媒體的影響

第 11 章　美國媒體的全球化

第一節　傳播與經濟的關係

　　「傳播與經濟」這個框架中的「與」反映了我們對傳播和市場經濟之間關係的一種模糊表述。這兩者之間究竟是什麼關係？這不是兩者之間誰是因誰是果的問題，大約的說，它們之間存在著互動關係。這恐怕是早期傳播與社會發展研究之失敗所得的一個教訓（Lerner, 1958, Schramm, 1964, Rogers, 1976），也是近些年來學者們對這一領域的研究，以及對傳播活動政治經濟學研究所廣為採納的一個基本原理（Golding & Murdock, 1991）。在這個問題上的理論糾纏更多涉及傳播與經濟互動的型態，以及在每一個社會場景獨特的變化。市場導向的媒介運作的型態，包括了媒介組織的策略和新聞內容特徵。

　　在討論「傳播」與「經濟」之間的關係時，我們是否可以將它們看作區分不同現象的單純類別概念？也就是說，傳播活動是否為非經濟現象？經濟活動是否為非傳播現象？譬如說電視節目的製作與發行，它是人類傳播活動，同時也是人類的經濟活動，因為它由社會的人在營利組織內操作，牽涉到投資與營利；同時，它也牽涉到社會權利關係在經濟和符號製作領域的表現。如果說大眾傳播的生產與發行活動是如此，大眾傳媒的使用和傳媒

內容的接觸也是如此，具有符號操縱（manipulation）和產品消費的雙重特徵。因此，從理論構築的角度看，我們認為傳播與經濟（與市場經濟）的類別實際上是人為的（arbitrary），表現我們對日常思維類別（common sensual categories）的習慣接受。

　　提出「傳播」與「經濟」這些類別概念的隨意性問題，也是為了說明它們可以互為觀察取向。早在 35 年前，美國學者Machlup（1962）就從訊息生產與擴散入手，探討了美國生產構成的宏觀變化。社會學家貝爾（Bell, 1973）亦討論訊息生產與擴散的社會學層面，並據此提出了「後工業社會」或「訊息社會」的理論歸納。這些年，有傳播學者以經濟學或政治經濟學為分析取向，探討新傳播技術提供的不同型態之社會控制。還有一些學者則以訊息傳播為分析取向，探討企業或組織內部結構的合理化和管理高效化。從另一方面說，區分這兩個概念，並將它們看成兩個互動的過程，我們也就更能方向明確地探討在不同社會、不同歷史場景下它們互動的型態。

第二節　文化層面看全球化的論述

　　研究「全球化」著名的社會學者羅伯森（Robertson, 1992; 1994; 1995; 1997）認為全球化較「國際化」（internationalization）更能描述當今世界各國正進行演變過程（因國際化談的是以國家為基礎的國家間之交換；internation-state exchange），而在討論「全球化」時，不少學者反對以「國家國族」作為分析的

單位，尤其談及經濟、文化現象時，過去的典範已難適用於今天這個後冷戰時期、後工業社會的諸多發展。

一、全球化是大勢所趨

目前，電視產業的全球化是當前大多數企業發展趨勢的一部分，這種趨勢是由於世界上很多地區的國有企業私有化、國家對市場的干預減少、新興技術的擴散以及大量「中產階級」生活水平的提高造成的。全球化已經成為當今六大「市場營銷規則」之一，其重要性可與生產力、改革、發行、聯盟、和質量相媲美。

和其他產業一樣，電視產業的全球化是對業內長期以來業務實踐的漸進式提升與改進，並非是一項全新的事物。美國電視業已經開始向國外發行節目了，而廣播業則早在 20 世紀三〇年代哥倫比亞電視台（CBS）和國家廣播公司（NBC）剛形成的時候，就已經開始這種業務了。在電視業，早在 20 世紀七〇年代，就有觀察家描述並抨擊了電視全球化的標準化傾向美國和美國主宰世界電視市場的大多數。如今電視全球化又出現了一些新狀況：(1)產業、學者、商業出版物和 20 世紀九〇年代中期開始興起的媒體在全球化過程中發揮巨大的作用；(2)世界範圍愈來愈重視節目與內容提供商品名稱與形象認同。對這兩方面的日漸重視是由多個相關的因素造成的。

(一)政治變化

20 世紀八〇年代末和九〇年代初是世界政治格局發生巨變的時期，也是自 20 世紀二〇年代商業廣播公司建立以來影響最為深遠的時期。前蘇聯和東歐社會主義政權的解體，導致了全球大部分地區資本主義市場體系優勢地位的確立。以前西方媒體公司

關閉的巨大市場如今都敞開了，而且以前中央集權的國家如今基本上也都歡迎西方國家去投資建立新的市場經濟。

(二)管制放鬆

即使在世界政局變化以前，美國、其他一些西歐國家和亞洲國家在國家經濟、政治政策的很多領域也開始依賴市場機制，而非依賴政府調節。在美國，這種管理哲學的結果就是政府主導的市場結構產生了變化，它隨之也改變了電視產業的行為與表現。

(三)競爭

隨著很多地區政府保護的削弱，電視開始不得不面臨很多以前沒有遇到過的全方位競爭。面對日益嚴峻的形勢，該採取什麼樣的方法來應對呢？全球化就是需要採取的兩大方法之一，因為它為電視的形象、產品、和收入向新市場領域擴張提供了可能，在激烈的國內和國際市場中全球化也被看作是一個不可或缺的步驟。第二個需要採取的方法就是在國內與國際市場中對電視產業進行不斷的合併。合併的案例有時代華納／納特公司的合併，也有迪士尼美國傳播公司／娛樂體育頻道的合併，還有福克斯天空廣播公司／亞洲衛視帝國在全球範圍不斷地擴張，它們都標示著「新寡頭經濟」（new oligopoly）時代的來臨。這種趨勢實際上是世界知名媒體公司對原來界線分明的媒介形式進行的融合，作為贏得競爭優勢並且確保自己在不斷發展變化的媒介企業的全球化架構中地位的一種手段。

(四)技術擴散

有線電視在美國三分之二家庭中的擴展和地球同步通訊衛星的發展，可以向有線系統、地面廣播公司提供連續的、相對廉價的電視內容傳輸，並且在較小的範圍內可以直接向觀眾進行傳

輸，這些技術的發展都促成了政府管制的改變，從而帶來了整個電視產業的諸多結構性的變革。攝影機和遙控器是另外兩項技術進步，它們也為電視產業的全球化帶來了深遠的影響。

二、全新的營銷重點

曾經一度被俘獲或是以為是被俘獲的觀眾，現在看起來愈來愈「容易被弄到手」。因為研究表示現在的觀眾對某個特定的頻道和服務的忠誠度愈來愈低了，這樣一來，促銷的有效性就可以透過多種方式獲得兩倍的提高。另外，可替代的家庭媒介（錄影帶、電動遊戲、電腦和網路）的廣泛使用，將傳統的電視收視置於一個更為競爭激烈的背景之中，廣告商已經開始在這些新興媒介上做廣告，或者將預算的大部分轉向了這些新興媒介。許多國內和國際電視節目提供商為了贏得這些媒介的受眾，開始進行不斷的鬥爭，而在這場鬥爭中，促銷仍然是重要的武器。

品牌策略

能否捕獲那些積極或盲目的觀眾注意力具有決定性的意義，因為許多傳播媒體業者都開始認識到，為了吸引到觀眾，它們不僅要提供有吸引力的節目，而且還要保證節目的目標觀眾知道節目播出的日期和時間，還要讓觀眾感受到節目的重要性，以為可以從節目的內容和圖像中獲得好處；而且最重要的是，讓觀眾有理由對節目提供商的品牌產生品牌認同。頻道與服務的品牌在一個紛擾的複雜的電視環境中是一個關鍵的因素，因為調查數據證明，包括那些採用自己的方式收視的觀眾在內，大部分人都只注意到少數的頻道，於是這些頻道就構成了個人或家庭的頻道數（channel repertoire）。品牌為服務商塑造了一種形象，這種形象

將節目要提供哪種類型的內容傳播給目標受眾。

三、經濟一體化

　　世界範圍內，由幾家公司共同擁有的頻道數量正在不斷的增加，儘管它們的魅力可能會極端地不同，也可能會非常類似。在塑造共同擁有的品牌時，電視公司一般都採取「家族式設計」。所謂家族式設計是指將這些頻道定位為彼此之間相互補充的頻道，並且要在觀眾的腦海中留下印象，也就是說一個頻道能夠為其他的頻道提供「附加的價值」（value added）。

　　在美國和其他一些國家，一些經濟上的聯合可能會引起反托拉斯的關注，如今這種聯合對於公眾來說已經成為良好狀況的徵兆了。例如：新聞集團宣布自己為「一家全球整合媒體公司」。這公司控制著生產、發行、和銷售，很明顯地，它要比不控制這些活動的公司享有更大的營銷力度。垂直整合結構的公司不需要考慮贏得與維持地方發行商的問題，也無須考慮其他的出口問題。這種結構鼓勵促銷的相似化，一個地方的服務經驗可以為同一集團家族內其他地區的公司借鑑。當然，促銷是廣義上的節目服務營銷活動的一部分。讓品牌名稱在頻道之外隨處可見，這已是美國和全世界其他國家的促銷與廣告戰略的一個組成部分了。

四、文化敏感性

　　業內有一個普遍的共識，就是電視和新聞網在策劃和實施促銷活動時，地方工作人員必須要參與其中，因為只有他們才真正知道和瞭解地方狀況問題和常識性文化。文化的忽略從定義上來說，就是對文化感覺遲鈍，經常被人視為傲慢自大。如果一個頻

道想在擁擠的市場中拚出自己的一片天地，那麼文化忽略就屬於非常糟糕的定位了。

　　歐洲也存在一些外國節目提供商最難於開闢的市場，因為許多歐洲國家自己已經擁有了發展的影視產業，並且這些國家為進口的內容設置了很多民族性的和超民族性的限制。而且，一家大型的全球化電視促銷公司——Martin Poole of Novacom 發現，在歐洲大多數國家中，人們普遍不大喜歡霓虹燈或電子風格的設計，年齡稍大的人群尤其如此。年長的歐洲人收看的電視資源非常有限，而且經常只是收看一些非商業頻道，因此在他們中間具有這樣一種普遍的傾向，就是認為那些非常現代的設計都太過低俗了，太「美國化」了。這種差異會隨著年輕一代的成長而逐漸消解，因為年輕人喜好「MTV」式的視覺形象。而且最近來自美國的頻道日漸增多，對歐洲的促銷服務也有所增長，因而就需要採取這樣的方式來贏得這批受眾。

第三節　以時代華納公司為例

一、歷史回顧

　　1997 年 7 月，時代公司與華納公司達成合併計畫，這個舉動使得時代華納公司成為全球最大的媒體公司。這項合併案也是一股全球跨國經濟併購浪潮架構下的行動。其合併的目的可以從該公司第一次向股東發表的年度報告中看出大概：「在八〇年代我們見證了二次大戰以來最強烈的一次政治及經濟上的巨變。」在

此同時，時代公司與華納傳播也各自朝向一個重要的目標——全球化，這已經從過去的夢想變成現實生活中的一部分。沒有一個競爭對手可以永遠勝利，除非它擁有全世界重要市場的主要部分。

二、組織架構

1989 年起，時代華納公司就著手兩家公司整合後的組織改造。而今日的時代華納公司主要分為兩個部門：一個是「時代華納」，主要是以出版和音樂活動為主；第二個是「時代華納娛樂集團」，包括電影娛樂、家庭電影院（HBO）節目和有線電視。目前它在娛樂領域包括了 TBS、TNT、華納兄弟、華納音樂、HBO 等知名的集團；在新聞方面則擁有 40 多個雜誌、CNN 等。

三、經營策略與理念

㈠垂直整合與資產互補

時代華納公司的合併原本是以垂直整合作為構想，以達成策略計畫與運行的目的。原則上，時代公司可以控制一個構想由書籍出版的呈現到最後製作成 HBO 的節目，並可透過公司所出版的雜誌加以宣傳。但實際上，時代公司與華納傳播的結合並未達成希望的「相乘」效果。時代華納公司的組織部門度過了合併後整合的過渡期，但部門間的合作並未達成預期的水準。舉例來說，華納兄弟製片公司和 HBO 並沒有訂定可以互蒙其利的合作規範，反而各自為政。

儘管兩家公司在合併後存在一些難題，但彼此間卻也發揮高

度相輔相成的作用。時代公司擁有了諸如 TIME、LIFE、PEOP-
LE、FORTUNE、MONEY、SPORT ILLUSTRATED 和 SOUTH-
ERN LIVING 等著名雜誌。在 1988 年，時代公司曾是美國最大
的雜誌出版商。此外，時代公司與HBO、CINEMAX是美國三大
付費電視頻道商，時代公司也擁有全美第二大的有線MSO系統，
在 33 州擁有 450 萬的收視戶。

　　而華納傳播也提供了電視電影製作的一大部分，包括了好萊
塢三大製片公司之一的華納兄弟製片公司和全球最大電視節目製
作公司的LORIMAR電視娛樂公司。此外，華納兄弟製片公司也
是有線電視節目的主要提供商，包括了時代的HBO頻道及CINE-
MAX有線電視系統。在音樂方面，華納傳播也占有重要的地位，
包括華納兄弟唱片公司、亞特蘭大唱片和 ELEKTRA。華納傳播
也是有線電視重要的一員，在合併之前，華納傳播是全美第五大
有線 MSO 系統。

　　前面提到，時代華納公司的合併原本預期產生「相輔相成」
的效果，以期提高合併後資產的增值。這項合併協議要求一個計
畫推動在歐洲及亞洲締結合作聯盟，藉以進入其市場的一種途
徑，並要求合作伙伴投資有限投資股份，以擁有對時代華納公司
資產的對等關係，而這些錢將用於減低公司的負債。

　　現今有合作股份的出售已收到其效果。1991 年 11 月，時代
華納與日本的東芝集團和C.ITOH公司簽訂了合作協議，C.ITOH
公司同意以 10 億美元，購買由 HBO 和時代華納有線構成的時代
華納娛樂公司 12.5%的股份。時代華納公司藉由這項協議不僅獲
得一筆資金，也同時取得進入日本市場的通路。1993 年 5 月區域
貝爾營運公司於美國西方投資了 25 億美元在時代華納娛樂公司，

這項策略聯盟的結果使得時代華納公司向全方位服務網路
（FSN）的前景邁開了一大步。

除了出售有限合作股份，時代華納公司也積極地向國際市場
進軍。公司旗下最大的集團，華納音樂和 HBO 已經變成海外市
場的重要角色。在十年中，時代華納公司的海外直接投資金額已
經以每年 20% 的成長率，從 1984 年的 7 億 4 千萬美元到 1994 年
的 4 億美元。

(二)時代華納公司與透納廣播系統

1995 年 9 月，時代華納宣布與透納廣播的合併計畫，包括了
80 億美元的相互控股。相互控股後，泰德‧透納（Ted Turner）
將得到時代華納 25 億美元和 11.3% 的股權，並使得他成為公司最
大的股東。此外，泰德‧透納也成為時代華納的副總裁及透納廣
播系統的總裁。經過合併，著名的馬隆（John Malone）TCI 的自
由媒體公司將成為時代華納公司的第二大股東。美國聯邦貿易委
員會後來同意這項合併協議。

合併協議是基於將透納廣播系統的新聞和節目資產與時代華
納的資產互補結合在一起。根據總裁 Levin 的說法，「互補的本
質就是發揮兩個組織資產最大的利用價值，並讓我們成為在競爭
日益激烈的全球市場中居於領先地位。」

兩家公司的合併需要組織的重整，將分為三個主要的部分，
包括娛樂、新聞及電訊三部分。娛樂包括了華納兄弟、TBS、
TNT 等；新聞包括 CNN 及時代公司；電信則有美國西方、時代
華納有線電視等。

時代華納與透納廣播的這項合併計畫將需要一個在過去視為
理所當然的整合運行計畫。這項合併協議預期將使得總裁 Levin

在透納廣播和馬隆對其決策完全支持的情況下，擁有更多的權力。

四、小結

　　時代華納公司需要長期的發展策略以達成跨國媒體公司的目標。華納傳播公司對時代公司提供了基礎電視和電訊製作的策略，而合併後的時代華納傳播公司確實已經成為全球最多面向發展的跨國媒體公司。自從合併後，國際銷售的金額已經成為該公司每年盈餘總額的 40%。

　　2007 年 12 月 28 日，亞馬遜宣布已經與時代華納集團簽訂了合作協議，未來將共同征戰於音樂下載服務的領域，實際上這也是兩家公司對抗蘋果在數位音樂產業霸主地位的重要戰略。

　　根據路透社報導，目前時代華納旗下的音樂已經可以通過亞馬遜 MP3 音樂服務下載，該服務可以相容市面上流行的多款音樂播放器，其中甚至包括競爭對手的iPod。另一方面，兩家公司還表示，未來將提供獨家音樂和特殊唱片產品。

　　75 歲的時代華納和 15 歲的美國上線兼併，震動美國媒體娛樂界，震動美國的華爾街，震動美國民眾，震動世界，其影響力波及甚遠，至少將深刻影響 21 世紀上五〇年人類的生活和視聽資訊業。美國上線與時代華納的兼併，顯示了 21 世紀是網路的世紀，顯示了數碼革命已經撲面而來！

　　美國上線與時代華納這兩家電子網路巨亨和出版業影視娛樂業巨亨，在進行商業談判時，以暗號和代號自稱自己，以避免讓其他企業發現和避免記者狗仔隊的打探。兩家高級主管和律師，對自己企業百分之百的忠誠，直至最後新聞發表，人們才知道發

生了大兼併，這也可以說是一個商業界的奇蹟。

　　《新聞週刊》稱雙方的成功是達成協議的藝術（The Art of the Deal）。The Art of the Deal 可以翻譯成達成協議的藝術，也可以翻譯成結成伙伴的藝術，結成事業的藝術，結成行動的藝術，結成賺錢新方式的藝術。推而廣之，也可以翻譯成友誼互助的藝術，感情兩相情願的藝術，人生擴充的藝術。

　　美國上線與時代華納的兼併，對美國電子網際網路媒體和出版影視業產生巨大影響，美國將會被這個巨型超級大企業所吸攝。一網打盡的說法並不誇張。巨型 21 世紀媒體和娛樂業，它的大而有效，大而有多邊功能，將使其生命力強旺。

　　美國上線與時代華納的兼併，對於美國大眾來說，一機連著全世界將成為現實。人們的視聽、娛樂的方式將會改變，媒體與觀眾的積極互動將取代被動的接受，媒體將傾聽觀眾的聲音，觀眾也將出現在媒體之中。主觀評論、新聞、文化壟斷將成為 20 世紀陳舊的名詞。媒體使用者──顧客及觀眾將真正成為媒體的主人。網站管理費用的日益低廉，使得人人都辦得起媒體。對網站的從事者和作家來說，個人的創造行將顯得日益重要，網站的獨特創新，將增加其價值。

第四節　結語

　　在探討媒體全球化的議題時，我們除了必須涉及資本與市場面的全球化的本質與意涵之外，媒體的文化與社會面向也是在全

球化論述中不可或缺的一環。另外，學者在研究全球化相關議題時，多同時將本土化（localization）一併討論，視全球化與本土化二者為缺一不可的辯證（dialectic）關係。基於媒體產業是資本體系與文化商品的結合體，在探討媒體全球化的議題時，特別著重在從新自由派對全球化／本土化的詮釋（Greider, 1997; Ohmae, 1990, 1995），以及全球文化與在地文化的對話辯證過程（劉維公，2000；Robertson，1995；Tomlinson，1999），前者採取資本體系運作的角度，視媒體全球化為單純的海外市場擴張與資源組合；後者則強調媒體產品具有的社會、文化內涵，在全球化過程中所產生的互動機制。

近年來，許多研究學者在探討全球化議題時，已逐漸對「全球化」這個現象的發生到底是應該從「全球」或「地方」的層面來檢視的問題提出質疑（方念萱，2001）。同時也有學者認為，要更清楚理解全球化的議題，無可避免地只能強調某一主題、某一層面、甚至是單一國家或地區的案例研究（劉維公，2000；Hannerz，1997）。

目前宣稱全球化表徵的網際網路，明顯的呈現人口地圖和科技差距的現象。根據統計，全球只有百分之二點四的人口連結網際網路，而東南亞兩百人中僅有一人上網，阿拉伯國家是五百人有一人，非洲則一千人才有一人。考慮這個現象，我們可以理解的科技支配，尤其在快速發展的知識經濟時代中，將對目前已呈現貧富不均的地球人口版圖造成更嚴重的成長落差，加大了科技—富有國家和落後—貧窮國家間的鴻溝。諷刺的是，目前美國所強調的「新經濟」概念，正是以知識、資訊技術為本，網路經濟為要素的成長模式，可以想像科技成為帝國霸權支配的手段和

工具。

　　或許有人會認為這種現實發展趨勢毫無批判意義，但是不要忘了在世界經濟論壇中和場外的反全球化示威中有一個類似的議題（甚至在台灣先前所舉辦的二千年全球資訊會議），就是說當以資訊、科技、知識經濟為新的生產形式來臨之際，有相當比例的全球傳統工人將成為首當其衝的犧牲者，當資本家高唱新經濟、科技產業競爭，連帶透過日漸形成風潮的合併／競爭策略，「誰」都可能變成被淘汰的弱勢者，而這也是科技驅動全球化所產生出新社會不平等的課題。

第 12 章　美國大眾傳播與政治

第一節　前言——基礎理論架構

一、政治傳播的基本要素

　　研究傳播，拉斯威爾的「誰？說什麼？給誰聽？透過哪些途徑？達到什麼效果？」雖然描述單向的傳播現象，卻是分析傳播過程中，相當簡易的模式，尼莫就根據這幾個基本的要素來探討政治傳播過程中的不同部分：1.政治傳播者 2.使用語言、符號技術等 3.透過政治傳播的媒介 4.達到政治中不同的觀眾 5.傳播在政治中的效果。

　　㈠**政治傳播者**：對政治傳播者的研究可以追溯到一次、二次世界大戰中宣傳的研究，因為當時認為訊息必須是經過強有力的傳播者，方可發揮極大威力，因此積極研究政治傳播者的屬性、價值、信念、動機。拉斯威爾則認為必須區分宣傳者、出資者、外行人等三種政治傳播者。

　　傳統的政治傳播者以政治人物居多，但因科技的進步必須由專業的傳播者來扮演傳遞訊息的職責，專業的傳播者世界於訊息的來源與接受者之間，可透過對符號的操縱來「將一個團體中的語言、價值、利益、觀念及目的等轉換成不同群體可接受的內

容」。

政治傳播者的第三類型是政治行動者，包括公司團體中的發言人或遊說者，以及意見領袖。以上可知每一類政治傳播者都扮演著不同的角色，都是政治體系中不可或缺的人員。

㈡**語言與符號：**政治傳播者不管是政治人物、專業溝通者，或是政治行動者，都必須透過訊息來傳遞其思想、意念、感情等。因此許多研究都集中在研究政治傳播者所傳達的訊息。

尼莫最著名的《政治就是談話》揭櫫了談話在政治中的重要性，而政治語言一般來說它的功能包括：1.統治菁英為了自己的利益使用語言來煽動大眾；2.利用符號來增強地位；3.利用符號來表達不安。

政治的訊息是以人實用的目的為優先，政治傳播者應用政治的談話以獲得物質的利益，他們可以利用保證、婉轉、誇張、暗喻等方式來激發群眾的情緒、動員群眾，以爭取政治利益。政治傳播者也可以利用政治談話來提升地位，是建立社會權威的方式；以及利用政治談話來做個人的表達及公眾討論的方式，因此政治談話可塑造個人的政治形象。

㈢**政治傳播的通路：**從通路觀點來看政治傳播，政治傳播和一般傳播不同的地方在於其多少是制式化的，有目的的，需要較正式的通路與網路。當然，這通路唯一或主要的功能是政治的，政治傳播網路的建立與發展都與政治制度的建立息息相關，因此不論是人際、組織、或是大眾媒介，政治傳播的通路是用來傳遞政治的訊息，是與政治的制度之改變與延續有關。

現代政治系統最特殊的地方在於政治制度與領袖們不斷的互動，以及與外在社會中不同單位的不斷互動，這是與傳統政治組

織間最大的差異。任何政治系統都需要支持，而這支持是來自於
各不同通路對系統的輸入。

　　每一種通路都可以單獨或配合使用，以達到目的，這些通路
也都是雙向的過程，聯繫政治傳播者與對象。

　　㈣受眾：政治傳播者，利用政治傳播的人際、組織，或是大
眾傳播的通路，來行使權力談話、影響談話、以及權威談話，目
的都在訴求於其對象，也就是政治訊息的受眾。如果不瞭解受眾
的特質，政治傳播就失去意義。

　　並不是每一個政治傳播訊息的訴求對象都會對政治的訊息感
到興趣，學者認為從政治參與的角度來看民眾，可分為積極者、
中介者、旁觀者，與無動於衷者四種。第一類積極者當然熱心政
治活動，積極參與；中介者則介入政黨政治，屬於黨員型；旁觀
者屬大眾中人口最多的一群，參與政治討論與投票；無動於衷者
幾乎不參與任何政治活動。另外，尼莫認為必須區分公眾意見、
大眾意見與流行意見的不同，因為民眾會因不同事件，不同興趣
及不同的關心程度，而對政治訊息做不同的反映。

　　㈤**政治傳播的效果**：傳播的效果有許多，一般媒介的政治效
果之研究偏向於政治社會化、參與及投票、議題建立，和政策制
定等面向，得出的結果也大致支持媒介產生政治效果的主要功
能。

二、政治傳播的理論發展

　　從有人類開始，就有政治行為，也有傳播行為。古希臘時代，
亞里斯多德著名的政治演說，就是政治傳播的一種藝術，而把政
治與傳播連在一起做理論上與經驗上的探討，則是本世紀的事。

　　政治傳播是一門很年輕的社會科學，是政治為傳播，而政治系統則是傳播的網路與控制。政治的定義很多，諸如價值的權威性分配、權力與權力的分配、影響等。有學者認為沒有傳播行為就沒有集體的能力，也因此沒有政治。過去很多學者在研究政治傳播時把重點放在大眾傳播媒介的政治面向，或政治系統中與政治有關的傳播活動，其偏重的多以政治學的角度來剖析問題，視其為政治現象的部分，學者 Mueller 在其《傳播的政治語言：社會化與合法化的政治社會學研究》中提到「政治傳播是社會階級、語言及社會化型態的政治結果」。[1]

　　也有學者從政治發展的觀點來看政治傳播，Fagen[2] 認為政治傳播是政治系統內與政治系統與其環境間的任何傳播行為，因而建議研究傳播網路，以及傳播型態的經濟、社會決定因素。政治學家固然從政治學觀點看傳播，但政治傳播之所以蔚為一新的研究領域實源於二次大戰中宣傳對民意影響的研究、四○年代美國選舉的研究、大眾傳播媒介對政治行為影響的研究，以及學者長期以來對傳播媒介、政府與民意互動的研究興趣。[3]

1. Mueller C. The Politics of Communication, London: Oxford University Press, 1937
2. Fagen, R. R. Politics of Communication, Boston: Little Brown, 1966
3. Nimmo, Dan "Political Communication Theory and Research: An Overview", 1977

第二節　政治與傳播

一、政治社會化與傳播

　　政治傳播已蔚成傳播研究中相當重要的一環，在全球性的國際協會中，政治傳播組是一個很受重視，同時好手如雲的一組。其研究的面向，除以上提到的一些變相與重點外，傳播在政治社會化與民意形成過程中扮演的角色，政府與媒介的關係也是從有學理研究以來，就廣受重視的。

　　六○年代以前研究政治社會化，都把重點放在家庭、學校、同儕團體的社會化功能上，但六○年代中期密西根大學的調查研究中心發現，家庭和學校作為基本政治社會化的機構是很值得懷疑的，一些媒介的變數在研究中陸續出現，成為相當重要的指標。

　　因此七○年代開始，美國學者逐漸重視大眾傳播媒體在灌輸、指導孩童們政治知識與態度上的重要性。尤其是美國孩童從五○年代末、六○年代初起，即日夜受大眾傳播媒介，尤其是電視的洗禮，因此一位學者甚至宣稱「大眾傳播媒介」是孩童的「新父母」。一般來說，由於觀念取向的家庭溝通，注重思考能力的培養，意見交流的機會增加，孩子的社會化程度就會增加。但社會取向的家庭溝通，受限於父母、社會規範的遵循，缺少創造、自發的能力，政治社會化的程度就低。

　　學者發現，家庭溝通的重點是造成孩童們政治學習差別的主要因素，而這些差別將會持續到孩童們成長後的成年；對成年人的政治態度、行為也有影響。有研究報告指出，多元式溝通家庭

中成長的兒童，最易利用大眾傳播媒介取得公眾事務及政治方面的消息。

二、電子式民主

1986 年 6 月美國有線電視公司 C-SPAN 實況轉播參議院各項辯論表決。透過螢光幕，美國百萬，甚至千萬觀眾可親眼目睹立法的進行程序，對於民主之運作將有更深一層的認同。但是，比起白天的肥皂劇，參議院的辯論究竟可以吸引多少美國觀眾，仍是問題。

有線電視是美國近十幾年來發展最快的傳播科技，訂戶只要按月花少許的費用，就可以利用電視電纜接收數十種不同的有線電視頻道，內容五花八門，從全天的電影到全天的體育，或是新聞，或是娛樂，提供觀眾們特別感興趣的節目，滿足人們不同的口味。

有線電視實況報導眾議院的活動源自 1979 年，但是參議院卻始終抗拒傳播科技介入政治，認為電視的燈光、攝影機破壞了人們的思維、邏輯與思考。但是電視真的會改變傳統的參議院嗎？參議員會因上電視而表現異常嗎？人民真會因電視的攝影機在而改變嗎？

目前回答這些問題當然為時過早，但是有線電視網實況轉播眾議院已有七年歷史，美國一般大眾看電視是以娛樂為主要目的，吸取新知、瞭解政治運作並非主要目的。而現今的參議員各個都是身經百戰的政客，對電視科技早就習以為常了，應該不至於有太多的離譜演出。但是比較可以確定的是，參議員們日後會更注重衣著打扮，更注重自我形象的塑造，有更多更完整的準

備，辯論也應該會更精采，對不愛看一般肥皂劇的美國人來說也多了一項選擇。[4]

第三節 政治活動與傳播

一、選舉與大眾傳播

政治傳播中最刺激、最熱鬧的研究主題當屬選舉的研究。事實上選舉研究也是政治傳播中最豐富，最引人注目的面向。從早期四〇年代開始系統，大量的研究選民行為，帶給傳播學者及社會科學研究者許多寶貴的資料，也幫助選舉過程的民主化。經過了四十年的經驗與資料累積，今天大家對於選舉中的變項研究應屬徹底，對政治傳播領域的科學化頗有助益。

選舉是民主政治中不可缺少的一環，是反映民意的一個很好的途徑，人民透過選舉來選擇政治領袖、影響公共政策，這過程就是政治傳播的過程。因此，有學者認為選舉是為達到某些政治目的的一系列有組織的傳播之運作，不管政治目的為何，達到目的的手段即是透過傳播的行為與活動。

傳播學者對選舉的興趣源於 1940 年代，當時研究的成果為日後選舉行為研究的經典。以下簡略介紹古典投票研究：

古典投票研究：談選舉必須回溯到四〇年代哥倫比亞社會調

4.《政治傳播》（理論與實務）；彭芸；巨流；民 75。

查中心拉查斯斐等人著名的選民研究，現在都稱之為「古典投票研究」。從事古典投票研究的學者很多，Katz、Pool、Campbell等，都有許多精采的研究。電視雖然在 1948 年進入選舉的熱潮中，但普及率不高，其影響結果當然也有限。1952 年艾森豪總統利用電視廣告來增加人民對其政見、形象的認識，電視轉播政黨的提名大會也開始，媒介介入選舉越來越明顯了。[5]

二、政治說服與大眾傳播

　　政治是管理眾人之事，或是價值的權威性分配、權力與權力的支配、影響等，政治也是一種說服的藝術。不管從政治的概念，如衝突、統合、發展、參與、權力、影響或權威等看政治運作，或從政治的制度、政治事件的形成、影響等不同角度看，說服都不可或缺。[6]

　　而說服中最受人矚目的單元便是：政治說服。人是政治的動物，許多政治態度、信念、與行為都是經由說服反映形成、反映加強與反映改變過程而不斷發生與環境的互動，因此說服是政治活動中不可或缺的活動。早期的政治傳播研究幾乎完全集中在政治說服效果上，二、三○年代著名的「皮下注射針理論」，與四、五○年代的「媒介效果有限說」都在研究傳播媒介是否能改變人們的態度。

　　政治說服的傳播變項是政治傳播者，諸如政治家、政治新聞記者，以及政治活躍份子；透過人際傳播、組織傳播、與大眾通

5.《政治傳播》（理論與實務）；彭芸；巨流；民 75，P127。
6.《政治傳播》（理論與實務）；彭芸；巨流；民 75，P166。

路來傳遞語文與非語文的政治訊息。而受眾可能是一個人、少數
人，或全體國民。[7]

　　學者在分析政治傳播變項時，將政治參與者分為鬥士、中介
人、旁觀者與冷淡者；訊息分為宣傳、政治演說或文稿、新聞內
容與競選的政見與相關訊息等；通路或可分為社會抗議、革命、
投票與大眾傳播媒介等；效果則可分為直接與間接兩種。[8]

　　政治宣傳、廣告與詞辯都是政治說服的不同種類，都具有目
的、有意圖的，並企圖影響他人；都牽涉到一群互動的關係；並
都會對人們在認知、信仰、價值造成不同程度的改變。

第四節　政治傳播實務

一、美國媒體對政治的影響

　　選舉的重要因素是民意，而影響民意的重要渠道是「媒
體」，因為幾乎沒人不受到電視、報紙、電台及網路新聞的影
響。在美國，這一點更明顯，例如國會中期選舉，民主黨和共和
黨這兩大政黨，都是使足力氣，在電視報紙上做廣告，利用媒體
爭取選票。但近年來，美國媒體的結構正在發生驚人變化，在電
腦網路衝擊下，傳統媒體的影響力正在減弱，尤其比較左傾的報

---

7. Nimmo, Dan *"Political Communication Theory and Research: An Overview,"* 1977
8. Nimmo, P444-449

紙電視等，受到的影響更大。

　　美國人主要通過電視獲得新聞訊息，被稱為美國三大台的三家無線電視網，晚間新聞收視率曾占 75%，現降至 40%，並呈繼續下跌趨勢：像 NBC 的新聞收視率現只占 15%，ABC 占 14%，CBS 占 11%。三大台主播都不久前離職（布羅考退休，詹寧斯去世，拉瑟因醜聞下台），標誌三大台主導美國新聞的時代基本終結。

　　三大無線電視網的衰落，還和美國有線電視（Cable）的崛起有直接關係，剛慶祝創辦十週年的有線電視台福斯（FOX）的收視率現已接近無線的CBS，並在三年前就超過了有二十五年歷史的對手CNN。福斯的王牌政論節目「歐萊利的事實」的收視率，現已是 CNN 同類節目「萊瑞‧金」的一倍以上。

　　比電視的收視率下跌更嚴重的是報紙，從原來占 60%，現降至 39%。八〇年代末期美國有日報 1,509 種，現降至 770 家，縮幅一半多。據美國報業協會 2007 年發布的統計，至 9 月份的上半年度，美國各種日報發行量降幅達 2.8%，星期天發行的日報也下降 3.4%。這已是美國報業連續第四次統計數量下滑，其中左翼報紙降幅較大。

　　美國報紙普遍發行量下降，主要原因是受到網路媒體的挑戰。雖然網路發展是平面媒體喪失讀者的主要原因，但並非唯一原因。因為根據上述美國報業協會的最新統計，在主要左翼大報都發行量下降之際，和「福斯電視」一樣屬於保守派報業大亨默多克（也譯梅鐸）的「新聞集團」擁有的《紐約郵報》（New York Post），發行量則持續上升，2013 年的發行量就增幅 16%，達到日銷 56 萬多份，躋身全美第十大日報，2014 年在各大報都

下跌的情況下，《紐約郵報》卻反其道而行之，發行量上升
5.1%，達到 70 萬份，超過《華盛頓郵報》而成為全美發行量第
五大的報紙。

　　網路的出現，包括美國社會更傾向保守等，都導致左翼媒體
的風光不再，以《紐約時報》和兩大週刊為代表的媒體菁英主義
時代也漸成過去，美國開始了一個由網路的大眾想法為主導的時
代；菁英主義的意識型態，將被中產階級的「常識」（common-
sense）所取代。這個重大的媒體環境變化，將對美國政治和社會
產生什麼作用，我們拭目以待。[9]

二、美國政治傳播的應用

　　1947 年 10 月 5 日，電視首次被引進白宮報導杜魯門總統的
演講，到了艾森豪總統的時代，其新聞發言人梅洛蒂體認到電視
傳播對總統政治的重要性，首先准許電視錄影播出總統在白宮的
記者會。而後的總統也努力使電視媒體成為其個人在位時的助力
之一。直到 1968 年尼克森總統甚至在白宮內設立傳播處，專門
處理協調新聞流程，運用民意調查以針對選民進行宣傳，安排總
統於電視新聞中出現以及推派官員與策士出現在電視中為政府辯
護發言等。

　　運用全國性的媒體是一個最直接與民眾溝通的方法，能夠瞭
解民眾的需求，爭取認同與共識，以解決困難及引導國家走向某
種方向；而裴洛所建議的就是所謂的電子民眾大會，與民眾相互

9.http://www.caochangqing.com

溝通。

　　在民主國家中，電視傳播等大眾媒體的自由化與民意的自由表達是政治程序中的一部分，沒有言論自由，就難成民主政治。弱勢個人、團體與政黨等，皆可透過電視廣播與其他傳播媒體表達其聲音，見解及訴求，以轉化自我地位，引起政府或政黨注意，獲得大眾同情，進而實現其要求或阻止與通過其反對或贊成的法案。

　　傳播媒介對美國的選舉扮演了舉足輕重的角色，因為大多數的選民並沒有機會可以直接去接觸選舉的事務，所以他們就依賴大眾傳播媒介的訊息瞭解選舉，來參與選舉的發展直到選舉結束。另外一樣重頭戲，也是政治傳播中一項不可或缺的活動，就是電視政見發表會，電視政見發表會往往是競選活動中的高潮，辯論中候選人的互動以及記者詢問問題都能幫助選民瞭解各個候選人。

　　從 1960 年著名的甘迺迪與尼克森的大辯論開始，電視辯論對候選人與選民來說都是一個十分重要的機會。政治辯論可以有不少效果，包括增加閱聽人人數、增強閱聽人、改變少數選民、幫助選民設定議題、增加選民對政見的知識以及修飾候選人的形象等等。

第五節　結語——政治與傳播的思考

　　現代民主政治是民意的政治，政府一切施政均須以民眾的心

願為依歸。現代的民主政府一方面要廣為宣達政令，使民眾能夠瞭解政策意義；另一方面則要探知輿情，充分掌握民意動向，作為決策的參考。

至於民意與政府之間的關係，被一般研究者稱為「雙向關係」，即民意影響政府，政府也影響民意。人民可以透過選舉、投票及民意測驗，直接影響政府，也可以透過壓力團體、個人接觸、投書、示威、與報紙等大眾傳播媒介間接影響政府決策。政府則以實際行動和頒佈法令為主，政治家、官員的舉止對民眾產生深遠影響，政府機關更透過大眾傳播媒介來解釋政策、引導民意。其中，新聞界扮演極重要的居中橋樑角色。

大眾傳播媒介不但為民眾和政府間的溝通橋樑，更具備影響個人在政治上的行為定向與模式，和政治參與功能。所以政府與傳媒之間能否維持良好暢通管道，乃是順利達成政治傳播的主要要素之一。

在美國，其成果與經驗，顯然是各國實施民主政治的重要參考。

第 13 章　大眾傳播與社會

第一節　前言

對美國社會而言，大眾傳播就像它的中樞系統，對不斷發展中的社會起了推波助瀾的效果，無論是政府階層或是被統治者，都在其中彼此相通和影響。

大眾媒體傳播訊息、價值觀和態度於社會之中。1968 年，人們首次進行名為「阿波羅」（Apollo）的飛行，次年又登入月球，就在此時，全世界約有 5.28 億的人參與太空探險活動。在電視尚未普及的國家，人們就聚集在廣場上觀看事情的經過。《華盛頓郵報》（Washington Post）的撰稿人詹姆斯・克萊頓（James Clayton）稱此次的飛行是世界上規模最大的宣傳活動。

同樣地，大眾媒體也有能力影響總統大選的結果。福特（Gerald Ford）和卡特（Jimmy Carter）都是非常具有能力的總統，卻不能得到大眾的支持以保住其職位。一般認為，福特總統缺少「傳媒魅力」，卡特則是在任期之內未能解決伊朗危機（Iranian Crisis），這是他未能當選的主要原因。但從大眾媒體的觀點來看，認為卡特失敗的主因在於他任職的最後三個月，世上最有力量的辦公室——白宮，完全從新聞媒體中消失；而他接下來的總統雷根（Ronald Reagan）就與其不同，他是媒體的寵兒，或

許是與之前的職業有關，利用傳媒的技巧是首屈一指。

　　媒體既非是社會的救星，也並非是破壞者。決定媒體在國家中能起積極作用，或是消極的作用，全看那些有機會接近大眾媒體並靈活利用它們的那些人。

第二節　大眾媒體在社會的角色

　　大眾媒體在我們當今社會中扮演重要的角色，從我們小的時候開始，在具備足夠的社會經驗來認識廣播和電視之前，社會的價值觀就已經在形成中。當傳媒環境越來越大、越來越普遍時，其影響力也就越來越大了，以至於現在的每一個人都不可能一天沒有和大眾媒體有所接觸，因為傳媒的影響力已經無遠弗屆了。

　　傳播過程可以分為三段來強化它對社會之影響力：

1. 指導性訊息（Directive messages）：在增加知識見解方面起教育和激勵等作用。大多數的研究指出，指導兒童行動或改變兒童行為訊息，若不是與有組織的系統關係相連，就不會受到歡迎。因此傳媒可以豐富一般的正規教育，而不是將它取代。

2. 生活訊息（Maintenance messages）：告訴我們在日常生活事物中做些什麼，大眾傳媒透過傳播新訊息、分析、解釋、教化和促銷活動發揮廣泛的作用。

3. 恢復健康的訊息（Restorative messages）：恢復和補充人們因忙於太多的社會應酬所消耗的能量。它們包括：幻

想——使我們得以逃避生活現實；幽默——讓我們得以解除一天的緊張；戲劇與暴力——使我們得以宣洩挫折和憂慮情緒。就傳播恢復健康訊息而言，大眾傳媒在社會中就起了十分重要的作用。

電視的發明，使得美國人更能與社會結合，一項研究發現，普通高中畢業生花在電視前的時間比花在課堂的時間多。這就表示，很多時候他們所吸收到的資訊並不是從書本裡頭得到的，而是電視傳媒帶給他們的；這對少年兒童來說，電視所產生的影響力是越來越大，這不僅從學齡兒童計數的能力上得到印證，而且還表現在如友誼和感情的觀念的形成上。因此，人們期待傳媒提供瞭解事情及其影響力的良機，使自己可以形成看法，並對自己或所處的環境採取恰當的行動。在影響我們現狀的一些事情中，如公民權、婦女權、性權利、人權和戰爭，大眾媒體透過娛樂、紀錄片、宣傳片、廣告和搖滾樂在關鍵的時刻持續發揮影響力。

第三節　大眾媒體與重要的社會活動

一、社會正義

20 世紀五〇年代，電視是美國黑人對美國政府表示不滿的主要工具，由於這種新聞報導的成效顯而易見，因此針對傳媒和白人權力結構的遊行、演講、聯合抵制、靜坐抗議和其他示威運動都上演了。最有名的代表就是馬丁路德・金恩博士（The Reverend Martin Luther King, Jr.），電視使他成為一個黑人運動的標誌，但

也促成他橫死街頭，遭到白人暗殺和黑人在耀眼電視光芒下的殉道者，我們可以說其實公民運動就是一場傳媒運動。

傳媒對於公民權抵抗運動的報導，激起了聯邦政府和美國人民在 20 世紀六〇年代採取行動。同時，娛樂業也發揮了作用，在電影和電視中，黑人發現他們的許多角色均受到白人觀眾的歡迎，他們不再是以前不起眼或定型化的角色，而是令人難忘的，雖然這不是一場革命，但卻向前邁進了一大步。

沒有大眾傳媒，仍然有可能在公民權方面取得進步，但是不會有如此的進步速度和影響，大眾媒體間接影響這個社會的權力菁英，使社會中的許多觀點和行為慢慢由核心人物往市井百姓改變。

二、人權

和婦女運動一樣，過去三十年社會發生的「性革命」並不是由大眾電子媒介發動，而是比較專門的印刷媒介發起的，但是電子媒體無疑是改變美國公民對於公民權、婦女和性的觀念，使得人們可能接受比較專門化的印刷媒介所擁護的激進思想，例如：《花花公子》在 1950 年代中期創刊，雖然它擁有全國性的讀者，但直到一、二十年之後，所謂的「花花公子哲學」才滲透到報紙、無線電、電視和公開放映的電影這樣的大眾媒體裡。

美國傳媒在早期仍是把同性戀看作是社會上不正常的現象與行為，但到 1983 年電視劇開始比較能寬容地看待同性戀，在電影工業上也開始生產以同性戀為主角的故事片，大家開始慢慢去關心且探討這一系列的問題。然而人權的話題卻不只這些，隨著 1990 年代的來臨和芭芭拉・布希（Barbara Bush）樹立起第一夫

人實事求是的新形象，電視開始反映社會上和學校所發生的事情，有著多重障礙的人正式匯入主流中來，智力和身體方面有缺陷的人在情境喜劇和系列劇中占有一席之地；戲劇加深了人們對於疾病的瞭解，工人階級、單親、家暴、兒童和環境這些現實主義的電影劇本，喚醒了大眾對於弱勢族群的關心。

第四節　美國傳媒影響下的社會問題

一、資訊的交流

隨著全球化的影響，資訊在各國之間大量的流通，但所謂的「資訊平衡」並沒有一同與全球化成長，反而造成更大的資訊落差。發展中國家認為西方新聞機構，對於第三世界國家的新聞描述產生的扭曲看法感到憂慮，這些新聞機構大多把注意力放在第三世界的衝突、貧窮、絕望和危機上。然而藉由這些世界著名的新聞機構與通訊社的報導，如英國路透社、法國法新社、美國美聯社等，使得這些負面印象深深的影響我們對於第三世界國家的看法。

相對的，像美國這樣的先進國家，它們的傳媒也遇到了缺少國際新聞的困擾，例如一些巨型的傳媒企業竟然沒有任何常駐外國的記者，因為一名駐外記者的開銷比一名電視記者和攝影記者都要來得高，所以很多國際新聞都倚靠通訊社。但是如今處在一個全球化的時代中，尤其當美國是一個世界的強國，任何地方所發生的事情都可能影響到它的大街小巷，因此國際新聞的缺乏對

美國而言，是一個重大的傷害。

二、文化的文盲

　　全球化對美國大眾媒體所產生的另一個問題則是美國公民中文盲的比例不斷的增加。或許我們會覺得很奇怪，照道理來說，全球化的影響會使資訊與教育更加普及化，文盲的比例應該會越來越少，怎麼會增加呢？然而在這裡所指的文盲是指美國人對於國際新聞的興趣不大，部分原因是由於他們缺少文化修養。如果沒有一定的文化素養，就難以瞭解在他們不知道的地方所發生事件的重要性。2003 年美國攻打伊拉克的時候，CNN 的記者到街頭去訪問民眾是否知道美軍前往的伊拉克在哪裡，結果發現許多人都指不出來它在地圖上的地理位置，也正好當時是選美期間，主持人就順道問了一個佳麗，對於許多美國民眾不知道伊拉克在哪裡的看法，佳麗的回答更是令人感到錯愕，她回答說或許是美國人家裡沒有地圖，所以指不出來。就一般人看來，會覺得這種應該是屬於常識的問題，怎麼可能會回答不出來，但這就是全球化所帶來的問題之一，在這樣的影響之下，雖然我們可以很輕易的就得到訊息，但就是因為資訊太容易取得，導致人們吸收太多資訊，垃圾訊息往往占了大多數，真正重要的反而像過往雲煙一樣，沒有留下任何痕跡。

三、後物質主義的價值觀

　　在物質生活上都已發展完備的先進國家中，人們會慢慢開始追求後物質主義的價值觀，而物質主義和後物質主義的區別在於：物質主義者所關注的是生理需求、人身安全和經濟保障，在

美國，物質主義的代表就是許多公司的經理、政府官僚和普羅大眾；另一方面，後物質主義者則注重社會需要和自我實現，例如他們會關心流產、離婚、安樂死、賣淫等較有爭議性話題且抱持寬容的態度，此外他們也對於反核運動、反戰運動和和平運動等新的社會運動較感興趣，像歐洲的後物質主義者就傾向支持歐洲公民的概念，反對某種狹隘的國家主義。因此我們會看到，在先進的工業國家當中，這股聲浪會使他們更加重視改善第三世界的自由境況。然而對第三世界來說，當物質匱乏時，這些國家仍可能堅持所謂的物質主義立場，而排斥後物質主義的關懷。正因為如此，物質主義和後物質主義才會在全球化的今天彼此互相拉鋸。

四、全球性倫理標準

　　這個論點不是只有美國的大眾媒體所缺少的，而是全世界的新聞從業人員都很少具備全球性的倫理標準。1989 年世界基督傳播協會召開一次國際性會議，產生了「傳播和共同體：馬尼拉宣言」，此宣言指出：「大眾媒體和訊息工業是權力組織。它們與全國的政治、經濟和軍事權力中心纏繞在一起，並和世界性聯繫日益增加。普通人是傳媒機構的犧牲品，越來越被視為客體，而不是主體。對於婦女、體力勞動者、土生土長的少數民族人士、上了年紀的公民以及兒童來說，尤其如此。要扭轉這種趨勢，需要作出巨大的努力。」[1] 所以有學者認為，全世界的新聞從業人員都應該設身處地思考問題，例如瞭解其他國家人民的看法、需求和希望，此外更應該要尊重提供消息的人和聽眾，不能向個人

---

1. Media Development (April 1990)

或政治體制低頭，必須遵守自己的道德標準。

第五節　實例分析

一、維吉尼亞州理工大學槍擊案挑起美國媒體道德之爭

　　美國維吉尼亞州在 2007 年 4 月 17 日發生史上最血腥的校園槍擊案件。一名持槍男子在上午 7 點左右，於維吉尼亞理工學院先對一棟學生宿舍開槍，約 2 小時後，再溜進一間教室掃射，至少造成 32 人死亡，數十人受傷，兇手也在開槍之後舉槍自盡，隔天（4 月 18 日）國家廣播公司（NBC）卻收到兇手趙承輝（Cho Seung-Hui）精心策劃整起案件的「槍手獨白」包裹，並在晚間新聞中以頭條形式播放趙承輝的自白錄影帶部分片段和照片，電視上一幕幕出現他充滿憤怒的挑釁眼神和長篇大論的惡言穢語，對受害者家屬來說，彷彿是在他們的傷口上撒鹽，而旁觀者則是看得膽顫心驚。這起案件在美國的主流媒體上受到廣泛的討論，但也引發了不少爭議，如未經處理就把兇手的自白播放出來，以及槍手國籍的不當揣測，都挑起大眾對於美國媒體報導尺度的拿捏和公正性受到質疑。

　　NBC 在第一時間收到包裹時就立刻通知警方進行處理，也聲稱它們每一個小時只會播出 6 分鐘的自白畫面，但是隨著它們的報導，很快地美國和全球的主流媒體都開始爭相播出影片內容，這對受害者家屬來說，親眼看到趙承輝手拿槍指著鏡頭，或是拿刀架在自己的脖子上，猶如受到第二次打擊，萬分難受，加上此

槍擊案發生後，美國就有許多學校接到恐嚇電話而不得不關閉校園。在這些指責聲浪如潮水般湧入之後，福克斯（FOX）新聞網宣布不會再播出自白畫面，美國有線電視新聞網（CNN）和三大無線電視網也跟著表明，會嚴格限制這些畫面的使用。

其實媒體意在通過這些自白向觀眾表示，兇手是多麼瘋狂的一個人，但在播放的同時卻也美化了他的行為，因此學者認為媒體應該在不鼓勵潛在兇手的前提下，滿足公眾知的權利，像維吉尼亞這起案例中，NBC 應該在一開始僅用兇手的一張照片，但附註他的自白文字，或是以記者旁白的方式重新敘述兇手的自白，如此既能讓大眾瞭解趙承輝的犯罪心態，也剝奪兇手意圖一舉成名的滿足感。

對槍手國籍的不當揣測

在槍擊案爆發之後，案發 24 小時之內警方都未公布槍手的姓名和背景，引發美國媒體強烈的揣測，小道消息也跟著散播。《芝加哥太陽報》的專欄作家麥克・斯尼德（Michael Sneed）搶先在專欄中「揭發」「兇手是 25 歲從中國來的留學生」，其他的媒體，如美國廣播公司（ABC）都曾採用此傳聞，這些未經證實的傳言引起當地中國留學生和華人社群的廣泛騷動，甚至衝擊到全美的亞裔族群。

事後證實兇手是 23 歲、居住在美國的韓國外僑趙承輝，那些對於槍手身分滿天飛的流言雖然就此打住，但美國媒體針對兇嫌國籍的錯誤報導之後續效應卻持續發燒，許多學者也表示在那些未經證實的情況下公布槍手的國籍，無疑是不負責任到了極點，甚至對《芝加哥太陽報》的編輯在事後竟為斯尼德辯護，更是令人感到錯愕，因此他們認為媒體必須要公開出面道歉；此外

他們也認為會發生這樣的事件，罪魁禍首其實就是美國媒體為了搶收視率，而造成集體誤報的情況。

二、美國社會對穆斯林的扭曲印象

在全球化影響的今日，媒體所扮演的角色之影響力經常是雙向進行的，例如美國的福克斯新聞在穆斯林民族眼中頗不友善，中東的半島電視台在美國人眼中同樣也是具有敵意。許多學者指出美國和穆斯林世界之間的頻繁摩擦，可以歸咎於媒體長期片面的報導，並且已成為兩者關係逐漸惡化的催化劑。

美國媒體傾向對穆斯林世界進行負面的描述，除了是因為911事件後一般大眾對於穆斯林產生的敵意外，也是由於美國人長期對伊斯蘭民族的忽視。我們可以從美國的傳媒界看出，無論是電視、電影等娛樂媒介還是新聞媒體，從沒有一個具有積極正面意義的穆斯林角色，幾乎都是負面的反派人物。此外在美國的歷史書本中，談到中國時就會提到萬里長城，然而寫到阿拉伯歷史時，卻沒有一個積極的描繪，對於阿拉伯文明後來如何影響歐洲的文化也省略不提。著有《今日的伊斯蘭：穆斯林世界導論》（*Islam Today: A Short Introduction to the Muslim World*）一書的阿赫美德（Akbar S. Ahmed），甚至認為美國人根本沒有接受到正確的資訊，他們讀有關於伊斯蘭的書大半都不是穆斯林撰寫的，而是由很多美國人所寫的，此類的書籍更加滋長了他們對於穆斯林的仇恨。

另有學者指出，美國人對伊斯蘭的偏見還反映在將阿拉伯世界等同於穆斯林。阿拉伯國家僅占全球穆斯林人口的18%，發動911襲擊的19名恐怖份子也都來自阿拉伯，將其他82%的穆斯林

都描繪成負面形象，顯示美國人只看到世界的片面。事實上，美國和阿拉伯國家的關係很長一段時間是頗為友好，然而 911 等恐怖攻擊使兩者關係趨於緊張，也加深美國人認為伊斯蘭就等同於恐怖主義的看法。所以學者們普遍認為，要改變美國媒體和大眾對於穆斯林的負面看法必須從教育開始，此外媒體也要提供更深入和關鍵性的報導，來增加它對於穆斯林世界的瞭解。

第六節　結語

在這個全球化影響的年代中，透過先進的科技，我們可以掌握世界各地所發生的大小事情，就拿美國 911 恐怖攻擊事件來說，除了美國當地的新聞媒體現場轉播以外，身處於亞洲的我們，也可以同步進行轉播，而這就是全球化的魅力。但它也帶來了問題，例如：許多國家均認為，所謂的全球化就是美國化，美國對於世界之影響隨其國力的強盛而擴展至全世界，大眾媒體的強勢就是一個很好的例子，沒有一個國家的大眾媒體可以比美國更具有世界性的影響力。

第 14 章　美國大眾傳播教育的發展

第一節　前言

　　人類從孩提時代到長大成人，沒有一刻不是在接受教育，從家庭學校到社會教育，每一個階段的教育，我們都在接受不一樣的新知，型塑我們的人格，提升自我的素養。所以教育的最終極目標為傳授知識，培育優秀人才。

　　人在社會化過程中，除了受到父母，朋友及老師的教化影響之外，大眾傳播事業在人類教育過程中扮演一個相當重要的角色。試想舉凡報紙、雜誌、廣播、電視及最後新興的網路科技，由孩童至老人，每一個階層的人口似乎每一天都接觸它，並可能受到其中內容影響，變成生活之中的主流文化，帶動著整個社會變遷，甚至因為網路科技化的關係，可能跨國界的影響到其他國家，大眾傳播事業的影響力是無遠弗屆的。而它供給我們以新知，以培育一個進步和諧的社會，使之能產生公平、正確的輿論，而為民主政治的最高理想效力，所以大眾傳播教育也具有教育的目的，最低限度，它也應被視為一種社會教育的利器。

　　大眾傳播事業在人類世界生活之中，是以多元化的特性，利用傳播有的特點，影響著這一個社會，與僅就單純化的教育而言，新聞擴及層面更廣。教育在於教化，新聞在於感化；教育在

止於至善，新聞評論在明辨是非；教育在教誨青年，新聞在接近大眾；教育有身教與言教，新聞只以文字、語言、影像供應社會，不帶說教而有說教的潛力，新聞工作是教育學家，給人以新知識、新思想；是社會道德學家，予人以新的倫理道德觀念；是法律學家，評論社會的大是大非。家庭教育僅及於子弟，學校教育限於學生，效果是數得出來，新聞無論對家庭、學校和社會，普遍的起作用，效果普遍而深遠。[1]

第二節　美國傳媒的性質分類與功能性

傳播的終極目標是為了供給人們新知，創造一個和諧的社會。傳統性的新聞事業有報紙雜誌，新興的傳播事業有廣播、電視、電影與九〇年代的網路電訊之類的新科技。

一、報紙

報紙的歷史在傳播事業中最悠久，在它漫長的歷史中，受到各階層的喜好。因為它的特點是篇幅寬廣，有較長的時間處理今日新聞內容，再者有著多元的版面，可以提供給讀者更廣且有深度的新訊息內容，所以它的功能性是極有教育意義的。

打開報紙，仔細找尋各類的資訊，幾乎都包含在報紙的範圍

1.鄭貞銘等著，《傳播媒介與社會》（中冊），空中大學印行，1989年，頁 430。

內容裡，舉凡政治、經濟、社會、文化、教育、宗教、科學、外
交、法律、體育、婦女、時裝、運動……等；多元化的主題內容
幾乎能滿足你我求知慾望所需。而報紙最吸引所有知識份子的一
點為專家學者所寫的各種專欄及副刊，面對每日社會各階層發生
的千奇百怪事件，我們藉由閱讀報紙的專欄文章，能夠瞭解到各
專家學者對這件事務的看法所在，與自我的觀點多所比較，無形
之中，隨著時間的累積之下，個人的學識涵養也將會大為提升。

二、雜誌

　　雜誌與報業的功能性質是類似的，它同樣具有篇幅廣，期刊
長，印刷精良的特質。所以它的教育功能性質，也同樣是做到了
多元化的性質，能對社會各類的事務，做深入分析與探討，許多
的知識份子依賴它的重要性不下於報紙。

　　它和報紙同樣得適應社會的變遷性，為因應讀者的教育水準
不斷提升，雜誌所做的內容除了更具多元外，最重要的是它也得
具備一定的深度和可靠性，故今日的雜誌越來越走向分工與專
業，力求滿足讀者的所需，內容有新聞性質、意見性、圖書、文
摘、娛樂、婦女、體育、電視劇……等之類五花八門的雜誌。

　　以美國的《時代雜誌》（*Time*）做例子，它將事實意見與描
述，融合為一種極具可讀性的文體，而記者與編輯將不同的智慧
融合為一，提供給廣大的讀者層，《時代雜誌》不僅為一本理想
化的社會教育教材，它也成為了全球無數的英文愛好者的一本優
良課外讀物。

三、廣播

　　廣播的功能效果自 1920 年起，逐漸受到世人的注目。可舉以下例子來說明廣播的功效。美國羅斯福總統在美國經濟大恐慌時期，曾經透過廣播收音機的力量與美國全國百姓，進行信心喊話，成功地安撫美國百姓的心理上的不安，這就是歷史上著名的爐邊談話。

　　許多人也許將廣播的重點擺在僅有娛樂性效果，而忽略了廣播是一種播報新聞最快且保險性的媒體，如果遭遇到不論人禍或者天災，電力喪失全無時，收音機廣播反倒將成為我們收聽最即時訊息的媒體，在傳播事實中占有一定的分量。

　　收聽廣播只需備有收音機即可，因為它的方便且普及化，早已深入社會各領域之中，實際上已兼具了教育的功能性，廣播員在進行節目播放時，因審慎的選擇節目內容，避免涉及腥、羶、色等之類可能傷害正常風氣的社會風俗的內容。

四、電視

　　電視的發明是人類史上的一個突破，它集視聽兩者的雙重性的效果為一體。事實上它的功能性也應該是教育與娛樂性為一體的，可是電視大致上來講娛樂性效果還是遠大於教育性，一般電視常是茶餘飯後的休閒娛樂項目之一，我們從電視所播的節目竟塑造成一股的大眾文化，漸將高等文化與民俗文化淹沒，已經漸成為一項值得注意的課題；尤其在青少年族群，它對青少年的道德價值觀取向，幾乎占了決定性的影響，舉凡性問題、藥物濫用、暴力等之類社會問題，常是因為不良電視節目長期播放之下，造成的現今社會價值的扭曲。故有美國學者魏墨瑞（Marie

Winn）批評電視是插電的毒品。

　　要想改變電視的不良影響性，需以教育的觀點出發，對電視節目做嚴格的篩選，故電視節目應以新聞、文化與社會服務節目為主，而應將綜藝、娛樂性節目做數量上的控制，尤其對於會影響青少年身心發展的節目，須以最嚴格的標準來做把關的動作。

　　有鑑於以商業性質為起點的電視弊端，許多先進國家，都非常提倡公共電視，希望以較高水準，較為嚴謹的製作，提供社會的需要。美國兒童電視節目製作中心所製作的芝麻街影集，自1966年開始發行以來，曾在全美400多家電視台播映，估計觀眾數近億人，而其對兒童之學習能力、智力均有所助益，所以膾炙人口，可以作為最佳的例證。

五、電影

　　電影是最具國際色彩的傳播媒介，就某一角度的觀察，也是最能代表國家文化力量的一種媒體。例如美國的好萊塢電影，許多的影片中，它所傳達給觀眾的訊息，就以宣揚美國的政治核心理念為占最多數。如果再仔細的觀察，可以發現說電影是不受到國籍的隔閡，光憑著影片中的聲光人物，你大概可以猜出它裡面想傳送給觀眾的含意，所以可以說電影娛樂性大、適應性強、而且能一再播映。

　　除了電影的藝術性外，也需承認電影的社會價值存在。因此電影界的發展，如能逐步擴大主題的範圍性到能調劑生活，增長見聞，輔助教學，則必然能對教育方面有卓越的貢獻。愛迪生說：誰支配了電影，誰就將一項影響民眾最偉大的權威操在手

裡。這句話卻有幾分真實性存在，[2]也點明了電影存在的必要性。

六、新興媒介

　　新媒介的定義是指原有的電視媒介和電腦、電信工具箱結合所產生，較為普遍者為有線電視、衛星電視、電傳視訊和網路。

　　有線電視是利用透過軸纜線或光纖，將纜線、聲音及其他資訊傳至用戶家中。起初有線電視是用來轉播社區無線電視節目，以服務偏遠觀眾和改善不良收視情形。之後，引進外地電視台的節目，並開始自製節目，美國大約在七○年代進入此一階段。有線電視的最終發展階段是利用雙向傳播功能，建立社區資訊網路服務系統。就以此來講，纜線被稱作是資訊高速公路，能夠允許龐大的資訊亂竄，21 世紀可以被稱為資訊化的社會。

　　衛星傳播是長距離訊號的最新利器。衛星傳播具有訊號涵蓋面積廣、不易受到地形災害和天然災害影響等優點。除了電信業務和傳送電視頻道以外，通訊衛星也可發揮電子會議、高速數據傳輸、文字圖像傳真等功能。使跨國性的交流，也可在自己國內做到，使知識、訊息、意見交流等可以更加頻繁。當然，就以教育的觀點上將可以嘉惠更多學子，做到無論何時何地都可以吸收新知的目標性，更可使千萬學子擁有國際觀。

　　電傳視訊是以電話線路，將用戶的終端機或電視機與電腦資料庫連結，除了電子特性以外，電傳視訊亦可將資料列印保存起來。自九○年代起，電傳視訊逐漸和網路整合，而網路後來居

2.鄭貞銘等著，《傳播媒介與社會》（下冊），空中大學印行，1989年，頁 132-135。

上，已成為我們每日的必需品。舉凡家庭、學校和社會教育中，應用到網路作為輔助的層面，應用的程度上有如現今網路的連結一樣太綿密了。[3]

第三節　美國大眾傳播事業對教育之影響

隨著科技不斷的日新月異，由現有媒介到新媒介的出現，人類的不斷創新突破一再縮短了時間空間之距離，資訊得以藉由這些新傳播科技被保留然後複製再傳送到全球，對整體教育結構來講，無論是在家庭學校乃至整個社會教育，將會出現一番不小的影響性，我們試著由上述所理出的從美國傳統媒介至新興的媒介的功能性，來探究美國媒介在教育上的應用情況，與所衍生出的利與弊。

一、家庭教育

家庭教育的取向範圍原來應該只包括成人為止，可是自學校教育開始以後，也逐漸將家庭教育的功能性縮小了，所以家庭教育對兒童時期的塑造功能最大，在這裡將以媒介對兒童的影響性為探討對象。

根據調查報告中指出，電視這一新媒介已經深入每戶家庭之

3.彭家發等著，《現代新聞學》，空中大學印行，2006 年。

中，每戶家庭裡都至少會有一部的電視機，收看電視節目自然的變成現代人花費最多時間的休閒活動，以每個階層人口收看電視比例來講，這一代兒童已經變成了主力群，可以說除了跟親人之間的互動之外，電視機已經是伴隨兒童成長的媒介，兒童的行為思考都受到電視節目中的人物左右著。

　　因為兒童時期可塑性最強，又善於模仿，但因批判思考與省思辨別能力未成熟，對於電視節目中的真假虛幻、節目製作的背後動機與手法用意，因為年齡差距的關係，未能在觀看同時能有所體悟，因此相關教育單位學者都相當擔憂這一股電視節目影響力背後，為這一個社會所帶來的負面成長。這一股擔憂不是沒有道理的，根據兒童福利聯盟所做調查發現，兒童每日收看電視的時間為 2 小時，周末則為 5 小時，到了 18 歲左右，累積所有花在螢光幕前的活動，將比在學校的時間多出兩倍左右。另外還有足以擔憂的問題，不少學者提出說，媒介之中所給予兒童的訊息與意識型態是經過刻意安排與選擇及鋪陳，專門給兒童洗腦，為的就是塑造兒童的刻板印象，營造一個社會和諧的假象。

　　在前述中提到說電視這一媒介帶來流行文化，許多的學者專家就此提出了批判，認為這一股流行文化將會帶來一群愛好暴力，有強烈刻板印象且過度注意外貌的子女。此時，所需考量到的是兩代之間所經歷文化並不同，並不能一味以成人文化作出發點，而忽略了兒童之間的流行文化，這將會造成兩代之間的雙隔閡。試想現在家庭教養方法上不是強調著試著瞭解兒童，試著瞭解他們的興趣，那又怎麼能對流行文化表現得一無所知，師長與父母不如換個角度思考，將媒介轉為對兒童教育上有利的工具。

　　首先應該拋開成人的自我成見，仔細的觀察兒童之間的流行

文化到底為何。如閱讀子女所寫下的故事並和他們討論作品，就是一項瞭解子女所受到媒介影響為何的好辦法，我們舉麥克東尼爾（McDonnell）觀察到男女生所寫的故事確有差異。女生所寫的多半是友誼、神話、仙女及會說話的動物。而男生所寫的則是暴力、動作、死亡、好人和壞人，但如果拿掉了暴力，將使得男孩想表達出的正義與邪惡對立的故事給毀掉。家長應該先瞭解他們的背後動機，而不是一味的看到暴力，就全然否認掉男孩的整個思緒。其次和兒童一起看電視，討論電視中的人與物，他們此時的感受為何，例如說 XUXA 是一個很流行的巴西兒童表演節目，節目中所營造出的快樂氣氛，滿足了成千上萬的兒童，儘管之中有雜音存在批評商業氣息太濃。父母在此時和兒童一起看節目，邊看邊討論，除了解說節目中內容外，建立正確是非判斷觀念，也可順便知道兒童心中的思想為何。

　　總而言之，試著多瞭解兒童心目中的想法，學習與他們分享媒介中的內容，一步一步引導他們思考節目的核心所在，等到兒童成長後，學習尊重他們的媒介選擇。有思考性的青少年能閱讀影像，分析電視劇中的情節，比較流行時尚的觀點，並使用不同媒介表達自己，這正是家庭教育佐以媒介輔助的終極目標。[4]

二、學校教育

　　大眾傳播媒介在學校教育上使用情況甚廣，我們熟悉的廣播電視教學、衛星傳播、報紙學校、空中學校等之類的大眾傳播等

4.周芊等著，《媒介與兒童》，空中大學印行，2004 年，頁 65-72。

都應用了在學校教育上。現在依序來看看這一些大眾傳播在學校教育上的應用情形。

㈠報紙學校

報紙學校仍在試驗的階段之中，尚未在整個學校教育形成正式體制。首先一般上的觀念皆認為說無線電廣播及電視廣播可以輔教學之用，而報紙的內容皆屬於新聞時事，如硬要在課堂中使用的話，充其量而言勉強當作學生的新聞時事吸收使用，幾乎沒有使用到報紙的機會性。可是在美國加州大學推廣部的試辦已經開始收到成效了。

計畫人為路易士創始的，由 285 家報紙及 128 所大專院校參與了此項的計畫，週四在報端開闢了教學欄，課程名稱為美國及人的前途，內容涉及了歷史、心理學、社會學、社會倫理學及政治學。

這一個構想詳情是註冊選課學生除每週閱讀報紙講義外，尚可參加由註冊學校講師所主持之兩次討論會外，並在期中及期末各舉行一次考試。另繳費 10 元，可領教材箱一只，內有其他講義或專論文字 50 篇及學習指南與自我測驗一本。所有的規劃課程預計在 20 週內結束。

報紙學校的觀念受到社會中的成人認同，因為報紙閱讀上相當方便，可使平時工作非常忙碌者，利用空檔時間增廣自我的見聞，且不會妨礙到工作，更可獲得大專院校之學分，如果成為教育結構中的一環，將會是學校教育上的一大創舉。

㈡空中學校

電視逐漸在美國普及化以後，電視機的功能漸由單純的娛樂，開始擔任起傳統的教育功能，最初由著名大學就文學、心理

學、經濟學及音樂等科目試辦教學課程，並給予學分，修滿了規定的學分數，則授予學士學位。之後，正式的電視大學，則由芝加哥教育局及芝加哥教育學院與 WTTW 電視台開始辦理，一般的人是可以先在該台修習初級大學課程，不需再經過入學手續，即可取得入學資格，在學院的四個分校中任何一校參加考試，及格之後，即可獲頒學位，正式學生繳費註冊後可領取課程綱要附有習題，並享有用電話或函件提出問題之權利。

　　這一種電視教學已經推廣至為流行。而一般大學推廣教育部的電視課程裡，對身體有殘疾者及家庭主婦，為一項方便接受高等教育的機會。

　　㈢太空傳播電視

　　運用衛星媒介的無遠弗屆的傳送能力在教育上，早已為聯合國教育委員會所關心，全世界除了 7 億學齡兒童尚未充分運用此一優勢外，尚有 6 億文盲對此有急迫性。若非衛星的發明且運用在電視教學上，聯合國估計得花 30 年來解決此一難題。

　　舉兩項的實例來說明衛星運用的現況，並證明新媒介擔任傳統教育功能上的強大性。美國發射了東太平洋加拉巴哥斯群島上空軌道上的 AST-6 人造衛星，開始了衛星運用在教育上的新紀元，對著美國阿帕拉契山區、落磯山區及阿拉斯加等偏遠地方播送衛星及教育節目。這是美國的衛星教學計畫的試驗階段，對 6 歲的兒童，和 14 歲到 20 歲的青年，實施衛星教學，期望能增長他們的知識。試驗期滿後，這一顆衛星將借印度一年，對廣佈在印度各偏遠地區人們實施衛星教學。5

5.鄭貞銘等著，《傳播媒介與社會》（中冊），空中大學印行，1989年，頁 431-437。

㈣網際網路

在現今資訊化社會中，只要透過網路的連線化，許多的課程內容甚至不用出門也可吸收新知，更可藉由網路的雙向互動與學校直接取得聯繫，如家長不用等學校將成績單寄出，藉由網路即可知道學生成績如何，掌握學習的動向。所以它大略有五種的教育上優勢。

1. 大班學習難免有學生因資質差異，而跟不上進度，現在有了電腦網路的幫助，將可個人獨立學習，掌握自我吸收程度。

2. 學生可藉由網路上的龐大資料群，來找尋想要的資料，避掉傳統時代耗費時間，還並不一定能搜尋到完整資料。

3. 可以不斷上網重複學習。

4. 任何時間地點，只要有電腦都可以吸收新知，不再有時空上的限制。

5. 學生可以盡其所能在電腦面前抒發己見，將可避掉在大庭廣眾下所產生的恐懼，不敢暢所欲言。[6]

儘管新媒介打破了整個時空限制，為傳統教育灌入了一股力量，不過仍得注意到一些新問題，如資訊化社會所帶出的貧富知識階層差距繼續拉大、網路管理上的色情氾濫，以及網路犯罪問題諸如電腦病毒和垃圾郵件之類新興的麻煩問題。

---

6. 鄭貞銘等著，《傳播媒介與社會》（中冊），空中大學印行，1989年，頁 543-544。

三、社會教育

　　傳播媒介對社會教育的功能上，學者拉查斯斐、莫頓的〈大眾傳播、品位、與有組織的社會〉一文中，曾提出了傳播媒介對社會教育的功能性。

　　首先經由報紙、雜誌與電視等媒介的傳播的人事物，都將會傳遍各個角落，變成家喻戶曉。其次媒介所揭發的違反善良社會風俗的案件報導，傳送在閱聽大眾的面前，將會使之心生警惕，不敢輕易的嘗試，達到社會教育的目的。最後又落到了節目檢審制度上，因為媒介先建構不正當意圖，所製播的節目傳達著不良的全球觀，檢審制度又不夠周延，一旦傳送在閱聽眾面前，將會使得社會風氣往下沉淪。[7]

第四節　結語

　　探究整個美國大眾傳播事業與教育的關係，首先美國大眾傳播事業仍然是領先群倫，傳媒加上美國的優勢科技，從電視機的發明到網際網路的流行，再到太空傳播衛星事業的發達等，這一切都證明美國大眾傳播事業在地球上仍是領先者；第二是大眾傳播事業的進步，無疑生活在這個時代的學子都非常幸福，想做學問吸收新知，藉由一部電腦和網路即可瀏覽前人所留下的寶貴資

7.鄭貞銘等著，《傳播媒介與社會》（下冊），空中大學印行，1989年，頁173-174。

料，不用再出遠門跑遠路；第三是在科技發達的背後，也引發出一些不良後果，如網路犯罪、兒童因為電視媒介影響下，造成的不健康人格，或者不肖人士利用了傳統媒介報紙雜誌刊登不良廣告等，仍等待專家學者的研商，採取一項有效辦法做管理。

　　總結上述所論，教育與大眾媒介的關係是相輔相成，兩者的目標是一致的，都希望能夠建立一個烏托邦式祥和社會，在這裡將不會有戰爭、災禍與疾病，希望在這個世界上，已經建立起一些成效，部分國家的角落已經成立了非政府和平組織。而在一般時間裡，這一些世界和平組織也靠著媒介交換著訊息，討論重大工作方向，為全球的和平做更進一步的努力。

第15章　美國大眾傳播與外交

第一節　美國大眾媒體與新聞對外交的影響

美國民眾對大眾媒體與新聞的作用都有自己的看法，沒有哪一種觀點占絕對優勢。當今美國社會流行的有爭議觀點大致有三種。保守派認為，大眾媒介在美國政治生活中作用重大，美國的新聞傳播是自由的。自由派則認為，大眾媒介對美國政治生活的確有重要的影響，但新聞傳播是有限制的。新聞界則認為傳播的影響被擴大，因為新聞不過是報導事件，反映事實而已。[1]

Molotch et, al.（1983）將媒體與政策之間的關係分成三種不同的模式來加以探討[2]：簡單的扒糞模式、跳躍影響模式，以及失敗的扒糞模式。簡單的扒糞模式是由新聞記者展開調查嚴重的

1. Ibid, 461.
2. Molotch, Harvey L., David L. Protess & Margaret T. Gorden. The Media-Policy Connection: Ecologies of News, in David Paletz (ed.) *Political Communication Research: Approaches, Studies, Assesements*, Ablex Publishing Corporation, pp. 26-48.

社會問題起，因這項調查而可導致透過政治行動的修正、改良，其模式如下：

　　調查→發表→激起民意→菁英注意→菁英行動→行動

　　或是：新聞調查→發表→民意→政策提出→政策結果。

　　跳躍式影響模式認為並非以上所有的元素都必須具備方可形成政策的結果，例如記者發表會，菁英份子就會採取行動。當然，新聞報導也可以直接修正，而不需要透過政治菁英份子的介入等等。失敗的扒糞模式指的是扒糞過程可能任何階段期間遭到失敗，以至於調查不能導致對問題的修正。

　　根據密鐸的政治傳播模式，如表一 [3]，這個模式將新聞媒體置於相當決策性的地位，認為沒有大眾傳播媒介，政府與公眾很難就廣泛的事件交換資訊，在密鐸的眼光中，權力即是資訊交換的結果。簡單的來說，這個模式就是團體→大眾媒體→政府。密鐸強調民眾甚少要求直接傳遞反映給政府，透過團體的參與縮減各種要求，團體再將事件訴諸媒體，媒體運用社論、報導等主張影響政策。

　　無論保守派、自由派、或新聞界的說法，大眾傳播的確對美國外交政策與國際事務有著很大影響，從密鐸的政治傳播模式我們可以得知，外交政策的產生，大眾媒體的議題設定模式占有極大功能，這些議題的設定能讓民眾對美國外交與國際事務產生關心，進階透過媒體或者選舉方式影響外交政策。

3.彭芸，《新聞媒介與政治》，（台北：黎明文化），p.101.

表一　密鐸的政治傳播模式

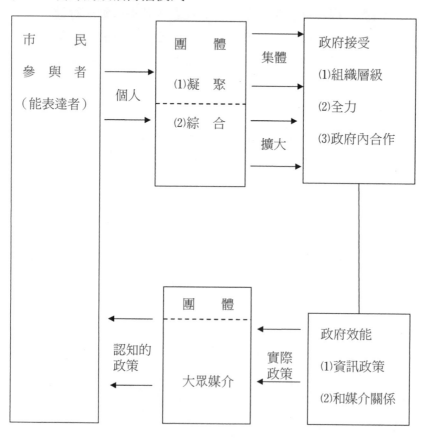

第二節　當代美國大眾媒體的外交新聞報導

美國的傳播媒體大多關注當地和國內新聞，但卻對國際新聞甚少注意。對美國新聞報導的研究表明：多數主導性媒體機構專門用來報導國際新聞的比率是 10%至 40%，相當於每天報導世界各地國際新聞 5 至 15 條。電視節目每天播出 15 至 17 條報導中國際新聞占 5 至 7 條，多數報紙也如此。但紐約時報被認為是美國每天最好的國際新聞管道，平均每天 10 至 15 條。[4]

表二　美國傳媒經常報導的外交題材[5]

題材	備註
美國外交活動	特別是官方訪問
直接影響美國的境外事件	如戰爭和通貨膨脹
東西方政治關係	
在歐洲皇室中擁有特別利益的首腦更迭	
急劇的政治衝突	如戰爭、政變、革命、恐怖活動
自然災害	
國外獨裁者的暴行	

從表二得知，美國媒介的國際新聞報導是以美國和西方國家（而不是全球）為中心；以政府官方（而不是非政府團體和民

---

4. Jerel A. Rosati, *The politics of United States Foreign Policy*, (CA, USA, Wadsworth: Tomoson, 2004). P.467.
5. Herbert Keith 在 1979 年對哥倫比亞廣播公司、全國廣播公司、《新聞週刊》、《時代雜誌》進行調查後寫出 What is News?一文

眾）為焦點；突出政治和國家安全問題（而不是經濟和環保問題）；強調諸如戰爭等「消極」事件（而不是有合作意義的積極事件）。

新聞報導共同的形式要素可以概括為在現（recurrence）、中立和真實性有關。隨著時間的推移，報紙和新聞剪報在外觀上，在持久性上，在各種內容（諸如國外新聞、政治新聞、體育新聞、經濟新聞或人情味新聞）的布局和比例上，都顯示出超乎尋常的持久性。6

在某種關鍵的意義上來說，國際關係也是國內事務的一環，因為外交政策上的作為，將會影響到下次美國選舉。在處理外交政策時，政府有機會在國際舞台上，在全球數億觀眾面前一展身手，這種演出必然引發國內民眾的共鳴，因此在面對外交危機時，如果政府表現優良，則能在政治上受益匪淺。7

美國人民獲得國際新聞的方式很多，但觀點偏向狹隘的國際新聞題目。大多媒體報導的國際新聞都是以西方觀點為主，以美國的觀點，這欠缺公平性，也因此，在面對外交政策的執行時，美國缺少多邊觀點，而是單邊主義。

從九一一事件到攻打伊拉克，美國媒體與政府陷入一片愁雲慘霧，利用著受難者悲憐角色，尋求民意的支持。即使，最後美國《紐約時報》也自我反省，在面對恐怖攻擊時，它們也錯失冷靜的態度面對，而造就無辜的第三世界國家受到嚴重損失。

---

6. D. McQuail, and S. Windahl (1982). Communication Models. (New York: Longman). p.78.

7. Brian Mcnair, An introduction to political, (London: Oxford) p.56.

　　美國媒體運用媒體的霸權雖然需要反省，但是美國媒體已經比其他國家媒體好得多。對於國際事務的關心，它們有一定篇幅的報導。

　　CNN 在美國的成功也代表美國群體社會關注國際新聞的角度，或許有人會批評 CNN 只是美國軟權力（soft power）的表現，再擴大它的霸權行為。但是 CNN 的全球關注報導，或許是它們在龐大金錢財團下對世界的另一貢獻。

第三節　美國媒體對外交政策政治學上的意義

　　我們可以從下列六點探討美國大眾媒體在對外政策政治學的意義。[8]

　　一、大多數美國人靠新聞媒體，特別是全國性新聞媒體來報導和瞭解國內與國際事務。

　　二、全國性新聞媒體對國內與國際事務給予相當多的報導。

　　三、報導範圍往往有選擇性和不連貫性，因為斷斷續續的報導所提供的是微不足道的歷史背景和事件的前因後果。

　　四、全國性媒體往往對國際事務和國內新聞強調調和的和中立主義的描述，而這種描述與美國政治意識和文化主流是相一致的。

---

8. Jerel A. Rosati, *The politics of United States Foreign Policy*, p.500.

　　五、新聞媒體的報導範圍受到政治影響，反過來它又影響國內政治的決策過程。

　　六、當某些問題經常被言過其實地誇張或聳人聽聞地報導時，那麼在危機期間這些類型報導會更加誇大。

　　國際政治傳播對國內影響有另一進步意義。在本世紀中，政府及企業、軍事與媒體領域的統治菁英常為了國內政治的目的，利用符號與形象塑造出「敵人」，政府表面上在意毫無關係的敵人，而骨子裡卻是為了國內政治目的，敵人的性質隨時在改變，但動員輿論的傳播原則卻一直沒變。9

　　美國人民依靠媒體獲得國際事務的訊息，但媒體的產生也成就政治人物表現的舞台，在美國總統、議員等，政府的評價不單純只是國內事務，在面對國際事務的表態與表達關心也成為選民評價的標準。或許媒體的產生造成部分作秀行為，但媒體的大幅報導也成就美國對於人權與軍事的人道援助。如六四天安門事件或是伊拉克入侵科威特事件，美國運用其強國影響力，達到期許的世界和平。

第四節　美國娛樂性媒體對外交政策的影響

　　畢竟，新聞只是大眾媒體所提供的一小部分內容。大眾傳播是透過電視、廣播、電影、小說及其他節目使人們感到快樂。美

---

9. Brian Mcnair, An introduction to political, (London: Oxford) p.58.

國民眾對快樂的事比嚴肅的事有興趣，因此娛樂性的電影媒體占
了很大國際事務對民眾的影響。

　　電影上，尤其在好萊塢的統治下，縱然影片分銷掌握在地方
手裡，但它從早期就具有某種國際性。這種為國際市場生產的模
式，已大規模地擴展音樂業和電視業。這種情況，得益於相對寬
鬆的環境，正因為有這種環境，圖像和聲音才能越過文化、語言
和距離的障礙。不過，事實上，幾乎所有國際性媒體流動，都仍
須有牢固的國內基地。[10]

　　好萊塢電影對美國外交政策影響力甚大，無論是越戰時期，
或是在九一一發生之後的伊拉克戰爭。美國電影界提供不同於新
聞界媒體與政治人物的另類思考，它們分別從反省、批評、甚至
是關懷的角度面對國際議題。

　　電影或許娛樂性成分居大，但是在大眾媒體中，它的影響力
不小於新聞媒體，甚至有可能更大，影響力更廣。電影對議題的
設定也不同於新聞界的思考，電影的思考幅度有大於新聞的可能
性。

　　美國利用好的國內根基，創造好萊塢傳奇，某部分也創造出
國際外交議題傳奇，利用電影的娛樂性傳達另類思考，不僅影響
美國觀眾，也影響世界角落的觀眾。另一點，美國電影運用話題
性，讓外交與國際事務的議題長於新聞，延長其可貴性。

10.彭懷恩編著，《大眾傳播理論講義》，台北：風雲論壇，2004. p.338.

第五節　美國觀眾對外交政策的選擇性媒體

　　儘管多數美國人靠主導性媒體瞭解各地訊息與外交訊息，但訊息來源的選擇性卻是值得深入調查的。

　　選擇性媒體在美國政治中有四個作用。首先，選擇性媒體在社會中對多數在思想上和政治上最活躍的個人來說，常常是主要的訊息來源。其次在選擇性媒體中出現的訊息和演說，常常是主要的訊息來源。第三，各種各樣起作用的選擇性媒體，反映了存在於美國社會中意識型態的不同性和複雜性。最後，選擇性媒體作為有價值的外交訊息和解說支援，可用來提高人們的水平，進而彌補主導性媒體在世界新聞報導中的那種不足。[11]

　　施蘭姆（W. Schramm）在 1964 年為聯合國教科文組織做的研究發現，當時的國際新聞是以美國、蘇聯、英國及法國的消息為主。他當時已指出，湊巧地這四大強國正是世界五大通訊社的所在地。而這些通訊社都是以報導本國新聞為主。[12]

　　在十多年後，施蘭姆在一項同樣研究中，發現亞洲區 15 份報紙的國外消息，竟有四分之三是來自四大通訊社。到 1985 年「國際大眾傳播研究協會」（IAMCR）為「教科文組織」做的研究，更發現 29 個國家的報紙所強調的國際消息是四大通訊社所強調的。該研究發現四大通訊社對很多國家的報紙有「議題設

---

[11] Jerel A. Rosati, *The politics of United States Foreign Policy*, (CA, USA, Wadsworth: Tomoson, 2004). P.455.

[12] 彭懷恩編著，《大眾傳播理論講義》，台北：風雲論壇，2004. p. 183-185.

定」的功能。[13]

依據 Cobb and Elder（1983）的定義：議題指的是，兩個更多可識別的團體，針對地位或資源分配的程序和實質問題而引起衝突。從這定義得知，所謂的衝突其實指的是一種互動關係，不同團體皆對地位或資源的分配感到興趣或認為重要，乃有必然的互動現象。[14]

Cobb and Elder 認為議題的創造有四種方法：最普遍的是由一或更多的競爭團體，認知到在地位與資源分配過程中有不公平的偏差，乃創造議題，引起人們注意。其次，有一些人或團體也是為了自己的私利而創造議題。再說，也有的議題創造是純屬偶然的，並非預先設定出來的，這一類又稱為「環境反應者」，是受到外在的一些議題的刺激而產生的。最後，議題也可能是由一群毫無私利的個人或團體非為自己利益去爭取資源，卻是為了公眾利益而付出的，已獲得心理滿足。[15]

在近年來，議題設定的模式則是傳播理論近年來重視的面向。表三、四說明大眾都關心政治事件的形成。這本身的問題在於，新聞媒體無論如何認為本身自主性甚強，當民意希望接近媒體獲得媒體青睞，媒體就多少改變策略與目標。[16]

---

13. Ibid, p.186.
14. 彭芸，《新聞媒介與政治》，（台北：黎明文化），p.87-101.
15. Ibid, p.88.
16. Ibid, p.89.

表三　政策議題建立模式

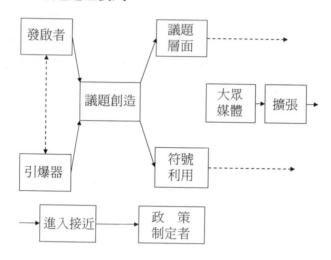

表四　議題設定過程中的重要變數

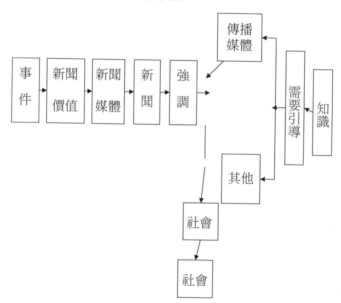

結語

　　根據議題設定模式，我們可以得知外交政策與媒體的認知有著極密切關係，它們是相互依靠的。政府運用媒體強化其外交政策，而人民也運用對政府的影響力，獲得政府的回應。從越戰到現今的伊拉克戰爭中，政治傳播模式並沒有改變多少，當初反共、反恐怖主義聲浪因為媒體的傳播席捲而來，現今反戰聲浪也因此產生，對布希政府產生壓力，大眾媒體在外交政策有著決定性影響。

第六節　美國外交政策的專業性媒體

　　美國對外交政策訊息還有一條重要的管道：專業性媒體。

　　在冷戰期間，只有兩種外交政策期刊值得一提：即《外交》季刊，這是外交政策委員會出版的刊物；還有一本叫做《環球季刊》。這些刊物特別是《外交》季刊很有影響力，因為它們的讀者是政府內外參與政策過程的人。這些刊物具有重要性，是因為其載文內容反映和宣傳美國外交政策相關的思想，以及支配美國政府與社會的現實反共政策。[17]

　　1970 年當《外交》季刊不願批評美國政府對越南的外交政策，一個固定撰稿人團體創立《外交政策》季刊。不久，其他專

---

17. Jerel A. Rosati, *The politics of United States Foreign Policy*, (CA, USA, Wadsworth: Tomoson, 2004). P.458.

業性外交季刊也出現。反映更多的中間派人士觀點的《國際安全》，強調更加保守觀點的《國家利益》和《全球事務》，以及反映更加保守觀點的《世界政策雜誌》。[18]

　　因此，越戰以後，美國外交學術發展更加蓬勃，不再只有單一專業性雜誌提供觀點，反而更加多元化。

　　美國外交專業性媒體有著決定性關鍵因素在於，學者、政治人物都以這些刊物作為參考。專業外交刊物在越戰後多元化，也證實美國能接受多元觀點，即使是在外交上。美國專業性外交刊物有許多貢獻，如胡適也曾在《外交》季刊上發表文章，這也證實美國專業外交刊物並沒有地域性限制，而杭廷頓的《文化衝突論》也在《外交》季刊上發表。由此看出，即使現今有許多專業性外交刊物，但《外交》季刊仍有它決定性影響力。

第七節　結語：美國外交訊息、思想、象徵和政治

　　在民主社會中，思想與表現手法上，政治競爭要充分實現必須依靠大眾媒體的幫助，藉由大眾傳播的過程達到意義，外交政策與國際事務的執行自然也不例外。美國大眾傳媒對美國外交政策有三大重大意義，分別是：

---

18. Ibid, p.459.

一、大眾媒體給予的訊息，是美國民眾瞭解國際時事與美國政府外交政策的重要來源，也是瞭解外交事務的通道。

二、大眾傳媒有著重要教育意味，對人民解釋此國際事務與外交政策的意義。

三、讓人們充分瞭解此事件與訊息的意義，並使美國人民融合到政策決定中，獲得可能的支配地位。

主導性、選擇性、專業性或是娛樂性的大眾傳媒其影響層面，帶出的影響幅度也各有不同，但是也因為這些多樣性，讓美國外交政策能接受更多元的聲音，藉由這些思想、訊息、和關鍵性象徵的作用，美國民眾與媒體影響著外交政策連續性變化。這就道出大眾媒體與通訊的手段進入世界，並企圖與霸權思想產生對抗作用。

隨著時代的進步，大眾媒體對於外交政策的主導性增強，美國人民也依附大眾媒體的力量得到訊息，對政府與集團產生壓力。多元主義下的美國，有認為媒體須被擴張的主張，也有認為媒體成為霸權之一的主張，但是媒體傳遞訊息的功能仍是不可否認的。

在通訊科技的進步下，CNN美聯社，或美國之音在全球各地播送，美國人民的富足也喚醒全世界對國際事務的關注，無論是西方觀點、東方觀點、或是衝突觀點，人民普遍對國際事務接受管道增加是不可否認的事實。

外交政策的制定模式有許多，本文僅以議題設定觀點切入，試圖導論出基本模式，利用大眾媒體影響外交決策的方式。在上個世紀，整個六〇和七〇年代，對於美國政治中大眾傳媒的影響受到社會科學家的忽略，尤其是政治科學家們的忽視。現在，形

勢產生改變，人們表現出一種對大眾媒體在美國社會和美國對外政策作用再度發生興趣。

　　最後，美國外交政策大眾傳媒扮演中介者角色，在外交訊息、思想、象徵和政治上有著不可抹滅的功能，它扮演著通知者、批評者、影響者、甚至決策者等重要角色，讓不同的聲音有發聲的管道，以及製造「公共論壇」的空間，讓人民、菁英份子、學者、及政治人物有溝通的機會。

第 16 章　美國大眾傳播與娛樂

第一節　媒體四大娛樂與傳播

　　大眾傳播媒體的發展與面向，可以說是包羅萬象且富含生命力。從人類出現以來，傳播便已悄悄誕生，在文字尚未發明以前，人類憑藉著口說的方式達到傳播的目的，此時就開始了所謂的口語傳播，也稱作為口述傳播。自人類有文字記載之後，約東周開始，文字傳播正式開始，史官便是個很好的例子。

　　由於現代科技的發展，在沒有錄音的年代，文字傳播的保存度高、時間性高、傳播距離也較遠。不管是口述或者是文字的傳播，都只是傳播的行為與活動，尚未成為所謂的傳播事業和大眾傳播，真正的大眾傳播與科技的發展有密切的關係。簡單來說，現代的大眾傳播便是屬於近代的大眾傳播，由於科技的急速發展，大眾傳播的工具也進化成電影、報紙、雜誌、廣播、出版、網路等各類媒體。這些領域和我們人類的生活密不可分，也是人類賴以生存的娛樂方式。所以，對於美國的大眾傳播與娛樂之間的關係可分為五大類探討，分別是電影、體育、音樂、電視、及網路新媒體的傳播。

一、音樂

流行文化（又稱普及文化、大眾文化、通俗文化），指在現代社會中盛行的地區上文化。流行文化的內容主要由散播文化物品的工業來塑造，例如電影、電視、出版社等媒體。流行文化並不只是大眾傳播媒介生產物的總和，而是由社會上接觸這些產物的人與傳播媒介的互動所產生的。因此流行文化本身是雙向的、不斷更新成長的。流行文化被普遍認為是較為膚淺的。需要長時間練習和反思的文化項目較少能成為流行文化的產物。在部分學者的認知上，認為流行膚淺而大眾，跟經典剛好屬於兩端。但事實上流行很多時候透過認證與操作，仍然可以變為經典。流行與經典若真要判斷，應該可以從消退時期去觀察：流行必定有衰退期，但是經典由於受到認可，可以維繫很長時間，也就是端看社會對其的評價而定。

通俗文化的另一個面向就是音樂，美國音樂的不同類型，吸引不同型態的閱聽眾，現階段美國流行音樂的類型主要包括了：布魯斯（blues）、鄉村音樂（Country music）、電子音樂（Electronic music）、福音（Gospel）、嘻哈（Hip hop）、爵士樂（Jazz）、節奏藍調（R&B）、搖滾樂（Rock & roll）、重金屬音樂（Heavy metal）。20世紀是美國流行音樂主宰的世紀。從布魯斯、爵士樂一直到搖滾樂，從靈魂音樂（soul music）到嘻哈音樂。在世界文化交流方面，它們已經作出了比其他各類藝術形式更多的貢獻。這是一個奇蹟般的旅程，當21世紀開展之際，美國流行音樂以其強勁的氣勢繼往開來。

美國搖滾樂在全世界都遍布著，還有什麼能像它這樣的普及，廣泛傳播影響呢？電視、電影已經對我們的生活產生了巨大

的影響，但仔細想想，又有什麼能比得上貓王（Elvis Presley）？早期的搖滾樂先鋒震撼了四個來自利物浦（Liverpool）的年輕人，他們組了樂團披頭四（Beatles），並從此發起了一場史無前例的文化革命。美國布魯斯音樂家感染了滾石合唱團（Rolling Stones），從廣義的角度來說，在很多國家裡有數以萬計的樂隊都受到了他們的影響。然而，最重要的一點是搖滾樂所產生的影響已經超越了文化的界限。還有一個很重要的當然是 rap，它已經發展成了一種新的世界語。嘻哈音樂通過它的歌詞教會了很多人說美語，尤其是黑人所講的英語。

二、電影

就像美國流行樂一樣，從 20 世紀早期開始，美國電影對世界的電影業有很深的影響。美國電影常被分為四個時期：無聲電影時期、經典好萊塢時期、新好萊塢時期與當代電影（1980 年後）。本節將探討美國電影，好萊塢電影為何成為市場主流，將從類型電影與好萊塢製片體制、歷史、經濟效益、和全球角度來討論。

㈠聲音進入電影

電影史上最初把聲音帶入電影的是美國人。1927 年 10 月 6 日，由華納兄弟公司拍攝並上映的一部音樂故事片《爵士歌手》，便標誌了有聲電影的誕生。然而，就其觀念而言，聲音進入電影如同電影的發明一樣，指出一個具體的日子來是很難的。電影是科學技術的產物，它經歷了幾個世紀、幾代人的科學發明、不懈追求，最終獲得了「活動照像」的成功。聲音也是一樣，19 世紀各種形式的聲音傳播工具已經出現，在愛迪生的「實

驗室」中，狄克遜在發明「電影視鏡」的同時，就具有了聲畫同步的意識，他設計出了「留聲視鏡」。與此同時，美國、蘇聯和歐洲的一些國家的發明家們也一直在從事著這方面的研究。因此，可以說聲畫同步的觀念幾乎與電影藝術同時誕生，同電影藝術的歷史一樣長，甚至有人曾認為，電影根本就不存在著無聲時期。持這種觀點的人有他們自己的根據，在默片放映時，人們往往要在銀幕的一旁為影片進行伴奏，開始用巴赫、貝多芬等一些現成的音樂，後來還有專門為影片創作的樂曲。

不過，若以此為依據認為電影根本就不存在默片時期，也未免過於牽強了。但是，我們卻可以從中看到默片時期的電影藝術家們對於聲畫同步觀念的追求。在電影藝術中所謂聲音的出現，指的則是自然音響。而《爵士歌手》在這方面並非是一部真正有聲片，它只有幾句話和幾段歌詞。然而，它卻受到觀眾們的熱情歡迎，影片在發行上的成功不僅使得當時瀕於破產的華納兄弟公司，賺得了起死回生的利潤，而且，促使美國所有的電影製片廠在兩年之內都改為拍攝有聲片，美國的電影觀眾也從 1927 年的 6,000 萬，猛增到 1929 年的 11,000 萬。電影的無聲時代就此宣告結束。

在有聲電影初期，有關電影聲音的探索是十分活躍的，而好萊塢在聲音工藝上和創作實踐上的初步成功，的確提高了美國電影的聲望。此後，聲音進入電影，被越來越多的電影製作者和電影理論家們清楚地意識到，這的確是電影發展史中的一大革命，是人們掌握電影這門藝術，沿著「真實性」的電影美學向前邁進了關鍵的一步。

㈡好萊塢的電影企業及製片政策

　　位於美國西海岸加利福尼亞州的好萊塢，這片景色宜人的地方，最先是由攝影師們在尋找外景地時所發現的。一開始，這裡便吸引了許多的拍攝者，而後一些為逃避專利公司控制的小公司和獨立製片商們紛紛湧來，逐漸形成了一個電影中心。在第一次世界大戰期間及以後的一段時間，由於格里菲斯和卓別林等一些電影藝術大師們為美國電影贏得了世界聲譽，又由於華爾街的大財團插手電影業，好萊塢電影城的迅速興起，這恰恰適應了美國在這一時期經濟飛速發展的需要，電影則進一步納入了經濟機制，成為謀取利潤的一部分。資本的雄厚，影片產量的增多，保證了美國電影在世界市場上的傾銷，好萊塢最終成為一個龐大的電影城，好萊塢也無形中成為美國電影的代名詞。

　　在好萊塢的鼎盛時期，製片廠體系和製片廠制度得到了進一步的完善和發展，主要有以下三個方面：一、高度精細的組織分工，二、製片人制度，三、明星制度。綜合以上觀點不難發現，好萊塢電影會成為美國的標誌，進而影響世界大眾傳媒的生態是有其原因的，當然，身為傳播工具的一環，引領潮流勢必也會是一種進步的動力。

三、體育

　　ESPN（原名為 Entertainment and Sports Programming Network，即娛樂與體育節目電視網，現在則只簡稱 ESPN）是一間24 小時專門播放體育節目的美國有線電視聯播網。最初ESPN也播放娛樂節目，後來全力發展體育節目。該企業由 Scott Rasmussen 與其父 Bill Rasmussen 創立，並於 1979 年 9 月 7 日開播。

　　㈠ ESPN 的歷史

　　ESPN啟播時的定位是以播放標準電視新聞和體育資訊為主。由於最初營運規模細小，所以只能經常播放非正統的體育節目，如世界最強壯男士選舉，和美國不知名的國際體育盛事，如澳洲足球賽事和短暫的美國足球聯賽（USFL），去吸引賽事。在1987年，ESPN 得到了在星期日晚上播放國家足球聯盟（NFL）的合約，這份合約是 ESPN 發展史中由小型電視網路到大型電視帝國的轉捩點，一個創作狂熱體育文化的基本條件。

　　ESPN 在 2006 年開始改在星期一晚上播放 NFL 賽事。ESPN 最初由 Getty Oil（由 Texaco 購得）和 Nabisco 所擁有。在 1984 年，整個 ESPN 網路和經營權由 ABC（80%）（美國廣播公司，後在 1996 年成為華納迪士尼的一部分）和 Heasst Corporation（20%）所擁有。在 2004 年，ESPN 在康乃狄克 Bristol 成立高清電視中心。大部分電視節目，包括世界體育中心（Sports Center），今日棒球，國家足球聯賽直播，校園賽事日等和其他 ESPN 播放的賽事，都開始以高清標準放送。ESPN 以高清標準播放的第一個節目是 2003 年 3 月開始的週日晚間棒球，以德州騎士和安納漢姆天使為主題的那次節目。第一次由數碼中心播放的節目，則是在美國東岸時間 2004 年 6 月 7 日晚上 11 時，由 Linda Cohn 和 Race Davis 主持的體育中心。

　㈡ ESPN 的音樂

　　ESPN 在音樂方面曾經有幾年有自己的概念，可是早期只使用原創音樂。其旗艦節目「體育中心」的最初音樂概念為"Pulstar"，一種聽起來活躍的電子音樂，在"Vangelis" 1976 年的專輯"Albedo 0.39"中可以找到。當有棒球、英式足球、美式足球等動畫出現時，就會播放和從中心向電視螢幕周邊擴展。

(三) ESPN 的流行文化

　　ESPN 由最初開始已成為流行文化的一部分。它的名稱現在已在電視和電影經過媒體廣泛使用，可能由於個人性格，在很多有體育項目的電視中，均為 ESPN 的報導或節目。很多不常看體育節目的人也認識 ESPN。

四、電視

　　電視在所有的大眾傳播媒體裡，屬於影響範圍比較廣大的一種，因為有聲音加上影像的傳輸效果，使得其影響力更直接也更深遠。

(一) 美國電視的自主性

　　美國電視的主管單位是聯邦傳播委員會（The Federal Communications Commission, FCC），而聯邦管制最主要的基礎建立於：電視頻道為社會公有，電視台經由營業執照而獲得使用頻道的特權，相對地也就應當履行一定的義務，接受管制。根據 1934 年的聯邦傳播條例規定：獲頒營業許可的電台，必須配合公眾的利益、便利以及需要。電波是公共財產，管制的目的是為了確保電台對大眾的服務，不致因為公開競爭與彼此干擾而對大眾有所損礙。另一方面，由於廣告商對於廣播時間的大量需要，對電視台數目的限制和營業許可制等規定，實際上也等於保障了電台一定的利潤收益。相對地，電台也必須對國會和 FCC 所界定的「公共利益」有所回應。

　　管制歸管制，與世界其他國家比起來，美國的電視事業可說是全然不受任何團體或政黨支配。美國雖然也有公共電視，卻一直為資金不足所困，無法與商業電台等量齊觀，收視率（Rating）在各地普遍低於 5%。從一開始的無線電廣播時代起，再經由 1934 年傳播條例的認可，美國的電視事業就被設定成一項商業行為，藉由出售時段給廣告商賺取利潤。以節目內容來說，雖然 1934 年的條例明定 FCC 不可干涉節目內容，但 FCC 種種立場及政策卻在在影響了內容設計的大方向。1.電視台對於具有爭議性的問題，必須做公平並且平衡的報導 2.地方台較全國性電視網更能服務大眾需要 3.新聞節目是公共服務不可或缺的一環 4.反對地區報紙廣播所有權的集中，以免殘害公眾知的權利 5.電視廣播業者在安排節目時，理應考慮社區的意見。

　　然而，事實上決定節目內容的不變鐵律，永遠都是那隻看不見的經濟活動的手，緊緊地將節目製作和大眾口味綁在一起。美國的電視體系裡，沒有節目服務國家社會這回事；相反地，卻是盡可能地避免這頂大帽子，一切都是利益掛帥，無線電廣播如此，電視更是如此。

㈡美國電視的娛樂性

　　電視業獨立於政府黨派之外的結果，便是其高度娛樂性的色彩。觀眾的人數和成分，是電視業者利潤的生命線。其中 18 歲至 55 歲的年齡層是消費的主力。以大眾口味為導向的情況，不但主宰了娛樂節目的走向，更使娛樂節目成為商業電視的主流；進一步，連另外兩大主力節目（新聞和體育）也以吸引大觀眾群為第一要務。這種娛樂掛帥的現象，連公共電視也不能幸免，其娛樂節目的比重多年來日益加強。當然公共電視提供的娛樂與商業電視網大異其趣；但誰也不能否認，三大電視網（美國廣播公司 ABC、哥倫比亞廣播公司 CBS、國家廣播公司 NBC）也經常不惜風險，製作一些高水準、可與公視媲美的節目。

電視重娛樂本身無罪，問題出在它的內容與品質。造成電視娛樂品質低落的根本原因，總的來說，就是電視已完全淪為廣告商的工具。因此，節目內容屈居次要地位，吸引觀眾才是電視業最重要的使命，有了觀眾才有推銷商品的對象。光是這樣還嫌不夠，節目之間還得對打，才能保證網羅住最多的觀眾，為廣告商帶來最大利益。業者不是傻瓜，他們當然知道對廣告客戶有利的，不一定對大眾有好處，但知道歸知道，電視台與廣告商的利益是一致的。

(三)美國電視的競爭

美國的電視事業是一場你死我活、毫不顧顏面的競爭。但，電視業的競爭跟其他行業不同，因為其爭鬥的本質，是由媒體的性質和組織的方式所一手造成的。影響所及，電視網和地方台各個大顯身手，想在為廣告客戶招聚觀眾的比賽上，拔得頭籌。一般而言，電視事業的營業項目，好像只是集中在娛樂業、體育業、和新聞業。更進一步來看，電視業的業務內容，其實就是將觀眾的「注意力」，販賣給有意將其商品銷售給這一批觀眾的客戶。正確地說，電視業的產品並非節目，乃是觀眾。觀眾人數的多寡，以及其消費的水準傾向，決定了電視公司利潤的高低。

美國的電視黃金年代開始於 1940 年代末期，延續有十年光景。那個時候，許多通常只有在舞台上才看得到的戲劇，每晚都在電視演出。這種盛況一直到了六○年代和七○年代才漸漸式微。美國電視的歷史可以大致劃分為五○年代是現場創作劇，六○年代是重複性的影集，七○年代是激烈競爭打破舊局面，電視電影、特別節目、迷你影集紛紛出籠。這場亂仗的結果，使得許多好萊塢人士開始對自己所屬的這一行產生質疑，到底電視作

為媒體應該怎麼做？可以怎麼做？到了八〇年代，電視的觀眾人數是增加了，但是收看電視網節目的比例逐步下降。原因在於節目來源和頻道選擇的增多，其中尤以地方獨立台為最大的生力軍；而有線電視的開放也是很重要的因素。隨著電視台紛紛播出電視網系統以外的節目，後者對於製作的影響力也多少減輕了些。隨著九〇年代的來臨，經濟法令及社會條件的改變，更進一步加強了電視網對節目內容的責任及主控權。法令方面，放寬管制的政策，使得電視網得以插手製作更多的節目，包括電視影集在內。競技方面的動機，則由於電視網製作的節目，下檔後可以交給獨立或加盟的地方台播映，帶來極其豐厚的收益。在過去，這種轉手播放的好處，是製作公司的獨家生意，電視網無法分羹。而法令上的放寬，同時也讓製作公司可以擁有自己的播映網如：戲院、有線電視、電視台、錄影帶和 DVD 租售店等等。這些都促成了影視界經營上下游的合縱整編；過去只可以播放節目的，現在可以經營製作；而過去只管製作的，如今也可開店播送節目了。

㈣展望未來

　　儘管未來一定會有進一步的改變，美國的電視事業，始終不出下面三種屬性：不受政府黨派控制的自主性、高度的娛樂性以及激烈的競爭性。未來足以造成電視事業巨大變化的因素，既非聯邦立場的改變，也不是公視的蓬勃發展，而是每天都在改變傳播環境的科技發展。總之，美國抑或是其他國家電視未來所面臨的發展趨勢，是漸進的演變，而非 180 度的革命性驟變。

第二節　新媒體

一、新媒體帶來的衝擊

近年來，隨著 IT（information technology）產業的飛速發展，網路、手機等新興傳媒迅速崛起，給廣播、電視、報刊等傳統媒體格局帶來了巨大衝擊。這些新傳媒的快速發展是否意味著傳統傳媒將被淘汰？在衝擊之下，傳統媒體應如何轉換思路，利用新興技術拓展市場？新舊媒體如何實現資源分享、最終走向共贏？來自不同媒體的菁英代表闡述了他們身處一線的觀察和思考。

電影除了原來的電影院線、DVD 版權和電視播映權之外，我們現在確實增加了很大一塊新媒體的開拓。但新媒體一直都是談論得多，與傳統的收入管道差距還是非常大的。電影分幾個檔次，像 1,500 萬美元投資的電影，主要收入來自於世界各地的版權交易，這個版權交易涵蓋了當地的所有電影票房和電視播映權等等。第二大收入是國內票房收入，手機和網路收入很少。

二、寬頻技術的新衝擊

說到新媒體對舊媒體的衝擊，可舉兩個數字，一是中國的網路使用者已經超過 1.23 億，寬頻用戶超過 7,700 萬，一年以前是 1.03 億網路使用者和 5,300 萬寬頻用戶（截至 2008 年不只這個數字了）。中國新增寬頻使用者的速度將近 50%。這個說明什麼？說明未來兩到三年，中國所有的網路使用者都將變成寬頻用戶。所以，寬頻技術的發展，或者是寬頻的普及，一定會造成衝擊。

　　資訊技術發展帶來兩個層面的影響，第一個層面的影響是對宏觀經濟的，第二個是對傳播業的。先說第一個對宏觀經濟的影響。由於市場經濟條件下資訊技術的發達，導致資訊不對稱性下降，其結果是全世界的宏觀經濟運行的週期性不再那麼明顯了。第二個就是對傳播技術的影響。資訊技術導致比過去更有效、效率更高、規模更大、速度更快的傳播。所以，在這個基礎上，我們有很多新的媒體型態。新的媒體技術導致規模化傳播的邊際成本遞減的速度非常快。

第 17 章　美國大眾傳播與宗教

第一節　前言

　　「這場爭議發生於加州的好萊塢，時間為 2007 年 8 月 23 日，一間由正統拉比所經營、新設立的特許公立學校，其學校的名稱為賓‧甘姆拉公立學校，坐落於好萊塢保拉華（Boulevard）2620 號，其平時，除了進食符合猶太教規午餐（kosher lunches）之外，也教授希伯來文。」

　　這篇報導是根據《紐約時報》（*The New York Times*）2007 年 8 月 24 日刊載，位於加州好萊塢的賓‧甘姆拉特許公立學校（the Ben Gamla Charter School），因其學校董事會，拒絕教授希伯來文課程所引發的爭議。在長達兩頁的報導文章中，記者除了 Abby Goodnough 簡短提及賓‧甘姆拉公立學校的情況，另外，也提出由政府資助的公立學校，應否教授特定的語言與文化的問題？請閱聽人分享其心得感想？接著的專欄，刊載反對者、支持者、校董、家長……等人的評論意見。

　　綜觀此篇報導，其爭議的問題核心是，由政府資助的特許公立學校，應否教授特定的語言與文化？雖然反對、支持者皆有。但是，細究美國憲法第一修正案，論及宗教信仰、言論、出版自

由，國會不得立法橫加干預。換言之，美國憲法，強調的是「政教分離原則」「政教分離精神」。若以此為準繩，量度於賓·甘姆拉特許公立學校、量度於一個並非全然由猶太學童[1]組成的學校，卻只教授希伯來文，和希伯來—英文的核心議題，頗值得深入探究。因此，接下來本研究將論述此研究所欲達成的目的。

第二節　宗教自由

對美國來說，沒有比宗教自由（freedom of religion）與宗教良心（religious conscience），為更基本的議題，這個國家建立於此基礎上，而且，是民主的核心。

以上資料，為〈2006 年國際宗教自由報告〉（2006 Annual Report on International Religious Freedom）刊載，美國國務院（Department of State）國務卿（Secretary of State）康多莉札·萊斯（Condoleezza Rice）於 2006 年 3 月（March 2006）所說的一段話。

「Amendment I: **Freedom of religion, speech, and the press**; rights of assembly and petition Congress shall make no law respecting

---

1. 37 percent of parents identified Hebrew as their first language. Seventeen percent said Spanish was their primary language, **he said**, while 5 percent said Russian and 5 percent said French.

an establishment of religion, or prohibiting the free exercise there of; or abridging the freedom of speech, or of the press, or the right of the people peaceably to assemble, and to petition the Government for a redress of grievances.

　　美國憲法第一修正案，「宗教自由、言論自由、出版自由，集會與請願的權利；國會不得制定有關下列事項法律：確立一種宗教或禁止信仰自由；限制言論自由或出版自由；限制人民和平集會的權利，以及向政府請願表達不滿的權利。」

　　再者，美國憲法第一修正案清楚載明「宗教自由、言論自由、出版自由，集會與請願的權利；國會不得制定有關下列事項法律：確立一種宗教或禁止信仰自由；限制言論自由或出版自由；……等等事項」。有趣的是，此一修正案，將宗教自由、言論自由、或出版自由，包括在同一法條內。換言之，根據美國憲法，宗教自由、言論自由、或出版自由，為基本權利外，甚至不容政府加以禁止或限制。那麼，所謂的「宗教自由」真意為何？其與媒體間互動又是呈現出怎樣的景況頗值得深究。

一、宗教自由的真正意涵

　　「Faith as a personal choice and an essential freedom is a cornerstone of the American character, rooted in the vision of our founding fathers. Freedom of religion has been one of our foremost liberties from the birth of our nation to this dya, and the resolve of Americans to champion that freedom? not only at home, but also around the world?

　　信仰，為個人的選擇，與不可或缺的自由，為美國特質的基礎，根源於我們先賢先聖的願景。宗教自由，從開國以來，乃至於今日，已成為最大的自由之一，以及美國的決心，不但在美國本土，同時也在世界各地捍衛此一自由。」

　　「Religious liberty is America "first freedom", enshrined in the First Amendment of our Bill of Rights. In the same way, freedom of religion is a cornerstone of universal human rights, for it encompasses freedom of speech, assembly, and conscience, which together form the foundation for democratic governance and respect for the individual.

　　宗教自由，為美國最首要的自由（first freedom），於權利法案（Bill of Rights），憲法第一修正案（the First Amendment）中。同樣的，宗教自由（freedom of religion）為普世人權（universal human rights）的基礎，因此，包含了言論自由（freedom of speech）、集會自由（assembly）、良心自由（conscience）……等在內。型塑民主國家的基礎，以及對個人的尊重。」

　　因此，所謂的宗教自由，係根據個人經由其個人自由意志的選擇，亦係身為人不可或缺的自由。而且，宗教自由，為美國最首要的自由（first freedom），於權利法案（Bill of Rights），憲法第一修正案（the First Amendment）中，且為普世人權（universal human rights）的基礎。包含了言論自由（freedom of speech）、集會自由（assembly）、良心自由（conscience）……等在內。

　　因此，宗教自由，應由政府保障個人宗教自由，及保障個人與團體的崇拜自由。前者牽涉到信仰，後者牽涉到行動，相同的

則是皆受政府所保障。除此之外，宗教自由的真正意涵，也包括有不信仰宗教的自由。這意味著要尊重不信仰宗教的人，根據其良心、自由意志的選擇，不信仰宗教。

　　既然，宗教自由，受美國憲法所保障，為普世人權的基礎，同時，也是美國立國基礎、民主核心。那麼，為什麼美國這麼重視宗教自由？是否與其先賢先祖由英國移民至北美十三州的背景有關？下文略為簡述。

二、宗教自由與宗教良心

　　美國素以傳道國自居，因其先賢先祖（清教徒）於 1620 年起，為了逃避宗教迫害，飄洋過海移民至北美 13 洲。先後落腳於新英格蘭州的普里茅斯、麻塞諸塞海灣、羅得島、賓夕凡尼亞州、馬里蘭州、喬治亞州……等北美 13 洲殖民地。雖然，其分屬於不同教派，宗教原則也不一致，但是仍歸屬於一個所謂的「基督新教」於新興的國家內。

　　1776 年，湯瑪士・傑佛遜發表《獨立宣言》（the Declaration of Independence），1786 年發表《權利法案》，憲法第一條至第十條修正案（the Amendment），1789 年，美國立國，至今已兩百多年。宗教自由與宗教良心，一直為美國建國基礎、民主核心。

第三節　媒體偏見與宗教

　　美國媒體對宗教的偏見顯而易見，特別是國營媒體，而且，由某一個特定宗教團體所經營、支配。於如此情況下，對其他宗教團體，或對其他宗教團體信徒的偏見，不但明顯且充滿敵意。即使於宗教自由（freedom of religion）、新聞自由（free press）的國家，具有特定宗教團體背景的媒體經營者，往往也會強加其影響於媒體之上。於絕大多數人信仰基督教的國家，記者們較多報導基督教社區的活動（the activities of the Christian community），而排除報導其他宗教團體的活動。但是，也有媒體的自我覺醒、自我意識，避開報導任何宗教事務，為了不讓人有偏袒某一宗教團體的觀感。

　　媒體對宗教偏見的態樣，可以從其報導新興宗教的運動（new religious movements）看出來，也是唯一、僅有的大眾觀點。媒體對爭議性團體或神秘教派，往往採用消極與誇張的手法報導。舉例來說，一些新興或信徒數較少的宗教團體，往往只有在其集體自殺、或其領導者帶領宗教運動，發生違法行為時，才會獲得媒體青睞報導。

　　根據《社會工作百科全書》第 19 版（19th edition）提及，新聞媒體能夠影響大眾對新興宗教的觀感，且常常扮演重要角色。許多研究表明，媒體描述神秘教派，為具有問題性、爭議性、威脅性的宗教團體（Beckford, 1985; Richardson, Best, & Bromley, 1991; Victor, 1993）。許多研究進一步分析，媒體對神秘教派的報導，往往仰賴政府官員（police officials）或神秘教派專家（experts），他們對神秘教派活動的描述為危險性、毀滅性的。當意見、觀點不同時，他們常常以嚴刑峻罰的儀式、性虐待、控制心智等駭人聽聞的故事加以抹黑。尤有甚者，後來證實這些都是沒有根據的傳言，媒體就不再報導。

綜上所述，此篇報導，係《紐約時報》網路新聞，長達兩頁篇幅中，除了記者翔實報導引發爭議事件的始末外，同時亦增加部落格（blogging），讓閱聽人抒發己見。此方式，雖然符合大眾媒體目的之一，報業（Journalism）——新聞（news）與部落格。雖然，其目的欲增加與閱聽人互動，但是，網路部落格，往往採匿名方式、或即使閱聽人具名，其身分真實性頗受疑義，與新聞求真相違。另外，《紐約時報》，為猶太人經營者。由猶太人經營的報業，報導猶太正統拉比經營的特許公立學校事件，是否讓人有偏袒某一宗教團體的觀感。媒體應自我覺醒、自我意識，公平、公開的報導各宗教活動，如此一來，媒體與宗教未來關係，才會更加和諧。

第 18 章　美國大眾傳播與文化

.

第一節　傳播衝擊文化

　　現今的世界跟以前相比，不可同日而語。瞬息萬變，將來會如何變化，實在難以預料。傳播與交通的發展，使世界成了地球村，全球化的腳步如浪般襲來，縮短了你我之間的距離，將實質國界化為無形。

　　文化概念涉及很廣，此處所討論的是大眾傳播與文化之間的關係。

一、世界資訊新秩序
㈠傳播科技進步

　　從二、三百年前的工業革命開始，或是產業革命，打破以人力生產和運送物資的傳統，使得物資生產變得豐富，運送更加迅速，物資世界一時之下全部改觀，對國際政治體系和國民生計都有深遠影響。而此影響所帶來的動盪至今仍未平息，就是產業工業革命的結果。因為產業革命使得世界各國的財富與資源分配益加懸殊，導致國家勢力的強弱差異。

　　20 世紀中葉後期，西方世界又發生一次相似第一次產業革命的新革命，發明新機器的新革命，也加速了產品製造和運送，但

卻與第一次工業革命的運送、分配和生產的產品不同，這些產品本身是碰觸不到、看不見，必須透過其他工具表現才看得到、聽得見，就是所謂的「資訊」（information）。

　　資訊機器發明之後，資訊產品急速增加，運送量多又快，這些機器就是大家熟悉的電腦、人造衛星和許多電訊設備。

　　資訊機器問世，也有如產業革命一般，有著「分配不均，流通不平衡」的問題，過去國際間一直環繞著物質資源分配與爭奪的問題，現今又增加了資訊分配的問題。

　　事實上，物資的生產和運送要藉助資訊，資訊生產也藉助物資，彼此互相運用硬體。生產資訊所用的「硬體」需要依賴舊有工業基礎，因此以往有強大物資優勢的國家又增加了一項新的權力來源。因為它們在資訊生產方面，超過傳統工業落後的國家。

　(二)世界資訊新秩序：資訊力量的分配

　　現今，知識就是力量（權力），知識就是資訊，誰掌握資訊，就擁有知識技術，就掌握權力。

　　當發生資訊新秩序的爭論時，許多認為自身在資訊生產分配居下風的國家，很希望占得一席之地，認為應該重新安排世界資訊，設法消除對於資訊富裕國家之依賴。

　　美國聖地牙哥加州大學教授席勒 Herbert Schiller，認為世界資訊的分布極不平均，他表示這不是資訊的問題，影響力實際上與政治、經濟、外交力量有關。他以美國為例，在其著作《大眾傳播與美利堅帝國》（*Mass Communication and American Empire*）將美國視為資訊帝國，把大眾傳播視為新的帝國主義。他認為「媒介帝國主義」不純指資訊資源，還配合美國政治、國防實際需要以從事擴張。鑑於美國政治、經濟和軍事需要，發展出相關

資訊事業，人造衛星和跨國企業等。同時美國大眾傳播媒介具有很高的商業性，不只表現在國內，也向外傳輸，例如電影、唱片等等，即是「媒介的帝國主義」。

但也有持反對意見的，如英國社會學家鄧斯特（Jeremy Tunstall），認為由於輸入國家文化力量和自覺性薄弱，當強國資訊輸入，就會盲目接收；加上第三世界國家文化衰老，新文化進入就會被大多數人接收；由於資訊力量薄弱，其問話難以用新式的傳播媒介表現，不易發揚光大。

總之，在這個國際情勢相互激盪的環境中，許多受到「文化侵略」的國家忠實反映了民族主義的感受，希望建立資訊新秩序，這個問題逐漸被國際重視。

（三）資訊時代的文化適應

一個國家的政治、經濟和社會改變確實會影響人民的文化生活，但是更直接影響文化的很可能是人類在資訊生產、加工、儲存和運輸等方式的演變。每一個人就是個資訊系統，經由資訊取得和衍生，以適應環境。只有人類獨具此種功能，也許，這就是文化。

這個新情境，常以「資訊社會」或「資訊時代」來描繪，意指這個社會或時代的特徵在於資訊方面突然起了變化，與之前相異。更詳細的說，人類開始使用高效率的機器生產、加工、儲存、檢索、分配和運輸資訊。資訊時代有時候被稱為「後工業時代」，實際上，它是一次新的革命——資訊革命，大多數人還是使用「資訊時代」。

資訊時代的特性，是由於「資訊機器」的出現而形成。施蘭姆（Wilbur Schramm）提出了三個特點：

1.勞動力分配：全國總勞動力有大比例用於資訊製造、蒐集與分配。

2.投資型態：國民生產毛額有較大比例用於資訊業。

3.資訊流通型態：速度更快，數量更多。

還有五個動向：

1.資訊量大增，有嚴重資訊過剩，需設法以更多組織處理的新方法應付。

2.遠地的資訊量大增。

3.資訊傳遞速度大增，大眾取得消息速度幾乎與領導階層一樣。

4.資訊可傳達任何地方，學習機會增加。

5.資訊控制、取得、處理、儲存等與軍事資源相同，為國家重要資源。

㈣資訊社會對文化的衝擊

從世界各地，西方和日本等地的資訊產品的流入，不始於今日，但是在資訊時代臨近的今日，當資訊生產、傳輸和分配都有了革命性的改變時，國與國之間疆界都宣告崩潰，保護措施都變得徒然，問題性質嚴重性是昔日不能比。

更值得注意的是，今日帶來文化衝擊的不只是新的傳播媒介而已，「資訊革命」促成的龐大跨國企業經營，頻繁的國際貿易、國際金融、國際旅遊和消費型態的國際化等，具有文化意義，且表現於行為層面。

1.只有它們關切到通俗文化產品輸往其他國家時，才主張自由貿易，反之卻不然。

2.設備加速了國與國之間的資訊流通。但 90%是在多國機構

內運作，並不出資使用自由市場服務。

3.國際組織運作原則，使開發中國家跟第一及第二世界國家
競爭電信資源時，處於不利地位。受爭議的是國際電信聯
盟 ITU 分配通訊衛星太空位置的先來先用的哲學。

4.開發中國家雖仍普遍關心「文化帝國主義」，由於外國通
俗文化產品日漸使文化認同變得模糊，傳播技術將加深文
化帝國主義的嚴重性。有人相信：隨身聽、電腦和錄放影
機的「個人性」，帶來孤立而不是開明，帶來愚昧而非教
育；傳播革命鼓吹了不可能實現的期望，是欺騙了農民。

(五)如何適應文化激盪

資訊時代的文化問題，困擾著所有和正在進入工業社會的國
家。通俗或大眾文化的擴延和舶來文化的侵蝕，以席勒的觀點，
乃是資訊社會中資訊淪於商化與私化的結果。從瑪丹娜的音樂包
裝行銷到麥當勞的漢堡，與大企業毫無二致，都變成跨國或多國
運作形成「侵略」。

私化是隨著商化到來。資訊成為商品，以追求利潤為其存在
目的後，資訊取得和使用就需付出金錢。資訊「商人」就必須設
法將資訊據為自己所有，例如著作權和版權，甚至將公共資訊化
為私有轉售給使用者。

這些問題，也落在我們周遭，使我們面臨某種程度的「文化
激盪」，產生適應問題。要使文化甚至整個公眾利益不致受到負
面影響，是要防止資訊的商化與私化，或者至少減低商化與私化
的既存事實可能導致的傷害。這牽涉到基本的資訊政策。

學者認為政策重點應在自由化的大原則下，研究如何調和經
濟、社會、文化各面的利益，尋求平衡。真正重要的問題在如何

拿捏政策，在開放原則下，朝向保護個人權益、維護文化自主等經濟以外的社會目標。還要改善資訊環境，尤其是城鄉差距。各方對資訊認知的差異，應該是結構上因素造成。包括管道多寡、通訊品質和教育社經地位等，都在城鄉差距上顯示出來，造成認知上的落伍，知溝 knowledge gap，往往使差距擴大，造成社會發展不均。

第二節　文化與傳播

　　在大眾傳播衝激下，人類文化走向普遍性和一致性，文化趨於世界化。其次，傳播對於文化建設具有可觀的助長作用，因此，善用傳播來從事文化建設是可行的有效途徑。但如果大眾媒介上充滿低俗、膚淺的內容，不但不能助長文化建設，反而成為一種文化負擔。

一、傳播走上世界化

　　近代人類生活受傳播影響很深，致使傳播本身即成為一種文化體系。因此，個人在表達意見或傳播訊息時，要考慮到表達方式、目的和後果。再者，由於科技進步，傳播走向世界化，將全球涵括在一起；同時傳播的權利也集中化，集中在少數能掌握新聞來源或得以影響傳播機構的團體，有權力去影響何種消息該傳播。此種情況下，傳播變成一種文化體系，與具有主動傳播能力的文化結為一體。

二、文化保存的隱憂

傳播普遍性與一致性連帶造成另一個問題產生：具有主動性傳播媒介的主持者，能左右文化取向，使文化世界化。

傳播對文化本身的獨立性與認同，可能具有反作用。因此，如何在傳播衝擊壓力下，維持文化自主，維持文化活力、自信及表達全體文化的特性，使文化在整個世界化的傳播功能中，也能變成傳播的內涵。

為了使文化能主動綿延下去，這是值得我們重視的課題。

廣義的說，文化乃人類世界中，經由人努力形成所發明的一切事物。由於世界存在不同的人，就產生不同文化：

㈠同一文化下，傳播與文化的關係。傳播是人類生活中的基本活動，歷史、文化也可視為傳播的結果，一切社會化過程均受傳播的影響。文化與傳播兩者之間密切關係，無法以某種極限定論。尤其在科技發展之後，傳播方式有很大改變，已成為大眾傳播的大規模傳播型態，同時促使於人類社會本身即成為一種有利的傳播工具。

㈡傳播對不同文化發生的影響。歷史學家已經證實傳播對不同文化的作用是明顯的，發展新科技以前，文化間傳播是緩慢的。當今常討論的東西文化交流、中西合璧等都是傳播所造成的。工業革命後，以及近代的「傳播革命」則是資訊的生產，現在製造資訊的機器比製造物資的機器進步更快。但傳播媒體對人類的貢獻遠勝於一般物資機器的發明。

由於西方國家掌握了傳播資訊工具，因此大量西方資訊流入非西方，但多半來自大眾通俗媒介，吸收的不是西方文化的精髓，只是通俗膚淺的訊息，世界文化雖趨一致，但先進國家優良

的文化卻未被較落後國家吸收。再者，有些人認為西方工業社會
國家的文化傳入落後國家，也傳入一些有利於現代化的價值觀，
對於落後國家現代化是有助益的，但也有些不適合，例如西方世
界強調消費的價值觀。

二、世界無法閉關自守

　　現代是個開放的世界，任何人無法閉關自守，因此想要封鎖
外來文化的入侵是不可能的。

　　文化世界化的趨勢，長遠看來是好現象。如果世界要真正消
除戰爭和誤解，只有彼此透過交流的方式。目前交流會有一面倒
的弊端，由於傳播器具昂貴，但隨著科技發展，硬體會漸漸便
宜，資源有限的窮國也能掌握。主要是軟體，第三世界媒介內容
相對粗糙、簡陋，由於基層建設不夠實在，以致無法有效致力於
文化建設。

第三節　大眾文化

一、大眾文化就是通俗文化

　　就定義而言，通俗文化針對的閱聽眾，大多是教育程度與收
入不同的中下階級，為了盡可能爭取最多數的閱聽眾，媒體內容
以淺顯的娛樂性節目為主；文化評論者不斷指責經媒體傳播的通
俗文化貶抑並排除了所謂的高尚文化及藝術的生存空間。

　　大眾傳媒大部分內容都是通俗文化，以營利為目的，而營利

的通俗文化也是大眾傳媒經濟來源的一部分。

布朗（Ray Browne）所定義的通俗文化相當廣泛：「凡生活所有要素，不屬於被狹隘的認定為明智的或具有創造力的菁英主義，並且通常藉由大眾媒體傳達的。」皆可被稱為通俗文化。學者麥頓（David Madden）再補充：「凡直接或間接的藉由大眾媒體大量產製、大量散佈到大部分人群中的所有事物，均被稱為通俗文化。」但最通常見的定義，稍微武斷一點：「簡單來說，通俗文化可以定義為大眾傳播的訊息，其智力和美學的表現有限，內容僅是為了消遣娛樂之用。」在此定義之下，通俗文化藉由印刷媒體、電影和無線電台媒體所散佈。的確，大眾媒體所傳布的大部分內容，均屬通俗文化範疇。

長久以來，對於通俗文化的價值為何，以及高尚文化是否較為優越一直存有爭議，一般認為通俗文化十分不值錢。年輕人的閱讀習慣、音樂品味等其他對於通俗文化的狂熱一直受到譴責，而對於受過教育的人們觀察瞭解通俗文化的唯一解釋，也只是為了跟上社會的腳步。

傳播學者瑞爾（Michael Real）稱這種對閱聽人產生的影響為「大眾中介文化」，他認為雖然對有些人來說大眾中介文化是沒有品味的，但是還是有以下理由使大眾中介文化是具有吸引力的：

1. 提供愉悅。
2. 影響人的生活。
3. 將特定概念和意識型態散佈到全球。
4. 對政策提出問題，質疑教育和研究。
5. 它就是我們。

通俗文化並不是無關輕重的，它受重視的原因如下：

1. 藉由各種形式傳達給所有社會大眾。
2. 不管喜歡與否，通俗文化的確影響我們的想法、行為甚至穿著等。
3. 對於媒體經濟層面影響相當深遠。
4. 影響所有大眾媒體的內容。

通俗文化著重於英雄 hero 與形象 image 兩種媒體研究，這不只在美國；每個時代的英雄——運動員、搖滾巨星、電影性感女神甚至軍事領袖或政治人物，都是大眾媒體型塑的流行產物。可以從既有的文化中看出來，可以從中瞭解社會價值觀。例如女性在廣告中的形象、少數民族在新聞報導中被呈現的頻率和形象等等。

二、通俗文化的功能：娛樂

幾乎所有通俗文化都具有娛樂功能，因為其本質就是消遣、愉悅大眾。部分通俗文化內容則是為了促銷商品或觀點。不過今日的媒體仍是大部分通俗文化的重要傳送系統，大部分通俗文化不會在大眾媒體缺席。

媒體對於社會及文化的影響中，最受爭議的就是不斷播送深度較低的內容。人們會思索媒體中介文化的藝術價值，探究其對社會各世代的衝擊。媒體評論者或防禦者並不認為大量製造的媒體藝術是種褻瀆或是恩惠，不能以科學衡量。媒體評論是根據人的意見及價值觀而定。

在資本主義經濟體系中的美國，獲利就是一切，美國媒體就是在這樣經濟和文化環境下運作。為了獲利，媒體必須不斷提供

批評者認為毫無藝術價值的娛樂。「獲勝者是指那些可以吸引閱聽人的媒體」——有高收視率、高發行量、高銷售數字或是網站的高點閱率。大部分喜歡看電視、報紙的人也比較喜歡庸俗之作，這種較低文化水準的作品，大部分為支配所得較低、教育程度較低、生活型態簡單等的市民。

以廣告贊助維生的美國媒體，必須不斷散佈通俗文化，以擴大其收視率、訂閱率等等。所以通俗文化從菁英藝術與民俗藝術找出部分元素，移作商業用途，對真正的藝術作品產生威脅，並且降低了那些真正對社會文化有貢獻的英雄們的重要性。

媒體的通俗文化須以購買力以及各階層大眾品味偏好來觀察，不管批評抗議聲浪為何，媒體必須持續製造能夠吸引絕大多數民眾的品味的內容，以保持和贊助者之間的商業關係，媒體是不太可能放棄這種依賴關係的，或帶動文化革命轉而以高尚文化或中高品味為主。美國的大眾媒體，未來仍以服務中低階層或是低階層為宗旨，中低階層的品味仍主導大部分的媒體內容。

三、大眾文化

大眾文化其實是種通俗文化，是一個世紀性的課題，是一個自然人化的過程——以符號交流的訊息世界取代實體交流的自然世界，也是一個個體社會化的過程。文化被市場化跟全球化加以轉換，市場化跟全球化提供了特殊的內容跟領域。這一切，最為集中的體現就是大眾文化。

其中最主要的還是西方大眾文化，西方提到大眾文化，應是popular culture，現代社會中更傾向一種生產於城市工業社會、消費社會的以大眾傳媒作為載體並且以大眾為對象的普及化、模式

化、平面化和批量化等的文化型態。西方學者對於大眾文化的內涵瞭解有以下幾點：

1. 商品化後到底隱含著什麼？
2. 通過消費更加滿足人們文化需求？
3. 大眾文化是意識型態的征服者還是反抗者？
4. 還是一種灌輸意識型態的文化武器？

總的來說，西方的大眾文化研究主要就與上述相關的問題逐次展開的。

大眾文化研究與傳播有密切關係，文化的核心就是意義的創造、交往、理解和闡釋，而大眾傳媒就是用來建構社會知識和社會影像，也就是文化意義的傳送乃至於文化意義的再創造、再解釋、再交往和再理解，彼此密切相關。

「文化與傳播範疇不可避免的會重合。」

現代傳播已成為文化，特別是大眾文化的觀念和現實，兩者有深刻的內在一致。

大眾傳媒與大眾文化的關係，有個關鍵詞很重要：慾望。

大眾傳媒給充滿慾望的大眾文化以最強大的技術支持。大眾媒體使慾望的文化成為可能。人類社會對於慾望追求導致技術產生，技術產生推動大眾傳媒出現，大眾傳媒出現造就自身的技術內涵呼應的文化，這就是媒介文化，也就是大眾文化，彼此之間一脈相承。大眾傳媒不只是大眾文化的堅強後盾，也是大眾文化孕育和生長的豐厚土壤。

四、市場化與大眾文化

市場經濟對於大眾文化影響不能忽視。大眾文化的能力被技

術化加以轉換，本源也被加以轉換，因為現代科技乃受市場經濟
的制約。

　　大眾文化的出現與市場經濟的「物的依賴關係」密切相關。
大眾文化是市場經濟的直接產物或者就是直接體現。意味著文化
與工業的聯姻，發展文化市場，獲取最大利益，發展出大眾文化
的商品屬性。人物的消費經濟行為轉向了物的形象的消費——文
化的行為。

五、全球化與大眾文化

　　近代，在市場經濟的領導之下，全球化（globalization）的腳
步近逼各國，突破了各民族國家地域的界線。科技進步加上資本
主義市場經濟導致了這個全新的世代——地球村。傳播科技的進
步使得大眾文化的傳播也是無遠弗屆，時間不再與空間成比例，
界線、藩籬消除了，訊息傳送世界各地。

　　上述是比較正面的看法，認為資訊流通是十分便利的事。但
悲觀的批評論者也都與席勒的看法類似，認為這是國際強權如美
國的變相的霸權侵略，建立起屬於強權的世界資訊新秩序。因
此，尤其是第三世界的地區相對於會排斥外來入侵的文化，激起
了保護自身文化的意識型態，這也是全球化下另一種弔詭的思
維。

第四節　結語：全球性文化

　　全球性文化，是個很新穎的名詞，意味著世界上多數國家共有的一種共同文化，來自世界各地以某種方式合併而成的。

　　簡言之，文化的全球化與類同化 homogenization of culture 不相同。不只民族文化改造了全球性文化，政府也充當「守門人」（gate keeper），調節文化流動，但也面對越來越多困難。一方面需要加快適應國外文化變遷和輸入，但另一方面又要保存本國文化和其遺產的一些元素。

　　表現為媒體文化和大眾都市文化是構成今日全球性文化的重要一類。其餘有種族遷移（ethnoscapes）、技術遷移（technoscapes）、金融遷移（financescapes）和意識型態遷移（ideoscapes）。

　　媒體文化對某些類型國家產生影響，就其存在範圍而言，有種侷限性。很大程度侷限在第一世界工業國，第二和第三世界國家越來越排斥、反動。或許認為在接受除傳播的核心媒體文化過程中，文化因素居主導地位，然而全球性的文化支配，傳送國的經濟因素還是占比較大的角色，而不是接受國的文化傳統或地域因素影響。

　　總的來說，文化與傳播這兩個名詞概念，著實是密不可分的，彼此影響。文化是一定需要依賴大眾傳播來傳送，而傳播所傳輸的資訊一定就是有關於文化的內涵，兩者實在是唇亡齒寒。

附錄：參考書目

中文書目：

〈美國社會對穆斯林的扭曲印象〉《華盛頓觀察週刊》（www.WashingtonObserver.org）第 37 期。

《21 世紀新聞媒體新聞教育發展研討會論文集》，上海，2006。

《大眾媒介與社會》，台北：風雲論壇出版社。

《文化，社會與媒體》，台北：遠流出版社。

《全球新聞神經大透視》，中央通訊社。

《政治傳播（理論與實務）》，彭芸，巨流，1986。

AI Ries, Jack Trout，《定位策略》，台北：滾石文化，2003。

Czitrom, Daniel J，《美國大眾傳播思潮》，台北：遠流，1994。

DeFleur、Dennis 著，皖文審閱，王筱璇、勤淑瑩合譯，《大眾傳播概論（修訂版）》（*Understanding Mass Communication: A Liberal Arts Perspective*），台北：雙葉書廊，初版，2012 年 5 月 3 日。

George Comstock，鄭明椿譯，《美國電視的源流與演變》（*The Evolution of American Television.*），台北市：遠流出版，第一版：1992 年。

James Curran, Michael Gurevitch 原著，徐詠絮、唐維敏等譯，《大眾媒介與社會》，台北：五南圖書出版社。

Joseph R. Dominick 著，王國鑽、黃昶立合譯，《大眾傳播》（*The Dynamics of Mass Communication*），台北市：麥格羅希爾出版，2000 年。

LEWIS J. PAPER，《CBS 帝國》，台北：慶宜文化，1989。

Melvin L. Defleur Everette E. Dennis 原著，王筱璇、勤淑瑩合譯，《大眾傳播概論》，雙葉書廊。

于心如、許安琪、劉美琪、漆梅君合著，《當代廣告》，台北：學富文化，2000。

王北固，《左看右看好萊塢》，台北：文苑，2001。

王洪鈞，《公共關係》，台北：華視教學部，1989。

王曾才，《西洋現代史》，台北市：東華，1980。

世新大學新聞系，《傳播與社會》，台北：楊智，1999。

朱悅、李玉璞主編，《媒介 COO：廣播、電視、網路運營實務》（第四版），華夏出版社，2004。

何穎怡譯，《探索新聞：美國報業社會史》，台北：遠流，1991。

吳怡國、錢大慧、林建宏譯，《整合行銷傳播》，台北：滾石文化，2004。

李子堅，《紐約時報的風格》，長春出版社，1999。

李少南著，《國際傳播》，黎明文化事業出版股份有限公司，1994。

李幼蒸譯，《結構的時代》，台北：谷風，1988。

李良榮，《當代世界新聞事業》，大陸：中國人民大學出版社，2002。

李璞良譯，Matt Haig 著，《數位公關》，台北：商智，2001。

李瞻，《世界新聞史》，台北：三民書局，1994。

汪琪著，《文化與傳播》，三民書局。

卓美玲，《各國電視節目分級制度法之比較研究》，台北：中華文化復興運動總會，1998。

周芊等著，《媒介與兒童》，空中大學印行，2004 年，頁 65-72。

周靈山，《運動傳播媒體實務》，台北市：峰正行 2006 年初版。

東正德譯，《傳播媒體的變貌》，台北：遠流，1991。

姚朋，《新聞學研究》，台灣：商務，1992。

洪平峰，《電視事業經營管理概論》，亞太圖書出版社，1993。

范文馨，《美國近代雜誌事業之結構及其功能》，台北：嘉新，1969。

若望保祿二世，《跨越希望的門檻》，台北：立緒，1998。

哥倫比亞大學新聞研究所，《2004 年新聞媒體狀況》報告，卓越新聞計畫，2004。

孫秀蕙、馮建三，《廣告文化》，台北：五南圖書出版公司，1995。

徐佳士著，《資訊爆炸的落塵——今日傳播與文化問題探討》，三民書局。

徐琳，〈維吉尼亞州理工大學槍擊案挑起美國媒體道德之爭〉《華盛頓觀察週刊》2007 年第 15 期，http://www.washingtonobserver. org/showtemp.cfm? showtempid=1735&charid=2。

袁明，《美國文化與社會十五講》，北京：北京大學，2003。

康妮‧布魯克著，《傳媒大法師——時代華納總裁羅斯的併購霸業》，智庫文化，1995。

康復明，《美國月刊》，第六卷第六期，1990。

張宏源著，《媒體規劃策略與實務》，亞太圖書出版社，1999。

張辛欣，《我知道的美國之音》，中國社會，2000。

張昆著，《大眾媒介的政治社會化功能》，武漢大學出版社。

莊錫昌，《二十世紀的美國文化》，浙江人民出版社。

郭鎮之，《北美傳播研究》，北京傳播學院出版社。

陳世敏譯，《美國大眾傳播思潮》，台北：遠流，1996。

陳紀瀅，《時代雜誌是怎麼辦起來的》，台北：重光，1964。

陳紀瀅，《讀者文摘是怎麼辦起來的》，台北：重光，1964。

陳韜文、朱立、潘忠黨主編，《大眾傳播與市場經濟》，鑪峰學會
　　出版，1997。

陸劍豪譯，James B. Twitchell 著，《經典廣告》，台北：商周，
　　2002。

麥克魯漢，《了解媒體：人體的延伸》（*Understanding Media: The
　　Extensions of Man, New York: McGrow-Hill*），1969。

彭芸，《國際傳播新焦點》，台北市：風雲論壇出版社，1998 年初
　　版。

彭芸，《新聞媒介與政治》，台北：黎明文化，1992。

彭芸著，《國際傳播新焦點——媒介全球化、區域化與本土化》，
　　風雲論壇出版社有限公司，1998。

彭家發等著，《現代新聞學》，空中大學印，2006 年。

彭懷恩編著，《大眾傳播理論講義》，台北：風雲論壇，2004。

華岡新聞系譯，《傳播與人》，台北：莘莘叢書，1974。

馮建三，《資訊、錢、權，媒體文化的政經研究》，時報文化，
　　1992。

馮建三譯，Sut Jally 著，《廣告的符碼》，台北：遠流，1992。

黃西玲著，《掌握資訊——談媒體經營與問題》，正中書局，

1998。

黃柏鈞，《美國的電影》，2006 年 2 月。

黃訓慶譯，《後現代主義》，台北：立緒，1993。

黃崴崴譯，《顛覆好萊塢——大眾文化與傳統之戰》，台北市：正中，1993。

黃慧珍翻譯整理，《紐約時報》（*The New York Times*），2007 年 8 月 24 日。

黃慧珍翻譯整理，Mass media, From *Wikipedia*, the free encyclopedia。

楊駿，《社會學》，台北：高點文化，2003。

熊源偉主編，《公共關係學》，安徽人民出版社，1990。

趙光正，《網際網路瀏覽行為之研究》，國立政治大學資訊管理研究所，2000 年。

劉建順，《現代廣告學》，台北：智勝文化，2004。

劉家馴譯，George Lois、Bill Pitts 著，《廣告大創意》，台北：智庫，2004。

劉新聞、李錦慧，《知識經濟典案例》，台北：工商，1998。

劉會梁譯，《美國麥迪遜大道》，台北：滾石文化，1998。

劉豐海、張慧宇譯，《全球電視和電影：產業經濟學導論》，北京：新華，2004。

潘知常、林玲著，《大眾傳媒與大眾文化》，上海人民出版社。

潘家慶、羅文輝、臧國仁等，《廿一世紀傳播核心課程前程規劃方案成果報告》，教育部顧問室，1994。

滕守堯，《藝術社會學描述》，台北市：生智，1997。

蔡丕、游飛，《美國電影研究》，北京：中國廣播電視出版，第一

版：2004 年 6 月。

蔡念中、張宏源，媒體識讀，《從認識媒體產業、媒體教育，到解讀媒體文本》，台北：亞太，2005。

蔡東杰譯，《美國霸權的矛盾與未來》，台北：左岸文化，2002。

鄭貞銘，《公共關係總論》，台北：五南圖書出版公司，2000。

鄭貞銘，《文化、傳播、青年》，中華日報社出版部，1990 年。

鄭貞銘，《百年報人》，台北，遠流，2001。

鄭貞銘，《美國大眾傳播》，台灣商務印書館，1977。

鄭貞銘主編，葉明德校訂，《人類傳播》，正中書局；1986。

鄭貞銘等著，《傳播媒介與社會》（下冊），空中大學印行，1989 年，頁 132-135。

鄭貞銘等著，《傳播媒介與社會》（中冊），空中大學印行，1989 年，頁 430。

鄭貞銘著，《美國網路化與傳媒新發展》。

鄭貞銘編，《中外新聞教育》，台北：遠流，1999。

鄭瑞城，《透視傳播媒介》，天下，1988。

錢震原著，《新聞新論》，五南圖書出版公司，2003 年，頁 77-78。

戴維‧哈柏斯塔姆著，《媒介與權勢──誰掌管美國》，國際文化出版公司。

羅毅，《公關始終來自於人性》，台北：智言館，2002。

蘭德爾‧羅騰貝格著，周文萍譯，《廣告人也瘋狂》，台北：時報出版，1998。

顧耀銘編，《我看美國媒體》，北京：新華出版社，2000。

英文書目：

Brian Mcnair, *An introduction to political*, London: Oxford, 1995.

D. McQuail, and S. Windahl (1982). *Communication Models*. New York: Longman.

Fagen, R. R. *Politics of Cpmmunication*, Boston: Little Brown, 1966.

Jerel A. Rosati, *The politics of United States Foreign Policy*, CA, USA, Wadsworth: Tomoson, 2004.

Mueller C. *The Politics of Cpmmunication*, London: Oxford University Press, 1937.

Michael Emery, Edwin Emery: *The American Press: An Interpretive History of the Mass Media*, Alley & Bacon, 1996.

Michael Emery, Edwin Emery: *The American Press: An Interpretive History of the Mass Media*, Alley & Bacon, 1996.

Molotch, Harvey L., David L. Protess & Margaret T. Gorden. The Media-Policy Connection: Ecologies of News, in David Paletz (ed.) *Political Communication Research: Approaches, Studies, Assesements*, Ablex Publishing Corporation.

Nimmo, Dan *Political Communication Theory and Research*: An Overview, 1977.

網路資源：

Wikipedia 維基百科全書。

奇摩知識。

美國之音——中文網 http://www.voanews.com/chinese/

爐邊談話之資料來源 http://news.rednet.com.cn

http://www.onlineconcepts.com/pulitzer/

Pew Internet and American Life Project《http://www.pewinternet.org/
  index.asp》

http://www.pladaily.com.cn/gb/pladaily/2002/12/17/20021217001094 gby.html

http://202.130.245.40/chinese/WISI/162176.htm

http://www.caochangqing.com

http://www3.nccu.edu.tw/~jsfeng/goldingmurdock19782007.doc

大學叢書

美國大眾傳播（增修本）

作者◆鄭貞銘編著

發行人◆王春申

副總編輯◆沈昭明

主編◆葉幗英

責任編輯◆吳素慧　徐平

校對◆鄭秋燕

美術設計◆吳郁婷

出版發行：臺灣商務印書館股份有限公司
10046 台北市中正區重慶南路一段三十七號
電話：(02)2371-3712　傳真：(02)2371-0274
讀者服務專線：0800056196
郵撥：0000165-1
E-mail：ecptw@cptw.com.tw
網路書店網址：www.cptw.com.tw
網路書店臉書：facebook.com.tw/ecptwdoing
臉書：facebook.com.tw/ecptw
部落格：blog.yam.com/ecptw

局版北市業字第 993 號
初版一刷：1977 年 12 月
增修版一刷：2014 年 9 月
定價：新台幣 580 元

美國大眾傳播（增修本）／鄭貞銘編著 · --增修版 ·
-- 臺北市：臺灣商務，2014.9
　　面　；　　公分 . --（大學叢書）

ISBN 978-957-05-2954-8(平裝)

1. 傳播事業　2. 美國

541.83　　　　　　　　　　　　103013546

10660
台北市大安區新生南路3段19巷3號1樓
臺灣商務印書館股份有限公司　收

請對摺寄回，謝謝！

傳統現代　並翼而翔

Flying with the wings of tradtion and modernity.

讀者回函卡

感謝您對本館的支持，為加強對您的服務，請填妥此卡，免付郵資寄回，可隨時收到本館最新出版訊息，及享受各種優惠。

☐ 姓名：＿＿＿＿＿＿＿＿＿＿＿＿　性別：☐ 男 ☐ 女

☐ 出生日期：＿＿＿＿＿年＿＿＿＿＿月＿＿＿＿＿日

☐ 職業：☐學生 ☐公務(含軍警) ☐家管 ☐服務 ☐金融 ☐製造
　　　 ☐資訊 ☐大眾傳播 ☐自由業 ☐農漁牧 ☐退休 ☐其他

☐ 學歷：☐高中以下（含高中）☐大專 ☐研究所（含以上）

☐ 地址：＿＿＿＿＿＿＿＿＿＿＿＿＿＿＿＿＿＿＿＿＿＿
　　　　＿＿＿＿＿＿＿＿＿＿＿＿＿＿＿＿＿＿＿＿＿＿

☐ 電話：(H)＿＿＿＿＿＿＿＿＿ (O)＿＿＿＿＿＿＿＿＿

☐ E-mail：＿＿＿＿＿＿＿＿＿＿＿＿＿＿＿＿＿＿＿＿

☐ 購買書名：＿＿＿＿＿＿＿＿＿＿＿＿＿＿＿＿＿＿＿

☐ 您從何處得知本書？

　　☐網路 ☐DM廣告 ☐報紙廣告 ☐報紙專欄 ☐傳單
　　☐書店 ☐親友介紹 ☐電視廣播 ☐雜誌廣告 ☐其他

☐ 您喜歡閱讀哪一類別的書籍？

　　☐哲學‧宗教 ☐藝術‧心靈 ☐人文‧科普 ☐商業‧投資
　　☐社會‧文化 ☐親子‧學習 ☐生活‧休閒 ☐醫學‧養生
　　☐文學‧小說 ☐歷史‧傳記

☐ 您對本書的意見？（A/滿意 B/尚可 C/須改進）

　　內容＿＿＿＿＿＿編輯＿＿＿＿＿校對＿＿＿＿＿翻譯＿＿＿＿＿
　　封面設計＿＿＿＿＿價格＿＿＿＿＿其他＿＿＿＿＿＿＿＿＿＿

☐ 您的建議：＿＿＿＿＿＿＿＿＿＿＿＿＿＿＿＿＿＿＿

※ 歡迎您隨時至本館網路書店發表書評及留下任何意見

臺灣商務印書館 The Commercial Press, Ltd.

台北市106大安區新生南路三段19巷3號1樓　電話：(02)23683616
讀者服務專線：0800-056196　傳真：(02)23683626
郵撥：0000165-1號　E-mail：ecptw@cptw.com.tw
網路書店網址：www.cptw.com.tw　網路書店臉書：facebook.com.tw/ecptwdoing
臉書：facebook.com.tw/ecptw　部落格：blog.yam.com/ecptw